postmedia ● UNI

In collaborazione con

SCUOLA DEL DESIGN

*Mente e luoghi. Un approccio multidisciplinare al design
della città contemporanea*
a cura di Anna Anzani

© 2020 Postmedia Srl, Milano

In copertina: Alice Croci, *Spazio carta*, 2020
www.postmediabooks.it
ISBN 9788874902767

Mente e luoghi

Un approccio multidisciplinare al design della città contemporanea

a cura di Anna Anzani

postmedia books

I luoghi nella mente

Pensare al design della città contemporanea in relazione alla "mente" e al "luogo" è per molti versi una proposta innovativa. Vi sono riferimenti e immagini della città progettata come un corpo dove il cuore e la circolazione diventano analogie che rendono l'anatomia umana alla scala urbana; dove città antropomorfe possiedono un senso pacato di logica intrinseca e di ordine controllato che deriva dalla proporzione e dalla simmetria. Poiché sempre più persone si spostano nelle città, questa metafora del corpo non funziona così bene per la città del ventunesimo secolo, dove un senso di massa e di flusso problematizza limiti e confini.

Porre "mente" e "luogo" in relazione alla città contemporanea è però immediatamente provocatorio. Si tratta di affermare una posizione individualistica, umano-centrica o di aprire altre possibilità? È a queste ultime che tendono le diverse lenti teoriche e le prassi qui presentate. Esse affermano che c'è qualcosa di attuale e profondo nel mettere in primo piano l'importanza di porre la "mente" in relazione alla città e alla costruzione del luogo. Questi saggi evidenziano anche una genealogia riguardante la soggettività e l'ambiente urbano che può essere mappata attraverso il ventesimo secolo. Ad esempio, la lezione del sociologo Georg Simmel del 1903, dal titolo *La metropoli e la vita dello spirito*, affrontava l'effetto della città sulla vita mentale delle persone e l'atteggiamento blasé che si creava per ridurre gli stimoli e le sensazioni della città. Un altro possibile collegamento riguarda gli esperimenti svolti dai Situazionisti attraverso diverse tecniche e pratiche come la psicogeografia per provocare e interrompere l'effetto spettacolo e gli effetti di capitalismo e consumismo sulla vita delle persone.

Attualmente stanno emergendo un discorso e una preoccupazione riguardo ai concetti di "interiorità" in relazione alla situazione contemporanea delle città. Mentre l'interior design viene raramente indicato o impiegato come pratica di progettazione urbana, la questione dell'interiorità è direttamente collegata ai temi di questa disciplina progettuale. Sembra quindi opportuno invitare le competenze e le tecniche del progettista d'interni che opera in ambito urbano a occuparsi di come le persone potrebbero e possono abitare l'ambiente urbano. Come pratica che coinvolge le condizioni relazionali, l'interior design interviene e trasforma la relazione tra le persone e l'ambiente circostante. Mette in primo piano la progettazione delle città come uno dei modi per creare un senso di appartenenza a un luogo e la sensazione di trovarsi in qualche posto. Si concentra sull'esperienza, su temi come l'emozione e gli affetti, sugli stili di vita, le condizioni della memoria, l'identità e il patrimonio; le città come composizioni estetiche, sociali, culturali.

Questa raccolta di saggi, che affrontano la connessione tra mente e luogo in relazione al disegno della città contemporanea, mappa un territorio di preoccupazioni e conversazioni, il confronto con le quali diventa sempre più critico. Ogni saggio apre nuove possibilità e traiettorie per riflettere su come ripensare e avvicinarsi al design delle città in un mondo in cui ogni primato relativo al tempo, alla popolazione, alla demografia e alle malattie sembra essere superato da cambiamenti inediti e, in larga misura, inaspettati. Risulta allo stesso tempo evidente e convincente il fatto che nel design esista un significativo potenziale per trasformare le condizioni della città contemporanea attraverso un'attenzione alla "mente" e al "luogo".

Suzie Attiwill
Associate Dean Interior Design - School of Architecture + Urban Design
RMIT University - GPO Box 2476 Melbourne - Victoria 3001 Australia
suzie.attiwill@rmit.edu.au

Nell'attuale fase storica si ha la chiara percezione di trovarsi a un momento di svolta; i settori più consapevoli della popolazione comprendono che solo assumendo una prospettiva complessa è possibile affrontare i principali problemi della convivenza umana e della sopravvivenza del pianeta. Migrazioni di massa, abuso della natura, distruzione intenzionale di opere d'arte sono sintomi diversi di una crisi culturale che sta trasformando drasticamente le nostre idee di luogo e di ambiente.

È necessario un ripensamento radicale delle condizioni della convivenza umana. Occorre contrastare la distruzione materiale attraverso valori immateriali, con un nuovo umanesimo che rilanci la conoscenza, la memoria, la bellezza e la creatività come principali basi culturali delle comunità umane. Cogliere la complessità richiede nuove prospettive, anche nuove parole come quelle citate da Bonardi e Marini nell'ultimo capitolo di questo libro, o il recupero di riflessioni che possono ancora sviluppare importanti potenzialità. Jung ha riconciliato l'alleanza tra psiche, natura e cultura che il paradigma scientifico classico aveva lacerato. Bergson ha anticipato che le concettualizzazioni di corpo e mente, materia e consapevolezza dovrebbero essere rivisitate, con l'obiettivo di giungere a una scienza unificata che abbracci sia gli aspetti fisici sia quelli psichici, dove la conoscenza abbia a che fare con la generazione e la modificazione di confini, cioè con la creatività (Schinco, 2011).

La teoria del caos ha cambiato drasticamente la nostra percezione del mondo, allontanandoci dai sistemi lineari e meccanicistici e orientandoci verso quelli organici e complessi, invitandoci a non focalizzarci sulle singole parti ma a osservare le connessioni e le interazioni all'interno dei sistemi, superando la separazione tra materia e mente (Peat, 2001). Le scoperte in campo neuroscientifico evidenziano come la nostra capacità di comprendere gli altri e ciò che essi realizzano materialmente non dipende esclusivamente dalle competenze teorico-linguistiche, ma è fortemente legata alla nostra natura socio-relazionale, la cui struttura più profonda è la corporeità (Mallgrave, 2013). L'inter-corporeità è la principale fonte di conoscenza del mondo e degli altri e il legame con i luoghi assume un valore fondamentale per la nostra personalità: secondo Lingiardi (2013), per stare al mondo e avere qualche speranza di essere noi stessi, dovremmo conoscere il paesaggio e avere molti luoghi dentro di noi".

In termini neuroscientifici, l'architettura contemporanea sembra incapace di progettare edifici a misura d'uomo a causa di un esagerato predominio di criteri formali e visivi, che attribuiscono un'eccessiva importanza alla vista sopprimendo di conseguenza gli altri sensi, e più in generale la corporeità (Mallgrave, 2013). Invece, recenti studi filosofici e la scoperta dei neuroni specchio aiutano a comprendere che possiamo interiorizzare situazioni ed esperienze fisiche esterne attraverso la simulazione incarnata, valorizzando in modo significativo le potenzialità dell'atmosfera. Nella sua stessa essenza, il giudizio sui caratteri ambientali è una "complessa fusione multisensoriale di innumerevoli fattori che vengono immediatamente e sinteticamente colti come atmosfera, ambiente, sensazione o stato d'animo complessivo" (Pallasmaa, 2014).

Attraverso un approccio multidisciplinare, questo libro esplora il contributo di visioni psicologiche, neuroscientifiche e filosofiche alla progettazione della città contemporanea, cercando di approfondire il ruolo complementare che la scienza e l'arte possono svolgere in una prospettiva innovativa. L'obiettivo è quello di raccogliere la sfida che una lettura transdisciplinare pone alla cultura del progetto nell'attuale fase post-industriale, e di tracciare un percorso per sviluppare nuovi linguaggi e paradigmi di conoscenza che orientino il processo di progettazione verso il benessere individuale e collettivo.

Riflettere sul rapporto tra le persone e il loro ambiente significa comprendere che abitare è una forma di conoscenza e di reinvenzione della realtà che coinvolge sia la dimensione tangibile dei luoghi fisici sia la loro rappresentazione mentale. L'interior design può giocare un ruolo significativo nella comprensione della complessità della società contemporanea, della rivoluzione delle condizioni di lavoro e delle relazioni umane, dando valore non solo a un uso funzionale, ma anche esperienziale dei luoghi, sottolineando come la vivibilità dello spazio si basi anche su valori e significati immateriali.

Il libro si rivolge a studiosi, accademici e professionisti che sono coinvolti nel processo di pianificazione, progettazione e costruzione dei luoghi, e promuove uno scambio di ricerche, casi di studio e riflessioni teoriche per affrontare la sfida di una progettazione di luoghi maggiormente consapevoli e ospitali. Il volume è formato da due sezioni distinte e simmetriche.

La mente nei luoghi intende proporre riflessioni utili a promuovere un'integrazione fra la dimensione estetica e quella culturale nell'ambito del design degli spazi. Si affronterà lo studio del riuso, una pratica inizialmente adottata per preservare dalla demolizione edifici storicamente rilevanti e oggi utile non solo come alternativa sostenibile nell'attuale società consumistica, ma anche come un'occasione per valorizzare le potenzialità di edifici esistenti, portatori di significati e di memorie. Si svilupperà inoltre una riflessione che promuova la bellezza, l'identità e la memoria come beni pubblici e come dimensioni indispensabili del benessere individuale e collettivo.

I luoghi nella mente intende portare il contributo di diverse discipline che si sono confrontate con la dimensione spaziale, cercando di approfondire il ruolo che possono svolgere in una riflessione transdisciplinare. Secondo Hartmann, a prescindere dai termini nei quali pensiamo ai contenuti della nostra mente (pensieri, sentimenti, emozioni, processi percettivi, semantici, mnestici,...) ci riferiamo a parti, regioni, processi, che per alcuni versi possono essere considerati separati, e che tuttavia sono ovviamente connessi. I confini tra queste parti non sono separazioni assolute, possono essere relativamente spessi e rigidi o relativamente sottili e permeabili (Hartmann, 2011). Hartmann ha inoltre lavorato sulla "immagine centrale" del sogno sottolineando la continuità tra stati di coscienza "notturni" e "diurni". Il suo lavoro lo ha portato a concludere che, nei suoi processi fondamentali, la funzione creativa è sempre la stessa, sia che si esplichi nella generazione di sogni, di opere d'arte e di letteratura, sia nelle più svariate imprese umane (Schinco, 2011).

Oltre alla lettura sequenziale delle due parti del volume, è possibile anche una lettura trasversale, seguendo dieci parole chiave che danno rispettivamente i titoli a coppie di capitoli e sono richiamate in tutto il libro, di cui creano una struttura concettuale di inquadramento. La questione ambientale è un tema specifico del capitolo 20 di Bonardi e Marini, ma è trattato anche da altri Autori. Il concetto di avanzi, per denominare i beni abbandonati diffusi nei contesti urbani e portatori di memorie stratificate, così come il profilo dei neo-nomadi, sono delineati da Crespi nel capitolo 1 e ripresi in altri capitoli nella prima parte del libro. Come espressione della creatività umana, a volte anche la musica intreccia le due parti (progettuale e teorica), offrendo alcuni contributi che aiutano a comprendere il rapporto tra corpo, spazio, emozioni, rinegoziazione del passato.

Anna Anzani

Bibliografia

Attiwill S., Urban Interiority as Collective Individuation. *[in]arch International conference 2018 Proceedings, The Stories of Interior, Multiple Perspectives on Interiority*, 30-31 January, Indonesia Universitas, Department of Architecture, Faculty of Engineering, Jakarta, Indonesia, 2018

Bateson G., *Mind and Nature. A Necessary Unity*, E.P. Dutton, New York, 1979

Hartmann E., *Boundaries: a new way to look at the world*, CIRCC EverPress, Summerland (CA), 2011

Heidegger M., *Saggi e discorsi*, Mursia, Milano, 2015

Lingiardi V., *Mindscapes. Psiche nel paesaggio*, Raffaello Cortina, Milano, 2017

Mallgrave H. F., *Architecture and Embodiment: The Implications of the New Sciences and Humanities for Design*, Routledge, Abingdon-on-Thames, 2013

Morton T., *Hyperobjects: Philosophy and Ecology after the End of the World*, University of Minnesota Press, Minneapolis, 2013.

Pallasmaa J., Space, place and atmosphere. Emotion and peripheral perception in architectural experience. *Lebenswelt*, 4.1, 230-245, 2014

Peat F. D., *Le Nuove Scienze e la Coscienza*, 2001 http://www.psycho-media.it/pm/science/nonlin/peat.htm

Schinco M., *The Composer's Dream. Essays on Dreams, Creativity and Change*, Pari Publishing, Pari, 2011

Luciano Crespi

Dipartimento di Design, Politecnico di Milano

Via Durando 38/a - 20158 Milano

luciano.crespi@polimi.it

Abstract

Il testo individua la questione del neonomadismo come
caratterizzante questo inizio di secolo e terreno di sfida
anche per la cultura del progetto. Invita a rimettere in
discussione il significato di abitare nella contemporaneità,
in relazione alla disponibilità nella città postindustriale
di spazi non più utilizzati, che vengono definiti *avanzi*.
Descrive in che modo il progetto indirizzato alla loro
rigenerazione possa assumere gli elementi di degrado
presenti come occasione per sperimentare una nuova
"estetica dell'avanzo". Conclude richiamando la
necessità di ripensare, in questo scenario, lo statuto
disciplinare del progetto, per aprirlo a una nuova forma
di transdisciplinarità, definita "design del non-finito",
posizionata tra architettura, design, scenografia, restauro,
exhibition design.

Parole chiave: neonomadismo, progetto, interior design,
avanzo, estetica dell'avanzo, design del non-finito

Confini
Il design del non-finito
come nuova prospettiva transdisciplinare

Luciano Crespi

1 _ Introduzione

Trattare di spazio e dei suoi confini significa anche pensare a ciò che la scienza ci racconta. Uso il verbo raccontare, perché quelli dei fisici sono i racconti più sorprendenti e per certi versi più terribili che oggi si possano ascoltare. Narrano di universi paralleli, di materia oscura, di spazio-tempo come unica entità, di un universo, il nostro, nato da una trasformazione del vuoto, di buchi neri, al cui interno esiste una regione sferica il cui bordo si chiama orizzonte degli eventi. E soprattutto di vulnerabilità e precarietà della condizione umana come riflesso della precarietà cosmica. Ci sarebbe da rimanere sgomenti se al termine di ognuno di essi non si ritrovasse sempre uno spunto dal quale partire per trasformare la consapevolezza della caducità di tutto ciò che ci circonda nella spinta - come scrive Guido Tonelli, professore di fisica all'Università di Pisa - verso "nuove e più profonde motivazioni a prendersi cura dei propri simili, avere rispetto dei viventi, riparare le ferite del pianeta" (Tonelli, 2017).

A proposito di confine, il sociologo italiano Stefano Allievi si chiede "C'è ancora una *finis-terrae*, in questa situazione? E dove? Nello spazio? Oltre? Sempre più viviamo, come ci ha ricordato Marc Augé, sotto il segno di Hermes, dio della porta, della soglia della città, ma anche dei crocevia, degli incroci. Tra le città, sempre più, ci sono strade e ponti" (Allievi, 2001). E tra i continenti ci sono mari le cui superfici vengono solcate ininterrottamente da barche colme di un'umanità in cerca di approdi sicuri, per quanto temporanei.

2 _ Neonomadismo

Il rapporto dell'ONU del 2017 sulle migrazioni internazionali ha stimato che circa 258 milioni di persone hanno lasciato i loro Paesi di nascita e ora vivono in altre nazioni. Secondo l'UNHCR, l'Agenzia delle Nazioni Unite per i Rifugiati, nel 2018 il numero di persone in fuga da guerre, persecuzioni e conflitti ha superato i 70 milioni. Si tratta del livello più alto registrato dall'UNHCR in quasi 70 anni di attività ed è composto da tre gruppi principali. Il primo è quello dei rifugiati, persone costrette a fuggire dal proprio Paese a causa di conflitti, guerre o persecuzioni: 25,9 milioni nel 2018, 500.000 in più del 2017. Il secondo gruppo è composto dai richiedenti asilo, persone che si trovano al di fuori del proprio Paese di origine e che ricevono protezione internazionale, in attesa dell'esito della domanda di asilo, che alla fine del 2018 erano 3,5 milioni. Infine, il gruppo più numeroso, 41,3 milioni di persone, include gli sfollati in aree interne al proprio Paese di origine, una categoria alla quale normalmente si fa riferimento con la dicitura sfollati interni (Internally Displaced People/IDP). Tra i quali si vengono a collocare i migranti climatici, che dall'*Organizzazione Internazionale per le Migrazioni* sono definiti "persone o gruppi di persone che, principalmente a causa di cambiamenti improvvisi o graduali dell'ambiente che influiscono negativamente sulle loro condizioni di vita, sono costrette ad abbandonare le loro residenze abituali, o scelgono di farlo, sia temporaneamente che permanentemente, sia nel loro stesso Paese che al di fuori di esso".

Lo spostamento di milioni di persone da un'area geografica all'altra, seppure per ragioni anche molto diverse tra di loro, costituisce un fenomeno complesso e di dimensione planetaria, che non ha forse uguali nella storia dell'umanità, se non alle sue origini, e che è destinato a rappresentare, insieme al degrado ambientale, la grande emergenza di questo secolo, con ricadute enormi su ciò che significa oggi abitare il mondo.

Molto è stato scritto, a proposito della comparsa sulla scena del *neonomadismo*. Per il filosofo italiano Umberto Galimberti all'uomo non resterebbe, a causa del diffondersi di nuove forme di nomadismo di massa, che "il destino del 'viandante', il quale, a differenza del 'viaggiatore' che percorre la via per arrivare a una meta, aderisce di volta in volta ai paesaggi che incontra andando per via, e che per lui non sono luoghi di transito in attesa di quel luogo, Itaca, che fa di ogni terra una semplice tappa sulla via del ritorno (...) Il nomadismo è la capacità di abitare il mondo nella casualità della sua innocenza" (Galimberti, 2000).

Michel Maffesoli, professore emerito di Sociologia alla Sorbonne di Parigi, è stato tra i primi a trattare il tema, nel suo libro *Du nomadisme. Vagabondage initiatique* (Maffesoli, 1997) e a sostenere che il nomade possa essere considerato una delle figure emblematiche del nostro tempo. In questo caso il nomadismo viene visto come una forma di erranza, qualcosa di inscritto nella natura umana e che può rappresentare una sorta di catarsi, un allargamento del sé verso qualcosa di più grande, capace di inglobare la terra, il mondo, gli altri. Si tratta di un'interpretazione che ne depotenzia il significato esplosivo e politico a favore di uno maggiormente legato all'idea vaga di neo solidarismo sociale, che trova nel web il luogo che rende possibili nuove modalità di interconnessione.

Per Arianna Dagnino, scrittrice e studiosa italiana dei cambiamenti dei comportamenti collettivi, i nuovi nomadi sono i grandi attraversatori di frontiere geografiche e mentali, fisiche e virtuali, possibili abitanti di città che potrebbero nascere e morire nel corso di una sola giornata. A distanza di circa vent'anni dal suo studio sui nuovi nomadi (Dagnino, 1996), scritto quando le migrazioni ancora non avevano assunto le dimensioni attuali, Arianna Dagnino sostiene l'esigenza di adottare un nuovo approccio al problema dell'esplosione dei fenomeni migratori, in grado di superare i principali limiti delle politiche usate nei loro confronti, fondate sulla presenza di due atteggiamenti culturali speculari, definiti uno "assimilazionismo" e l'altro "multiculturalismo". Lo definisce approccio transculturale, come "prospettiva critica che intende le culture come processi dinamici interessati da fusioni e confluenze", che "può dunque rappresentare anche un modello alternativo di costruzione dell'identità, che si sviluppa all'incrocio con altre culture e che sospinge verso una dimensione che va oltre ogni specifica cultura (...) La transculturalità anziché concentrarsi su polarità e differenze, privilegia intersezioni, elementi di comunanza e iniziative condivise" (Dagnino, 2016).

Per il critico d'arte francese Nicolas Bourriaud il fallimento del multiculturalismo postmoderno sarebbe dovuto al suo funzionamento sulla base di appartenenze, destinate inevitabilmente a creare "radicamenti etnici". Se l'immigrato, l'esiliato, il turista, l'errante urbano costituiscono le figure dominanti della cultura contemporanea, per poter operare in una realtà caratterizzata dal nomadismo planetario e dalla globalizzazione degli scambi finanziari senza doverla subire, è necessario, per Bourriaud, "elaborare un pensiero nomade che si organizzi in termini di circuiti e sperimentazioni, e non di installazione permanente. Alla precarizzazione dell'esperienza opponiamo un pensiero risolutamente precario che si inserisca e si inoculi nelle stesse Reti che ci soffocano" (Bourriaud, 2009). Un pensiero che all'idea di radicamento identitario sostituisca la nozione di *radicante*, che implica l'abbandono delle "esclusive disciplinari" a favore di "un partito preso nomade, la cui caratteristica principale sta nell'abitare strutture esistenti: accettare di diventare l'affittuario di forme presenti liberi di modificarle più o meno a fondo" (Bourriaud, 2009).

Per Stefano Boeri, architetto e studioso italiano, le città, e in particolare le città europee, sono diventate negli ultimi anni come dei grandi accampamenti, luoghi destinati a soste temporanee e progetti di vita mobili "mai come in questi ultimi anni la città europea è diventata una sorta di grande accampamento; la sede per soste temporanee e progetti di vita mobili" (Boeri, 2011).

3 _ Nuovi modi d'abitare

In questo scenario la cultura del progetto non può sottrarsi all'esigenza di misurarsi con gli effetti di questo fenomeno sui cambiamenti dei modi di abitare. Eppure il dibattito e ancora più le pratiche di questi ultimi anni non sembrano aver registrato l'esigenza di una vera rivoluzione copernicana nei confronti delle elaborazioni ereditate riguardanti le politiche, le tecniche e le estetiche. Alcune soluzioni proposte, come quelle di modelli abitativi temporanei e mobili, appaiono del tutto datate per non dire prive di senso. E non presentano neppure, nella maggior parte dei casi, un grande interesse dal punto di vista della qualità formale e del "tasso di innovazione", soprattutto se confrontate con analoghe, memorabili esperienze condotte negli anni Settanta del secolo scorso[1]. È il caso, per fare un esempio, dei *Refugee Housing Unit*, progettati da Ikea (2019), realizzati con materiali speciali ed ecologici e dotati di pannelli fotovoltaici, che tuttavia dal punto di vista del design riproducono l'immagine archetipica scontata della *casetta,* così come da sempre è immaginata nelle fantasie infantili. Paradossalmente più interessanti, in quanto ammiccanti in modo furbo all'universo dei neonomadi, sembrano gli oggetti della collezione SPRIDD, firmati dal designer Kit Neale, pensati "per tutte le persone in costante movimento che desiderano vivere una vita quotidiana più semplice e divertente, spostandosi da un luogo all'altro. Con le sue tende, le sacche da viaggio e i thermos, SPRIDD è perfetta per i festival rock. Le scatole, invece, sono ideali per chi si trasferisce per studiare all'Università, per lavoro o per passione" (IKEA, 2019). Si tratta infatti di un segnale comunque significativo dell'attenzione che anche il colosso svedese dell'arredo dimostra nei confronti dei cambiamenti in atto.

Cambiamenti ben presenti al mondo della scienza, grazie anche ad alcune clamorose recenti scoperte.

Guido Tonelli ci ricorda come in questo decennio siano avvenute due scoperte epocali: nel 2012 quella del bosone di Higgs e nel 2016 quella delle onde gravitazionali, destinate a contribuire alla conoscenza in profondità del mondo, della sua origine, del suo lato oscuro e anche della sua fragilità, dovuta all'instabile equilibrio in cui si trovano le forme di vita che popolano la Terra. Questa maggiore conoscenza, corroborata anche dalla prima foto di un *buco nero* scattata nell'aprile 2019, ci restituisce un'idea di universo che convive con innumerevoli altri universi e che non si presenta per nulla immutabile: "Ora dobbiamo fare un salto ulteriore: prendere coscienza che l'intero cosmo sembra condividere con noi e con il nostro pianeta un'analoga condizione di precarietà" (Tonelli, 2017). La scienza insomma ci dice che viviamo in un mondo strano, variopinto e stupefacente dove, come scrive Carlo Rovelli, "lo spazio si sgrana, il tempo non esiste e le cose possono non essere in alcun luogo" (Rovelli, 2014), un mondo fondato su relazioni, prima che su oggetti, e su "processi elementari dove quanti di spazio e materia interagiscono tra loro in continuazione" (Rovelli, 2014).

Si tratta di un cambiamento radicale degli statuti riguardanti il pensiero scientifico, che non può, come sempre è avvenuto nella storia, che riverberarsi sulle discipline progettuali. È accaduto con lo strutturalismo negli anni Sessanta del secolo scorso. È accaduto negli anni Ottanta in virtù del contributo di autori come René Thom e Ilya Prigogine, il cui programma di sostituzione di una scienza predittiva e sperimentale con una scienza qualitativa ed ermeneutica ha creato i presupposti per rimettere in discussione la possibilità di un'intesa tra scienza e progettazione sulla base di una comune capacità di svolgere attività di tipo previsionale. Ciò ha avuto come conseguenza che l'attività progettuale e la tecnologia stessa hanno rinunciato a un programma di dominio integrale sulle realtà cui sono applicate (Crespi, 1987; Crespi 2018).

La scienza, oltre ad avere fatto progressi inimmaginabili nella conoscenza delle leggi che regolano l'universo, ha negli ultimi anni esplorato in modo nuovo il comportamento dell'uomo nei confronti degli ambienti in cui vive. Con la scoperta dei neuroni a specchio siamo in grado di capire meglio, sostiene Harry Francis Mallgrave, come veniamo in contatto e reagiamo a certi materiali, spazi, forme, scale, condizioni di luce. Grazie alla neuroestetica e agli esperimenti scientifici compiuti per sapere come il nostro cervello reagisce agli stimoli estetici, siamo in grado di visualizzare sullo schermo i "brividi lungo la schiena" che potrebbero verificarsi durante l'ascolto di un improvviso di Schubert o l'ingresso in una cattedrale medievale (Mallgrave, 2015). Sarebbe piaciuto molto a Vladimir Nabokov poter verificare in laboratorio l'effetto della lettura "non con il cuore, e tantomeno con il cervello, ma con la spina dorsale - perché è lì che si manifesta il fremito rivelatore" (Nabokov, 1980) dell'opera di un genio. Convinto com'era che lo studio del contenuto sociologico della letteratura sia stato inventato a beneficio di chi è immune dalla "vibrazione estetica della vera letteratura" e che "non serve a nulla leggere un libro se non lo si legge con la schiena". Altri, come lo psicoanalista italiano Vittorio Lingiardi, hanno cercato di esplorare il nostro rapporto con il paesaggio e con tutto ciò che significa e evoca in ciascuno di noi come qualcosa che "non si esaurisce nello sguardo e nella contemplazione. Implica il corpo e la sua partecipazione sensoriale, si carica di affetti e memoria e diventa elemento dell'identità" (Lingiardi, 2017).

Altri ancora, come Stefano Mancuso, direttore del Laboratorio Internazionale di Neurobiologia Vegetale di Firenze, stanno osservando in modo differente il comportamento del mondo vegetale, attraverso una disciplina chiamata "Neurobiologia vegetale", che studia come le piante superiori siano capaci di ricevere segnali dall'ambiente circostante, rielaborare le informazioni ottenute e trasmetterle al resto della pianta o ad altre piante, anche distanti (Mancuso, 2017).

Come si vede, alla cultura del progetto arrivano segnali da lontano da discipline che comunque mettono al centro il rapporto dell'uomo con l'universo a cui appartiene e da eventi che stanno mettendo a soqquadro il pianeta, che non sembrano però essere stati colti per operare un vero cambiamento di rotta, capace di andare oltre l'insistito e anche un po' rituale richiamo, nell'ambito sia dell'architettura sia del design, alla questione ambientale e della sostenibilità degli interventi.

Alla voce "Progetto" l'Enciclopedia Treccani riserva un testo impegnativo, scritto da Franco Purini (Purini, 2010) uno dei più autorevoli teorici dell'architettura, un saggio che solleva molte e dense questioni legate al progetto nella contemporaneità, tra cui quella ecologica, le cui soluzioni proposte sarebbero, però, ricercate ricorrendo alle stesse tecnologie che rappresentano la causa del problema. Che affronta il tema della globalizzazione, con i suoi risvolti positivi, in quanto possibile strumento di coesione, e negativi, soprattutto sotto l'aspetto della riduzione dei segni che l'uomo ha lasciato sul territorio. Sottolinea come la nozione di *tempo* sia profondamente cambiata passando, nella postmodernità, da un tempo assiale a un tempo avvolgente, dove passato e futuro lasciano il posto a una sorta di moto a spirale dominato da un assoluto presente. Sfiora le questioni del ruolo del corpo nell'era elettronica e della complessità, così come viene trattato negli ultimi studi di filosofi della scienza. Invita ad approfondire l'idea di realtà, da considerare interponendo la necessaria distanza critica, in modo da non assecondare del tutto le condizioni con cui l'operare architettonico si confronta e cercare di conseguire risultati socialmente più significativi e anche esteticamente più avanzati. Tuttavia quando ritorna alla questione del linguaggio disciplinare il ragionamento perde di forza, si ripiega su se stesso, riemergono le vecchie dispute sulla differenza tra progettazione e composizione. Vengono snobbati i tentativi di sperimentare approcci diversi al progetto: "Declinato pressoché universalmente l'interesse per la storia, e quindi per la memoria dei luoghi e per gli aspetti collettivi del linguaggio architettonico, prevalgono oggi tendenze progettuali che considerano l'attività dell'architetto simile a quella di chi si occupa di *industrial design*, di moda o di comunicazione. Con una progressione inarrestabile molti architetti si trasformano in *performers*, creatori di installazioni, operatori mediatici, all'interno di un equivoco diffuso che vede l'architettura identificarsi direttamente con le arti visive. Ogni necessaria distinzione tra il costruire territori, città ed edifici o produrre opere pittoriche e plastiche viene meno". Eppure non mancano, disseminati qua e là nel lungo saggio, spunti di lettura promettenti, come quando rileva, nell'esaminare la produzione recente, la presenza anche di "tematiche spaziali nuove le quali, razionalizzando intuizioni futuriste ed espressioniste, intendono trasporre nell'ambito dell'architettura quella fluidità che caratterizza l'incessante scorrere delle informazioni nel mondo globale". Insomma sembra che, nonostante la consapevolezza che nelle condizioni attuali il progetto "cerchi l'effimero più che il duraturo", il richiamo esercitato da una certa tradizione di pensiero prevalga sulla necessità di misurarsi in modo differente con i problemi che pure sono stati individuati. In questo contesto ritenere che "divenuta uno dei tanti *mass media*, l'architettura è costretta a mettere in secondo piano i suoi contenuti più specifici, quali il suo essere principalmente uno spazio abitabile", per quanto del tutto condivisibile sembra invocare il ritorno al "fondamento, alla memoria e al tema" in un unico modo, quello di rendere "stabile e durevole, in alcuni casi fino a raggiungere una qualche forma di eternità, l'istantaneo, il casuale e il frammentario".

C'è un passaggio sorprendente in *La poetica dello spazio*, opera cardine di Gaston Bachelard, indirizzata a risalire all'essenza di ciò che si intende per immagine poetica, la cui vera misura sarebbe rappresentata dalla nozione di *retentissement*. Si trova nel capitolo "Casa e universo", nel quale il tema dello spazio domestico viene esplorato in quanto "spazio che deve condensare e difendere l'intimità" (Bachelard, 1958). Nel paragrafo VII in cui è trattata la casa dell'avvenire, troviamo scritto: "È meglio vivere nel provvisorio che nel definitivo". Sorprende perché si trova in un contesto in cui la casa è considerata come il luogo in cui alloggiano i nostri ricordi e il nostro inconscio e le immagini della casa "sono in noi come noi siamo in esse" (Bachelard, 1958), dunque il luogo dove trovare un ancoraggio stabile. Ma nello stesso tempo apre una prospettiva di lavoro, perché quella condizione riguarda appunto la casa dell'avvenire, la casa che ancora non c'è, la casa, potremmo dire, da progettare, la casa sognata: la "caratteristica del sognatore di dimore è quella di essere alloggiato dappertutto, senza essere mai rinchiuso da nessuna parte, nella casa finale come nella casa mia reale, la *rêverie* di abitare è maltrattata: bisogna sempre lasciare aperta una *rêverie* dell'altrove".

Non potremmo pensare che sia lo stesso sogno degli attraversatori di frontiere?

Pubblicato per la prima volta nel 1974, viene edito in Italia nel 2017 il volume *Il settimo uomo,* scritto da John Berger, grande critico e autore scomparso nel 2017, e accompagnato dalle foto di Jean Mohr: un epico racconto di storie di emigrazione e sofferenza. È a partire da quell'esperienza che la condizione dell'abitare contemporaneo viene da loro descritta in questo modo: "La casa è un microcosmo che funziona da modello per interpretare la propria esperienza quotidiana e per strutturarla e proiettarla all'esterno. Tuttavia in un mondo in movimento, fatto di lavoratori globali, di emigrazioni ed esodi, è opportuno riflettere su quali nuovi significati la casa possa assumere. L'ipotesi è che piuttosto che spazio fisico, essa appaia sempre più sotto forma di insiemi di routine e di pratiche esportabili altrove, ovvero opinioni, stili di abbigliamento, ecc. Casa come habitus, pratiche incorporate, per dirla con le parole dell'antropologo francese Pierre Bourdieu, come performance. Le narrazioni sulla casa diventano il contesto di ricerca ideale per trovare il modo in cui gli individui costruiscono *moving home* di vario tipo, 'case cognitive in transito' (Berger, Mohr, 2017).

È pensabile che i temi dell'effimero, del transitorio e del provvisorio possano diventare qualcosa di più della semplice rappresentazione di una fenomenologia dell'abitare, qualcosa in grado di generare nuovi codici e linguaggi espressivi? Possibile che di fronte a ciò che sta succedendo in questo inizio di secolo la cultura del progetto si interroghi ancora sulla differenza tra composizione e progettazione e quella del design non sappia andare oltre le narrazioni sul design partecipato e il design thinking o le critiche un po' naif, orfane della inaudita potenza del pensiero marcusiano, rivolte da Victor Papanek al consumismo?

Nel capitolo intitolato "Disarmonia, asimmetria, *wabi, sabi*" del libro *Horror pleni. La (in)civiltà del rumore*, Gillo Dorfles sostiene come in un mondo fluttuante si debba sostituire, in generale nel pensiero e in particolare nel mondo delle arti, all'ideale di perfezione, proprio di alcune grandi civiltà del passato e che si fondava sul principio di armonia cosmica, "un genere di modalità cogitativa che prenda spunto dall'imperfezione, dalla transitorietà, dall'aleatorietà, e soprattutto da quella 'disarmonia' che oggi è dominante nelle cose dell'arte, ma anche in quelle della nostra quotidianità" (Dorfles, 2008). Disarmonia che Dorfles vede imparentata con alcuni concetti propri dell'arte giapponese, come *wabi, sabi, ukiyo*, fondati sul principio della rottura dell'equilibrio e della simmetria[2].

4 _ Avanzi

La sua idea acquista particolare interesse nel provare ad affrontare i temi ricordati all'inizio in una prospettiva diversa, in grado di dare al design degli interni il ruolo, quasi eversivo in questo momento della storia, di sperimentatore di azioni di contenuto sociale, adottando una sintassi che le sappia interpretare e rappresentare.

Ho avuto già modo di trattare in altri testi l'argomento (Crespi 2017, 2018), che prende spunto dall'esistenza, soprattutto nei paesi postindustriali, di una moltitudine di spazi abbandonati.

Non si tratta tanto delle aree industriali dismesse, con cui ultimamente la cultura del progetto si è misurata attraverso operazioni di rifunzionalizzazione, nate in seguito anche alla nascita e al consolidarsi della disciplina dell'archeologia industriale. Nata negli anni Cinquanta come nuova disciplina, soprattutto nei paesi anglosassoni, *l'archeologia industriale* ha contribuito in modo determinante a diffondere tra le istituzioni, gli operatori e il pubblico l'interesse nei confronti della tutela del patrimonio industriale dismesso in quanto "bene culturale". "L'archeologia è la scienza che studia i reperti e le testimonianze dell'attività dell'uomo nell'antichità, così l'archeologia industriale è la scienza che studia i reperti e le testimonianze dell'epoca della rivoluzione industriale, in tutti i suoi aspetti e contenuti (macchine, edifici, tecnologie, infrastrutture) e le conseguenze economiche e sociali che ne derivano. È dunque la scienza che studia le origini e lo sviluppo della civiltà delle macchine e i segni lasciati dal processo di industrializzazione nella vita quotidiana, nella cultura e nella società" (Corti 1991; Muratore, 2006). La dismissione di una parte consistente di questi luoghi si deve al cambiamento radicale dei mezzi e dei modi di produzione, avvenuto con una rapidità che non ha precedenti nella storia. Gli spazi nati per ospitare forme di produzione ormai obsolete sono diventati in molti casi contenitori, a volte temporanei, di nuovi tipi di attività. Quasi sempre incontrando un indiscutibile favore da parte del pubblico. Come se quei luoghi fossero in grado, molto più di molta della nuova architettura, di comunicare un sentimento immediato di empatia. Sarà per il "fascino dell'archeologia industriale", di cui parla Eugenio Battisti (Battisti, 2001). Sarà perché quegli ambienti presentano caratteristiche fisiche che non si trovano facilmente in altri.

Si tratta invece della numerosa specie di spazi che nella città postindustriale hanno smesso di svolgere, per ragioni anche molto diverse tra di loro, il ruolo per cui erano stati realizzati e che ora si trovano come in uno stato di sospensione. Li ho chiamati *avanzi*. Non possiedono la stessa potenza simbolica e seduttiva delle ex fabbriche. Può trattarsi di ex scuole, ex depositi, ex chiese, ex macelli, e così via. Sono presenti un po' in tutte le aree geografiche del mondo. Un patrimonio immenso ma non ancora censito in modo sistematico. In alcuni casi, quando presentano caratteri particolari dovuti al loro valore simbolico o iconico, vengono trasformati in malinconica attrazione da circo, come il villaggio di Goussainville in Francia, sorta di trasposizione nella realtà, per amanti dello splatter, delle atmosfere torbide di *Sin City*.

Eppure vi può essere un altro modo per riscattare questi luoghi atopici dal loro incerto destino.

Un modo che parte dall'idea di assumere come un "dono" gli elementi di degrado presenti per trasformarli in nuove opportunità d'uso, fondate sulla formulazione di una nuova *estetica dell'avanzo*.

Dono nel senso che nel suo celebre saggio gli attribuisce Mauss (Mauss, 1924) come qualcosa che si dà e che si deve ricambiare. E che, nelle società arcaiche, non rappresenta una pratica libera, ma un obbligo sociale. Visto da questa prospettiva l'avanzo dunque concede al progetto la chance di ripensare il proprio statuto disciplinare e di operare in un'ottica transdisciplinare, posizionata tra architettura, design, exhibition design, scenografia, restauro, per adottare una modalità di rigenerazione di questi ambienti che si potrebbe definire "design del non-finito". Un approccio di tipo "allestitivo", reversibile, anche provvisorio in certi casi, in grado di rispondere all' esigenza di riattribuire loro un valore identitario. I cui contorni, tuttavia, non possono non misurarsi con la presenza del migrante, dell'esiliato, del turista, del neo-nomade, dell'errante urbano come figure dominanti della cultura contemporanea.

Come ha scritto il grande storico dell'arte italiano Giulio Carlo Argan, il non-finito michelangiolesco ha rappresentato "il momento supremo dell'arte che travalica il proprio limite tecnico (...). Da allora, con i manieristi e poi con i romantici, tutta l'arte fu costituzionalmente non-finita; e, andando oltre il proprio limite disciplinare, contestò il pregiudizio che il finito fosse la necessaria connotazione del valore" (Argan, 2005). Il *design del non-finito* può rappresentare una modalità per assegnare a questi ambienti abbandonati, qualunque sia la loro funzione, un *carattere* rappresentativo delle condizioni di provvisorietà, precarietà, transculturalità, proprie del secolo appena iniziato.

5 _ Estetica del non-finito

Si tratta di un tipo d'intervento indirizzato a rendere tali luoghi abitabili, attraverso l'introduzione soprattutto di provvedimenti di natura provvisoria e reversibile: arredi, installazioni, forme di riqualificazione degli spazi a basso costo, uso di tecnologie alternative a quelle normalmente adottate negli interventi di riuso, valorizzazione degli elementi presenti e rappresentativi della storia precedente dell'*avanzo*. Senza tuttavia rinunciare all'adozione di linguaggi e codici estetici propri. Senza patetici e anacronistici compiacimenti di tipo nostalgico nei confronti della polvere del tempo e del piccolo mondo antico perduto (Peregalli, 2010). Nulla a che vedere con un'operazione come "Incompiuto siciliano", furba dal punto di vista mediatico, orientata ad attribuire un valore di "stile" alla parte del patrimonio edilizio non terminato. E poco o nulla anche a che fare con il "tactical urbanism" o il design dialogico e le diverse forme di progettazione partecipata, che nella maggior parte dei casi assegnano un ruolo preponderante e quasi esclusivo ai processi, senza che ne consegua una valutazione critica della qualità del risultato.

Ultimamente nel mondo sono numerosi gli esempi di operazioni che hanno rigenerato spazi abbandonati, *avanzi*, attraverso interventi che prevedono un cambiamento di destinazione d'uso e il mantenimento sostanziale delle sue condizioni originarie. Si tratta di esempi molto differenti tra di loro, la maggior parte dei quali caratterizzati da un approccio prevalentemente architettonico, una forma di restauro *sui generis* fondato sulla conservazione di parti della costruzione esistente integrate da parti del tutto nuove, in una prospettiva di nuova destinazione "di lunga durata". Altri, come il caso dei progetti di Paulo Moreira, giovane architetto portoghese, di un caffè a Porto, *A Sandeira*, del 2013 e di una birreria a Lisbona, *Musa* del 2017, contrassegnati dall'intelligente equilibrio tra il nuovo arredo introdotto e le parti conservate: nel primo facendo ricorso ad elementi e materiali recuperati da altri edifici della città e prolungando all'interno la pavimentazione esterna in lastre di granito, così da ottenere una continuità dello spazio. Nel secondo, ricavato in un ex magazzino e dal destino incerto, dovuto ad un probabile intervento immobiliare che ne potrebbe cancellare la presenza, attraverso un uso calibrato degli interventi, un design senza sbavature degli arredi, l'uso giudizioso delle risorse anche per l'impiantistica completamente a vista.

Si potrebbero citare molti altri esempi, ma non è il compito di questo saggio. Siamo solo all'inizio, si tratta di episodi avvenuti quasi contemporaneamente in contesti geografici differenti, prima ancora che vi sia stata l'adesione cosciente a un pensiero che li legittimi, cioè a un nuovo paradigma. Nati piuttosto come esigenza irrinunciabile di misurarsi con alcuni dei tratti costitutivi più problematici del mondo contemporaneo.

Si potrebbe pensare che questo approccio si presti maggiormente per operazioni di rigenerazione di *avanzi* da destinare a funzioni commerciali o culturali, più che a funzioni domestiche, dove i

Fig. 1 e 2: Ex magazzino FS Varese: sistema di copertura in legno (e), spazio interno corrispondente al crollo di una parte della copertura. Foto di: Michela Albergati, Federica Borrello, Elena Grisa, Gennaro Merolla, Federico Nunziata, Giulia Turati

cambiamenti avvengono a ritmi più lenti. Tuttavia i ragionamenti fatti precedentemente sul senso dell'abitare nella contemporaneità autorizzano sperimentazioni anche in quella direzione. Soprattutto se a confortarle sono considerazioni sull'esigenza di scardinare molti dei luoghi comuni ancora diffusi sul senso dell'abitare oggi, già messi in discussione per esempio da Alessandro Mendini quasi quarant'anni fa (Mendini, 2016). Il rischio che molti degli esempi di interventi realizzati ultimamente, che si potrebbero far rientrare in questo tipo di approccio, possano apparire come operazioni di "tendenza" e di moda o come espressione di una forma di design chic e modaiolo, esiste. Il lavoro critico di catalogazione dei risultati è appena all'inizio. Come sempre quando si cerca di esplorare nuovi territori disciplinari e fondare un nuovo paradigma gli ostacoli che si incontrano lungo la strada possono essere numerosi.

Questo è un territorio dove negli ultimi anni ho condotto, insieme ai miei colleghi di Laboratorio di progetto, all'interno del corso di Laurea del Design degli interni del Politecnico di Milano, una intensa attività di sperimentazione didattica. A partire dalla quale è nata l'esigenza di svolgere una parallela attività di ricerca progettuale in contesti differenti.

Un primo esempio riguarda il progetto[3] di rigenerazione di un ex magazzino di fine Ottocento delle Ferrovie dello Stato a Varese,

Fig. 3: Ex magazzino FS Varese. Progetto di riqualificazione di Luciano Crespi, Marino Crespi, con Fiamma Invernizzi, Barbara Di Prete, Osvaldo Pogliani, 2019

in Lombardia, su incarico del Comune di Varese, interessato a partecipare al bando di finanziamento di interventi di riuso di spazi da destinare a funzioni sociali e culturali. Lo spazio interno si presenta come uno "spazio direzionale" di circa 70 metri x 8, con capriate in legno a doppio monaco, al quale si aggiunge una parte porticata di 23 metri x 9, occupata da un corpo per uffici realizzato con un sistema prefabbricato in anni recenti (Fig. 1 e Fig. 2).

Il progetto prevede la rimozione di questo corpo, per consentire la possibilità d'uso del porticato (Fig. 3), e l'attribuzione allo spazio interno del carattere di "vicolo coperto", in cui gli ambienti per le nuove funzioni si susseguono senza soluzione di continuità, dando vita a un nuovo paesaggio.

Fig. 4: Ex magazzino FS Varese. Progetto di riqualificazione di Luciano Crespi, Marino Crespi, con Fiamma Invernizzi, Barbara Di Prete, Osvaldo Pogliani, 2019. Laboratori creativi

La sequenza degli spazi va dal pubblico, con il portico inteso come piazza coperta, al semipubblico, dove sono previste la caffetteria e gli spazi per le associazioni e il co-working e, nella parte terminale, gli spazi per le attività artistiche e di design (Fig. 4). I volumi inseriti, riservati ad alcune attività speciali, sono pensati come piccoli padiglioni reversibili, da realizzare con tecniche solitamente adottate in ambito fieristico. Gli arredi sono a basso costo e gli impianti a vista. È previsto il mantenimento del pavimento in cemento esistente, da "suturare" nelle parti più deteriorate, e degli gli elementi che caratterizzano l'ambiente. L'immagine complessiva ottenuta è di instabile armonia, in difficile equilibrio tra il non-finito del luogo, con

Fig. 5: Ex complesso industriale in provincia di Varese. Progetto di riqualificazione di Luciano Crespi e Giorgio Vassalli con Marino Crespi, 2019. Prospettiva generale dell'esterno

le sue rughe, i suoi segni lasciati dal tempo, e il finito misurato, mite, del suo allestimento.

Un secondo esempio[4] riguarda il progetto di riuso di un'ex complesso industriale in provincia di Varese, composto da numerosi padiglioni dismessi da diversi anni e sui quali lo scorrere del tempo ha lasciato tracce di rara potenza e bellezza: dei padiglioni con struttura e copertura in metallo rimane soltanto lo scheletro, che ora fa in alcune parti tutt'uno con la vegetazione; dalle aperture ricavate nelle volte a botte ribassata in calcestruzzo filtra una luce spettrale; alcune zone del suolo si presentano come un cretto, formato dall'impasto di frammenti di vetro, muschio, metallo, radici.

Il progetto prevede l'introduzione, anche in base a quanto richiesto dall'Amministrazione locale, di nuove funzioni di tipo residenziale, culturale, sociale, assistenziale, oltre ad un piccolo albergo e a spazi per lo sport e l'intrattenimento. La scelta è stata non soltanto di valorizzare i caratteri spaziali dei diversi ambienti ma anche di assumere gli effetti prodotti dalla accumulazione di materiali avvenuta nel corso del tempo per dare vita a un paesaggio felliniano, sospeso tra memoria e sguardo rivolto al futuro.

L'idea di proporre una rigenerazione degli spazi attraverso questo approccio progettuale va nella direzione di consentire di rimettere nuovamente, e in tempi relativamente brevi, a disposizione del territorio un luogo ricco di memoria, altrimenti destinato all'oblio e alla cancellazione della sua storia.

6 _ Conclusioni

Siamo solo all'inizio di un processo destinato all'elaborazione di un nuovo sillabario dove trovare le parole con cui affrontare le sfide di un mondo cambiato. Non si tratta di un compito facile. Conservare la memoria di questi luoghi e destinarli a un ruolo forse inaudito è una sfida necessaria. Trattando di Alessandro Papetti, un artista italiano al centro della cui opera è il tema dell'abbandono, Massimo Recalcati scrive: "Ricordare non è mai solo riprodurre quello che è stato, ma reinterpretarlo, farlo nascere una seconda volta, renderlo nuovamente vivo. La memoria non è tanto replica del già stato, riproduzione, ripetizione, ma creazione, invenzione" (Recalcati, 2016). Il *design del non-finito* tende a ciò, spiazza e non ammicca. Si fa carico del compito di proporre un nuovo codice estetico. È uno stile di pensiero, una nuova filosofia di progetto indirizzata alla creazione di rifugi per i nomadi del terzo millennio. Rinuncia all'immagine levigata per dare forma all'incompiuto, all'inaudito, all'impensato.

Fig. 6: Ex complesso industriale in provincia di Varese. Progetto di riqualificazione di Luciano Crespi e Giorgio Vassalli con Marino Crespi, 2019. Particolare della prospettiva esterna

1. Si veda la mostra *The New Domestic Landscape* tenuta al MoMa di New York nel 1972

2. Dorfles aveva già affrontato questo tema nel libro *Dal significato alle scelte*, del 1973, trattando dell'opera di un giovane Ugo La Pietra impegnato a sperimentare azioni disequilibranti

3. Progetto di Luciano Crespi, Marino Crespi, con Fiamma Colette Invernizzi. Consulenti: Osvaldo Pogliani, Barbara Di Prete, 2018

4. Progetto di Luciano Crespi e Giorgio Vassalli con Marino Crespi, 2018

Bibliografia

Allievi S., De-finire il con-fine. *Servitium*, 133, 2001

Argan G. C., *Scultore per vocazione*, in *Michelangelo scultore, I classici dell'arte*, Rizzoli/Skira, Milano, 2005

Bachelard G., *La Poétique de l'Espace*, Presses Universitaires de France, Parigi, 1958

Battisti E., *Archeologia industriale*, F. M. Battisti (a cura di), Jaca Book, Milano, 2001

Berger J., Mohr J., *Il settimo uomo*, Contrasto, Milano, 2017

Boeri S., *L'anticittà*, Laterza, Roma, 2011

Bourriaud N., *Radicant: pour une esthétique de la globalisation*, Denoël, Parigi, 2009

Collectif, *Incompiuto. La nascita di uno stile*, Humboldt, Milano, 2018

Corti B., *Archeologia industriale*, in Enciclopedia Treccani on line, 1991

Crespi L., *Il paradigma tecnologico. Architettura e tecnoscienze*, in L. Crespi (a cura di), *La progettazione tecnologica*, Alinea, Firenze, 1987

Crespi L., *Estetica dell'avanzo*, in A. Anzani, E. Guglielmi (a cura di), *Memoria, bellezza e transdisciplinarità*, Maggioli, Santarcangelo di Romagna, 2017a

Crespi L., *The role of interior design in the transformation of abandoned industrial areas*, in M. A. A. Areces (a cura di), *Pensar y actuar sobre el patrimonio industrial en el territorio*, Incuna, Gijòn, 2017b

Crespi L., *Da spazio nasce spazio. L'interior design nella trasformazione contemporanea*, seconda ed., Postmedia Books, Milano, 2018a

Crespi L., *Leftovers*, in G. Brooker, H. Harriss, K. Walker (a cura di), *Interior Futures*, Crucible Press Yountville CA, 2018b

Crespi L., *Manifesto del design del non-finito*, Postmedia Books, Milano, 2018c

Crespi L., Anzani A., Caramel C., Crippa D., Di Prete B., Lonardo E., *Designing remains*, in G. Amoruso (a cura di), *Putting Tradition into Practice: Heritage, Place and Design*, Springer Nature, Cham, 2017, pp. 1473-1482

Crespi L., Invernizzi F. C., *Unfinished design as a new trans-disciplinary prospective*, in M. Vaudetti, V. Minucciani, S. Canepa, N. Saglar Onany (a cura di), *Suspended Living in Temporary Space*, Lettera Ventidue, Siracusa, 2017

Dagnino A., *I nuovi nomadi. Pionieri della mutazione, culture evolutive, nuove professioni*, Castelvecchi, Roma, 1996

Dagnino A., *Nomadi transculturali, caravanserragli urbani e spazi pubblici di quartiere*, in A. Barbara, J. Ceresoli, S. Chiodo (a cura di), *Interni inclusivi. Dialoghi trasversali*, La Maggioli, Santarcangelo di Romagna, 2016

Dorfles G., *Horror pleni. La (in)civiltà del rumore*, Castelvecchi, Roma, 2008

Galimberti U., *Orme del sacro*, Feltrinelli, Milano, 2000

IKEA Catalogo, 2019

Lingiardi V., *Mindscapes. Psiche nel paesaggio*, Raffaello Cortina, Milano, 2017

Maffesoli M., *Du nomadisme. Vagabondage initiatique*, Le Livre de Poche, Parigi, 1997

Mallgrave H.F., *L'empatia degli spazi. Architettura e neuroscienze*, Raffaello Cortina, Milano, 2015

Mancuso S., *Plant Revolution,* Giunti, Firenze, 2017

Mauss, M., *Essai sur le don. Forme et raison de l'échange dans les sociétés archaïques,* Presses Universitaires de France, Parigi, 1924

Mendini, A., *Scritti di domenica,* Parmesani, L. (a cura di), Postmedia Books, Milano 2016

Muratore G., *Archeologia industriale,* in Enciclopedia Treccani on line, 2006

Nabokov V., *Lectures on Literature,* F. Bowers (a cura di), Harcourt Brace Jovanovich and Bruccoli Clark New York and London, 1980

Peregalli R., *I luoghi e la polvere. Sulla bellezza dell'imperfezione*, Bompiani, Milano, 2010

Purini F., *Il Progetto,* Enciclopedia Treccani on line, 2010

Recalcati M., *Il mistero delle cose. Nove ritratti di artisti*, Feltrinelli, Milano, 2016

Rovelli C., *Sette brevi lezioni di fisica,* Adelphi, Milano, 2014

Tonelli G., *Cercare mondi*, Milano, Rizzoli, 2017

Eugenio Guglielmi

Design Campus, Università degli Studi di Firenze

via Sandro Pertini, 93 - 50040 Calenzano (Fi)

guglielmieugenio@gmail.com

Abstract

La necessità di rappresentare lo spazio della nostra vita comunitaria si è manifestata nel tempo attraverso forme diverse, che hanno avuto come oggetto la realtà nei suoi vari modelli. Questo lungo percorso, documentato già nel Neolitico, è proseguito quasi immutato fino all'introduzione della prospettiva geometrica, meglio teorizzata nel sec. XV. Si aprirono nuove formulazioni, che ebbero la loro massima applicazione nelle discipline artistiche, raggiungendo la soglia del Novecento con la completa "distruzione" del tradizionale rapporto tra forma e contenuto nell'immagine astratta. A partire dalla fine dell'Ottocento, gli studi si rivolgono a uno spazio continuo, non più diviso in schemi rigidi, corrispondente alla necessità di una maggiore comunicazione sociale tra gli individui, ben sintetizzata nelle teorie filosofiche matematiche di Russell e in quelle dello spazio matematico puro e psicofisiologico di Cassirer. Anche alla luce delle acquisizioni scientifiche degli ultimi decenni, il capitolo propone una ricostruzione storica e teorica del processo che ha portato il pensiero umano dalla topologia alla tridimensionalità, verso una maggiore consapevolezza delle geometrie e della fisicità di un luogo abitabile e visibile, per accertare le relazioni che possono esistere tra superfici e spazi, anche nella vita quotidiana.

Parole chiave: rappresentazione, topologia, prospettiva, astrazione, città, spazio multisensoriale

Percezione

La rappresentazione dello spazio, dalla bidimensionalità alla tridimensionalità

Eugenio Guglielmi

1 _ Introduzione

L'occhio insieme con l'intelletto umano ha da essere la regola, la misura, e in una parola il giudice della pittura. (Giovan Paolo Lomazzo, 1538-1592)

La necessità di rappresentare lo spazio della nostra vita comunitaria si è manifestata attraverso numerose variabili rivolte alla realtà descritta nelle sue diverse declinazioni. Questo percorso, documentato già nel Neolitico, é proseguito pressoché immutato fino all'introduzione della prospettiva geometrica, meglio teorizzata nel sec. XV, aprendo a nuove formulazioni, che hanno avuto nelle discipline artistiche la loro massima applicazione.

Dalla fine dell'Ottocento gli studi si erano rivolti alla ricerca di uno spazio continuo, non più suddiviso in rigidi schemi, corrispondente alla necessità di un aumento della comunicazione sociale tra gli individui, ben riassunti nelle teorie filosofico matematiche (Russell) e in quelle dello spazio matematico puro e psico-fisiologico (Cassirer), arrivando alle soglie del Novecento con la "distruzione" del tradizionale rapporto forma-contenuto nell'immagine astratta.

Le divulgazioni scientifiche di questi ultimi anni sembrano però aver dato per scontata questa ricostruzione storica e teorica, a scapito di una migliore consapevole acquisizione della nostra fisicità percepibile, per constatare le relazioni che possono intercorrere fra superfici e spazi, anche nel vivere quotidiano (Fig. 1).

Cammino lungo e tormentato che ha visto l'uomo (creatività attiva) competere, anche in modo violento, con il mondo vegetale e animale (creatività passiva)[1]. Il mondo da "unwelt", caotico, irrazionale, si è trasformato così in "welt", ordinato da regole in quello che Arnold Gehlen (1994-1976) indicava (Gehlen, 2003; Gehlen, 2010) come "totalità assoluta"(Fig. 2)[2].

In definitiva ciò che i latini chiamavano "Natura naturandis", lo sviluppo della natura primitiva, atona e oscura, verso la sua "rigenerazione", non esisteva se non in chiave mitica[3].

L'argomento della mutazione della natura, ancora non del tutto compresa nei suoi modelli scientifici, fu un aspetto molto indagato dal nostro Umanesimo e addirittura ne forgiò alcuni aspetti all'interno del Neoplatonismo. Di questo si interessava Cosimo I (1389-1464) insieme a Michelozzo (1396-1472), suo architetto e uomo di fiducia. Di questo discuteva il nipote Lorenzo (1448-1492) nei lunghi e caldi soggiorni estivi presso la Villa di Careggi, insieme agli amici

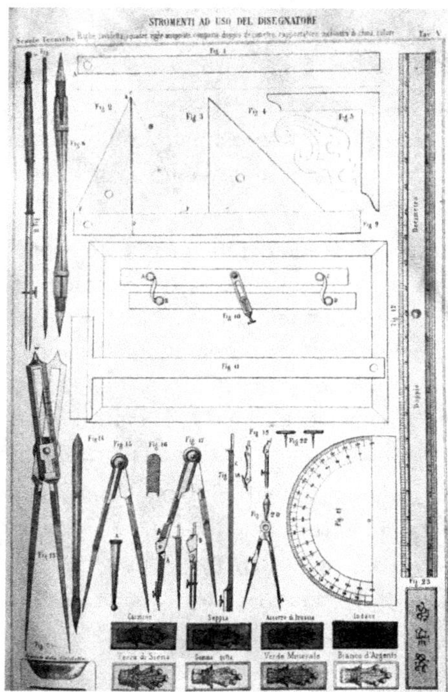

Fig. 1: Tavola degli strumenti tradizionali di rappresentazione grafica che sono rimasti quasi immutati fino all'avvento dei sistemi computerizzati di oggi. Da G. A. Boidi, *Manuale di Disegno lineare geometrico*, V. Bona Tipografo di S.M., Torino, 1867 (proprietà dell'Autore)

di intricate avventure speculative, Angelo Poliziano (1454-1494), Marsilio Ficino (1433-1499) e Pico della Mirandola (1463-1494).

Si dice che da questi incontri nacque la vera anima teorica della Rinascita e del suo modo di rappresentare, anche in chiave simbolica ai nostri occhi, la nuova tangibilità dopo i balbettii giotteschi[4].

Molte di queste idee furono divulgate a partire dalla seconda metà del Quattrocento da Leon Battista Alberti (1404-1472) adattate nei suoi trattati il *De re aedificatoria* (1450)[5] e la *Villa* (sec. XV), quest'ultimo in particolare applicato in diverse fabbriche medicee di delizia, nello stretto rapporto tra architettura e ambiente, in quella che ancora riconosciamo come consolidata immagine del paesaggio tosco, divenuto sinonimo di "italiano".

Questa straordinaria stagione terminò con le predicazioni apocalittiche di Gerolamo Savonarola (1452-1498), frattura drammatica che coinvolse figure come Sandro Botticelli (1445-1510), Donatello (1386-1466) e gli stessi Buonarroti e Pico.

Ma intanto le basi delle nuove regole che misero ordine "in rerum natura" erano state già poste dall'altra anima del primo rinascimento. Interpreti come Piero della Francesca (1416/17 -1492), Francesco di Giorgio Martini (1439-1501), Donato Bramante (1444-1514) avevano stilato le ragioni del progetto, delle sue regole, capaci di mutare per sempre l'ambiente di vita, soggiogando la naturale perenne forma organica a quella geometrica artificiale, attraverso l'applicazione di regole matematiche che erano servite a Paolo Del Pozzo Toscanelli

Fig. 2: Giorgio Zorzi, detto Giorgione (1478 c.-1510), *La Tempesta* (1502/3), tempera a uovo e olio di noce, cm.83x73 cm., Venezia Gallerie dell'Accademia. L'opera costituisce forse uno tra i primi esempi colti di paesaggio rappresentato nella storia dell'arte occidentale nel rapporto tra la magia della libera natura (unwelt) e la sua razionalizzazione a causa dell'intervento umano (welt)

(1397-1482)) per elaborare le proprie teorie sulla prospettiva lineare insieme a Brunelleschi (1377-1446) e Donatello (Fig. 3).

Fu questo un mondo "ragionato" che investì quello precedentemente "sognato", creato dalle curiose interpretazioni di un mai sopito pensiero aristotelico.

Jacques Le Goff (1924-2014) attraverso la figura del giovane Tristano, miracolosamente approdato al litorale della Cornovaglia, ben descrive il quotidiano di un medioevo "antirazionale", fatto di grandi e buie foreste senza fine, di crude radure e mefitiche paludi. Questo era il vero volto della Cristianità occidentale che monaci e santi missionari trasformarono poi in modo ossessivo, perché considerata manifestazione evidente del paganesimo da abbattere (Le Goff, 1964).

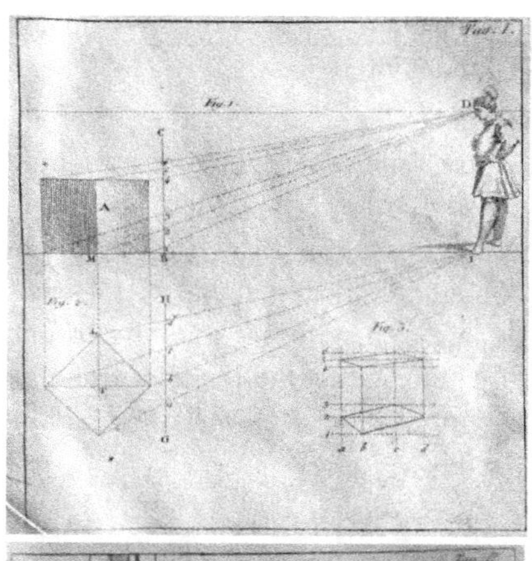

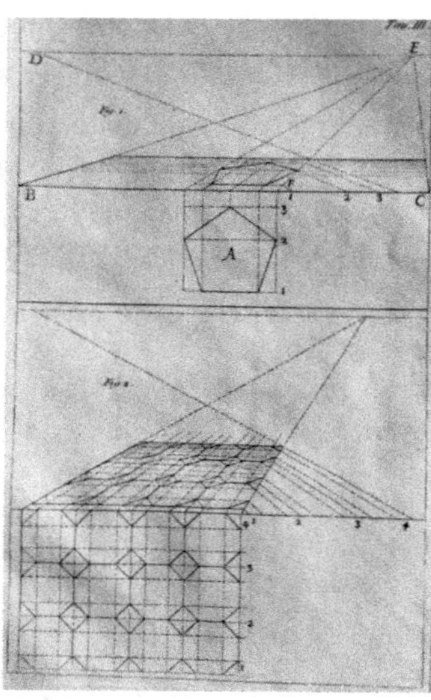

Fig. 3: Serie di Tavole sull'uso della prospettiva lineare secondo la normativa classica, ad uso degli architetti. Da Giacomo Barozzi da Vignola, *Prospettiva pratica conforme all'edizione di Lelio Della Volpe*, Ditta Pietro Giuseppe Vallardi, Milano, 1830 (proprietà dell'autore)

D'altro canto, la diffusione della prospettiva rinascimentale, nella restituzione del nostro ambiente di vita, ha sviluppato una serie di problematiche, non del tutto ancora risolte, nel rapporto tra percezione e rappresentazione del reale. Cioè le leggi matematiche e geometriche ormai definite, applicate in modo sistematico sull'ambiente "come regole", hanno di fatto creato una "nuova" realtà apparente, la sola che possa essere dimostrata, a svantaggio di quella "antica" sensoriale.

Ervin Panofsky (1892-1968) aggiungerà miscela incendiaria a questo dibattito, trasferendo il problema nella genesi della trasformazione dello spazio rappresentato, attraverso la cronologia della forma artistica, proposta piuttosto labile nella sua formulazione, se considerata sotto l'aspetto antropologico. Ma è in questo spazio geometrico dove, per lo storico di Hannover, si annida l'idea moderna dello stesso, acquisito a partire dal Trecento, per sfociare nella conquista simboleggiata dall'unico punto di fuga ideale, dove convergeranno tutte le linee dell'immagine, metafora dello spazio già indagato da Cartesio (1596-1650) come "sostanza estesa, omogenea, infinita" (Panofsky, 1966) (Fig 4).

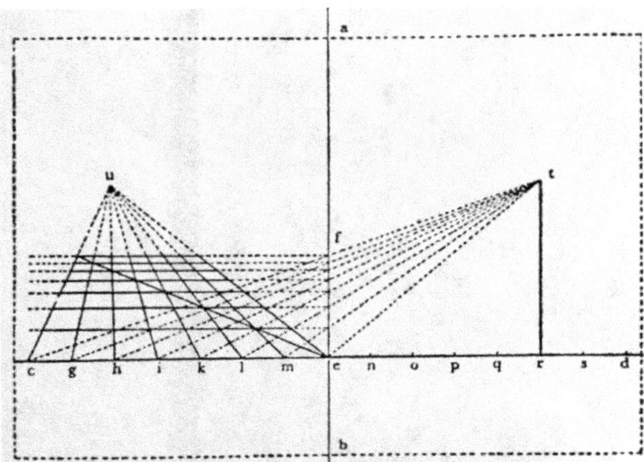

Fig. 4: Costruzione prospettica come rappresentazione moderna dello spazio secondo Panofsky, in relazione alla teoria albertiana. Da E. Panofsky, *La prospettiva come "forma simbolica"*, G.D. Neri, (a cura di), Feltrinelli, Milano, 1973

A dire il vero, il primato della formulazione di uno "spazio geometrico" fu più un lento recupero della cosiddetta prospettiva "cubica", assonometrica, già utilizzata dagli Etruschi e ricomparsa poi con Giotto (1267 c.-1337), quasi un'eredità che covava sotto le ceneri di quella cultura figurativa che a partire dal centro Italia coinvolse gran parte dell'Occidente dopo la crisi della fine del mondo antico[6].

2 _ La codificazione della rappresentazione spaziale

Quando ci apprestiamo a realizzare un dipinto, disegnare un'architettura o un oggetto di design, dobbiamo essere consapevoli che dietro alla nostra inventiva ci sono regole e sintesi che vengono raccolte nel Progetto, come atto creativo per eccellenza.

L'ambiguità di questo percorso risiede nel rapporto combinatorio tra entità appartenenti al medesimo piano dimensionale, Figura-Superficie e Forma-Spazio, ricombinati secondo le strutture mentali e culturali delle diverse epoche (Fig. 5)[7].

Fig. 5: Rapporti tra Figure e Forme (positivo-negativo) secondo le regole gestaltiche della percezione visiva. Da G. A. Boidi, *Manuale di Disegno lineare geometrico*, V. Bona Tipografo di S.M., Torino, 1867 (proprietà dell'autore)

Non pare del tutto ozioso domandarsi come i nostri simili percepissero il mondo che li circondava e come lo potessero effettivamente rappresentare, soprattutto nella ormai sfrangiata demarcazione ideale tra Paleolitico e Neolitico[8].

Da anni gli studi delle scienze umane tendono a superare, anche cronologicamente, questi due momenti storici rapportati, secondo il tradizionale concetto evolutivo darwiniano, a un individuo quasi animalesco che pian piano raggiungeva la sua "nuova umanità" spirituale. Componenti successivamente di una tentata interpretazione per estremi, passando per esempio dall'universale Uomo steineriano, di contro alla "Fenomenologia dell'individuo assoluto" di Evola (1898-1974) (Steiner, 1940; Evola, 1930).

Una sintesi dell'argomento può essere facilmente formulata attraverso il confronto tra il concetto di "storia piramidale" e di "storia rettilinea". Nel primo caso, alla base di un ideale triangolo troviamo l'uomo allo stato primitivo che si evolve fino al vertice come rappresentazione della civiltà dell'Occidente. Concetto tra l'altro derivato, nei suoi valori estetici, da Giorgio Vasari (1511-1574) secondo il quale, a partire dall'arte greca, nessuno sarebbe stato più in grado di compiere opere al pari di Raffaello e Michelangelo, facendo diventare il passato "valore assoluto" ed escludendo così qualsiasi possibilità di miglioramento creativo. Nel secondo caso, il concetto di "Storia rettilinea" si basa su un diverso presupposto comparativo molto più attuale, dove nessuna civiltà viene giudicata superiore a un'altra. Ognuna ha infatti un proprio ciclo antropologico di vita, scandito da una nascita, uno sviluppo e una fine. Tale ciclo è condizionato dalle diverse calamità e da fattori sociali ed economici

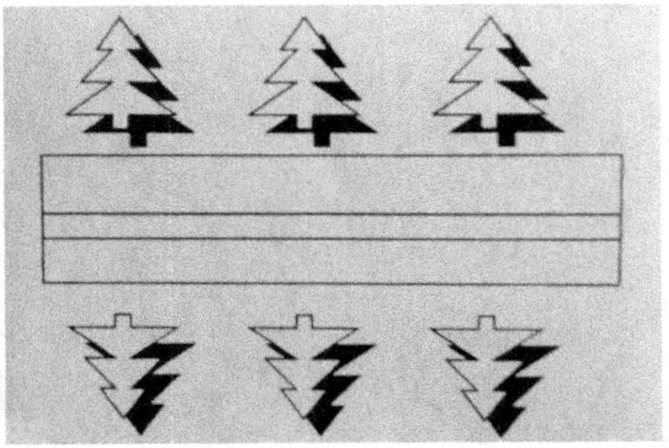

Fig. 6: Esempio di topologia: campo con alberi percorso da una strada. E. Guglielmi, *Raccolta di lezioni di Storia dell'Arte Contemporanea e Semiotica*, UNIFI, Facoltà di Architettura, Corso di Laurea in Disegno Industriale, Collana "Gli asterischi", Firenze, 2010.

che determinano la durata di una civiltà rispetto alle altre. La storia ha perciò valore relativo (Guglielmi, 2011).

La primitiva superficie (da non confondere con la definizione geometrica di "Piano") si è comunque sempre manifestata come un forte vincolo per la formulazione dello spazio, nel passaggio dalla bidimensione alla tridimensione, azione fondamentale e dirompente che ha condizionato lo sviluppo delle civiltà e la loro storicizzazione. Tragitto che ha trovato conclusione solo con l'aggiustamento di artifici tecnici che ormai fanno parte della nostra codificazione rappresentativa, sostanzialmente riassunti in quattro modelli.

Topologia. Visione vincolata alle due dimensioni, dove le figure vengono ribaltate sul piano secondo due assi ortogonali (Y-Z). Oltre alle civiltà mediterranee pre-elleniche, famosa tra tutte è la Civiltà egiziana che, nonostante la grande conoscenza tecnica e scientifica basata sulla trigonometria, si avvalse del limite topologico per raccontarsi e per rappresentarsi ai posteri (Fig. 6).

Visione a linea d'orizzonte (o frontale). Sempre all'interno del quadro visivo (Y-Z), dove però a ogni piano corrisponde un oggetto, secondo la scala gerarchica di grandezza "dal più vicino al più lontano". Questa tecnica fu ripresa e resa nota anche da Leonardo da Vinci, nei suoi studi sulla profondità dello spazio dove l'oggetto rappresentato viene influenzato. nella sua lettura ottica e cromatica, dalla massa d'aria (l'aere) che si interpone tra esso e l'occhio dell'osservatore (Fig. 7).

Prospettiva Geometrica. Metodo di rappresentare, in modo oggettivo su un piano, la profondità, attraverso un punto di fuga collocato su una ideale linea di orizzonte, dove convergono tutte le linee rette con direzione normali al quadro (punto principale). Sperimentata già nel

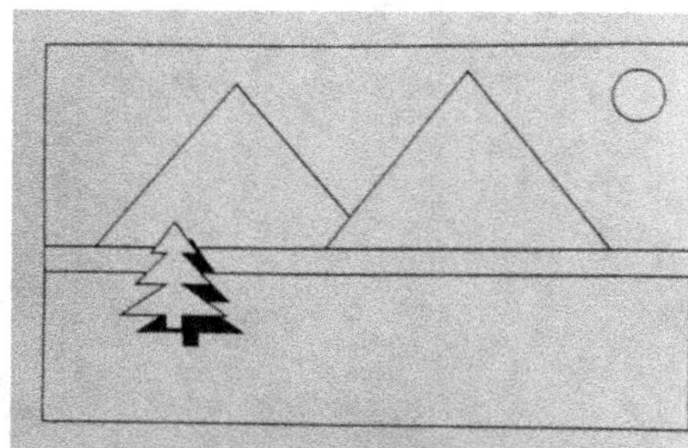

Fig. 7: Paesaggio rappresentato secondo la visione "a linea di orizzonte". E. Guglielmi, *Raccolta di lezioni di Storia dell'Arte Contemporanea e Semiotica*, UNIFI, Facoltà di Architettura, Corso di Laurea in Disegno Industriale, Collana "Gli asterischi", Firenze, 2010

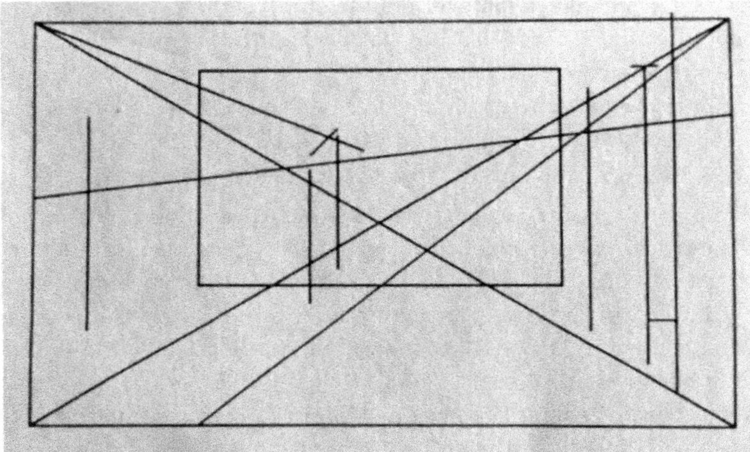

Fig. 8: Combinazione di possibili linee di fuga prospettiche in rapporto al "quadro ottico". E. Guglielmi, *Raccolta di lezioni di Storia dell'Arte Contemporanea e Semiotica*, UNIFI, Facoltà di Architettura, Corso di Laurea in Disegno Industriale, Collana "Gli asterischi", Firenze, 2010

Medioevo, questa tecnica rappresenta un sistema sofisticato ancora oggi usato, come parte della Geometria descrittiva. É un risultato sostanziale della cultura occidentale (Fig. 8).

Visione Aerea. Utilizzata ancora da Leonardo per la rappresentazione "a volo d'uccello" nei suoi studi sul territorio. Oggi, tramite la fotografia aerea e satellitare, è tra i sistemi tecnologicamente più avanzati (Fig. 9).

Questi accorgimenti basati su convenzioni solo apparentemente oggettive sul piano bidimensionale, ai quali possiamo aggiungere anche la sfumatura, non possono però spiegare comportamenti che non siano quelli legati al complesso sistema di rapporti intercorrenti tra tecnica e rappresentazione, nel vincolo del confine tra due parti contigue di spazio. E, se consideriamo la forma nel momento che si trasportano le sue caratteristiche intrinseche su un supporto bidimensionale, non facciamo altro che vincolarla alle leggi percettive delle figure piane, con tutto quello che conseguirà nella sua analisi strutturata.

Da qui quella fuorviante letteratura storico-critica che ha sempre condizionato la descrizione di un'opera pittorica, ma della quale gli antichi avevano già individuato il limite illusorio, traducendo in modo quasi magico la sua elaborazione. Superficie come vincolo insuperabile verso lo spazio che dettò secoli dopo a Lucio Fontana (1899-1968) il suo taglio dissacratore ma altamente emblematico[9].

La limitatezza della superficie viene infatti accentuata quando si rappresentano opere tridimensionali per eccellenza, come la scultura e l'architettura. Sappiamo che i piani sono completamente diversi, che la visione è parziale, che non risponde a verità. Così si espresse Ernesto Rogers (1909-1969) nel 1955 in occasione della morte del fotografo Werner Bischof (1916-1954): "non si può trasportare senza una forte dose di superficialità quello che per sua natura è tridimensionale, legato a una precisa successione di eventi temporali che continuamente ne mutano la relazione con noi e stabiliscono praticamente l'esperienza diretta con la sua complessa realtà" (Rogers, 1958).

3 _ I valori della nuova percezione: dal reale all'astratto

A partire dal Seicento entreranno in gioco altri aspetti legati alla percezione del mondo rappresentato. La realtà viene considerata come interpretazione emozionale dei sensi, tramite regole che anticiperanno gli studi sull'occhio umano e il suo rapporto col cervello. La realtà è in sostanza un risultato fisiologico e non solo geometrico-matematico di impronta illuminista. Non a caso Husserl (1859-1938) sosteneva "che sono di più le ombre che l'oggetto".

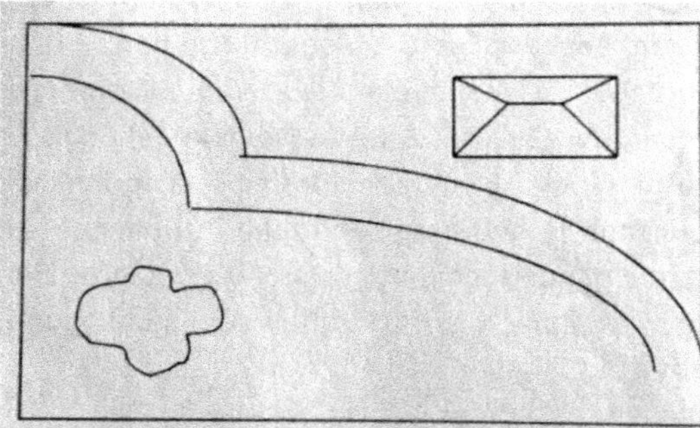

Fig. 9: Porzione di territorio con casa, albero e strada rappresentato secondo la visione "a volo d'uccello"

Furono i pittori che cercarono le nuove regole, come nella teoria della "pura visibilità" elaborata da Konrad Fiedler (1841-1895), che si affidò al pensiero di Kant (1724-1804) e di Herbart (1776-1841) considerando l'arte conoscenza della qualità visiva delle cose, escludendo da essa il valore del sentimento, pervenendo alla concezione della stessa come conoscenza della forma, come "pura visibilità" appunto[10].

Quello che a noi interessa in particolare, perché ebbe risvolti determinanti anche in funzione del progetto architettonico nei confronti dell'ambiente, è il contributo che diede lo scultore Adolf Hildebrand (1847-1921)[11]. La sua figura è paradossalmente oggi più che mai attuale, soprattutto per l'approccio alla scultura come elemento dimensionale e la sua collocazione ambientale, sia nel contesto privato che urbano[12]. Per esempio, dobbiamo proprio a queste sue teorie la norma di collocare centralmente le fontane nelle piazze italiane, creando una suggestiva visione circolare, da cui sono scaturite anche le ormai note rotonde "alla francese". Le riflessioni di Hildebrand influenzarono inoltre parecchi scultori nei programmi per la diffusione e il posizionamento dei monumenti celebrativi della Prima guerra mondiale, a partire dal 1919, caratterizzando ancora oggi l'immagine di numerosi nostri centri urbani[13].

Per Hildebrand, il rilievo è da intendersi come un recipiente dove l'artista pone e fissa la natura semplificata nei suoi dati significativi. Vengono immaginati due piani paralleli ideali e tra questi una figura messa in modo che i suoi punti estremi tocchino questi piani senza oltrepassarli, favorendo così una percezione spaziale "netta e incisiva" proprio come quella ricercata dagli antichi greci. Il limite estremo della *Teoria della pura visibilità* fu superato da un altro amico di Hildebrand, il critico e pittore Maurice Denis (1870-1943), più tardi influenzato dal Simbolismo e dagli aspetti esoterici del gruppo dei Nabis[14]. Giovane brillante, divenne noto per una frase che dichiarò già nel 1890 tra lo sconcerto generale, ma fondante per il percorso dell'arte contemporanea: "Se rappeler qu'un tableau, avant d'être un cheval de bataille, une femme nue ou une quelconque anecdote, est essentiellement une surface plane recouverte de couleurs en un certain ordre assemblées" (Ricordarsi che un quadro prima di essere un cavallo da battaglia, una donna nuda un qualunque racconto, è soprattutto una superficie piana rivestita di colori accostati con un determinato ordine) (Denis, 1913).

Senza questa enunciazione sarebbe stato impensabile giungere con l'astrattismo al successivo superamento dell'immagine reale. Denis affermava l'esigenza di un linguaggio più dinamico e semplificato, abbandonando il tardo impressionismo, "ricostruendo l'unità ideale della forma" attraverso il recupero della tradizione come "essenzialità" e "razionalità costruttiva". In definitiva il suo tentativo era quello di fare diventare "valore assoluto la mutevolezza del reale". Sappiamo che l'integrazione tra le varie discipline scientifiche ha favorito l'apertura verso nuovi orizzonti. La psicologia della Gestalt si è avvalsa per esempio di avanzati studi sulla fisiologia del cervello, attraverso gli stimoli provenienti dall'occhio, non fugando però del tutto dubbi sui risultati di alcune sopravvivenze di ordine strutturale nella lettura delle immagini (Wertheimer, 1924; Guillaume, 1963; Köhler, 1971; Testolin, Guglielmi, 1975).

"Psicologia della Visione" o "Linguaggio della Visione" sono termini ormai abituali, introdotti nel tronco della tradizionale storia dell'arte alla luce anche del bisogno di codificare il troppo irruento mondo iconico una volta venuti a mancare i significati delle antiche simbologie e i contenuti del realismo naturalista.

Lionello Venturi (1885-1961) considerava "l'uso dei simboli visivi come tendenza storico-filosofica della Critica d'Arte", senza tenere conto, a mio parere, che i simboli per loro caratteristica sono da considerarsi connaturati all'opera, anche come modelli archetipici.

Perso il significato subito confrontabile, il contenuto facilmente accessibile ai molti, ecco la necessità di un nuovo alfabeto. Il punto, la linea, la figura, la superficie, la forma, lo spazio, il colore, diventano così i protagonisti di una nuova immagine che da Kandinskij a Klee sopravviverà al di là del suo significato e che ricercatori come Kepes (1906-2001) e Arnheim (1904-2007) tenteranno di normalizzare su basi teoriche (Arnheim, 1947; Köhler, 1975).

Arte astratta, chiamata anche "concreta" da Theo van Doesburg (1883-1931) considerato che "nulla è più concreto, più reale di una linea, di un colore, di un piano (Doesburg, 1978). La stessa, come dirà Arturo Carlo Quintavalle (1936) distante "dalla cultura dell'idealismo", che diventerà così una sintesi non più vista come momento per soli specialisti, contraddittorio o insulto alla mentalità popolare, ma presenza connaturata con la cultura visiva dell'ultimo squarcio del Novecento, ormai adoperata e riproposta dai Media insieme a qualsiasi altra forma espressiva di tipo tradizionale (AA.VV., 1979).

Oggi l'attenzione si è inesorabilmente spostata nella lettura dei risultati semiotici, a svantaggio dei soli valori estetici. Nella nostra contemporaneità il messaggio visivo non può più infatti essere interpretato nei tradizionali termini di "bello" o di "brutto", ma attraverso i segni che lo connotano anche nel suo aspetto seriale rendendolo percepibile al maggior numero di individui (Guglielmi, 2011)[15].

Si tratta nel nostro caso di capire l'opera e di rimando l'ambiente in rapporto al loro contesto storico e culturale, all'insegna del recupero di una radice comune (cifra), capace di essere trasmessa attraverso precisi canali comunicativi sia semplici che complessi (Deely, 2000).

4 _ La città come necessario spazio significante e multisensoriale

La rappresentazione spaziale, in tutte le sue articolate componenti fin qui analizzate, ci riporta naturalmente all'architettura, e di rimando alla città, considerato che questa disciplina è preposta per definizione all'organizzazione dei nostri spazi di vita.

Se, come diceva Albert Einstein (1879-1955), "con la logica si va da A a B, mentre con la fantasia si va dove vogliamo", cogliamo subito l'esigenza di rimettere in discussione, in modo drastico, il nostro modello di sviluppo sociale, rispetto alla città contemporanea. La caratteristica rituale dell'antica fondazione, ben sintetizzata nella frase latina "ab urbe condita", sembra riverberare l'aspetto sacrale del progetto che nel tempo si è perso, sostanzialmente finalizzato ai soli bisogni fisici dell'uomo.

Lo "spazio" (spatium) che per definizione è un'estensione "non determinata e non circoscritta", perciò infinita, ha coinciso con il simboleggiare valori "limitati" rappresentati nei suoi dettati volumetrici: i corpi materiali in esso contenuti. Si è così creata una evidente frattura tra costruito e non costruito dove, nel giudizio di valore tra pieni e vuoti, i primi sono stati privilegiati per l'ovvio indotto economico di possesso, mentre i secondi hanno assunto un marginale significato di ordine quasi metafisico, sottoposti come conseguenza a quel processo di degrado, caratteristico del passaggio storico tra paese, città e metropoli.

Un retaggio questo della cultura classica e tardo romana, dove "la spazialità tridimensionale veniva riconosciuta solo parzialmente e riguardava l'individuazione degli oggetti nella loro singolarità materiale, mentre lo spazio atmosferico veniva concepito come mera negazione della materia, un puro nulla" (Neri, 1966).

La limitata interpretazione illuministica del significato di "composizione spaziale" da cui è derivata anche la nostra odierna disciplina scolastica della "Composizione architettonica", a cui affidiamo ancora la rappresentazione degli oggetti su una superficie piana, secondo il comune senso di alto-basso, destra-sinistra, è servita per soddisfare principalmente il nostro senso di simmetria e di ordine mentale, senza vera esperienza diretta di confronto con la terza dimensione (Weyl, 1952).

Concepite secondo schemi percettivi bidimensionali, le nostre città sono diventate il risultato di gerarchie di valori imperniate sostanzialmente sulla lettura dei contorni e delle sagome. Infatti, come giustamente affermava Berenson, "un dipinto che rappresenti architetture non è intrinsecamente una composizione spaziale, più di qualsiasi altro dipinto" (Berenson, 1952), e per le stesse ragioni questo giudizio si può estendere al progetto architettonico e alla sua restituzione grafica[16].

Il recupero delle nostre aree urbane non può perciò iniziare esclusivamente dalla progettazione in quanto tale, ma dalla riappropriazione fisica e psicologica dello spazio dotato di profondità estesa ai dati sensibili del nostro rapporto sensoriale, non solo visivo, con l'ambiente a 360°[17].

La rappresentazione è perciò una conseguenza diretta della percezione. Ciò che infatti caratterizza lo spazio è la sua simultaneità e la consistenza di tutte le sue parti. È in questo ambito dove si svolge una continua metamorfosi che corrisponde al rinnovarsi perenne delle forme.

Nella percezione di un campo visivo di grande estensione, le parti dello spazio sono apprese successivamente a mano a mano che esso viene percorso dai nostri recettori. Percezione e memoria sono così inseparabili. Il ricordo, infatti, fornisce agli elementi appena percepiti un significato spaziale in rapporto agli stessi già percepiti in precedenza.

Solo così lo spazio "emarginato" del vuoto potrà essere letto come spazio attivo vero e proprio, attraverso il processo che chiameremo di "integrazione delle percezioni successive"[18].

5 _ Conclusioni

Mi piace concludere questo lavoro ancora con una illuminante riflessione di Bernard Berenson che già nel 1897 aveva indicato la strada che ancora oggi facciamo fatica a percorrere, nascondendoci magari dietro la tradizione, considerata feticista "adorazione della cenere" invece che giusta "custodia del fuoco": "La composizione spaziale comincia a esistere quando da essa si comunichi un senso dello spazio, non come vuoto, e come qualcosa di meramente negativo; ma, al contrario, come qualcosa di positivo e definito, capace di confermare la nostra coscienza di esistere, accrescendo così il nostro senso di vitalità. La composizione spaziale è l'arte che umanizza il vuoto, e le fa un Eden, una solenne dimora, dove il nostro essere superiore può infine rifugiarsi: un rifugio non soltanto piacevole e misurato ai quotidiani bisogni, come le case dei più felici tra noi; ma il luogo esaltante e glorioso dove vivere di vita ideale" (Salvini, 1977)[19].

Il luogo umano si forma lentamente, per stratificazioni e, intervenendo senza cura sul vissuto, lo distruggeremmo di colpo tutto e per sempre. Roma antica aveva radici così profonde nella sua umanità che ancora oggi la percepiamo quasi miracolosamente a più di duemila anni.

La città dei "non luoghi", senza valori antropici, del necessario recupero, del ridisegno e del ristabilire la ricucitura tra il suo esterno e il suo interno, non è altro che il risultato di questo lungo contraddittorio procedere a partire dalla prima Rivoluzione industriale (1774)[20].

Avviamoci così verso il definitivo riscatto generativo del territorio, per una città essa stessa autorigenerativa e circolare, senza scarti, secondo il modello maestro della natura.

1. Il mondo vegetale è dotato di creatività ripetitiva, spontanea. L'animale la possiede di "specie", cioè biologica che si tramanda come sopravvivenza. La creatività umana è invece "volitiva", cioè ogni volta interpretativa del dato o del problema da risolvere, rendendola funzionale ai suoi bisogni o al bisogno degli altri.

2. Il filosofo e antropologo tedesco teorizzava l'essere umano come "totalità organica" nei confronti della natura, fino alla civiltà industriale. L'argomento è stato trattato più volte in modo organico anche dall'autore del presente saggio (Guglielmi, 1993; Guglielmi, 1994).

3. Questo aspetto di una natura ctonia e di un universo buio e silenzioso, dove la materia è l'unica realtà che ogni singolo individuo traduce attraverso i sensi creando di fatto l'aspetto del mondo così come lo vediamo, si ritrova nella *Teoria delle Apparenze* pubblicata da Marco Todeschini (1899-1988) nel 1949 (Guazzelli, 2019). La sua corrente di pensiero denominata "Psicobiofisica" fu fondamentale per la nascita della Cibernetica.

4. Tra gli argomenti trattati dai Neoplatonici vi era quello curioso dell'ermafroditismo cosmico che aveva come adepti gli stessi Leonardo (1452-1519), il giovane Michelangelo (1475-1564) e in particolare Raffaello (1483-1520), in (Bolsena, 1980). Si veda anche per gli aspetti generali (Warburg, 1966).

5. La prima pubblicazione risale al 1485.

6. Riegl (1858-1905) sosteneva che solo dopo l'età di Carlo Magno (742-814) lo spazio veniva considerato come un "prius" rispetto alla singola forma, nel senso della spazialità infinita moderna, considerato che l'arte classica e quella tardo-romana non furono in grado di superare questo processo di sviluppo (Riegl, 1901; Riegl, 1902).

7. Gli stessi attuali sistemi computerizzati di rappresentazione non sono altro che la derivazione con tecniche altamente sofisticate di quelli manuali. I primi esperimenti della Sony sulla Playstation ebbero nella teoria della prospettiva tradizionale il loro modello iniziale.

8. Il superamento del periodo Neolitico nella civiltà umana sarà completato solo con l'abbandono definitivo dell'attrito come dinamica energetica tra i diversi

materiali, a vantaggio dell'impulso.
È proprio quello che stiamo vivendo
in questa nuova Era che ci porterà
dall'utilizzo della materia alla pura energia
senza limite.

9. Questi argomenti sono stati affrontati
dall'autore del presente saggio in
(Guglielmi, 1983; Guglielmi, 1973).

10. Aloïs Riegl (1858-1905) estese
invece l'indagine critica dall'arte greca
al Rinascimento, le sole riconosciute
valide per le teorie di Fiedler, di contro
al Barocco. Heinrich Wölfflin (1864-
1945) fisserà successivamente nuovi
principi elaborando i simboli della
"pura visibilità" in base ai quali viene
ribadito il concetto che il fatto artistico
è determinato unicamente dai valori
della forma, contro ogni adesione al fatto
naturalistico. A partire dalla psicologia
anglosassone, allo stesso formalismo
aderirono studiosi come Bernard
Berenson (1865-1959), Roger Fry (1886-
1934) e Clive Bell (1881-1964).

11. Lo scultore Hildebrand collaborò
attivamente con Fiedler per l'elaborazione
delle sue teorie. Insieme scrissero nel
1893 *Il problema della Forma nell'arte
figurativa* con l'amico pittore Hans Von
Marées (1837-1887) (Hildebrand, 2001).

12. Decisivo fu il suo ventennale rapporto
con Firenze, dove si sposò. Ebbe anche
interessi d'architettura.

13. Ricordo in particolare Antonio Maraini
(1886-1963), Libero Andreotti (1875-
1933), Giannino Castiglioni (1884-1971)
sulle orme dei colleghi francesi Émile
Antoine Bourdelle (1861-1929) e Aristide
Maillol (1861-1944).

14. Artisti parigini aderenti all'avanguardia
post- impressionista dell'ultimo decennio
del sec. XIX.

15. Il tema del perdurare dei codici come
"modellizzazione del mondo" prima e
dopo la comparsa dei mass media è stato
affrontato da Domitilla Dardi (1970) e
Angela Rui (1980) attraverso le opere di
tre artisti, Qu Lei Lei, Sabine Marcelis,
Costance Guisset, nella Mostra De/
Coding, Palazzo Reale, Milano 2019.

16. Con Alberto Sartoris (1901-1998),
durante i suoi soggiorni estivi a Cossonay
Ville, discussi a lungo le problematiche
del rapporto tra progetto e costruito circa
le sue famose assonometrie cromatiche,
che lui reputava architetture a tutti
gli effetti. Marco Zanuso (1916-2001)
definiva invece l'architettura "come realtà
ineffabile che deve essere vissuta, abitata,
percorsa, vista nelle tre dimensioni".

17. Lo stato della nostra realtà visiva è
vincolato a un angolo di circa 156°.

18. La percezione globale può riguardare
frammenti dello spazio dati in una
successione immediata nei movimenti
rapidi di esplorazione dell'occhio e della
memoria. Nell'uomo l'orientamento può
essere aiutato da immagini e simboli dei
quali si condensano le percezioni anteriori
(Guglielmi, 1972).

19. Curioso notare come questa
interpretazione salviniana corrisponda
al significato che lo spazio vuoto assume
nelle pratiche orientali, tradotto "sunya"
in sanscrito, "indicando un vuoto fecondo
come matrice delle possibilità umane,
ventre dell'universo ricettivo, potenzialità
della vita e in senso lato anche dei nostri
progetti futuri" (Guglielmi, 2019).

20. Questi argomenti sono stati
ampiamente trattati dalla critica
sociologica marxista e dalla scienza
estimativa.

Bibliografia

Arnheim R., Perceptual abstraction and art, In: *Psycolological Review*, Vol.54, 1947

Berenson B., *I pittori italiani del Rinascimento*, Rizzoli, Milano, 2009

Bolsena P., *La iconologia bisessuale segreta di Raffaello e del Rinascimento: il rifiuto di Javeth e il credo dell'ermafrodito: studi e tesi di iconologia umana su una civiltà umana,* Voll. I-II, Wien, 1980

Burckhardt J., *La civiltà del Rinascimento*, Sansoni, Firenze, 1952

Deely J., Umwelt, in *Semiotica*, Special Volume, 134-1/4, 2001, pp. 125-135

Denis M., *Theories, 1890-1910 : du symbolisme et de Gauguin vers un nouvel ordre classique*, Bibliotheque de l'occident, Parigi, 1913

Doesburg T. van, *Scritti di arte e di architettura*, Officina Edizioni, Roma, 1978

Evola J., *Fenomenologia dell'individuo assoluto,* F.lli Bocca, Torino, 1930

Gehlen A., *L'uomo nell'era della tecnica. Problemi socio-psicologici della civiltà industriale*, Armando editore, Roma, 2003

Gehlen A., *L'uomo. La sua natura e il suo posto nel mondo*, Mimesi, Milano, 2010

Guazzelli G., *La teoria delle apparenze (psico-bio-fisica) di Marco Todeschini*, Circolo di Psicobiofisica Amici di Marco Todeschini, Bergamo, 2019

Guglielmi E., *Riflessioni sulla percezione della realtà parziale e simultanea. Raccolta di appunti e note*, Istituto Superiore per le Industrie Artistiche (ISIA), Monza 1972

Guglielmi E., *Lo spazio (lezioni sullo). Raccolta di appunti e note*, Istituto Superiore per le Industrie Artistiche (ISIA), Monza, 1973

Guglielmi E., *Dalla superficie alla tridimensione. Teoria e Pratica*, Catalogo dei Seminari di Gavirate, Chiostro di Voltorre Comune di Gavirate, Assessorato alla Cultura, Biblioteca civica, aprile/maggio, 1983

Guglielmi E., *La lettura storica del paesaggio urbano come fase preliminare alla sistemazione degli spazi esterni*, Lezione al corso "Il progetto di Arredo Urbano: la qualità di dettaglio degli spazi pubblici" Facoltà di Architettura del Politecnico di Milano, programma di educazione permanente, 1993

Guglielmi E., *Progettare la storia dei luoghi, la lettura del contesto come momento preliminare alla risistemazione degli spazi esterni*, Lezione al corso "Il progetto di Arredo Urbano: la qualità di dettaglio degli spazi pubblici" Facoltà di Architettura del Politecnico di Milano, programma di educazione permanente, 1994

Guglielmi E., *Raccolta di lezioni di Storia dell'Arte Contemporanea e Semiotica*, Collana di dispense "Gli asterischi", Università degli Studi di Firenze, Facoltà di Architettura, Corso di Laurea in Disegno Industriale, 2011

Guglielmi F., Pile scariche? Riparti alla grande, in *Vivere lo Yoga,* n. 88, Sprea Editori, Milano, 2019, pp. 88-92

Guillaume P., *La Psicologia della Forma*, ed. Universitaria, Firenze, 1963

Hildebrand A. von, *The Problem of Form in Painting and Sculpture*, G.E. Stechert & Co., New York, 1907

Kepes G., *Il linguaggio della visione*, Dedalo libri, Bari, 1971

Köhler W., *La psicologia della Gestalt*, Feltrinelli, Milano, 1971

Le Goff J., *Le civilisation de l'Occident médiéval,* B. Arthaud, Parigi, 1964 (tradotto nel 1981 da Piccola Biblioteca Einaudi)

Neri G. D., *Introduzione,* in H. Weyl, *Symmetry,* Princeton University Press, Princeton, 1952

Panofsky E., *La prospettiva come forma simbolica*, Feltrinelli, Milano, 1966 (*Die Perspektive als "symbolische Form". Vorträge der Bibliothek Warburg 1924-1925*, B. G. Teubner Leipzig-Berlin, 1927)

Riegl A., *Die spätrömische Kunst-Industrie: nach den Funden in Österreich-Ungarn*, Druck und Verlag der österreichischen Staatsdruckerei, Wien, 1901

Riegl A., *Das holländische Gruppenporträt*, Druck und Verlag der österreichischen Staatsdruckerei, Wien, 1902

Rogers E. N., *Esperienza dell'architettura*, Giulio Einaudi Editore, Torino, 1958

Salvini R. (a cura di), *La critica d'arte della pura visibilità e del formalismo*, Aldo Garzanti Editore, Milano, 1977

Steiner R., *Menschenwesen, Menschenschicksal und Weltentwicklung*, dale conferenze del 1923, F.lli Bocca, Torino, 1940

Testolin M. T., Guglielmi E., *Analisi delle Forme, contributo didattico alla materia*, raccolta di lezioni, Scuola d'Arte "Andrea Fantoni", Bergamo, 1975

VV. AA., *Guida breve alla mostra Origini dell'astrattismo: verso altri orizzonti del reale, 1885-1919. Milano: Palazzo Reale, 18 ottobre 1979-18 gennaio 1980*, Silvana editoriale, Milano, 1979

Warburg A., *La rinascita del paganesimo antico*, La Nuova Italia, Firenze Editrice, 1966 (Traduzione dall'originale del 1932, B.G. Teubner, Leipzig- Berlin)

Wertheimer M., Untersuchugen zur Lehre von der Gestalt, in *Psychologische Forschung*, 4, 1924

Weyl H., *Symmetry,* Princeton University Press, Princeton, 1952

Barbara Di Prete

Dipartimento di Design, Politecnico di Milano

Via Durando 38/a - 20158 Milano

barbara.diprete@polimi.it

Abstract

Il capitolo indaga il tema della creatività come leva di rigenerazione urbana e di riattivazione sociale.

In particolare, si intendono analizzare i processi di riqualificazione edilizia promossi soprattutto dal pubblico, spesso in sinergia con il settore privato, con l'obiettivo di riconquistare edifici abbandonati restituendoli alla socialità e all'uso collettivo, rendendoli rappresentativi di comunità sempre più eterogenee.

Il testo si focalizza sulla riattivazione sociale - e non solo spaziale - di alcune fabbriche dismesse, che oggi sono reinserite nel tessuto economico e produttivo urbano grazie a processi di riconversione che le trasformano in hub culturali e creativi rispettosi della vocazione produttiva del luogo.

Questi spazi, che pur in disuso da anni ancora appartengono alla nostra memoria collettiva, sono edifici persi in un tempo sospeso che ora, grazie a processi di riattivazione basati proprio sulla creatività (sia analogica sia digitale, ponendo che i collettivi artistici come gli artigiani digitali siano i "creativi" contemporanei) e sulla condivisione (propria dei coworking come delle officine creative), trovano un improvviso riscatto e divengono motori di rigenerazione urbana. Nello specifico sono analizzati alcuni puntuali casi studio del contesto milanese, episodi ormai non più isolati che possono proporre interessanti spunti di riflessione per la disciplina del design.

Parole chiave: riuso, rigenerazione urbana, innovazione sociale, creative hub

Sogni

La riconversione di edifici dismessi in chiave culturale e creativa come motore di rigenerazione urbana

Barbara Di Prete

1 _ Introduzione:
la metafora dello scarto nel progetto urbano

Le società post-moderne, caratterizzate dal declino del pensiero totalizzante e dalla perdita di una visione prevalente, vedono nella delegittimazione dei grandi racconti, o dei *grands récits* (Lyotard, 1981), e nella globalizzazione dei mercati una loro cifra caratteristica. È una *modernità liquida* (Bauman, 2002) che ha vissuto la parabola dei modelli industrializzati e oggi propone flussi di informazioni sempre più invasivi, post-verità che si sostituiscono all'oggettività del reale, una flessibilità dinamica che si riflette in ogni sfera del sociale e produce inevitabilmente masse di scarti (intesi come merci, ma anche come luoghi, persino, tristemente, come persone).

La metafora dello scarto può essere facilmente traslata in ambito architettonico e urbano: basti pensare a quanti spazi, pubblici o privati indifferentemente, popolano le nostre città vivendo in un "limbo" funzionale e temporale, ancorati a un passato che costantemente riaffiora e proiettati in un futuro ancora incerto. Sono luoghi che vivono un tempo sospeso, edifici dismessi che raccontano un passato industriale ormai perduto. Sono edifici o aree abbandonate, spesso dimenticate, che con pochi accorgimenti di carattere allestitivo, in grado di "ascoltare" e valorizzare il luogo con interventi economici e reversibili, potrebbero facilmente tornare nella nostra disponibilità d'uso. La loro memoria diventa occasione di progetto, il loro vissuto una risorsa per il presente: "possono rappresentare una risorsa strategica per il territorio, non solo essendo disponibili a svolgere nuove funzioni, ma anche come custodi di ricordi e storie umane che altrimenti andrebbero perdute" (Crespi et al., 2017).

Tali edifici rappresentano un'opportunità preziosa per una città che potrebbe trasformare questi spazi vuoti, anonimi, privi di identità e di una narrazione condivisa, attualmente incapaci di accogliere o strutturare positive relazioni comunitarie, in epicentri e motori di nuove forme di socialità, informale o strutturata (Di Prete, 2016). Sono quelli che alcuni studiosi definiscono "riserve urbane per sperimentare sogni collettivi" (Inti, Cantaluppi and Persichino, 2014, quarta di copertina).

2 _ Il riuso: riserva urbana di sogni collettivi

E' evidente che questo tipo di esigenza si coniuga, oggi, con l'urgenza di risparmiare risorse economiche, ma anche paesaggistiche e territoriali: il riuso sembra una risposta per affrontare quelle nuove forme di abbandono che interessano singole polarità urbane o, talvolta, interi quartieri di città, che stanno subendo profonde trasformazioni (per il venir meno della loro vocazione industriale, per inevitabili processi storici o di gentrification, a volte anche solo per caso o per sfortuna). Negli ultimi settant'anni l'Italia ha aumentato del 400% il proprio patrimonio costruito, con un conseguente aumento esponenziale anche del patrimonio abbandonato; basti pensare che, attualmente, si stima che nel paese vi siano oltre sei milioni di immobili inutilizzati o sottoutilizzati (Maccaferri, 2016).

Nel 2014 il libro *Riusiamo l'Italia* (Campagnoli, 2014) ha affrontato l'argomento, analizzando come spesso gli spazi vuoti siano diventati occasione per la crescita di start up culturali e per l'incremento dell'occupazione giovanile; al libro sono poi seguite varie iniziative: *Nuovo di nuovo* è una campagna di Iperpiano - network interdisciplinare che connette attori di tutta Italia, configurandosi come un "ecosistema di soluzioni e innovazioni per il governo del territorio" (www.iperpiano.eu) - volta ad analizzare come recuperare l'innumerevole "vuoto urbano" della penisola. La campagna ha mappato tutta una serie di esperienze positive che stanno tracciando un segnale di cambiamento nella percezione collettiva del manufatto dismesso, visto ora come occasione di riconversione architettonica e rigenerazione urbana, come veicolo di riscatto sociale/occupazionale e anche come opportunità di ritorno economico (Bruno e Tognetti,

2019). Nella stessa logica di "riabilitazione" del bene, nel 2016 è stata inaugurata l'Università del riuso, è stato aperto un sito che raccoglie le best-practices avviate nella penisola fornendo anche indicazioni legislative (spesso ancora anacronistiche), ed è stata attivata una piattaforma su cui i privati stessi possono offrire i loro immobili ormai fuori mercato; essi, tramite operazioni di innovazione sociale, innovazione culturale o innovazione energetica, diventano così qui punti di una mappatura reticolare (www.riusiamolitalia.it e www.osservatorioriuso.it).

Pochi anni prima anche il collettivo Temporiuso aveva messo a fuoco diverse strategie di ricerca-azione che nel 2012 sono poi sfociate in un Protocollo d'Intesa con il Comune di Milano e, successivamente, in un omonimo manuale (Inti et al., 2014); anche in questo caso si trattava di un programma di riuso temporaneo di edifici abbandonati basato su iniziative culturali legate all'associazionismo, alla piccola impresa o all'artigianato.

Il riuso, d'altra parte, non è un fenomeno nuovo: "bisogna ricordare che in un luogo denso di storia come l'Europa è quasi scontato affermare che il continuo riuso delle proprie parti in dismissione, che si tratti di edifici, di strutture difensive o di spazi aperti, sia stato l'aspetto più caratteristico della storia urbana" (Ferlenga, 2015). Come ci ricorda Alberto Ferlenga, quello che lui definisce "riciclo" è stato applicato, in passato, a tutte le scale (dal semplice riuso di materiali alla rigenerazione di interi edifici o porzioni urbane); assecondando questo processo i teatri sono diventati piazze, i palazzi dei musei, i musei degli inusuali hotel e le fabbriche delle case alla moda, a testimonianza di quanto qualità formali e tipi edilizi consolidati siano sostanzialmente indipendenti dalle opportunità funzionali che offrono e dai riti collettivi che possono accogliere.

Pur essendo un tratto costante della nostra storia, "la possibilità che ciò che già esiste diventi il principale terreno di applicazione del nuovo è senza dubbio un imperativo della nostra epoca e richiede un adeguamento di tecniche e di mentalità" (Ferlenga, 2015).

Innanzitutto dobbiamo però cambiarne i termini, allontanandoci da quel paradigma prettamente produttivo e funzionalista a cui alludono le parole riciclo e riuso, tipici di una tradizione architettonica ed economica che vogliamo invece superare: oggi appaiono più calzanti altri scenari, che chiamano in causa anche la dimensione della soggettività, della temporaneità, dell'incertezza e della reversibilità come valori progettuali, al fine di reinserire nel tessuto sociale manufatti oggi "muti", che facilmente possono diventare testimoni (e attori protagonisti) di una identità culturale territoriale da preservare in chiave funzionale, estetica, ma anche simbolica.

Dalla dimensione prettamente funzionalista alla valorizzazione del rapporto interpersonale che si fa anche spazio, dal luogo della moltitudine di soggettività all'accumulo di appartenenze condivise, questo scarto interpretativo indirizza verso una dimensione sempre più psicologica e relazionale che può aiutare a leggere, prima, e progettare, poi, gli spazi.

Se, infatti, il contemporaneo è espressione di riti, ossessioni e frenesie proprie di una società multiculturale, multiforme e cangiante, il suo progetto non può esimersi dal confronto con l'ambito "relazionale" (Pizziolo e Micarelli, 2003) e i suoi spazi-manifesto devono cogliere la sfida di diventare "riserva inesauribile e latente per i sogni, i giochi, le finzioni e la creatività, (...) adatti a sviluppare la collaborazione creativa in un mondo non gerarchico" (Pizziolo e Micarelli, 2003).

Questa attenzione ha caratterizzato una ricerca recentemente portata avanti al Politecnico di Milano da alcuni docenti della Scuola del Design, che hanno lavorato nel tentativo di recuperare "una città invisibile, quella che ciascuno sogna, ricorda, immagina, ma che sfugge all'attenzione conscia" (Pignatelli, 1978), operando su una serie di "documenti" che presentano un valore sia storico sia estetico. "Documenti" che il responsabile della ricerca, il prof. Luciano Crespi, in un saggio significativo sul tema ha provocatoriamente definito "Avanzi" (Crespi et al., 2017).

3 _ Uno scenario contemporaneo:
tra riuso creativo e produttivo

Altri capitoli di questo libro indagano gli strumenti che il design può fornire per attrezzare questi "avanzi" in un'ottica di sostenibilità economica, reversibilità funzionale e identità culturale; in questo capitolo interessa invece soffermarsi su una dinamica in particolare, quella che coinvolge numerosi edifici un tempo adibiti a scopi produttivi e oggi riconvertiti in hub culturali e creativi.

Nelle nostre città, infatti, sono sempre più numerose le associazioni, gli enti no profit o le imprese creative che, creando ponti tra pubblico e privato, si fanno carico di onerose operazioni di riqualificazione di fabbriche abbandonate per riconvertirle a luoghi di esposizione e di ricerca, destinandole a sperimentazioni culturali o produttive.

Da un lato questi luoghi diventano perfette scenografie per performance artistiche, mostre permanenti o esposizioni temporanee: la loro atmosfera spesso metafisica, il loro *grado zero della scrittura* (Barthes, 1982) che rimanda cioè a una "forma priva di retaggio", si presta per lasciare spazio al linguaggio dell'arte. Molti luoghi del nostro recente passato industriale sono stati capaci di rigenerarsi proprio attraverso questa strategia: Milano propone diversi casi studio che sono rappresentativi di tale approccio, dall'Hangar Bicocca alla Fabbrica del vapore, fino alla Fabbrica Borroni.

Più in generale le imprese culturali e creative appaiono essere tra i soggetti privilegiati a cui l'amministrazione pubblica milanese si rivolge per attivare processi di riappropriazione e riqualificazione degli edifici produttivi dismessi; tali imprese operano per riportare alla luce la memoria del recente passato e per restituire lo spazio alla quotidianità urbana, rendendolo disponibile per nuove ritualità collettive. Interessanti, in tal senso, sia il caso di BASE a Tortona sia quello di Nuovo Armenia a Dergano, che da circa tre anni stanno portando avanti un significativo lavoro di "ricucitura" fisica e simbolica, agendo per riconnettere memorie, identità, appartenenze culturali e luoghi fisici fino a ieri interrotti attraverso cortocircuiti culturali-creativi con ricadute sia in termini economici che di innovazione sociale.

BASE, ad esempio, si trova negli spazi dello storico stabilimento elettromeccanico ex-Ansaldo e rappresenta uno dei più significativi progetti di riconversione urbana in Europa: oggi i 12.000 mq sono stati trasformati in una fabbrica di incubazione e produzione culturale e sono destinati a laboratori, spazi per esposizioni, spettacoli, conferenze e presentazione di libri, bistrot, sala studio e residenze d'artista (Fig. 1). Qui, sperimentando nuovi modelli di collaborazione tra pubblico (il Comune proprietario dell'area) e privato (un'impresa sociale non-profit, frutto della sinergia tra ARCI Milano, Avanzi, esterni, h+ e Make a Cube[3]), si persegue "un progetto di contaminazione culturale tra arti, imprese, tecnologia e innovazione sociale (con l'obiettivo di) generare nuove riflessioni per la città del XXI secolo, creare nuove connessioni tra arti, discipline e linguaggi, sostenere il ruolo di Milano tra le grandi capitali della produzione creativa" (www.base.milano.it).

Nuovo Armenia - che nel nome omaggia la storica industria cinematografica milanese - è invece un'associazione culturale nata con l'obiettivo di valorizzare l'integrazione multietnica e sradicare la narrazione dominante sulla migrazione; in una delle ultime sfide colte, Nuovo Armenia e Asnada stanno riqualificando una storica cascina situata a Dergano, il secondo quartiere milanese per presenza di popolazione immigrata.

La cascina di via Livigno 9, di proprietà del Comune di Milano, è stata concessa alle due associazioni tramite un bando pubblico per la riqualificazione di edifici dismessi: da dicembre 2016 e per circa un anno è stato condotto un faticoso processo di ripristino, pulizia e sistemazione dello stabile che ha visto il coinvolgimento delle diverse popolazioni del quartiere; oggi finalmente il manufatto è reso disponibile a tutte le comunità per usi spontanei, a fronte di una "enorme fame di spazi in cui portare il proprio modo di stare al mondo, le proprie culture e le proprie abitudini..". (Bruno e Tognetti, 2019). Parallelamente, l'edificio è divenuto motore di iniziative di integrazione culturale (si pensi al Cinema di ringhiera, rassegna stampa accolta nei cortili di Dergano con proiezioni dei film in lingua originale e sottotitoli) e "un hub creativo per la rigenerazione urbana, un luogo di azione e inclusione dove si attivano processi di produzione creativa con funzioni di servizio culturale e sociale" (www.cascina9.polimi.it).

Gli esempi che si muovono in questa direzione sono già innumerevoli, e non solo nel territorio milanese: alcuni sono passati dalla produzione di beni materiali a quella di beni culturali (ex cristalleria Livellara, oggi sede dello Spirit de Milan); altri tramite pratiche di occupazione spaziale operano con l'obiettivo di "liberare l'arte" rendendola fruibile

Fig. 1 BASE, Milano Design Week 2019. Foto di ROAR Studio

a un pubblico più vasto ed eterogeneo possibile (ex macello milanese, oggi sede di Macao); altri ancora hanno cercato un nuovo ruolo in ambiti di nicchia (ex fabbrica del sapone di Lodi, ora laboratorio artistico, scuola di danza, di circo e sala prove del Cirque du Soleil durante Expo 2015) o hanno investito su competenze digitali e come incubatori di innovazione (Factory Grisù di Ferrara, un consorzio di imprese creative insediato nel centro storico della città romagnola, in un bene di 4.000 mq in alienazione da anni).

Anche all'estero non mancano le esperienze collaborative di integrazione di policies top-down e processi bottom-up capaci di ingaggiare le amministrazioni, gli stakeholder e gli attori locali allo scopo di dare forma a un "sogno collettivo"; si pensi, a puro titolo di esempio, alla Chocolate Factory di Londra, ieri fabbrica di cioccolato, dal 1996 riconvertita in "creative factory", oggi considerata uno dei più rilevanti esperimenti di realizzazione di un hub creativo del nord Europa. Si pensi al progetto Precare dell'associazione Citymine(d) di Bruxelles, che già dal 1999 si è attivata per incoraggiare il riuso temporaneo di edifici dismessi attraverso attività artistico-culturali capaci di contrastare tanto l'occupazione abusiva quanto il problema della sicurezza, al contempo valorizzando i beni architettonici e incrementando il valore dell'area. E, ancora, si pensi al progetto per l'NDSM-werf di Amsterdam, un'area portuale che dal 1998 è stata oggetto di una continua ricerca e sperimentazione da parte di un gruppo di associazioni culturali, artisti, squatter e cittadini che rivendicano il diritto a riprogettare, gestire e fruire degli spazi in abbandono. L'ex cantiere navale sulle rive del lago IJ è così diventato in questi ultimi anni un importantissimo e vivace centro culturale che ospita festival multidisciplinari, spettacoli, mostre ed eventi in un ambiente post-industriale dai tratti inconfondibili. Infine, un analogo crogiolo di progettualità si può riscontrare nel Darwin ecosysteme di Bordeaux, sito in una ex caserma militare di 20.000 mq sulla riva della Garonna che ora ospita un centro di economia verde, una fattoria cittadina, uno skatepark **XXL**, un impianto dedicato alle sotto-culture urbane, spazi di espressione gratuiti per street artists, una galleria open-air e aree commerciali alternative.

Nella maggioranza di questi casi è interessante rilevare il ruolo attivo della pubblica amministrazione che, a fronte della costante carenza di risorse economiche, sempre più spesso struttura un efficace programma di co-gestione e riattivazione degli spazi, ormai dismessi da anni, a partire da bandi comunali e partnership integrate tra pubblico-privato e settore associazionistico. In questo modo l'amministrazione garantisce l'utilizzo del bene pubblico per orizzonti temporali medio-lunghi (ad esempio, nel caso di Nuovo Armenia a Dergano per trenta anni) a canoni gratuiti o fortemente agevolati; viceversa il privato si impegna a proprie spese a rimetterlo in funzione, adottando i necessari interventi architettonici che spesso si risolvono in progetti di interni dal carattere allestitivo, e il manufatto viene così rimesso in funzione riuscendo anche a soddisfare con maggior rapidità l'evoluzione dei bisogni sociali locali. Tale processo risponde a una pluralità di interessi: alla necessità di sperimentare moduli gestionali innovativi e policy flessibili di intervento, all'esigenza di innescare un coinvolgimento attivo della comunità locale, all'opportunità di individuare una vision capace di trasformare questi edifici di interesse collettivo anche in volani di sviluppo dell'area.

Non a caso anche recentemente il governo italiano ha pubblicato un nuovo elenco di immobili da riqualificare per trasformare edifici abbandonati in atelier d'arte (affidandoli in concessione per 10 anni a 150 euro al mese): con il D.M. del 18 dicembre 2018 si è scelto di investire in progetti interdisciplinari capaci di ibridare le diverse forme artistiche, disponibili alla condivisione dei locali con soggetti provenienti da altri territori, in grado di organizzare iniziative aperte al pubblico, di costruire una relazione organica con il tessuto locale e di promuovere una gestione eco-sostenibile dell'immobile (Mammarella, 2019).

Seppur differenti nei meccanismi di ingaggio degli attori locali, meritano un richiamo anche tutti quei casi di vecchie fabbriche che riscoprono la loro vocazione produttiva in chiave creativa: sono tutti quegli spazi riqualificati dai nuovi makers - i cosiddetti "artigiani digitali" - che reinterpretano i processi industriali in un'ottica di produzione personalizzata. Il fenomeno non ha forse, ancora, chiare ricadute economiche, ma il suo impatto sull'organizzazione fisica della città, sulla sua struttura produttiva e sociale, è ormai palese. e anche l'immaginario urbano si sta a poco a poco modificando nella percezione condivisa.

La necessità di rimettere in circolo questi luoghi ad alta potenzialità, cambiandone il ruolo ma senza perderne la carica simbolica, rappresenta dunque un'esigenza e, al tempo stesso, un'occasione per le nostre città, che in essi possono anche individuare nuove forme di rappresentazione collettiva.

4 _ Dalla bit-factory alla bit-city

Come è stato già anticipato molte municipalità stanno sfruttando la riconversione dei loro numerosi stabilimenti dismessi anche come motore di rigenerazione urbana. In questa ultima parte del testo si intende quindi analizzare quali ricadute già si avvertono nella città grazie ai nuovi scenari produttivi digitali che si vanno affermando e che, proprio nel riuso delle architetture industriali, trovano la loro occasione di riscatto.

Le tecnologie di digital fabrication abbattono le economie di scala e permettono di realizzare prodotti on-demand, ovvero oggetti che si fanno espressioni di esigenze individuali e sono idealmente modificabili all'infinito, in una sorta di continuo work in progress pensato per soddisfare i bisogni specifici di chi ne farà uso. Gli utenti-consumatori diventano così attivi partecipanti di un vasto processo che, provocatoriamente, potremmo definire di "personalizzazione di massa": la necessità - o l'immaginazione - del singolo, che fino a ieri rimanevano ascritte al mondo delle possibilità, diventano ora materiale di progetto e occasioni di costruzione di innovative soluzioni dal basso. Si assiste cioè a un radicale cambiamento di paradigma, che John Hick ha sintetizzato efficacemente postulando un semplice quanto visionario passaggio: la società contemporanea sempre più abbandona "una produzione di massa" per assecondare, piuttosto, "una produzione delle masse" (Hick, 2006).

Questa produzione customizzata, essendo capace di realizzare anche un singolo oggetto a costi accessibili, sembra poter tradurre in realtà un sogno collettivo: dalla serie all'individuo, dall'oggettività dei bisogni alla soggettività dei desideri, non si rinuncia all'ottimizzazione economico-produttiva, ma si aggiunge un livello di complessità fino a oggi impensabile. Non a caso Chris Anderson, uno dei più attenti osservatori dell'economia digitale, parla di "fabbrica personale" (Anderson, 2012) per delineare questo dirompente scenario sociale e produttivo.

La produzione digitale è inoltre caratterizzata da una vera e propria "ubiquità produttiva" (Zanotti, 2016); il termine, oltre che estremamente contemporaneo, appare emblematico perché fa intuire come le nuove tecnologie di manifattura informatica consentano, almeno in parte, di sanare un conflitto intrinseco che tradizionalmente contrapponeva la città e la fabbrica. Storicamente, infatti, i prodotti venivano commercializzati e consumati in città, ma la produzione avveniva al di fuori di essa; ora si stanno invece affermando modelli antitetici, molto più flessibili, economici e sostenibili (sia a livello sociale ed economico, che ambientale) che vanno a rinnovare l'antico ruolo delle *urbs*, ormai non più concepibili solo come soggetti riceventi di merci.

Si tratta di sistemi in cui la materia viene plasmata dai "bit" - di provenienza geografica indifferente - e prende forma in uno qualsiasi dei nodi urbani del network dei FabLab, che potremmo definire anche "fabbriche leggere".

Questi nuovi attori, decisamente tra i protagonisti della rivoluzione in atto, sono fabbriche contemporanee capaci di mettere in dialogo diversi attori urbani e di sintetizzarne le competenze; sono luoghi intrinsecamente votati alle contaminazioni tecnologiche e disciplinari, dove l'innovazione dei processi produttivi è accompagnata da un modello di progettazione collaborativa. Sono "piccole imprese a cavallo tra l'alta tecnologia e l'artigianato" (Micelli, 2011), ma soprattutto sono incubatori preziosi di esperienze, sperimentazioni e fallimenti facilmente "ammortizzabili"; proprio i makerspace, infatti, portano avanti una maggiore sperimentazione, spesso reinterpretando e *hackerando* le macchine preposte alla produzione industriale per renderle più decifrabili e versatili. Si tratta, infine, di laboratori accessibili, caratterizzati da una ricerca continua e aperta, e che per questo "hanno tutte le carte in regola per espandere tale democratizzazione all'intera sfera sociale e produttiva" (Menichinelli, 2016, quarta di copertina).

Questa originale forma di auto imprenditorialità spesso si sviluppa in modo "anarchico" a partire dalle cosiddette sperimentazioni "di sottoscala", metafora nemmeno troppo fantasiosa di luoghi angusti, che nell'immaginario collettivo italiano sono assimilabili ai garage americani come "empirei della creatività hi-tech" (Lana, 2014); tali sperimentazioni danno voce ed espressione ad attitudini acquisite sul campo, ancora poco istituzionalizzate e decisamente lontane dai programmi accademici. Queste conoscenze, che potremmo definire "periferiche" proprio perché tangenziali a quelle codificate dal sistema scolastico e per vocazione intrinseca ibride e multidisciplinari, non a caso trovano poi la propria collocazione ufficiale in aree spesso abbandonate, in edifici dismessi, in zone ai limiti dei bordi urbani.

Così, in zone di solito periferiche ma dinamiche, caratterizzate da grande fermento dovuto alla presenza di popolazioni spesso giovani e straniere, con desiderio di riscatto e con un intrinseco potenziale di innovazione, sono nati anche a Milano molti makerspaces: luoghi di formazione, di scambio di competenze e di crescita di nuove progettualità, attorno a cui convergono comunità di creativi interessati alla manifattura digitale, alla ricerca open-source, all'Internet of Things, alla produzione on-demand di artefatti fisico/digitali. Tra gli

Fig. 2: Design Hostel, Milano – Design Week 2017. Foto di D. Crippa

altri si ricorda l'esperienza di Makershub, un coworking sito in una vecchia fabbrica di minuterie metalliche, che insieme al fablab Ideas nel 2017 ha spinto la sperimentazione sul riuso temporaneo oltre il "già visto", proponendo un innovativo Design Hostel (Crippa, 2017) che per la Milano Design Week ha fornito un'ospitalità "interstiziale" (tra i macchinari), "comunitaria" (riprendendo il modello dell'ostello) ed "esibizionista" (rendendo le stanze degli ospiti-designer delle mostre visitabili, aperte sul quotidiano).

Sempre a Milano significativo è anche il caso del Milano LUISS Hub, uno spazio polifunzionale di alternanza scuola-lavoro dedicato alla manifattura digitale, ma anche incubatore di start-up, nato dalla collaborazione tra la LUISS Guido Carli, il Comune di Milano, la Fondazione Brodolini e ItaliaCamp, con la sponsorizzazione di Wind-Tre e Terna. Si tratta di un'ex area industriale di circa 1.600 mq di proprietà del Comune che era in disuso da anni e che, con questa operazione, è stata recuperata e restituita alla collettività. Non troppo dissimile come modello gestionale il caso di MakeInProgress, il makerspace di Sulbiate installato nel 2016 all'interno di una ex filanda ristrutturata grazie al finanziamento di Fondazione Cariplo e della Regione Lombardia, con la proficua collaborazione di una università - il Dipartimento di Design del Politecnico di Milano e di POLI.design - e con il supporto del Comune di Sulbiate, della Provincia di Monza e Brianza della Camera di Commercio locale. Anche in questo caso la scommessa è stata quella di realizzare un hub culturale e creativo capace di determinare un impatto economico sul territorio e di fornire servizi innovativi a tutto il distretto, mettendo a sistema una pluralità di azioni sinergiche: il Making, il Food, l'Arte, il Teatro e il Coworking (www.exfilanda.it).

I concetti qui introdotti di "sperimentazione anarchica", di "perifericità multicentrica" e di "ubiquità produttiva" potrebbero essere assunti come nuove categorie interpretative della rivoluzione in atto; alla luce di tali osservazioni le ricadute della digital fabrication appaiono così pienamente comprensibili anche a livello urbano, perché i FabLab costituiscono una opportunità strategica per lo sviluppo del territorio.

Il movimento delle Fab City, nato nel 2014 a Barcellona, promuove, infatti, modelli diversi di produzione e di consumo, secondo un approccio sistemico e capillare in cui i Fab Lab, lungi dall'essere piccoli atelier autonomi, diventano piuttosto "elementi chiave di un ecosistema internazionale per il cambiamento economico, politico [e sociale]" (Traldi, 2018).

5 _ Conclusioni

A fronte del quadro qui brevemente descritto, si assiste alla proliferazione di micro-poli produttivi e creativi che favoriscono un processo di riconversione funzionale, attivando le risorse spontanee presenti nel luogo e diventando motore di rigenerazione urbana, oltre che di innovazione sociale: le sempre più diffuse soluzioni di riuso adattivo del costruito, volte a risolvere situazioni periferiche di dismissione o di degrado fisico, restituiscono al mercato e alla cittadinanza spazi rinnovati sia dal punto di vista delle funzioni inserite che del microcosmo sociale che vi gravita intorno. Visto il numero cospicuo, le amministrazioni cittadine li hanno individuati come una preziosa risorsa per quell'operazione di rifunzionalizzazione diffusa che, dagli interni, appare in grado di riqualificare anche gli spazi pubblici della città.

Questi "avanzi" del patrimonio architettonico, trasformati in laboratori sia sociali che culturali, spesso incubatori di nuovi modelli produttivi, sono anche occasioni per sperimentare processi condivisi, inclusivi e collaborativi tra istituzioni pubbliche e attori locali che possono poi diventare best practices, prassi e politiche di buon governo. Si tratta di un approccio alternativo al tradizionale sviluppo immobiliare, particolarmente utile nell'attuale fase di crisi, che "scommette sul fatto che proprio l'attivazione di servizi di interesse collettivo, concepiti come 'commons' (ossia come servizi gestiti e manutenuti da comunità di utilizzatori), possa fungere da nuovo volano per processi di sviluppo urbano e immobiliare delle aree dismesse" (Cottino and Domante, 2017).

In questo scenario le aree dismesse assumono un valore che trascende da quello puramente funzionale, diventando progressivamente "luoghi dove nascere, vivere, incontrarsi, abbandonarsi alla contemplazione; luoghi da cui scappare, da conquistare, da attraversare, da vedere scorrere; luoghi della memoria, dello spirito, dell'intelletto. Luoghi dell'oblio e dell'eterno ricordo" (Boeri, 2011).

In questi luoghi per la produzione di conoscenza, per la condivisione di servizi e di tempo libero, oltre che per lo sviluppo di nuovi modelli economici e produttivi, aumentano e si diversificano esponenzialmente anche le contaminazioni culturali, le interazioni e le sinergie possibili tra differenti popolazioni. Questi spazi si fanno così magnifici interpreti di quel "cosmopolitismo" contemporaneo che J. Rifkin definisce come capacità di esporsi alla diversità degli altri, con cui si stabiliscono legami anche empatici (Rifkin, 2011).

In una società globalizzata in cui "il mondo è diventato il cortile di casa di tutti" (Rifkin, 2011), infatti, queste operazioni di riconversione funzionale e di rigenerazione urbana appaiono testimoni preziosi di un altro mondo possibile, che non parla di paura, ostilità e intolleranza verso il diverso; esse agiscono sotto la spinta di una molteplicità di fattori: la difesa della memoria alla luce dell'innovazione tecnologica, la promozione della bellezza per favorire il benessere collettivo e individuale, la valorizzazione di un welfare culturale, l'attualizzazione del know how del territorio e lo sviluppo di un nuovo capitale sociale - interculturale, crossdisciplinare e multidimensionale - indispensabile per lo sviluppo dei contesti locali.

Gli "avanzi" si predispongono così a nuove vite e diventano non solo rappresentazione dei valori e delle visioni di comunità sempre più promiscue, o sede ideale per accogliere le nuove sfide della contemporaneità, ma sono un tramite attraverso cui dare forma a un nuovo sogno collettivo, un sogno sociale, economico, produttivo, architettonico e urbano.

Bibliografia

Anderson C., *Makers. Il ritorno dei produttori. Per una nuova rivoluzione industriale*, Rizzoli, Milano, 2012

Barthes R., *Il grado zero della scrittura*, Einaudi, Milano, 1982

Bauman Z., *Modernità liquida*, Laterza, Roma-Bari, 2002

Boeri S., *L'Anticittà*, Laterza, Rome-Bari, 2011

Bruno G., Tognetti R., La rigenerazione urbana: riuso creativo di spazi abbandonati, *Conferenza tenuta a Milano*, spazio Yatta, 2 Aprile, 2019

Campagnoli G., *Riusiamo l'Italia. Da spazi vuoti a start-up culturali e sociali*, Gruppo24Ore, Milano, 2014

Cottino P., Domante D., *Innescare la rigenerazione. Spazi alle comunità come driver di sviluppo delle aree dismesse*, Pacini Editore, Pisa, 2017

Crespi L., Anzani A., Caramel C., Crippa D., Di Prete B., Lonardo E., *Designing Remains*, in G. Amoruso (a cura di), *Putting Tradition into Practice: Heritage, Place and Design*, Springer Nature, Cham, 2017, pp. 1473-1482

Crippa D. (a cura di), *A letto con il Design. Design Hostel*, D Editore, Roma, 2017

Di Prete B., *Urban Interior Design: Strategies for Public Living Spaces*, in L. Crespi (a cura di), *Design Innovations for Contemporary Interiors and Civic Art*, IGI Global - Idea Group Inc., Hershey, 2016, pp. 156-185

Ferlenga A., *Città e memoria come strumenti del progetto*, Marinotti, Milano, 2015

Hick J., *La Quinta Dimensione*, Mediterranee Edizioni, Roma, 2006

Inti I., Cantaluppi G., Persichino M., *Temporiuso. Manuale per il riuso temporaneo di spazi in abbandono, in Italia*, Altraeconomia, Cantù (CO), 2014

Lana A., Intervista a Bloomberg, Wozniak rompe il mito del garage "Apple è nata all'interno di HP", *Corriere della Sera, 5 Dicembre*, 2014, www.corriere.it/tecnologia/cyber-cultura/14_dicembre_05/wozniak-garage-apple-hp-55917a52-7c71-11e4-813c-f943a4c58546.shtml

Lyotard J. F., *La condizione postmoderna. Rapporto sul sapere*, Feltrinelli, Milano, 1981

Maccaferri A., *Spazi rigenerati con l'università del riuso. In: nòva, Sole24Ore, 28 febbraio, 2016,* https://nova.ilsole24ore.com/progetti/spazi-rigenerati-con-luniversita-del-riuso/?refresh_ce=1

Mammarella P., *Progetti per trasformare edifici abbandonati in atelier d'arte, il Governo ci riprova. In: Edilportale, 20 febbraio, 2019,* https://www.edilportale.com/news/2019/02/progettazione/progetti-per-trasformare-edifici-abbandonati-in-atelier-d-arte-il-governo-ci-riprova_68734_17.html

Menichinelli M., *Fab Lab e maker. Laboratori, progettisti, comunità e imprese in Italia*, Quodlibet Studio, Macerata, 2016

Micelli S., *Futuro artigiano: L'innovazione nelle mani degli italiani*, Venezia, Marsilio, 2011

Pignatelli M., La città invisibile, in Pignatelli M. (a cura di), Per una simbolica dell'ambiente, *Rivista di psicologia analitica*, 18, 1978

Pizziolo, G., Micarelli, R., *L'arte delle relazioni*, Alinea, Firenze, 2003

Rifkin J., *La civiltà dell'empatia*, Mondadori, Milano, 2011

Traldi L., Non solo Fab Lab. Cosa sono le Fab City e perché potrebbero cambiare il mondo, in *design@large,* luglio 11, 2018, www.designatlarge.it/fab-lab-fab-city-cosa-sono/

Zanotti D., Il design si rilancia con la digital fabrication. Dalla stampa 3D al taglio laser cambia il processo produttivo per molti artigiani, in *Wired, March 16,* wired.it, 2016

Davide Crippa

Dipartimento di Design, Politecnico di Milano,

Via Durando 38/a - 20158 Milano

davide.crippa@polimi.it

Abstract

Il capitolo spazia tra la musica che ha segnato un'era e
gli spazi architettonici testimoni di questa rivoluzione
culturale. Scopriremo che l'esibizione musicale non
è solo suono, ma è uno studio approfondito della
propria immagine e dello spazio che viene occupato. Il
panorama musicale di un ventennio che ha cambiato
forma, sembianze e pensiero; il viaggio sui palcoscenici
degli anni Sessanta e Settanta, tra la cultura pop e la
psichedelia, tra la centralità dell'artista e la sua assenza.
L'analisi dello spazio che questi personaggi hanno
occupato nel corso dei decenni e di come questo abbia
influito sulle scelte stilistiche e musicali. Si vedrà come
l'influenza culturale di quegli anni abbia segnato le scelte
stilistiche di alcuni dei più grandi artisti mondiali.

Parole chiave: Beatles, David Bowie, corpo, Pink Floyd,
allestimento

Corpo
L'architettura della scena tra spazio, evento e movimento

Davide Crippa

1 _ Introduzione

Siamo a fine 1800, a Bayreuth, in Germania, e il compositore Richard Wagner decide di rivoluzionare la barocca concezione di Teatro. Il nuovo Teatro doveva livellare le differenze sociali ponendo tutti sullo stesso piano; scompaiono i posti d'onore, le sedute dedicate ai funzionari, scompare la scissione tra classi sociali, in tutto e per tutto. Scompare la luce, poiché l'attenzione fosse incentrata su ciò che accadeva sul palcoscenico.

Il concetto di base delle teorie wagneriane è l'idea di un teatro come opera d'arte totale: al fine di rappresentare l'uomo nella sua totalità di mente, sentimento e sensorialità il teatro deve fare ricorso a tutte le forme espressive e specialmente alla poesia, alla musica e alla danza. Per la prima volta il luogo di un'esibizione non era più un ricco involucro passivo, ma diveniva uno spazio plasmato a ciò che vi veniva riprodotto al suo interno. È il trionfo del reale sul simbolico (Wyss, Bratton, 1990).

Il modo di fare musica, però, cambia radicalmente nel XX secolo con l'avvento dell'amplificazione. Da questo momento, persino il sibilo più sottile, la nota più lontana o il respiro più fievole potevano divenire motivi conduttori del brano musicale e potevano essere recepiti in maniera cristallina da qualunque spettatore, rendendo irrilevante la sua distanza dal palcoscenico. A differenza di quello che accadeva nei teatri, dove la struttura svolgeva un importante ruolo nell'acustica, l'ambiente fisico del concerto, dunque, si trova a non dover più assolvere questo ruolo, ma diventa parte integrante della scenografia; un elemento che riflette la ricerca degli artisti verso la spettacolarità.

Dall'inizio degli anni Settanta i luoghi per lo spettacolo hanno vissuto uno sviluppo ininterrotto, che li ha portati a distinguersi enormemente rispetto a quelli del passato. Questi cambiamenti sono dati dall'avvento di nuove tecnologie, dal cambio di dinamiche tra spettatore e artista, al sempre più crescente numero di spettatori, alla differenziazione di richieste. Queste, e altre, esigenze danno vita a un filone dell'Architettura denominato *live Architecture* (Kronenburg, 2010), che costruisce le sue fondamenta sulle esibizioni live con la presenza di pubblico. La *live Architecture* individua, in termini progettuali, tre distinte categorie: spazi adottati, spazi adattati e spazi dedicati.

Gli spazi adottati sono quegli spazi progettati per altro utilizzo, che, informalmente, ospitano spettacoli musicali; gli spazi adattati sono quei luoghi la cui natura è stata modificata rispetto all'uso che se ne faceva precedentemente e ospitano ora eventi musicali; gli spazi dedicati sono quelli che nascono appositamente per ospitarne le esibizioni. La sua architettura può svolgere un ruolo decisivo sul carattere, sulla potenza e sull'importanza della performance, aggiungendo livelli di significato sia per il musicista che per lo spettatore. Il sito geografico e l'ambiente architettonico in cui si svolge la performance influenzano enormemente le scelte stilistiche degli artisti, ne mutano la forma e il pensiero.

Nel tardo 700, i musicisti pop, se così li possiamo definire, per potersi esibire, molto spesso dovevano spostarsi, raggiungere abitazioni private o corti, a volte piazze. Molto raramente gli veniva assegnato uno spazio idoneo alla strumentazione e adatto all'acustica. Solo successivamente, già a cavallo dell'Ottocento, iniziarono a predisporre spazi adeguati che potevano essere utilizzati dai costumisti o da gruppi locali; nasce il concetto di camerino per l'artista e tra il luogo e il musicista inizia a instaurarsi un rapporto più concreto.

2 _ Musica Pop

Tutta la musica pop nasce in luoghi piccoli e informali, spesso nelle strade, ma la sua rapida diffusione garantì lo spostamento in spazi più grandi che potessero accogliere degnamente gli spettacoli musicali.

Questo fenomeno portò inevitabilmente a monetizzare l'esibizione musicale che viene formalizzata in un processo di reddito. La grande urbanizzazione di questi anni consente, di conseguenza, la costruzione di veri e propri luoghi dove far musica e dove tutte le altre funzioni fossero secondarie, di accompagnamento. Simultaneamente emersero luoghi per lo spettacolo all'aperto, come giardini, piazze, parchi, anfiteatri, dove vennero allestiti piccoli palchi per la performance dell'orchestra. L'utilizzo di queste architetture è la prova di un cambiamento sociale e politico che ebbe luogo nella società, specialmente negli ultimi 50 anni.

La commercializzazione della musica pop rese possibile eventi all'aperto in larga scala, quali i tour musicali negli stadi. Inaugurati negli anni 50 dall'esperienza di Elvis negli stadi da Baseball americani, il palcoscenico e le infrastrutture idonee per gli spettatori, richiedevano la progettazione in scala urbana di strutture che consentissero di essere montate e smontate, trasportate e conservate. Queste, e altre, sono solo alcune delle caratteristiche che differenziano l'Architettura statica da quella mobile. In particolare, la *live Architecture* deve prestare particolare attenzione al trasporto, all'installazione e al riutilizzo degli elementi costruttivi; vengono curati scrupolosamente il peso e la natura dei materiali di costruzione, le sue parti mobili, le tecniche di assemblaggio, la flessibilità e la durabilità dei materiali utilizzati.

A seguito di questi fattori risulta ovvio il rapporto che si viene a creare tra progettista e costruttore, che spesso sono a loro volta affiancati da un gran numero di collaboratori.

Parallelamente, l'architettura mobile e l'esibizione live condividono la stessa natura effimera. È peculiare la relazione che intercorre tra le due parti; entrambe sono le stesse, apparentemente, per la durata di un tour, ma ogni luogo, ogni giorno, ogni orario e ogni respiro le rendono differenti da tutte le altre. Pur essendo eventi fugaci e costruzioni non durevoli, creano una presenza permanente nella memoria di coloro che prendono parte all'evento, la cui percezione del luogo viene modificata per sempre.

La fugacità di questa architettura, il suo aspetto così sognante e la sua apparente leggerezza non devono farci banalizzare il suo intervento, poiché "questa deve essere considerata 'vera' architettura e non semplicemente edificazione, poiché le persone che la utilizzano vengono a contatto con essa nella stessa maniera in cui si approcciano all'architettura tradizionale, e poiché le condizioni di qualità dello spazio, ambiente, forma, spazio, immagine sono tanto importanti, quanto lo sono per le altre architetture" (Kronenberg, 2010).

Gli anni Sessanta e Settanta del 1900 sono caratterizzati da un accesissimo fermento culturale che rivoluzionò tutti i paesi del mondo occidentale. Il boom economico e Industriale, la fine della Seconda guerra mondiale e l'inizio di un periodo di pace e prosperità, favorirono la diffusione mediatica di correnti ideologiche, modelli culturali, ma soprattutto dell'immagine degli Stati Uniti d'America come potenza egemone non solo in campo militare, ma anche culturale. Una delle tendenze importate che maggiormente influenzò il panorama inglese durante tutti gli anni Sessanta fu la *pop Art.* Da questo momento la parola *"pop"* verrà utilizzata per delineare un panorama creativo via via sempre più vasto e diversificato, comprendente numerose forme di espressione. Il movimento *"pop"* tende a concretare la propria attenzione sugli oggetti, sui miti e sui linguaggi della società dei costumi, trovando la propria forza nel "modulo" e nella moltiplicazione, metafore dell'uomo e di una società standardizzata di forte ispirazione americana. Un profilo che emerge con grande rilevanza in questo movimento è quello di Andy Warhol; poliedrico artista americano: pittore, scultore, mente creativa. Il suo apporto alla musica e alla creatività legata alla musica fu evidente con la prima uscita dei lavori per i Velvet Underground, per i quali curò la grafica dei dischi.

Oltre alla Pop art, in questi anni si sviluppò anche la minimal art, che nasce e si forma sulle forme geometriche semplici, come il cerchio o il triangolo. Partendo da forme semplici verranno a crearsi complesse composizioni astratte. Un ritorno alle forme ancestrali, che, come vedremo, saranno un elemento chiave per i Pink Floyd qualche anno dopo. Nasce la *"body art",* che vede come maggiori esponenti David Bowie e Peter Gabriel. Il corpo è l'unico elemento su cui si basa l'esibizione, una totale centralità sull'aspetto e sull'individuo. La tendenza a coniugare le diverse forme artistiche in una dimensione espressiva unitaria trova le proprie radici in una sorta di teatralizzazione dell'arte, incline a coltivare sperimentazioni intermediali. Si sviluppa un metodo espressivo complesso chiamato *happening*, nel quale si realizzano le prime esperienze relative alla commistione di diversi linguaggi e che dà corpo ai primi esperimenti collettivi.

Nella Londra degli anni Sessanta-Settanta nasce la *Swingin' London* (Sandbrook, 2006), che indica questa commistione di arti sul territorio inglese, spesso accompagnati da una vita mondana sfrenata che influenzò enormemente le scelte stilistiche degli artisti. È a questo punto interessante analizzare alcuni dei personaggi che caratterizzarono questo ventennio, che, pur vivendo nello stesso contesto culturale, sono riuscite a maturare delle tendenze espressive in maniera molto differente gli uni dagli altri.

Parliamo di Beatles, David Bowie, Genesis e Pink Floyd, che verranno analizzati in ordine volutamente non cronologico, per dare risalto al rapporto che hanno avuto con lo spazio da essi occupato sul palcoscenico.

3 _ The Beatles: la musica

È il 1965 e per la prima volta i Beatles si trovano a esibirsi in uno stadio. Siamo allo Shea Stadium di New York, e gli spettatori sono 55000. Come in tutte le esibizioni, il quartetto inglese decide di presentarsi senza sceneggiatura alcuna, solo con uno spoglio palco, qualche amplificatore e un sobrio cappotto color sabbia. Il palco, al centro del campo da baseball è timido, quasi inesistente se paragonato alle affollatissime gradinate abitate da giovanissime ragazzine che a gran voce invocano i propri idoli. La scelta di non aver nulla di accessorio alla pura produzione musicale è classica del Gruppo britannico; non hanno mai sentito l'esigenza di catturare l'attenzione se non con la musica e con la propria presenza sul palcoscenico.

"Quello che accade su quel palco fu piuttosto accidentale: così come lo spettacolo, i Beatles non avevano tanto da offrire" (Sutherland, 1992). Questo commento, di Robert Sandall, da un lato si mostra critico verso l'esibizione, dall'altro palesa la necessità di una maggiore amplificazione del canale espressivo.

Sono idoli generazionali, vere e proprie icone pop, nate e formatesi nelle buie e strette stanze del Cavern Club di Liverpool, che li portò a essere leggende in soli pochi anni di attività. "5 La nostra immagine siamo semplicemente noi, quello che eravamo, non abbiamo cercato di creare un'immagine, è semplicemente accaduto"[1]. Essendo quindi tutte le attenzioni rivolte a loro, persone fisiche, uomini idolatrati, si rende inutile allestire un palcoscenico con ulteriori elementi, poiché potrebbero distogliere l'attenzione da ciò che, in questo caso, risulta essere il principale veicolo espressivo del messaggio musicale: i musicisti stessi. La composizione del gruppo non prevede un frontman, ogni posizione sul palcoscenico degli attori coinvolti è studiata in modo che ognuno di essi abbia la stessa importanza, lo stesso livello espressivo. Lo schema che il gruppo segue nella disposizione sul palco è molto semplice e classico; gli strumenti a corda sul fronte e le percussioni arretrate di qualche metro oppure rialzate grazie a una struttura che permettesse al pubblico di vedere tutti i componenti. È da sottolineare che questo tipo di esibizione ha garantito ai Beatles un enorme successo dal vivo, ma dopo il concerto allo Shea Stadium, si ritiene necessario cambiare la strategia comunicativa, ampliandolo così con un apparato visivo, scenografico e narrativo. È con l'album *Pepper's Lonely Hearts Club Band* del '67 che in Inghilterra si ha una tipologia di lavoro chiamata *concept album*, che sviluppa, su più livelli, l'opera attorno a una singola idea. "La frase concept album è inestricabilmente legata ai tardi '60, quando i rock & rollers iniziarono ad ampliare i limiti delle loro forme artistiche"[2]. Essendo la musica arte allo stato puro, quasi fluido, con il concept album risulta chiaro il messaggio che vuole essere espresso: la vera opera d'arte è "l'apparire sensibile dell'idea" (Hegel, *Estetica*). Il modo in cui viene espressa risulta quasi accessorio, e, allo stesso tempo necessario, per poterla esprimere in tutte le sue sfaccettature. Tutte le forme espressive attraverso le quali l'album è presentato sono strettamente collegate. Vi è una forte unitarietà e la narrazione risulta sempre omogenea e ben raccontata. Volendo teorizzare questo approccio all'occupazione del palcoscenico, possiamo introdurre tre codici di lettura per aiutarci nel compito: *sfondo, allestimento e oggetto*. Il codice sfondo è espresso dal luogo, la semplice scatola dove avviene l'esibizione, che vive e si nutre solo grazie a codice allestimento e codice oggetto; il primo è magistralmente espresso dalla scenografia del palco dove i musicisti raccontano il secondo attraverso la musica stessa. Il parallelismo con l'allestimento tradizionale risulta ora palese e mostra come la stessa esibizione non sia altro che la messa in scena di un'opera d'arte in un museo. Nel caso specifico dei Beatles notiamo che esiste solo il codice sfondo del luogo; un contorno che varia in base alla location del concerto. Non ci sono impalcature e stratagemmi scenici. Il codice allestimento è azzerato per dare forza al solo messaggio che vuole dare la musica (codice oggetto) attraverso i suoi musicisti.

4 _ David Bowie: il corpo

Dimentichiamoci per un attimo della sobrietà dei Beatles per introdurre un vero e proprio protagonista del palcoscenico: David Robert Jones, meglio conosciuto come David Bowie. Personaggio eccentrico e di indubbio talento, è cantante, musicista, pittore, scultore e attore. Basta poco per accorgersi dell'enorme potenziale di Bowie, tant'è che in pochissimi anni riuscì a diventare una vera e propria icona del pop e del rock mondiale. Fu inventore del *glam rock* e la sua natura poliedrica e camaleontica lo portò a creare diversi alter ego che tenne in vita per buona parte della sua carriera musicale. Bowie matura la sua scenicità dopo l'incontro con un mimo, che gli insegnò il linguaggio del corpo. Ogni movenza, seppur naturale, è ora carica di drammaticità, di pathos espressivo e di grande forza comunicativa. Il contorno non ha più alcuna importanza, la scena è sovrastata dall'eccentricità della sua figura. Il luogo diviene inesistente, è presente solo il cantante a sostenere l'intera scenografia attraverso i suoi travestimenti, poiché, come spesso affermava Bowie "la musica è la maschera che nasconde il messaggio" (Pegg, 2002). Lui stesso diviene palcoscenico, "andando così a intercettare un'idea di immaterialità dell'architettura individuata nel contemporaneo" (Crippa and Di Prete). Anche in questo caso è l'artista a svolgere il ruolo di protagonist principale, ma viene fatto in maniera totalmente diversa! In questo caso l'artista proietta su di sé il codice allestimento, è lui a diventare l'allestimento stesso che in concerti come quelli dei Pink Floyd è retto dalla mastodontica macchina scenica.

Intrepido sperimentatore, anche Bowie adotta il *concept album*, restando coerente con le molteplici personalità che impersona. Partendo da Ziggy Stardust passando per il Duca Bianco e arrivando agli ultimi anni in cui si presentò più umano che mai; ogni pezzo della sua carriera era una piccola storia studiata nei minimi dettagli, tutto era coerente e pensato. "Io credo di essere una persona che può prendere le forme delle persone che incontro, cambio accento nel giro di pochi secondi quando incontro qualcuno, e prendo il loro accento. Ho sempre notato che io colleziono, sono un collezionista. Ho sempre collezionato personalità, idee. Ho una filosofia mescolata che è davvero elastica"[3].

Riusciva a captare con anticipo l'aria del cambiamento e come un camaleonte si adattava a quello che aveva intorno, prima che gli altri si accorgessero del mutamento in atto. David Bowie è camaleontico e assolutamente all'avanguardia; diviene e resta icona di stile per decenni, lasciando impronta alle generazioni future di un nuovo modo di fare ed esprimere musica. La formula del *concept album* trovò grandi seguaci, come il gruppo dei Genesis. Autori di composizioni lunghe e complesse, intermezzi raccontati, brani ricchi di numerosi cambi di ritmo e movimentati assolo. Questa voglia di sperimentazione si esprime anche nel linguaggio che viene utilizzato; vengono coniati dei neologismi e per alcuni versi sembra quasi venga creata una nuova lingua comunicativa, fatta di suoni, starnazzi, rumori. Per questi artisti, più che per altri, la forma del *concept album* è fondamentale per esprimere artisticamente la grande ricerca fatta dal gruppo.

5 _ The Genesis: verso la scena

La scena, sul palcoscenico, inizia a prendere forma con i Genesis. Si inizia a sperimentare l'allestimento pur restando secondario rispetto al vero narratore; il frontman Peter Gabriel. La sua vera potenza comunicativa risiede nella capacità di rapportarsi con il pubblico, utilizzando il proprio corpo come strumento comunicativo. La scenografia rimane ancora passiva, un testimone silenzioso nell'esibizione. A differenza di Bowie, però, i Genesis non annullano l'aspetto architettonico (codice allestimento), ma riportano sul palcoscenico una dimensione teatrale e drammatica abbandonata da molto tempo e per alcuni totalmente sconosciuta. L'icona pop perde gli attributi che Bowie si guadagnò; è fuori dagli schemi, si, ma resta lontano dal commerciale, rimane del tutto originale, trovando sempre difficoltà nell'inserimento ferreo in una categoria musicale. Con i Genesis l'apparato scenico si arricchisce, si diversifica e si colora per amplificare al massimo l'espressività dell'esibizione. "Nella nostra cultura, le maschere sono viste come qualcosa dietro cui ci si nasconde, ma in altre culture sono il veicolo con cui si esce allo scoperto, ed è così che sono venuto fuori io" (Zoppo, 2015). Il connubio e la commistione di più elementi rende il lavoro del gruppo affascinante anche agli occhi di artisti di diverso campo. Stringeranno una forte amicizia con il duo Hipgnosis, grafici avanguardisti che seguirono i Genesis nella realizzazione dei loro più celebri successi. Il trasformismo e il dinamismo di queste esibizioni sono il primo passo, in un certo senso, verso il dialogo con le architetture del palcoscenico, pur restando ancora lontani da quella che sarà la rivoluzione dei Pink Floyd.

6 _ La rivoluzione dei Pink Floyd

I Pink Floyd nascono a metà degli anni Sessanta per opera di tre studenti di architettura e uno studente d'arte. L'ambiente in cui si incontrano è fertile, creativo, rivoluzionario; è nelle *art schools* che in questi anni le tensioni teatrali, musicali e audiovisive trovano un punto d'incontro. Il gruppo, formato da Roger Waters, Nicholas Mason, Richard Wright e Syd Barrett, si mostra da subito interessato alle sperimentazioni tecnologiche. L'unione di più arti e di più espressioni artistiche risulta per i Pink Floyd il miglior metodo per esprimere la propria complessa dimensione dove "Il contenitore è sempre diventato parte della scenografia" (Moltisanti, 2019). È proprio negli spettacoli live che l'unione di immagine e suono rivelano la propria forza. La comunicazione è totalmente diversa; non vediamo più le icone pop idolatrate sul primo piano, ma vediamo giochi di luce, elementi grafici ripetuti, ricerca di forme e studio delle nuove tecnologie. Il primo dei momenti fondamentali per comprendere lo stretto legame tra il suono e la visione astratta della musica risale al periodo dello *Swingin' Londra,* quando, il Gruppo, si interfaccia per la prima volta con i *light-show*. Si interfacciarono quasi per caso con questo mondo, grazie a un amico che li coinvolse durante un progetto di installazione di "sculture luminose". Iniziarono a sperimentare in assoluta libertà e presto compresero che quello visivo sarebbe stato l'elemento che li avrebbe distinti dagli altri, spingendoli fin da questo momento a iniziare una ricerca su un nuovo tipo di live. La prima grande invenzione, nata con i tecnici della scena, fu quella di "diapositive liquide", un elemento destinato a diventare un marchio distintivo della prima parte della carriera dei Pink Floyd. Queste diapositive venivano create inserendo dell'inchiostro tra due pellicole, si creavano per tanto giochi cromatici astratti, randomici. La continua ricerca li porta a riscoprire figure ancestrali, come il triangolo o il cerchio, che verranno enfatizzate e prenderanno una dignità totalmente diversa. Proprio il cerchio, espresso inizialmente attraverso l'utilizzo di un gong sul palcoscenico, diventerà un elemento costante in ogni concerto del Gruppo. L'utilizzo di questo grande schermo circolare consentiva la proiezione sempre diversa di elementi grafici, che divennero vera e proprio accompagnamento alla narrazione musicale. L'opera che senza dubbio alcuno incarna più di altre la continua ricerca, la sperimentazione e l'introspezione è The Wall. Il protagonista di questo incredibile *concept album* è Pink, alter-ego di Roger Waters e molto probabilmente reincarnazione di Syd Barrett, storico fondatore del gruppo. Pink è una rockstar problematica, dipendente da droghe e con un complessissimo rapporto con la propria interiorità e il pubblico. Proprio questo viaggio introspettivo e di fuga dalla realtà portò alla creazione di The Wall. Il muro che Waters erige non è solo mentale, ma anche fisico con il pubblico, con il quale, da tempo, aveva sviluppato un rapporto molto conflittuale. Inizia a comparire sul palcoscenico, in tutti i tour, un gigantesco muro formato da mattoni in polistirolo, che circa a metà dello show, divideranno completamente musicisti e pubblico, "il progetto fu sempre diviso in tre parti distinte: la progettazione dei mattoni, il processo di costruzione del muro e come farlo crollare" (4). Sullo sfondo un enorme schermo circolare sul quale vengono proiettati spaventosi cartoni animati che infittiscono la narrazione di The Wall, il *concept album* per eccellenza. Come costruzione comunicativa a più livelli, il concept album nelle mani di Roger Waters e compagni viene concepito come contenitore per una gamma diversificata di codici da interpretare, che si estendono dal testo verbale fino alla dimensione scenica e drammaturgica. Nella percezione dell'ascoltatore del disco o dello spettacolo dal vivo, il risultato è quello di utilizzare i diversi strati della comunicazione non come elementi isolati, ma come parti che devono essere sintetizzate dall'ascoltatore/spettatore in relazione alla struttura globale dell'opera. L'ontologica disparità tra livelli costitutivi del concept album, oltre a essere la caratteristica scatenante del meccanismo drammaturgico, provoca anche una serie di conseguenze che interessano la forma globale del disco sia nella sua costruzione come oggetto musicale, sia nella sua presentazione materiale e nello spettacolo dal vivo (Sforzi, 2015). Per interpretare il messaggio generale di questo tipo di dischi, allora, bisognerà utilizzare un approccio "interamente strutturale", in cui cioè è necessario riconoscere che: "il significato di particolari unità risiede non in cosa sia la loro sostanza, ma nel loro rapporto" (Middleton, 1994). Quello che è dunque interessante analizzare nel concept album è l'integrazione dei suoi elementi in un processo comunicativo unitario, guardando alla totalità delle componenti di un'opera dai confini indefiniti, che non si esaurisce nel disco e, allo stesso tempo, è più di quello che viene presentato durante le esibizioni live. Normalmente nelle esibizioni dei Pink Floyd il codice sfondo (Roma, Berlino, Venezia, ecc.) si fondono con la straordinaria forza del codice allestimento (che è sempre di grande forza ma che raggiunge il suo apice proprio nella scenografia di "The Wall") e la musica si integra dando i tempi della scena (codice oggetto). Nasce, con The Wall, un complesso gioco tra parti, uno straordinario equilibrio che toglie i riflettori dai musicisti, per puntarli sull'idea stessa.

I Pink Floyd sono la perfetta sintesi di un periodo turbolento e creativamente attivo che caratterizza gli anni Sessanta e Settanta. Sono unici, complessi e determinanti per definire il rapporto del musicista con l'architettura mobile che abita. Le scenografie dei Floyd sono, ancora oggi, esempio di innovazione e genio creativo, sono pura forza espressiva, sono i protagonisti di un palcoscenico animato. Il progetto musicale dei Pink Floyd coglie la vera essenza dell'arte concettuale portando il concetto come unico elemento utile e necessario, tutto ruota attorno a questo partendo dalla musica fino ad arrivare alla scelta del luogo dove suonare, alla scenografia della performance, alla scelta della grafica e alla composizione dello storytelling narrativo del progetto. Guardando la storia della musica contemporanea abbiamo individuato quattro atteggiamenti principali: quello dei Beatles (tutto puntato sulla forza della musica), di David Bowie (che riesce a proiettare l'uso della scena sul cantante usando lui e la musica come unico veicolo dello spettacolo), dei Genesis (che adottano alcuni degli stratagemmi di Bowie mischiandoli all'uso delle scenografia) e infine dei Pink Floyd (che nell'uso della scenografica collegata al codice sfondo creano il loro strumento di racconto musicale).

7 _ Conclusioni

Volendo guardare alla contemporaneità forse possiamo individuare un nuovo modo di abitare il palcoscenico; quello di non abitarlo. Da qualche anno a questa parte sempre più artisti decidono di non mostrarsi al proprio pubblico, per svariate ragioni. Tra quelli che dell'anonimato hanno fatto la propria bandiera non possiamo non citare Sia, cantautrice australiana che solo nell'ultimo periodo ha deciso di mostrarsi. La sua presenza sul palco è spesso insignificante, a volte addirittura assente perché alle spalle di pareti che la possano nascondere. Il codice oggetto, la musica, assume quindi un doppio valore, deve essere talmente efficace da poter essere convincente pur non avendo un volto. Il codice sfondo viene annullato e il codice allestimento è spesso scarno, ma arricchito da esibizioni di ballo prive di giochi di luce o effetti speciali. È una scena semplice, quasi futurista. La scelta allestitiva, per Sia e per gli altri artisti che decidono di non mostrarsi risulta estremamente importante e deve essere immediatamente riconducibile all'artista. Vediamo elementi ripetuti, timbri stilistici, come la scelta di avere sempre ballerine con un taglio di capelli a "caschetto", o come l'utilizzo di colori pastello. Questa esperienza artistica, questa scelta di non mostrarsi per non essere l'oggetto vincolante della propria arte è sicuramente l'arma vincente della cantautrice. Osservando con attenzione le esibizioni live non possiamo non notare come l'allestimento, quasi inesistente, riesca a vivere grazie a coreografie e stratagemmi studiati minuziosamente per mantenere viva l'attenzione del pubblico. Altro caso, ancora più al limite è quello dei Gorillaz, gruppo inglese inesistente; sì, non esistono. Appaiono solo sotto forma di cartoni animati e nei live show utilizzano spesso la tecnica dell'ologramma per non mostrarsi al pubblico. I Gorillaz sono il "progetto più intelligente del nostro tempo" (Primi, 2018), sono stati studiati a tavolino da Damon Albarn, polistrumentista, e Jamie Hewlett, fumettista, facendola entrare nel Guinness world record come band virtuale di maggior successo (Browne, Albarn, 2006). I loro live sono incredibilmente coinvolgenti, cartoni animati per nulla realistici, con caratteristiche fisiche accentuate, quasi scimmiottate rendendoli non lontani dall'immagine di mostri. Lo spazio, sul palcoscenico, è occupato interamente dalla proiezione del cartone animato, in alcuni casi vi sono giochi di luci e coreografie, in particolare quando ci sono featuring con artisti realmente presenti sul palco. La loro forza espressiva risiede nell'assenza sul palcoscenico, e nella giocosità delle performances, che ad, oggi, risultano inimitabili e "inimitate".

Siamo ben lontani dal front-man Bowie, ben lontani dagli incredibili allestimenti dei Pink Floyd, ci troviamo di fronte a un nuovo caso di sperimentazione: un rifiuto dell'immagine idolatrata dell'artista. Il diverso approccio che questi artisti hanno dimostrato nell'occupazione del palcoscenico dimostra come società, cultura e costumi riescano a influire più o meno pesantemente nelle loro scelte stilistiche e artistiche. La risposta che viene data a determinati stimoli esterni produce la voglia di conoscere e sperimentare, utilizzare nuove tecnologie o annullarle.

1. Ringo Starr, STV, Glasgow, 30/04/1964.

2. AllMusic Loves Concept Albums, in *AllMusic*, 10 February 2014

3. https://www.youtube.com/watch?v=s QyRt3f1SNI&feature=youtu.be

4. Pink Floyd's The Wall, TPI Magazine. http://www.tpimagazine.com/editors-choice/classic-productions/9077/pink_floyds_the_wall.html

Bibliografia

Anderson S., *Pink Floyd - Behind the wall*, film, 2011

Browne C., Albarn D., *Rise of the ogre*, Michael Joseph Ltd., London, 2006

Cook P., *Experimental architecture*, Studio Vista, London, 1970

Crippa D., Di Prete B., *Verso un'estetica del momentaneo. L'architettura degli interni: dal progetto al "processo*, Maggioli, Santarcangelo d Romagna, 2011

Holding E., Mark Fisher. Staged architecture, in *Architectural monograph n.52*, Wiley-Academy Chichester, 2000

Kronenburg R., Live architecture: the design of portable buildings for live music performance, in *Architectural research quarterly*, n.14, f. 4, December, 2010, pp. 304-316

Mari, M., *Rosso Floyd*, Giulio Einaudi Editore, Segrate, 2010

Mason N., *Inside out. A personal history of Pink Floyd*, Weidenfeld & Nicholson, London, 2004

Middleton R., *Studiare la Popular Music*, Feltrinelli, Milan, 1994

Moltisanti G., Pink Floyd a Venezia: 30 anni fa il concerto più bello e controverso in Italia, *Rolling stones*, July 15, 2019

Montanari T., L'arte dell'anonimato, *La Repubblica*, 20 marzo, 2016

Parker, A., Scarfe G., *Pink Floyd - The Wall*. U.K., film, 1982

Pegg N., *David Bowie. L'enciclopedia*, Arcana, Roma, 2002

Primi M., Liberato e i Gorillaz: il pop senza volto conquista il Sonar, *Rolling stones*, June 16, 2018

Sandbrook D., *White Heat: A History of Britain in the Swinging Sixties*, Little Brown, London, 2006

Sforzi F., *The Wall, L'architettura dei Pink Floyd,* tesi di laurea, Facoltà di Architettura e Società, Politecnico di Milano, Milano, 2015

Siegal J. (a cura di), *Mobile: The art of portable architecture,* Princeton Architectural Press, New York, 2002

Sutherland L., *Rock Sets. The astonishing art of rock concert design,* Thames and Hudson, London, 1992

Waters R., *The Wall: Live in Berlin, DDR,* film, 1990

Waters R., *Foreword* in G. Scarfe, *The making of Pink Floyd: the Wall,* Weindenfeld & Nicolson, London, 2010

Welch C., *Genesis. La musica e la visione. Guida illustrata alla discografia completa,* Arcana, Rome, 2013

Wolfler Calvo M., A*rchigram/ Metabolism: utopie negli anni sessanta*, Clean edizioni, Napoli, 2007

Wyss B. and Bratton D., *Ragnarök of illusion: Richard Wagner's "mystical abyss" at Bayreuth*, The Mit Press, vol. 54, Oct. 1990, pp. 57-78

Zanetti F., *Il libro (più) bianco dei Beatles. La storia e le storie di tutte le canzoni,* Giunti editore, Firenze, 2012

Zoppo D., *La filosofia dei Genesis, voci e maschere del teatro rock,* Mimesis edizioni, Sesto San Giovanni (MI), 2015

http://www.angelfire.com/punk/kissme/
wall.htm

http://www.liveradio365.com/david-
bowie-il-trasformista-da-ziggy-stardust-
al-duca-bianco/

http://www.pink-floyd.it/grande-inter-
vista-a-roger-waters-tradotta-bene-da-
cymbaline-tante-novita-fina/

http://www.tpimagazine.com/inter-
views/9076/mark_fisher.html

https://nuovoeutile.it/anonimato/

https://pinkfloyditalia.wordpress.com/
tag/classic-rock

https://www.tpimagazine.com

www.ondarock.it/pietremiliari/pin-
kfloyd_thewall.htm

Fiamma Colette Invernizzi

Dipartimento di Design - Politecnico di Milano

Via Durando 38/a - 20158 Milano

fiammacolette@polimi.it

Abstract

In Italia si costruiscono ogni giorno 8 metri quadrati di terreno
al secondo. Ciò che è già stato costruito è sufficiente: la società
ha bisogno di usarlo ripensandolo in un modo più flessibile,
sostenibile ed etico. Combinando saperi che provengono
dall'Architettura, dall'Interior Design, dall'Exhibition
Design, dall'Arte e dall'Antropologia, gli edifici abbandonati
possono diventare nuovamente parte del tessuto urbano
contemporaneo. Prodotti in una società che fa dello spreco la
sua religione, essi rappresentano una risorsa straordinaria,
non solo in quanto sono in grado di svolgere nuove funzioni
senza ulteriore consumo di suolo, ma anche come custodi
della memoria e di storie che altrimenti andrebbero perdute.
Come vecchi libri che mantengono le loro antiche copertine a
ricordo del passato, gli edifici abbandonati si possono rinnovare
dall'interno, come nidi contemporanei, capaci di adattarsi al
modo di vivere attuale, diventando crocevia di interculturalità,
capaci di produrre nuovi spazi di relazione e ancoraggi stabili.
Un approccio interdisciplinare, interventi a breve termine
e a basso costo costituiscono una strategia per far rivivere
gli avanzi architettonici abbandonati. Eticamente, in modo
flessibile e sostenibile.

Parole chiave: avanzi, edifici abbandonati, approccio
progettuale, sostenibilità dell'architettura, interdisciplinarità

Memoria
Abitare gli avanzi

Fiamma Colette Invernizzi

1 _ Introduzione

"E sì, abbiamo bisogno di speranza. Certo, ne abbiamo bisogno. Ma l'unica cosa di cui abbiamo bisogno più della speranza è l'azione. Una volta che iniziamo ad agire, la speranza è tutto. Quindi, invece di cercare la speranza, cerchiamo l'azione. Poi, e solo allora, la speranza arriverà". Era il gennaio 2019 quando il discorso della sedicenne Greta Thunberg al TEDx di Stoccolma è diventato virale. Dall'agosto 2018, la giovane attivista lotta per difendere un ambiente alla deriva. Prima con il Friday For Future, poi con il TEDx, il World Economic Forum di Davos, il COP24 e la conferenza all'ONU. Tutto per far sentire la propria voce e dire che c'è qualcosa di sbagliato, qualcosa che sta andando nella direzione sbagliata, verso un pianeta senza futuro e - per dirla senza mezzi termini e senza compromessi - verso la rovina. Vorrei iniziare questo capitolo con le parole di Greta Thunberg perché, se c'è un background sociale e teorico a cui tutti dobbiamo guardare, è questo. "Chaque civilisation a les ordures qu'elle mérite" (Ogni civiltà ha la spazzatura che si merita) scrisse Georges Duhamel al suo ritorno da un viaggio negli Stati Uniti tra il 1929 e il 1930. Nei novant'anni successivi - dopo la Seconda guerra mondiale - al feticismo delle merci (già teorizzato da Karl Marx) hanno fatto seguito il boom economico negli anni '50 e '60, lo sviluppo della commercializzazione dei beni di consumo negli anni '70-'80, la terza rivoluzione industriale, la globalizzazione e la normalizzazione di un gesto legato all'acquisizione indiscriminata di beni - spesso superflui - definiti come consumismo contemporaneo (Lynch, 2008). Il più grande effetto di questa catena di eventi? La produzione di rifiuti.

Il ragionamento sulla progettazione degli avanzi porta necessariamente a riflettere sulla situazione ambientale contemporanea. Prima di tutto, questa riflessione viene presentata attraverso una panoramica ambientale generale - legata ai temi della crescita e del consumo - e poi prosegue con approfondimenti legati al rapporto tra pianificazione urbanistica e uso del territorio, tra crescita della popolazione e costruzione. L'utilizzo dei dati di rapporti ufficiali del WWF e di Ispra permette di avere un quadro più chiaro della situazione contemporanea e di capire meglio quanto sia necessario affrontare la questione degli edifici esistenti per contrastare la falsa necessità di nuove costruzioni. Viene poi proposta un'osservazione a livello nazionale, per mostrare la drastica variazione della densità urbana negli ultimi cinquant'anni e come il territorio italiano stia subendo una cementificazione incontrollata, a scapito delle architetture esistenti, ricche di storia e di memoria. L'applicazione di scelte alternative e di politiche territoriali innovative è supportata da specifici studi nazionali, che mostrano la possibilità di avvicinarsi al patrimonio esistente ripensando l'edilizia e il territorio in modo sostenibile ed etico. Attraverso un excursus storico e multidisciplinare, viene qui presentata l'evoluzione della consapevolezza sulle problematiche climatiche e ambientali, tema già molto radicato nella cultura nazionale; oggi è necessario invertire il corso degli ultimi cinquant'anni, attraverso pratiche politiche consapevoli e lungimiranti.

La crescita è l'imperativo che l'intero globo ha subito dalla rivoluzione industriale fino ai giorni nostri. Se all'inizio il fascino derivava da uno sconvolgimento tecnologico rivolto all'aumento del benessere comune, dal 1950 a oggi il mito della crescita si è trasformato in un'illusione mercantile di consumo senza controllo. Oggi la crescita è imposta dalla società, tanto che semplici ma non ovvie domande come Crescere fino a che punto? A spese di chi? Con quali effetti, costi o implicazioni? non pretendono neppure una risposta. Nonostante gli effetti immediati che riconosciamo nella società occidentale - capace di soddisfare qualsiasi esigenza con un click o con una giornata trascorsa all'interno delle contemporanee cattedrali del consumismo - dobbiamo riconoscere il pericolo di un sistema votato all'illusione di una crescita economica infinita. Infatti, oltre a un primo mero limite matematico, dietro la crescita contemporanea incondizionata ci sono debolezze e criticità di un sistema ingiusto e insostenibile dal punto di vista sociale, umano ed ecologico. Il mercato economico diventa mito, la tecnologia diventa religione.

Eppure, in tutto questo mind surfing in imballaggi preconfezionati usa e getta che diventano vecchi appena acquistati, ci si stupisce della distanza abissale e del divario sempre più ampio tra il progresso tecnico ininterrotto e il "ritardo etico" degli uomini nei suoi confronti (Baudrillard, 2010). Né la tecnologia né il mercato economico tengono conto degli esseri umani che li hanno fatti fiorire per secoli. Questo è un percorso verso la diffidenza, verso la diminuzione della felicità a scapito dell'aumento del PIL; è una strada scivolosa fra un elevato consumo di energia e una scarsa comunicazione umana, guidata dalla presunzione che ogni bisogno si possa soddisfare con una macchina adeguata, ogni problema pratico (o psicologico) possa essere previsto, prevenuto e risolto da un oggetto tecnico, razionale e assolutamente adatto (Baudrillard e Codeluppi, 1987); lo spazio per il pensiero umano viene manifestato scarsamente e relegato in qualche luogo nascosto. Il noto sociologo e filosofo Serge Latouche (Latouche, 2012; Latouche e Schianchi, 2015) si muove in completa controtendenza; nei suoi innumerevoli scritti propone ancora una volta la teoria della decrescita sostenibile - o decrescita felice - che, insistendo soprattutto sul lato "conviviale" dell'austerità intelligente, dimostra come invertire la corsa al consumo non porterebbe una profonda tristezza ma sarebbe "la cosa più felice possibile" (Rumiz, 2008).

2 _ Questioni ambientali

2.1 Il benessere del pianeta

La crescita trasforma talmente gli ecosistemi, la biosfera, l'ambiente, da compromettere non un futuro remoto ma uno prossimo. Viviamo in una grande mutazione climatica che noi stessi stiamo causando. Infatti, la "Grande Accelerazione" rappresenta un evento unico nei 4,5 miliardi di anni di storia del Pianeta. Da un lato, corrisponde a un'esplosione della popolazione umana che dal 1800 a oggi ha ormai raggiunto i 7,6 miliardi di persone e si prevede che crescerà fino a 8,6 miliardi nel 2030 e 9,8 miliardi nel 2050. D'altra parte, si manifesta con una crescita economica capace di portare a un cambiamento globale senza precedenti, attraverso la domanda incrementale di energia, terra e acqua (WWF, 2018). Come si evince dai dati riportati negli studi condotti dal WWF e nel Living Planet Report 2018, a partire dagli anni '50 è stato richiesto e consumato un numero molto elevato di risorse, considerando la popolazione urbanizzata, i trasporti, la perdita di foreste tropicali, l'antropizzazione del territorio, il degrado della biosfera, l'acidificazione degli oceani e la produzione esponenziale di CO_2. Per usare un unico termine: insostenibile; in termini umani, scientifici, globali, ecologici, strategici ed etici.

Proseguendo con i dati riportati a livello globale dal WWF, è evidente che l'impronta ecologica della maggior parte delle nazioni industrializzate - principalmente Nord America e Russia - è in totale disarmonia con il benessere ambientale del Pianeta. Infatti, considerando la bio-capacità come la capacità dell'ecosistema di rinnovarsi, è necessario riconoscere che attraverso i cambiamenti tecnologici e le pratiche di gestione del territorio, la bio-capacità del pianeta è aumentata del 27% negli ultimi 50 anni. Nello stesso periodo di tempo, l'impronta ecologica umana è aumentata del 190%. La sensibilizzazione al problema del consumo consapevole e l'inversione di rotta sono due punti chiave, data la necessità di trovare una soluzione prima che sia troppo tardi, prima che si raggiunga il punto di non ritorno.

Le numerose raccolte di dati rendono evidente la necessità di riflettere, analizzare e sviscerare la complessità del fenomeno ambientale così che, una volta messo in luce, esso non si riduca esclusivamente a risultato di report settoriali, ma possa essere affrontato nei più svariati campi, tra cui l'architettura e l'interior design.

Secondo le linee guida della Commissione Europea sulle buone pratiche per limitare, mitigare e compensare l'impermeabilizzazione del suolo, nelle aree urbane il clima diventa più caldo e secco a causa di una ridotta traspirazione ed evaporazione da parte delle piante e di maggiori superfici con un elevato coefficiente di rifrazione del calore. In particolare, in climi aridi come il Mediterraneo, la perdita di copertura vegetale e la diminuzione dell'evapotraspirazione, in sinergia con il calore prodotto dal condizionamento dell'aria e dal traffico e con l'assorbimento dell'energia solare da parte di superfici asfaltate scure o del cemento, contribuiscono al cambiamento climatico locale, causando l'effetto isola di calore (Commissione Europea, 2012). Ciò appare come una necessaria dichiarazione di intenti per fermare la sovra-costruzione del suolo, verso il riuso degli edifici esistenti. Tuttavia, nella semplicità di questa affermazione vi sono molte ambiguità che impediscono a questo tipo di approccio di essere preso in considerazione in primo luogo da parte dei comuni e delle politiche contemporanee.

Concentrandoci sull'Italia, secondo i rapporti del WWF[1] la superficie urbanizzata italiana può essere stimata in modo attendibile in 2 milioni di ettari (7% del Paese), mentre l'area coperta da strade corrisponde a una superficie totale dell'ordine di 800.000 ettari, poco meno del 3% della superficie nazionale. Questo oggi porta a un tasso medio di artificializzazione del suolo italiano intorno al 10%. Negli ultimi 50 anni si è registrata un'accelerazione molto rapida, considerando che nell'immediato dopoguerra la densità di urbanizzazione non ha raggiunto il 2%, con un evidente gradiente legato alla latitudine; la velocità media di trasformazione è stata di oltre 80 al giorno.

Le differenze morfologiche e storico-economiche che contraddistinguono l'Italia, soprattutto tra i territori del nord e del sud, determinano una distribuzione molto diversa delle aree urbane nelle 20 regioni in cui è diviso il paese.

La metà delle superfici urbane cade in pianura (una morfologia che interessa meno di un quarto del territorio), dando ad essa una densità di urbanizzazione del 12%. Si tratta di un valore più che doppio rispetto a quello degli anni Cinquanta (quando questo indice era inferiore al 5%), con una velocità media di trasformazione di quasi 43 ha/giorno. Ma anche le colline, meno della metà del territorio nazionale, sono urbanizzate al 6%, il che significa che concentrano il 22% della superficie urbanizzata totale (con una velocità media di poco meno di 20 ha/giorno). Attualmente, meno del 30% degli oltre 4.000 km di coste peninsulari sono libere da urbanizzazione; negli anni Cinquanta erano oltre il 60%.

2.2 Ripensare la sostenibilità

Tuttavia, non è sufficiente basarsi sui dati; la necessità prevalente è quella di realizzare e attuare scelte consapevoli, che vadano contro le politiche di sovra-edificazione e le cattive pratiche ambientali. Domenico Finiguerra sostiene che la resistenza passa dalla combinazione di pratiche virtuose e conflitto e, con una frase breve ma efficace, alza la voce e condanna un meccanismo di sovra-edificazione che sta mettendo a rischio il nostro Paese. I dati sono spaventosi, con un calo dell'area agricola nazionale del 28% negli ultimi quarant'anni e innumerevoli condoni edilizi. Ma il punto è la consapevolezza, la necessità che la cittadinanza possa far sentire la propria voce, l'attuazione progetti di sensibilizzazione su questi temi scottanti, anche nel campo della pianificazione e dell'università. Ancora secondo Finiguerra, la terra non è rinnovabile, non è infinita e purtroppo non è indistruttibile. Non è sostenibile stare a guardare un crimine che avanza al ritmo di 8 metri quadrati al secondo, sabato e domenica inclusi, ventiquattro ore al giorno. Anche a Natale e Pasqua. Otto metri quadrati al secondo è il ritmo con cui si asfaltano e si cementano la bellezza, la biodiversità, l'agricoltura e la cultura del nostro Paese (Finiguerra, 2014).

Un disastro, tanto tragico quanto difficile da fermare. Il primo punto per contrastare questa fase di cemento è quello di divulgare dati e fatti. Dagli anni Settanta, molti letterati e molte persone illuminate si sono mossi nella direzione di una propaganda di denuncia ambientale che, tuttavia, non ha ottenuto una riduzione o un'interruzione della sovra-edificazione. Due particolari esempi di letteratura sono il film di Francesco Rosi *Le mani sulla città* del 1963 e il documentario che Pier Paolo Pasolini produsse nel 1974 dal titolo *La forma della città*.

Nel primo caso, il film si presenta come un'esplicita denuncia della direzione che il Paese stava prendendo verso una progettazione non sostenibile e pervasiva. Il potere dirompente del film mostra un paesaggio composto da politici corrotti e da amministrazioni comunali incapaci di prendere decisioni ambientali lungimiranti. Le parole sono di Edoardo Nottola, costruttore e consigliere comunale, che illustra brevemente ai suoi collaboratori il nuovo progetto di espansione della città di Napoli. "Lo so che la città sta là e che in quella parte

sta andando perché il Piano Regolatore così ha stabilito, ma è proprio
per questo che noi, da là, la dobbiamo fare arrivare qua (...) E mo'
cambiamo il Piano Regolatore? Non c'è bisogno. La città va in là? e
questa è zona agricola? E quanto la puoi pagare oggi? 300, 500, 1000
lire al metro quadro? Ma domani questa terra, questo stesso metro
quadrato, ne può valere 60, 70 mila e pure di più. Tutto dipende da noi.
Il 5000% di profitto. Eccolo lì (*indica la nuova periferia napoletana di
cemento*), quello è l'oro oggi. E chi te lo dà? Il Commercio? L'industria?
(...) Invece niente affanni e niente preoccupazioni, tutto guadagno e
nessun rischio".

Questo mostra l'immagine del Paese che, negli anni successivi, è
sprofondato nella mala costruzione e nell'incapacità di prendersi cura
del territorio, considerandolo solo come qualcosa da sfruttare per il
proprio profitto personale e non come qualcosa da salvaguardare.

Allo stesso modo si esprime Pier Paolo Pasolini che si confronta
con l'ipotetica ripresa cinematografica di una città - in questo caso
Orte diventa un pretesto per parlare della stragrande maggioranza
delle città italiane - e mostra la situazione.

"Ho scelto come tema la forma di una città, il profilo di una città.
Ecco... quello che vorrei dire è questo. Io ho fatto un'inquadratura
che prima faceva vedere soltanto la città di Orte nella sua perfezione
stilistica, cioè come forma perfetta, assoluta (...) Basta che io muovo
questo affare qui nella macchina da presa, ed ecco che la forma della
città, il profilo della città, la massa architettonica della città è incrinata
e rovinata e deturpata da qualcosa di estraneo. Cioè quella casa che si
vede là a sinistra (...) Questo qui è un problema (...) tante volte avevo
il problema di girare una scena in cui si vedesse una città nella sua
completezza, nella sua interezza. E quante volte mi hai visto soffrire,
smaniare, bestemmiare, perché questo disegno, questa purezza
assoluta della forma della città era rovinata da qualcosa di moderno,
da qualche corpo estraneo che non c'entrava".

La sofferenza espressa da Pasolini è evidente e non è solo legata
a un periodo storico, poiché la situazione è riemersa negli ultimi
cinquant'anni, tanto che alcune stime affermano che la quantità di
edifici costruiti dagli anni Settanta a oggi è stata la stessa di tutti gli
anni precedenti. Un crimine a cui si ribellano anche pensatori e artisti

contemporanei, come il poeta Andrea Zanzotto che dice che "dopo i campi di sterminio, stiamo assistendo allo sterminio dei campi". Il problema è diffuso; sempre secondo le sagge parole di Finiguerra, la riconversione ecologica degli edifici non basterà a recuperare 400.000 posti di lavoro persi in sei anni a causa dell'esplosione della bolla immobiliare, che ha lasciato sul terreno macerie ambientali (edifici vuoti) e macerie sociali (disoccupazione). Le pratiche che possono e devono essere attuate sono numerose e non sempre difficili da applicare, se si ragiona in termini innovativi e lungimiranti, totalmente al servizio della salvaguardia dell'ambiente. Un cambiamento netto delle politiche edilizie, in primo luogo, potrebbe produrre da un lato posti di lavoro, e dall'altro un beneficio ambientale molto elevato.

Inoltre, occorre diffondere una consapevolezza sull'importanza del recupero, restauro e di riuso degli edifici abbandonati, sia nei borghi storici sia nelle periferie del Paese, nelle piazze e negli angoli abbandonati della nazione che, se rimessi in ordine, tornerebbero a essere parte di un enorme patrimonio architettonico. Come vedremo più avanti in questo capitolo, ciò in parte sta già accadendo in tutto il mondo e anche questo saggio vuole promuovere questo tipo di politiche edilizie. Un altro punto fondamentale è l'abbandono - se non totale almeno parziale - delle grandi opere a favore di un sistema di piccole opere, racchiuso in un grande e lungimirante piano politico in grado di ripristinare porzioni e costruzioni ambientali e territoriali. L'attenzione per edifici minori, compresi gli avanzi, sarebbe un ottimo punto di partenza politico, sociale ed economico affinché il territorio riconquisti valore, biodiversità ed ecosistemi che sul territorio nazionale sono tanto numerosi e unici.

Con gli ultimi eventi catastrofici - a livello ambientale e anche edilizio - qualcosa nel mondo si sta muovendo, facendo riflettere i progettisti sulle cause legate alla produzione e al consumo di materiali da costruzione. Uno su tutti, che è stato contattato personalmente su questi temi, è il designer catalano Carles Oliver. Nel suo libro *Life Reusing Posidonia* (Oliver et al., 2017), attraverso parole e riflessioni molto efficaci, esprime notevoli perplessità sulle caratteristiche della costruzione tradizionale e sull'uso e la provenienza dei materiali da costruzione. Nel suo percorso di ricerca, i problemi più comuni sono la mancata conoscenza sulla provenienza dei materiali da costruzione utilizzati sul mercato, la mancata conoscenza su come questi materiali causino evidenti emissioni di CO2 - visti il tipo di estrazione e di trasporto - e la mancata attenzione allo sfruttamento di risorse naturali non rinnovabili. Diversi ragionamenti portano il progettista a formulare una proposta irriverente ma significativa, immaginando che su edifici e materiali da costruzione si possa apporre un'etichetta che ne dichiari l'origine e il calcolo delle emissioni date dall'estrazione, dalla produzione e dal trasporto dei vari materiali. Ciò consentirebbe una maggiore consapevolezza e una maggiore conoscenza dello stato attuale degli edifici costruiti nei paesi occidentali e soprattutto richiamerebbe l'attenzione su un più tradizionale approccio all'edilizia, dove "tradizionale" significa più legato al suolo e al territorio in cui la costruzione si trova. In un certo senso, in quanto designers, professionisti e persone sensibili e attente alle tematiche ambientali, l'innovazione coinciderebbe con il concetto di fare un passo indietro verso la decrescita e verso la tradizione, intesa proprio come rispetto per l'ecosistema a cui apparteniamo, oggi non più di secondaria importanza. Bisognerebbe interrompere un circolo vizioso di politiche disattente e inconsapevoli di ciò che accade al sistema mondiale. Si dovrebbe invece incoraggiare un circolo virtuoso, portando gli abitanti a diventare cittadini consapevoli e saggi nelle proprie scelte, al fine di valorizzare il patrimonio edilizio esistente. Un'idea estetica e un approccio contemporaneo al progetto potrebbero rivelarsi una valida alternativa all'eccesso di costruzioni.

3 _ Questioni estetiche

3.1 Fascino romantico o fascino del fallimento?

"La storia futura non produrrà più rovine. Non ne ha il tempo", affermava M. Augé in *Rovine e macerie* (Augé, 2003), riflettendo sulla durezza e sulla violenza di un mondo le cui rovine sono condannate allo stallo temporale o, peggio ancora, a un oblio incapace di raccontare i ricordi del proprio passato e le speranze del proprio futuro. Diciassette anni dopo, il dibattito sul futuro degli edifici abbandonati sta ancora una volta nella necessità di mostrare lo stretto rapporto tra l'uomo, le stratificazioni storiche, la memoria e l'ambiente. Ciò accade in un quadro collettivo composto da una mancanza di riferimenti spaziali e da una crisi urbana caratterizzata da un'eccessiva espansione. Tuttavia, la perentoria necessità dell'uomo di trovare un'identità all'interno della città stessa, cioè una civitas che rappresenti un'organizzazione e stratificazione della vita associata, non può rinunciare alla memoria, all'armonia ambientale, alla "riflessione umana e alla partecipazione amorevole" (Pane, 1988, 31).

Questa esigenza si manifesta con un sentimento romantico di riscoperta del territorio, alla ricerca di rovine contemporanee sparse sia in un contesto urbano sia in luoghi più isolati e dimenticati. Come si legge nei diari di Goethe che, il 23 marzo 1787, scrive di Paestum: "Finalmente, incerti, se camminavamo su rocce o su macerie, potemmo riconoscere alcuni massi oblunghi e squadrati, che avevamo già notato da distante, come templi sopravvissuti e memorie di una città una volta magnifica", così i nuovi esploratori urbani sono attratti dalle rovinate dei prodotti edilizi delle società post-industriali. In questo modo, la seduzione del fallimento e dell'abbandono si confronta con il fascino storico romantico della rovina, permettendo, per esercizio iconografico, di affiancare alle incisioni piranesiane (1745 - 1750) le fotografie della Falck di Gabriele Basilico (1999 - 2012) o le tele di Caspar David Friedrich (1825) ai diorami di Lory Nix (2007-2013).

Per usare le parole di M. Yourcenar, *Le Carceri d'Invenzione* sono "una delle opere più segrete lasciateci da un uomo del XVIII secolo (...) e rappresentano la negazione del tempo, lo spostamento dello spazio, la levitazione suggerita. Il brivido dell'impossibile raggiunto o superato, con la particolarità del sogno o, per meglio dire, dell'incubo" (Yourcenar, 2016). Sogno, incubo, fascino del mistero e immobilità spaziale sono elementi che si manifestano facilmente e sono riconoscibili anche nella serie fotografica che G. Basilico ha realizzato, seguendo la dismissione delle Acciaierie Falck, divenuta manifesto dal sapore malinconico e monumentale. Entrambe le rappresentazioni appaiono come raffigurazioni di spazi interni che portano con sé una memoria umana tragica e immobile, in attesa di un destino incerto.

Nelle carceri piranesiane le figure umane assumono la forma di ombre, nelle fotografie di Basilico sono mostrate come assenze imponenti. Infatti, rispetto alle rovine del passato, l'attrattiva degli ambienti rappresentati sulle tele o sulle incisioni consiste anche nell'immaginare l'essere umano stesso e il suo modo di vivere nello spazio abbandonato, di fronte a imitazioni contemporanee e reali (o fittizie). Come nel caso dei diorami di Lori Nix, negli spazi abbandonati sul territorio non possiamo che immaginare noi stessi al loro interno, poiché siamo la componente antropologica mancante (Biamonti, 2016). Gli interni si mostrano tanto simili quanto lontani, tanto abitati quanto dimenticati, tanto immobili quanto soggetti a rapidi e continui cambiamenti, definiti dal passare del tempo, dal dissolvimento o rinnovamento intermittente della memoria e dalla crescente riappropriazione dello spazio da parte degli elementi naturali. Considerando le affermazioni di G. Simmel sul rapporto tra materia architettonica e riappropriazione naturale dello spazio, è la natura che gioca un ruolo fondamentale nelle rovine storiche e in quelle contemporanee. Se, nel primo caso, la rovina viene investita di un nuovo significato - che comprende una configurazione spirituale non più fondata nel proposito umano ma nell'intreccio di forze naturali inconsce - nel secondo c'è il rischio che manchi la specifica attrattiva e il senso di sublimazione del concetto stesso di rovina, al punto da percepire la distruzione da parte dell'uomo (Simmel, 1903).

Da ciò deriva la specifica impressione che il fascino della rovina contemporanea, e anche degli avanzi architettonici, risieda nell'idea che l'opera dell'uomo sia in definitiva percepita come un prodotto della natura. Secondo Simmel, ciò che ha diretto la costruzione è stata la volontà umana, mentre ciò che le conferisce l'aspetto attuale è la forza meccanica della natura da cui nasce una forma assolutamente significativa, intelligibile e autonoma (Simmel, 1903). Nasce così una nuova unità caratteristica con molteplici sfaccettature di significato ed espressione, capace di indicare e sottolineare un processo inverso rispetto a quello del progetto architettonico, facendoci sperimentare - attraverso la malinconia e la tragedia - la perdita della funzione sociale del progetto (Speroni, 2002). Con abilità e destrezza, i diorami di Lori Nix - che comprendono per lo più ambienti interni, chiusi, invasi dalla decadenza e dalla natura - sottolineano il senso di immobilità, di assenza e al tempo stesso di umanità e memoria del passato. Le immagini che immortalano i catastrofici ambienti riprodotti dall'artista si propongono come serie narrative che hanno come costante la desolazione dei luoghi della cultura e dell'economia della civiltà moderna all'interno dei quali, tuttavia, la vita non ha cessato di esistere, grazie alla lenta eruzione di flora e fauna, capaci di progettare lo spazio in modo autonomo e inconscio.

3.2 Leggere i luoghi

In questo contesto di frammentazione urbana e di mancanza di riferimenti alla memoria collettiva legata ad alcuni spazi abbandonati, negli ultimi due decenni si sono diffusi numerosi movimenti autonomi e non organizzati, i cui temi principali sono la ricerca e l'esplorazione dei luoghi abbandonati. Se esplorare un luogo abbandonato può essere paragonato alla lettura di una nuova storia, allora è anche vero che non si può giudicare un libro dalla copertina. Infatti, spessi malconci e poco attraenti, gli avanzi non mostrano il meglio di sé dall'esterno. Le loro facciate, quando sono ancora riconoscibili come tali, rappresentano l'ombra di una narrazione troncata e sembrano altezzose avvertenze, capaci di allontanare le persone più che di invitarle a entrare. Rifiuti, vegetazione, graffiti, divieti con il filo spinato, cancelli sradicati e finestre di vetro distrutte sono le peculiarità più comuni, che generano una soglia inospitale e divisiva.

Le architetture degli avanzi - e spesso dell'abbandono - negano la propria espressione verso la città e lo spazio pubblico, rivolgendosi interamente verso l'interno, in un movimento di autoesclusione dall'ambiente urbano. Passando inosservate, rimanendo escluse dai passaggi e dagli sguardi pubblici della città, perdono la loro forza espressiva di costruzioni, e acquisiscono la forza iconica di luoghi dimenticati. Se, come afferma C. Pavese "L'unica gioia al mondo è cominciare", questo accade anche con la scoperta degli avanzi: una volta superato l'ostacolo di accedere all'interno, ci si fa strada attraverso divieti burocratici e ambienti angusti, avendo come uniche armi scarpe robuste e una buona macchina fotografica. Una volta scartato qualunque criterio architettonico di lettura dell'esterno dell'edificio, appare subito che una soglia "pubblica" e "ovvia" è invece sostituita da un susseguirsi di ingressi silenziosi e appannati, nascosti e non ufficiali. "La soglia è la chiave della transizione e del collegamento tra aree con diverse vocazioni territoriali", diceva H. Hertzberger nelle sue lezioni agli studenti di Architettura e, "come luogo in sé, costituisce essenzialmente la condizione spaziale per l'incontro e il dialogo tra aree di ordine diverso" (Hertzberger, 1996). Negli avanzi, la soglia si mostra non solo come transizione tra aree o come condizione spaziale ideale per l'incontro di ambienti, ma anche come mezzo di comunicazione tra il luogo stesso e l'utente che lo esplora.

Leggere e giudicare gli spazi diventano quindi momenti essenziali di riflessione e di elaborazione di concetti e osservazioni legate all'approccio dell'interior design. Un giudizio fondamentale è quello che riguarda gli ambienti interni, in cui il vuoto e lo spazio sono protagonisti dell'architettura stessa che, in fondo, è anche naturale: perché l'architettura non è solo arte, non è solo un'immagine di vita storiografica o di vita vissuta da noi o da altri; è anche e soprattutto l'ambiente, la scena, dove si svolge la nostra vita (Zevi, 2009). O, più precisamente, dove si è svolta. Per entrare in contatto con un avanzo architettonico, è necessario riconoscere lo spazio stesso, considerandolo come una nuova architettura, con una nuova esistenza, modificata dal passare del tempo e, come già detto, dal suo stato di immobilità spaziale e temporale.

Conoscere e ri-conoscere un'architettura significa infatti prima di tutto abitarla, ricercarne le caratteristiche specifiche, ricordando che la conoscenza in sé non è conoscenza della storia dell'architettura, ma piuttosto dell'architettura nella storia. Camminare negli interni di un edificio dismesso permette non solo di vivere - anche se per breve tempo - un'architettura del passato, ma anche di leggere dettagli antropologici e costruttivi capaci di diventare spunti e riflessioni interessanti per il progetto di riuso degli interni. La forza che la lettura attenta e approfondita di un luogo porta con sé permette di sottolineare come le potenzialità intrinseche degli avanzi architettonici, non percepibili attraverso una lettura superficiale, possano dare forma a nuovi significati, strutture ed esperienze.

Calvino ha dichiarato nelle sue Lezioni Americane: "Nei momenti in cui il regno dell'umano mi sembra condannato alla pesantezza, penso che dovrei volare come Perseo in un altro spazio. Non sto parlando di fughe nel sogno o nell'irrazionale. (...) Le immagini di leggerezza che io cerco non devono lasciarsi dissolvere come sogni dalla realtà del presente e del futuro" (Calvino, 1993). "Non sappiamo riconoscere l'anima dei luoghi" dice J. Hillman, "e questo è dovuto alla cultura in cui viviamo. Abbiamo perso la nostra risposta estetica. (...) Significa essere esteticamente incompetenti: in stato di stupore, stupidi" (Hillman, 2004). La frenesia, l'eccesso di produzione e di consumo ci ricordano come gli avanzi, purtroppo, assomiglino a spazi che non sono stati realmente dimenticati nel tempo perché appaiono ontologicamente costruiti senza l'intenzione di essere ricordati.

3.3 Lo storytelling fotografico

"Un modo semplice per conoscere una città o un luogo", diceva A. Camus ne *La peste*, "è cercare come (...) si lavora, come si ama e come si muore" (Camus, 1948). Spesso i resti architettonici hanno il potere di racchiudere tutta la complessità di una narrazione antropologica sull'uso degli spazi interni con dettagli fondamentali e caratteristiche uniche. Il primo modo - più immediato ed efficace - di avvicinarsi e riprendere contatto con questi luoghi è quello di utilizzare lo strumento fotografico, inteso come uno speciale "occhio" attraverso il quale fissare sensazioni, intuizioni e dettagli che altrimenti rischiano di andare perduti nel tempo (Crespi, 2013; Crespi, 2018). Infatti, il racconto fotografico di uno spazio in disuso è un elemento già sviluppato in funzione di una progettazione futura: la scelta e la selezione delle inquadrature e delle caratteristiche del luogo diventano una narrazione molto precisa, utile ai fini di una consapevole e ragionata progettazione d'interni.

Secondo uno dei più grandi esperti e fotografi di edifici abbandonati, Todd Sipes, le immagini scattate all'interno degli avanzi architettonici portano con sé la difficoltà progettuale di immortalare sensazioni e scene molto diverse dalle classiche fotografie di paesaggio, "come il Golden Gate al tramonto, dove la scena parla da sola" (Sipes, 2014). Elementi organici e inorganici si intrecciano nell'anima dei luoghi e ne diventano i protagonisti, attirando l'attenzione degli esploratori e dello stesso Sipes che, nel manuale Urban Exploration Photography, ne dichiara l'importanza. Alcuni elementi e dettagli sono riconoscibili anche come punte di diamante per un progetto futuro: raggi di luce, proliferazione naturale, sedie e finestre, oggetti, manufatti e macchinari, graffiti, distacco pittorico.

Da questo elenco si nota già a prima vista che l'interesse non ricade sugli elementi architettonici ma sull'impronta naturale e antropologica che caratterizza lo spazio abbandonato. Questi elementi, infatti, sono propri della scenografia con cui l'approccio progettuale deve confrontarsi, considerandoli non come ostacoli o difetti dello spazio ma come potenzialità creative e innovative del progetto. I raggi di luce, prima di tutto, raccontano contemporaneamente due realtà: se si propagano attraverso finestre o aperture progettate, raccontano gli studi condotti durante il progetto dell'edificio; se si propagano attraverso soffitti o tetti crollati o aperture inaspettate nelle pareti, si manifestano come elementi e prospettive di interesse per il nuovo progetto. Se Le Corbusier affermava che "L'architettura è il gioco sapiente, corretto e magnifico dei volumi raggruppati sotto la luce", allora il progetto degli avanzi deve tenere conto anche del suo inevitabile cambiamento a contatto con gli edifici abbandonati, gli elementi mancanti, i fori non previsti nelle superfici instabili e i confini materici. Raggi di luce improvvisi possono attraversare soglie inaspettate, trasformando gli spazi e connotandoli di caratteristiche nuove e diverse da quelle per cui sono nati, per cui necessitano di una maggiore (e massima) attenzione nel nuovo progetto. La bellezza di questo innovativo approccio all'interior design sta nella sua complessità e nell'attenzione necessariamente rivolta a dettagli molteplici e variegati.

Il secondo aspetto, quello della proliferazione naturale - come accennato in precedenza - arricchisce di qualità anche gli spazi interni di ogni avanzo. La necessità di ripensare un ambiente interno in cui il verde - in tutte le sue molteplici forme - è travolgente, può essere un'opportunità progettuale unica. Piccole piante che sorgono direttamente da terra, muschi che decorano pareti e soffitti, erbe rampicanti che invadono gli ambienti attraverso le finestre (spesso rotte o senza vetri) dominano gli avanzi e la fotografia degli edifici abbandonati. Allo stesso modo, anche l'acqua presente in alcuni interni - per l'incuria dei tetti o dei pavimenti esistenti o per la presenza di finestre o tubi deteriorati - diventa un catalizzatore per la diffusione di elementi verdi e, con i suoi giochi di trasparenze e riflessi, un importante protagonista iconografico (e di design). Comprendere e saper leggere la motivazione di questo germogliare incontrollato di elementi verdi e naturali richiede al progettista una particolare attenzione agli effetti del mondo circostante sull'edificio e al suo comportamento nel tempo. Una domanda che si pone Sipes - Quanti altri fotografi possono dire di aver avuto l'opportunità di fotografare? - può essere introdotta anche nel mondo dell'interior design che è costretto ad affrontare il tema del riuso, considerando tutti gli elementi esistenti e non solo quelli architettonici.

Il terzo aspetto comprende i protagonisti caratteristici della tradizione architettonica e del design, e considera le fotografie di finestre e sedute (di ogni tipo) che si incontrano nell'esplorazione degli avanzi. Le prime, sempre gloriosi soggetti della fotografia di architettura, nei repertori fotografici degli avanzi e degli edifici abbandonati, si mostrano come uno dei principali elementi di narrazione e di analisi della costruzione originaria dell'edificio.

Rimangono come riferimenti fondamentali per il nuovo progetto che cerca sempre uno stretto dialogo con l'architettura esistente di cui vuole mantenere le qualità e sfruttare le opportunità già presenti in loco. Le aperture vetrate non sono quindi considerate come vincoli per il progetto di interior design, ma come un'opportunità per leggere e rileggere lo spazio, giocando (seriamente) con una nuova progettazione degli interni, generata dal nuovo approccio. Le sedie hanno invece un incredibile potere compositivo e comunicativo, sia in ambito fotografico che progettuale. Lo stupore iniziale sta nel fatto che in ogni residuo esistente sul territorio c'è almeno una seduta in grado di riportare alla mente l'immagine originale dell'edificio abbandonato: una sedia di legno, una sedia imbottita, una seduta rovinata o non sicura, una sedia da scuola o una sedia da ufficio, una poltrona da cinema o da sala d'attesa, non importa. La forza di questo oggetto (dominante nel campo del design) sta proprio nella sua capacità di ricordare che gli spazi vuoti un tempo erano abitati dagli esseri umani, che avevano le nostre stesse esigenze di riposo, di attesa e di lavoro. Questo sapore antropologico evidenzia l'importanza che va data alla componente umana nel disegno dell'esistente, riuscendo a risalire alla lettura dei gesti che venivano compiuti all'interno degli spazi. Inoltre, la capacità di una sedia o di una poltrona di riportarci a uno specifico momento storico o culturale - dopo averne analizzato il materiale e la lavorazione - è così alta che possiamo raccogliere preziose informazioni per progetti futuri. Allo stesso modo, tutti gli altri elementi - artefatti, macchinari e oggetti pieni di memoria - che occupano lo spazio possono essere intesi come l'ultima impronta umana da tramandare o da considerare nel progetto di design degli interni. Non necessariamente tutti gli oggetti trovati in loco devono avere lo stesso valore progettuale, ma in egual misura devono portare a una riflessione sulla possibilità di essere mantenuti o scartati durante il processo di riuso. Alcuni artefatti caratteristici della storia del luogo possono diventare protagonisti o elementi scenografici per il progetto, mentre altri - di secondaria importanza - possono essere eliminati e considerati non fondamentali per la trasmissione di un'idea spaziale e di memoria.

Tali oggetti, che spesso permettono all'esploratore e al progettista di capire più profondamente come la struttura è stata abitata - nel senso di habitus, abitudine - e chi vi ha vissuto, rimangono carichi del senso di abbandono del luogo e, restando indisturbati dal momento in cui l'edificio è chiuso al pubblico, raccontano le verità passate del luogo in cui si trovano. Incoraggiano gli esploratori (e i progettisti, sempre) a considerare la datazione originale del luogo, immaginando così i suoi usi e costumi. Questo tipo di rapporto con lo spazio rende possibile una maggiore sintonia con esso, apportando valore aggiunto, conoscenza, consapevolezza e cultura alle successive scelte progettuali.

Le ultime due componenti da esaminare sono legate a particolari "decorazione" delle pareti, che nascono sia spontaneamente sia artificialmente: i graffiti e il distacco pittorico. I primi, frutto immenso dell'abbandono, si manifestano soprattutto nel primo periodo successivo alla chiusura o allo smantellamento di un luogo, facile preda di vandali distruttivi ma creativi. Questo tipo di decorazione contemporanea assume la potenza di uno strato aggiuntivo rispetto all'ultima superficie pittorica esistente, in quanto non può essere trascurata o semplicemente sepolta sotto un nuovo strato di intonaco.

L'interesse per i graffiti è molteplice, dalle forme alle palette di colori utilizzati, dal rapporto con il luogo e con un possibile nuovo utente. Messaggi ironici o narrazioni subliminali sono dislocati in ogni ambiente abbandonato, ricoprono ogni superficie materiale con dichiarazioni irriverenti e prive di interesse per la struttura esistente.

Al contrario, un motto frequente per gli esploratori urbani (e un'ottima base progettuale per i progettisti) è: "Scatta solo foto, lascia solo impronte", sottolineando anche il fatto, nel caso di superfici morbide come la neve o il fango, di poter camminare nelle impronte esistenti, se presenti. L'accortezza e l'attenzione dei progettisti che intendono avvicinarsi a questo tipo di spazio consiste nella consapevolezza che queste narrazioni vandaliche non devono necessariamente essere ricoperte di nuova vernice ma rivendicano la valida possibilità di diventare qualità manifeste o intrinseche del nuovo progetto per far rivivere un significato di spazio in grado di raccontare tutti i periodi storici che l'edificio stesso affronta, compresi quelli di abbandono e trascuratezza.

Inoltre, i graffiti possono essere considerati come elementi caratteristici del tipo di texture e della palette di colori, interessanti sia per una lettura esclusivamente fotografica, sia per una risposta di interior design. Allo stesso modo, il distacco pittorico delle pitture esistenti rende gli ambienti immersi in un effimero gioco di colori e sfumature particolari, prodotto da efflorescenze, distacchi parziali e sconvolgimenti inediti del materiale originale. La vulnerabilità e la fragilità di queste patine pittoriche sono la quintessenza della rappresentazione del tempo trascorso, dell'usura delle superfici e del degrado dei materiali. Il fascino del sollevamento della superficie pittorica si riferisce anche alla curiosità e alla possibilità unica di leggere più strati di disegno contemporaneamente, riportando alla luce, in alcuni casi, elementi perduti come graffiti precedenti o interventi pittorici ricoperti in un secondo tempo. La bellezza con cui l'interior design applicato agli avanzi risponde a questo tipo di complessità rende l'approccio sempre nuovo e sempre ricco di indizi per un design degli interni abbandonati consapevole e innovativo.

Altri due fattori, fondamentali per lo studio degli avanzi e la lettura del luogo, sono più legati all'impianto architettonico originale che al fascino iconografico del racconto fotografico. Queste componenti sono le strutture fatiscenti e il vuoto. Se le prime sono la manifestazione fisica più intimidatoria - e in alcuni casi pericolosa - del degrado dell'edificio stesso, il secondo diventa protagonista assoluto. Dare un nuovo significato a un avanzo, infatti, richiede di affrontare e rispondere a tutti i problemi strutturali e di sicurezza necessari per la vivibilità del luogo, ma soprattutto di misurarsi con la grandiosità del vuoto che paradossalmente se ne è impossessato, indipendentemente dalla presenza o dalla scarsità di elementi o oggetti distribuiti all'interno. Questo vuoto tangibile, questa presenza invisibile, si sposa perfettamente con le parole del maestro J. Oteiza, nella sua "de-occupazione" spaziale di volumi d'acciaio spezzati e rotti: "Il vuoto, il vuoto è qualcosa che si ottiene (...). È una risposta estetica legata alla fase di 'de-occupazione' spaziale. Il vuoto deve essere la presenza di un'assenza. Il vuoto come appartamento spirituale, come ricettività"[2]. La de-occupazione spaziale data dal non utilizzo degli avanzi, la sua manifesta assenza di presenza e le sue potenzialità progettuali sono tutti elementi di fondamentale importanza per il progetto successivo che deve esserne consapevole nell'affrontare questi aspetti e sentimenti spaziali.

4 _ Da Urbex alle *best practices* siciliane

Come microcosmi silenziosi e autoreferenziali, gli avanzi sono potenti nei loro difetti e nelle loro narrazioni, nella memoria del luogo e dell'architettura originale di cui rimane solo l'ombra sbiadita. Nati da un'obsolescenza pianificata o da un oblio selettivo, questi spazi malconci e sconosciuti sono diventati i protagonisti di movimenti virtuali e comunità sempre più diffuse, il cui scopo finale è l'indagine degli avanzi architettonici e la loro narrazione attraverso una suggestiva documentazione fotografica. Nel corso degli anni - e soprattutto con l'avvento di internet – si sono moltiplicati sia la produzione di immagini e siti legati all'esplorazione urbana, sia gli utenti che vanno alla ricerca di spazi abbandonati o dimenticati da esplorare e immortalare. Ai fini di questo capitolo, vengono scelti e descritti due esempi di pratiche/ movimenti socio-architettonici-artistici-fotografici: il movimento mondiale Urban Exploration e gli eventi spontanei di progettazione che si stanno manifestando in Sicilia, negli ultimi anni.

Entrambi complessi, controversi e un po' ironici, questi due movimenti si occupano a modo loro di diffondere la conoscenza degli avanzi e degli spazi abbandonati di ogni tipo e con ogni caratteristica architettonica. Come tutti i movimenti nati quasi casualmente e poi esplosi fino ai giorni nostri in modo virale, anche quello dell'Urban Exploration - abbreviato in Urbex - non ha una data di nascita molto precisa. Ironia della sorte, si dice che il primo Urban Explorer "ufficialmente" riconosciuto dai documenti storici sia un privato cittadino parigino - Philibert Aspairt - vissuto alla fine del XVIII secolo e morto perdendosi durante l'esplorazione delle catacombe della stessa capitale francese. Morì il 3 novembre 1793 e fu ritrovato solo undici anni dopo; a lui fu dedicata una lapide, ancora oggi visibile in uno dei corridoi delle catacombe, sotto rue Henri Barbusse, accanto al boulevard Saint-Michel, che recita come segue: "À la mémoire de Philibert Aspairt, perdu dans cette carrière le III Novembre MDCCXCIII retrouvé onze ans après et inhumé en la même place le XXX avril MDCCCIV".

Come probabilmente accadde anche prima del 1793 - ma in assenza di una documentazione ufficiale d'archivio - nei decenni successivi molti curiosi, artisti e scrittori cominciarono a muovere i loro passi all'interno di luoghi abbandonati, raccontando della loro oscura attrattiva. Lo stesso Walt Whitman, pioniere della letteratura americana, riporta nei suoi scritti del 1861 il fascino di camminare nell'architettura sotterranea dell'Atlantic Avenue Tunnel di New York:

"Il vecchio tunnel, che un tempo giaceva lì sottoterra, un passaggio dalla solennità e dall'oscurità simile a quella dell'Acheronte, ora tutto chiuso e riempito, e destinato a essere presto completamente dimenticato, con tutte le sue reminiscenze (...) Ma la sua gloria, dopo aver resistito in grande splendore per una stagione, è ora svanita - almeno la sua Long Island Railroad ha gloria. Il tunnel: buio come la tomba, freddo, umido e silenzioso. Come sono di nuovo belli la terra e il cielo, mentre usciamo dall'oscurità! Potrebbe non essere inutile, di tanto in tanto, mandare noi mortali - almeno gli insoddisfatti, e sono un grande numero - in qualche tunnel per un viaggio di diversi giorni. Dopo, forse, ci lamenteremmo meno per l'opera di Dio" (McPherson, 2017).

Luoghi che non hanno ragione di esistere, quindi, spesso considerati più oscuri delle tombe, umidi, freddi e particolarmente silenziosi. Eppure, estremamente attraenti. Così, il fascino del proibito e della scoperta si mescolano alla volontà di superare i limiti e di andare oltre il confine del conosciuto. Le esplorazioni stanno guadagnando terreno e si comincia ad averne traccia in tutti gli angoli del globo. Nella seconda metà del Novecento, i soggetti preferiti per l'esplorazione sono i tunnel sotterranei e i tetti degli edifici più alti, ma successivamente l'interesse per l'esplorazione urbana si estende a ogni tipo di elemento costruito. Si moltiplicano rapidamente i movimenti di esplorazione negli Stati Uniti, in Russia e in Australia e compaiono le prime pubblicazioni.

I nomi dati a queste incursioni in luoghi abbandonati o proibiti sono i più svariati - hacking urbano, esplorazione ai margini, avventura urbana o infiltrazione - ma è nel 1996 che il termine Urban Explorer compare per la prima volta in una pubblicazione ufficiale. In un periodico intitolato *Infiltration - la zine sull'andare in luoghi dove non si dovrebbe andare*, l'editoriale del primo numero ne spiega il significato, introducendo l'idea di esplorare, come hobby, aree off-limits di qualsiasi tipo.

L'autore, Jeff Chapman, diventa così uno dei pionieri dell'esplorazione urbana e la sua zine *Infiltration* favorisce la diffusione del movimento Urbex nel mondo. Con lo pseudonimo che usava sul campo - Ninjalicious - firma un'altra importantissima pubblicazione uscita nel 2005, poco prima della sua morte, all'età di 31 anni. Dalla data di pubblicazione, il libro *Access All Areas: a user's guide to the art of urban exploring* diventa un manifesto dell'esplorazione urbana, capace di gettare le basi di un vero e proprio movimento, ormai riconosciuto a livello globale. Suddiviso in sezioni molto precise, il manuale di esplorazione analizza le azioni fondamentali che l'Urban Explorer affronta - formazione, reclutamento, furtività, ingegneria sociale, equipaggiamento e preparazione - e i comportamenti o l'etica da seguire. Secondo le parole di Chapman: "Non siamo medici; non possiamo garantirvi la sicurezza a lungo termine di fronte a certi pericoli ambientali che potreste incontrare nell'esplorazione. Allo stesso modo, non siamo avvocati; non possiamo darvi indicazioni sulla legalità delle varie spedizioni, né possiamo rassicurarvi sul fatto che il clima legale in cui vivete non contorcerà le vostre buone o innocue intenzioni per paura" (Ninjialicious, 2005). Un movimento per certi versi politico, emozionante e capace di sfidare il rischio, virale e antropologico, capace di leggere i movimenti urbani dal punto di vista opposto, è ben raccontato da Andrew Lynch, il famoso Urbex di New York che afferma: "E' come se la città fosse questa creatura (...) e fuori tutti ne abusano o la cambiano, ma dentro è dove si trova il cuore, e si vede che è così immobile, così pacifico"[3].

Facendo un salto geografico da oltreoceano alla nostra nazione, è importante riportare l'attenzione su alcuni fatti - tipicamente regionali - che stanno prendendo piede ormai da alcuni anni. Infatti, in diversi punti della Sicilia, un'area ricca di numerosi resti architettonici, gruppi di artisti, architetti, designer e privati cittadini si stanno muovendo nella direzione di un design creativo e sostenibile. Sarebbe necessario approfondire questa dinamica con un'analisi ancora più specifica considerando gli aspetti sociologici locali, ma qui si preferisce leggere la questione solo dal punto di vista del design in relazione agli edifici abbandonati. Di seguito vengono analizzate tre buone pratiche di tipo diverso ma ugualmente efficaci.

4.1 Incompiuto Siciliano

Incompiuto Siciliano, di matrice fotografica, nasce dall'irriverente desiderio del collettivo *Alterazioni Video* di mostrare e documentare quella che a loro avviso è la nascita di un nuovo stile - quello dell'Incompiuto - caratteristico del territorio italiano degli ultimi cinquant'anni. Immobile, fermo, in pace. Così si possono definire gli avanzi e così sono stati descritti gli edifici selezionati dal gruppo di progettisti e artisti per redigere un manifesto dell'Incompiuto siciliano. Con uno schiaffo morale e sociale a una nazione e ad alcuni meccanismi burocratici e politici, ha alzato la voce e ha fatto luce su questa mole di incompiuti, per lo più diffusi nelle regioni dell'Italia meridionale, ma incondizionatamente presenti su tutto il territorio nazionale.

Il manifesto di *Incompiuto Siciliano* si snoda in dieci punti fondamentali e tende a dimostrare come Alterazioni Video ritenga che l'Incompiuto non sia solo un'etichetta entro cui racchiudere a forza un insieme eterogeneo di opere, ma piuttosto un vero e proprio modello teorico, capace di riconoscere, individuare e anche in una certa misura prevedere, la configurazione di un'opera o di un sistema di opere incompiute in corso o in procinto di diventarlo[4].

Visti come luoghi di una memoria collettiva e nazionale che deve ancora essere indagata, per queste rovine contemporanee i progettisti che hanno fondato il movimento non prevedono un riuso ma una cristallizzazione, per mantenere un contatto con uno strumento "cementato" utile a comprendere la storia recente del Paese. La diffusione portata alla luce da questo movimento - 750 grandi edifici o infrastrutture su tutto il territorio nazionale di cui 350 solo in Sicilia - evidenzia come il tema del riuso degli avanzi sia oggi fondamentale e necessario. L'interesse e la curiosità di restituire significato a edifici che sembrano averlo perduto dovrebbe essere l'unica sfida progettuale per i decenni a seguire, per evitare un'ulteriore sovra-edificazione del suolo e il suo collasso tra i fenomeni di sovrapproduzione e sovra-consumo che stanno prevalendo in questo momento storico. Le fotografie scattate da Gabriele Basilico raccontano molto di più delle parole, tra pieni e vuoti, graffiti e tondini di ferro esposti al vento, vegetazione prevalente e giganteschi blocchi di cemento anonimi. La riflessione da affrontare, però, è l'immobilità legata a questo movimento: è adatto all'individuazione di avanzi architettonici mai completati ma non al ripensamento di queste strutture, che vengono lasciate al loro destino, senza proporre ipotesi di riuso o assumere alcun intervento.

4.2 Design e cultura, così rinasce la città fantasma

Al contrario, nel caso del *Farm Cultural Park*, l'idea è proprio quella di fare e di attivarsi attraverso l'arte. Infatti, a causa della crisi economica e della mancanza di risorse umane, Favara ha iniziato a trasformarsi in un mercato da cui la popolazione si è allontanata, come un'emorragia umana in cerca di un posto migliore dove stare. Ma dal 2010 in poi, grazie all'energia positiva di una coppia siciliana - la situazione è cambiata in modo diametrale. Dopo l'acquisto e la ristrutturazione di alcuni edifici abbandonati, precisamente sette cortili, il cuore di Favara ha ricominciato a battere. Gli edifici abbandonati hanno lasciato il posto a interventi di arte, architettura e design, spazi espositivi e laboratori che offrono interessanti spunti di riflessione ed eventi culturalmente molto alti, per sensibilità e lungimiranza.

La realtà Favarese si mescola oggi con edifici riprogettati da personaggi pop con un'estetica contemporanea: designer di tutte le nazionalità vengono ospitati per convegni, eventi, conferenze. Arte contemporanea, architettura e design pubblico sono stati i tre linguaggi che hanno caratterizzato *Farm Cultural Park* fin dalle sue origini. Ogni strada, ogni cortile si presenta come un interno urbano, trattato per dimensioni e sensibilità quasi come se fosse un interno architettonico. Molti sono gli elementi, numerose le attività: gli spazi si snodano tra la Fattoria XL - spazio espositivo dedicato alla cultura - e il Riad/Farm - omaggio agli spazi pubblici marocchini - tra la Nzemmula - cucina condivisa, con tavolo sociale e salotto collettivo - e il Mercato dei Sette Cortili - tipico itinerario enogastronomico esperienziale regionale. Queste attività, sempre nuove e sempre in progress, sopravvivono con la continua presenza di studenti di architettura o di design, giovani lavoratori che propongono idee e la propria energia, fondi per investimenti sociali, la passione e l'apprezzamento di numerosi professionisti di ogni parte del mondo.

Jonata De Padova, collaboratore del Farm Cultural Park di Favara, ha solo ventiquattro anni, anche se per carisma, curiosità e conoscenza dovrebbe averne almeno un centinaio. Capelli ricci e sandali ai piedi, ha l'energia di chi, per entusiasmo, non riesce a stare fermo su una sedia. Scatta, indica, sorride, si muove, ragiona ad alta voce e si sente cittadino del mondo. Con serietà ci presenta Farm Cultural Park, una realtà nata per volontà di Andrea e Florinda che, amanti dell'arte contemporanea, nel 2010 hanno deciso di trasferirsi da Parigi nella loro amata Sicilia per dimostrare che, con responsabilità e passione, si poteva arginare la terribile emorragia di capitale umano che in realtà stava colpendo Favara[5]. Da quel marzo di quasi dieci anni fa, il Cultural Park ha parlato attraverso riviste di viaggi, giornali nazionali e stranieri, riportando numeri e impressioni che sembrano raccontare un successo di pixel multicolori. 1750 metri quadrati dedicati all'arte contemporanea, 100 creativi presenti sul territorio e 90.000 visitatori nel 2016 sono solo alcuni. Favara si mostra in televisione non per mafia o abusi - come purtroppo accade in molti altri piccoli centri dell'isola - ma per l'arte, la cultura, il design e la rigenerazione urbana alternativa. I corsi di formazione offerti dalla Fattoria - continua Jona, facendosi portavoce della realtà con cui collabora - sono tre: la scuola di architettura per bambini dai 7 ai 12 anni, quella di politica per giovani donne - tenuta da Florinda e da alcune attiviste di Movimenta - e un festival di orientamento per gli studenti dell'ultimo anno di liceo, per favorire l'elaborazione e la rappresentazione di concetti attraverso la creatività e l'arte. I due pilastri che rendono il Farm Cultural Park frizzante e contemporaneo sono proprio l'iniziativa e l'interazione giovanile, capaci di amalgamare vite e linguaggi di origine diametralmente opposti. Nei sette cortili della Fattoria - continua il nostro giovane saggio - arrivano artisti e studenti da Berlino, Boston, Tunisi, Parigi, ma anche da Venezia, Milano, Roma, Torino e da tutte le università siciliane. E lì incontrano le zie, tre signore che nel 2010 credevano di dover lasciare le loro case, mentre ora vivono in contatto con giovani professionisti di tutto il mondo[6]. Che lingua si parla oggi a Favara? Ce lo chiediamo tutti. Il siciliano, naturalmente. O forse quello strano linguaggio universale fatto di sguardi, colori e bellezza. Di arte contemporanea e di umanità, di vita e di sorrisi.

4.3 San Berillo, la città da nascondere

San Berillo porta cicatrici sulla pelle e nell'anima. Tra i vicoli e le porte murate l'aria è immobile, plasmata da corpi in vendita e ragazzi troppo giovani per avere un aspetto così adulto. Camminare per le strade di questo quartiere è come fare un salto in un tempo scoordinato, in cui i vizi di rispettabilità sono simultaneamente mascherati e manifesti. Prostitute e piccoli drug stores si snodano tra case abbandonate e palazzi a volta affrescati, alternati a sfrontati interventi di artisti di strada internazionali. L'aria ha il sapore della sconfitta e dell'attesa eterna, come in una prigione a cielo aperto. San Berillo è la città nascosta. Anzi, la città da nascondere. Gli accessi sono pochi e stretti, invisibili per i turisti e inaccettabili per i cittadini. Eppure, qualcosa è successo, qualcosa si è mosso. Con la complessità, la fatica e la forza di affrontare il conflitto diffuso tra mattoni forati e case dai tetti crollati, due realtà opposte, diverse, contraddittorie, sono sorte proprio nel cuore del sobborgo fantasma: il *First Lounge Bar* da un lato e *Trame di Quartiere* dall'altro. Come gemelli diversi, separati alla nascita, incapaci di parlare una lingua comune per l'eccessiva differenza di carattere, i due universi hanno un obiettivo comune: guarire San Berillo. Il primo, audace e contemporaneo, vestito di piante succulente e aforismi dipinti sulle pareti, ha fatto di Piazza delle Belle (in nome delle ragazze che vi lavoravano un tempo) uno dei luoghi più visitati di tutta la città, tra cocktail e aperitivi di fantasia, punteggi altissimi su siti gastronomici e muri di edifici disabitati in rovina a fare da sfondo. Una bolla, però, che non parla di quello che succede nel resto del quartiere. Uno specchietto per le allodole per chi non fa domande su ciò che accade dietro l'angolo. Dall'altra parte, Luca Lo Re, proprio dietro l'angolo, ha trovato un motivo per litigare, per studiare, per mettersi alla prova e per raccontare come stanno realmente le cose. Presidente di *Trame di Quartiere* - un'associazione che lavora per progettare interventi di riqualificazione urbana consapevole - non si ferma all'apparenza e non si accontenta della nuda realtà dei fatti. Un sogno per il quartiere? si chiede ad alta voce. Ricominciare a sentire l'odore del pane, in tutti i vicoli di San Berillo. Abitare, costruire e trasformare ciò che resta di questo luogo straordinario. Affinché tutto non muoia tra il non detto e sia dato nuovo gusto alla semplicità quotidiana della vita[7].

5 _ Conclusioni

Edifici sospesi, invisibili, sbiaditi, soggetti a un limbo esistenziale tra demolizione e una ricostruzione inconsapevole, fragile e isolata; tuttavia gli avanzi architettonici si manifestano come riscatto sociale e urbano in contrasto con le esigenze bulimiche del mercato contemporaneo. La complessità del tema degli avanzi è anche la causa di una moltitudine di risposte, sia dal punto di vista progettuale e artistico, sia dal punto di vista sociale ed estetico. Nondimeno, la scelta di ogni artista - o di individui non professionisti - di evidenziare questo tema porta a un messaggio comune: gli avanzi non sono più invisibili. Degli avanzi bisogna parlare, con foto, interventi fai da te, finanziamenti pubblici, nuove strategie, paradigmi, cambiamenti concettuali e di pensiero.

L'*Incompiuto Siciliano* e il genere Urbex diventano i padri di una nuova fotografia, i casi di San Berillo e Favara di un nuovo linguaggio estetico. Il primo appare come un'esaltazione dello spazio nelle sue caratteristiche e peculiari qualità decadenti, ma senza la volontà di agire; anzi, con l'esplicita richiesta di lasciare tutto com'è ora e di considerarlo come un nuovo monumento della contemporaneità. Gli ultimi raccontano di realtà dal basso che si ribellano alla loro condizione, alla ricerca di qualità positive e alternative che sostituiscano il degrado esistente, soprattutto sociale. In tutti i casi, comunque, il significato e il risultato sono chiari, così come la bellezza e l'apprezzamento estetico o la riflessione critica costruttiva che si può attuare su spazi abbandonati che rivendicano una nuova vita.

Rispetto alle pratiche di restauro e conservazione, l'approccio dell'interior design nei confronti degli avanzi architettonici porta con sé un nuovo modo di pensare, di vedere e di considerare gli spazi interni, permettendo di valorizzare al massimo le stratificazioni antropologiche e spaziali che li caratterizzano. L'azione di riconoscimento non consiste in un'operazione tecnica ma in un viaggio all'interno dei luoghi attraverso ogni tipo di interpretazione, ogni canale di ascolto e ogni desiderio di comprensione, alla ricerca di elementi preziosi e dettagli unici capaci di diventare protagonisti del nuovo progetto, e di dare allo spazio un proprio senso.

1. WWF, *Caring for our soil - 2017* e documenti regionali sull'uso del suolo aggiornati in media dopo il 2000.

2. Oteiza, J. citato in (Catalan, 2001, 26).

3. https://www.outsideonline.com/1869986/explorers-underground

4. https://www.domusweb.it/it/portfolio/2017/05/09/alterazioni_video_incompiuto_siciliano.html

5. Da un'intervista a Jonata De Padova, collaboratore del Parco Culturale Favara.

6. Ibidem

7. Da un'intervista a Luca Lo Re, responsabile di un'associazione culturale (Trame di quartiere) che si occupa della progettazione di interventi di riqualificazione urbana consapevole, nel distretto di San Berillo.

Bibliografia

Augé, M., *Le Temps en ruines*, Galilée, Paris, 2003

Baudrillard, J., *La società dei consumi: i suoi miti e le sue strutture*, Il Mulino, Bologna, 2010

Baudrillard, J., and Codeluppi, V., *Il sogno della merce*, Lupetti, Milano, 1987

Biamonti A., *A Guide to the Most Spectacular Failures in the History of Modern and Contemporary Architecture*, Arthur Niggli, Salenstein (CH), 2016

Calvino I., *Six Memos for the Next Millennium (The Charles Eliot Norton Lectures, 1985-86)*, Vintage, New York, 1993

Catalan, C., *Oteiza. El genio indomeñable*, Ibercaja, Zaragoza, 2001

Camus, A., *The Plague*, Alfred A. Knopf, New York, 1948

Crespi, L., *Da spazio nasce spazio: L'interior design nella trasformazione degli ambienti contemporanei*, Postmedia books, Milano, 2018

Crespi, L., *Manifesto del design del non-finito*, Postmedia books, Milano, 2018

Finiguerra, D., *8 mq al secondo: Salvare l'Italia dall'asfalto e dal cemento*, EMI, Bologna, 2014

Friedman, Y., *L'architettura di sopravvivenza: Una filosofia della povertà*, Bollati Boringhieri, Torino, 2009

Hebel, D. (ed.), *Building from waste: Recovered materials in architecture and construction*, Birkhäuser, Basel, Boston, 2014

Hertzberger, H., *Lezioni di architettura*, Laterza, Bari, 1996

Hillman, J., *L'anima dei luoghi*, Rizzoli, Milano, 2004

Latouche, S., *Limite*, Bollati Boringhieri, Torino, 2012

Latouche, S., Schianchi, M., *La scommessa della decrescita*, Feltrinelli, Milano, 2015

Lynch, K., *L'immagine della città*, Marsilio, Venezia, 2008

McPherson E., *The history of the future: American essays*, Coffee House Press, Minneapolis, 2017

Ninjalicious, *Access All Areas: A User's Guide to the Art of Urban Explorations*, Infilpress, Toronto, 2005

Oliver, C., Martín M. and Moyá J., *Life reusing Posidonia: Life 12 ENV/ES/000079*, Institut Balear de l'Habitatge (IBAVI), Palma, Illes Balears, 2017

Pane, R., *La tutela dell'ambiente nella cultura moderna*, in S. Casiello, G. Fiengo, R. Mormone (a cura di), *Due lezioni di Roberto Pane*, Arte Tipografica, Napoli, 1988

Rumiz P., *Annibale. Un viaggio*, Feltrinelli, collana I Narratori, Milano, 2008

Simmel, G., *Die Grosstädte und das Geistesleben*, Petermann, Dresden, 1903

Sipes, T., *Urban Exploration Photography: A Guide to Creating and Editing Images of Abandoned Places*, Peachpit Press, San Francisco, 2014

Speroni, F., *La rovina in scena: per un'estetica della comunicazione*, Nautilus 7, Meltemi, Roma, 2002

Yourcenar, M., *Giambattista Piranesi, e Fabrizio Ascari. La mente nera di Piranesi*, Pagine d'arte, Tesserete, 2016

Zevi, B., *Saper vedere l'architettura: saggio sull'interpretazione spaziale dell'architettura*, Einaudi, Torino, 2009

Giuseppe Amoruso
Dipartimento di Design - Politecnico di Milano
Via Durando 38/a - 20158 Milano
giuseppe.amoruso@polimi.it

Valentina Battista

LUM Jean Monnet University
Strada Statale 100 km 18 - 73125 Casamassima
battista.phdstudent@lum.it

Abstract

Una città è l'espressione organica della condizione umana e si rappresenta nella sua identità; è responsabilità delle comunità, delle istituzioni locali e dei cittadini investire risorse affinché questa eredità rimanga viva, nei modi di vita di tutti i giorni ma anche nella memoria, nei rituali e nelle tradizioni orali. Questa trama, a volte nascosta o sfuggente, identifica un territorio come un paesaggio culturale, laddove economia, trasformazione del valore, patrimonio e habitat compongono un mosaico di valori. Riconoscendo il proprio territorio come un insieme di paesaggi da tutelare, la Regione Puglia ha recentemente promosso la *Legge sulla bellezza del territorio pugliese* che introduce lo scenario innovativo di " paesaggio di comunità", in cui la definizione pratica di "bellezza" deriva dalla qualità dei processi partecipativi e dalla mediazione tra cittadini, territorio e istituzioni.

Il capitolo presenta una metodologia di progettazione collaborativa per classificare i "riferimenti identificativi del paesaggio e dell'appartenenza del territorio alla comunità di riferimento e ai diversi significati che possono emergere dalla dimensione locale dell'identità". "Fare mente locale" come processo che mappa pratiche, arti, episodi, storie, mestieri, rappresentazioni ed espressioni materiali e immateriali che appartengono a una "heritage-community". Il risultato è un repertorio di identità e dimensioni umane a partire dall'espressione cromatica e materiale per indagare paradigmi e conoscenze diffuse, per ricostruire un manuale di comunità a servizio dei cittadini.

Parole chiave: paesaggio culturale, legge sulla bellezza, colore, repertori grafici, Puglia

Paesaggio. Rappresentare il paesaggio culturale: strategie per trasmettere il patrimonio diffuso

Giuseppe Amoruso e Valentina Battista

1 _ Introduzione

"Un luogo è un fenomeno qualitativo totale, che non può essere ridotto a nessuna delle sue caratteristiche, come quella delle relazioni spaziali, senza perdere di vista la sua vera natura". Così scrive Christian Norberg-Schulz, nel suo studio sul *Genius Loci*, riprendendo il pensiero di Georg Simmel che, nel saggio del 1912 *Filosofia del paesaggio*, ha introdotto la distinzione tra "paesaggio" e "natura". Il suo concetto può essere tradotto in una proporzione semplice: il paesaggio "sta" alla natura, come il luogo "sta" allo spazio. Questo perché la natura, essendo l'infinita concatenazione delle cose, la dimensione olistica, non può essere scomposta in parti o avere un inizio o una fine. Il paesaggio, al contrario, è, come il luogo, una singolarità che ha bisogno di una immagine caratteristica secondo l'unità indivisibile della natura. Il paesaggio è una visione completa e distinta, anche se intrecciata con la dimensione infinita della totalità naturale. Simmel identifica una "tonalità spirituale del paesaggio", lo *Stimmung*, chiedendosi se è solo la proiezione di uno stato d'animo del soggetto o se ha un fondamento oggettivo. La risposta più significativa verrà dal geografo tedesco Herbert Lehmann, che si occupò dell'aspetto del paesaggio, sottolineando che, in un paesaggio, come in un volto umano, è possibile trovare una componente oggettiva, "il potenziale espressivo", che deve tuttavia corrispondere allo sguardo del soggetto, che è sempre "carico di teoria"e ciò significa che, in natura, vede solo ciò che ha imparato a riconoscere.

Nel loro insieme, queste due componenti indispensabili costituiscono l'aspetto del paesaggio; la tonalità spirituale di un paesaggio non può mai essere qualcosa di generico (triste, allegro, malinconico), poiché anche il volto di un uomo può assomigliare a quello di un altro, ma esprimerà sempre il suo carattere primario ed esclusivo, quindi la fisionomia di un paesaggio sarà sempre esclusivamente unica. Il concetto di *genius loci* riguarda proprio la relazione che è anche il legame tra le persone e l'ambiente e Norberg-Schulz dialoga con il concetto di "spazio esistenziale" attraverso l'uso di termini complementari come "spazio" e "carattere" (Norberg-Schulz, 1980).

La connessione tra identità umana e identità del luogo è evidente, tuttavia Norberg-Schulz sostiene che non esiste solo uno stretto legame tra le due caratteristiche, ma che "l'identità dell'uomo presuppone l'identità del luogo e che la *stabilitas loci* è quindi una necessità fondamentale". Rappresentare il *genius loci* significa evidenziare l'identità del luogo, interpretarlo e trascriverlo con i linguaggi contemporanei facendo riferimento ai "temi" e alle loro "variazioni" che sono il risultato del processo di analisi. Se esiste una connessione che collega l'identità del luogo e l'identità dell'uomo, allora si può ipotizzare che a questo legame si applichi il principio di reciprocità, che la perdita o la crisi dei luoghi comporti una crisi umana e che questo processo scateni un progressivo decadimento dei luoghi come descritto da Marc Augé sottolineando la graduale eclissi di "luoghi antropologici" e la proliferazione di "non luoghi".

Applicando questo principio, ad esempio, il fisiologo americano Ancel Keys ha svelato concetti essenziali per i popoli dei paesi del Mediterraneo e quasi invisibili alla percezione comune rivelando i valori e le qualità millenarie di un patrimonio diffuso, che sono stati trasmessi di generazione in generazione. Grazie ai suoi studi sull'epidemiologia delle malattie cardiovascolari, ha formulato, a partire dagli anni '50, ipotesi sull'influenza della dieta su queste patologie e sui benefici derivanti dall'adozione della cosiddetta dieta mediterranea. Questa intuizione ha portato, nel 2010, il *V° Comitato intergovernativo per il patrimonio culturale immateriale dell'umanità*, UNESCO, a proclamare la "dieta mediterranea, patrimonio culturale immateriale dell'umanità". La dieta mediterranea è quindi un concetto più ampio di paesaggio culturale, inteso come un insieme paradigmatico di conoscenze e pratiche strettamente intrecciate in un *continuum* concettuale, dal paesaggio urbano e agricolo, ai modi di aggregazione sociale, di scambiare le merci e di consumare i pasti. È l'elemento di identità delle comunità mediterranee che caratterizza l'esperienza personale di ogni individuo che vive lì. Ma come è possibile indagare, mappare, descrivere e visualizzare i domini che rappresentano questo patrimonio culturale in gran parte immateriale e che possono essere evidenziati nei vari contesti territoriali?

Il paesaggio culturale può essere tradotto in una "dieta" - dalla parola greca *díaita*, stile di vita - cioè una pratica sociale basata su una serie di abilità, conoscenze, modi e tradizioni che variano dal paesaggio alla catena alimentare, che nel bacino del Mediterraneo riguarda la raccolta, la coltivazione, la pesca, la conservazione, la gestione, la preparazione e, in particolare, il consumo. Poiché ogni lettura culturale del territorio e della sua stessa bellezza dovrebbe partire dalle fonti del diritto, dagli strumenti legali disponibili per garantirne la conservazione, questo studio considera l'esempio fondamentale della Puglia e la legge regionale sulla bellezza, un ambizioso progetto interdisciplinare e partecipativo di co-creazione e programmazione, che lega criteri apparentemente antitetici come la qualità e il benessere, concentrandosi sul cittadino, sui suoi bisogni e sulla sua dignità. La legge fornisce strumenti, metodi e azioni per sperimentare la bellezza del territorio e per apprezzare la grande diversità del mosaico delle identità pugliesi. La necessità di proteggere e preservare il patrimonio culturale è una questione di diritti umani e il patrimonio culturale è rilevante non solo in sé, ma anche in relazione alla sua dimensione umana, in particolare nel suo significato per gli individui e la comunità, nonché nei loro processi di identificazione e sviluppo.

2 _ Il mosaico delle identità pugliesi,
un approccio partecipativo per le comunità locali

Di recente, il fabbisogno di urbanizzazione sostenibile ha portato a un rinnovamento dei metodi di pianificazione territoriale. Questa evidenza deriva dalla messa in discussione del classico contrasto paradigmatico tra il centro e la periferia e la conseguente trasformazione del rapporto tra le città e il loro territorio e tra spazi chiusi e aperti. In questo contesto, i processi partecipativi hanno acquisito legittimità causando un profondo cambiamento nel rapporto tra attori pubblici e privati, esperti e cittadini. Recenti lavori pubblicati in letteratura evidenziano l'importanza dei luoghi transazionali, degli spazi intermedi per l'interazione e la cooperazione che favoriscono la sinergia tra attori e dimensione territoriale e temporale all'interno del sistema urbano. Il territorio è un legame tra le persone, possiede un valore identitario essenziale per le società. L'interesse si concentra quindi più precisamente sul ruolo svolto dal patrimonio nella costruzione del territorio. È chiaro che l'eredità e la memoria territoriale sono utili per la legittimazione delle decisioni.

Al di là di questo approccio, che è spesso fattuale, l'eredità può essere una leva per lo sviluppo territoriale, se genera consenso, o una fonte di tensione positiva alla quale attingere. Infine, attraverso progetti e azioni basati sul patrimonio, è possibile identificare una serie di configurazioni tipiche che definiscono le organizzazioni spaziali tradizionali. L'analisi del patrimonio come riferimento, nella fase di diagnosi del territorio, consente anche di mettere in discussione la dimensione culturale portata alla luce: è un generatore di interessi locali, un attivatore di energie, o più profondamente l'espressione di una capacità di costruire un territorio e creare un legame sociale attraverso l'espressione collettiva? I cittadini hanno bisogno di appartenenza. Il territorio culturale è definito come una forma di radicamento e attaccamento ai luoghi, secondo un principio culturale di identificazione. Le comunità non costruiscono il loro ambiente per uno scopo materiale, ma per offrire un'immagine di se stessi, per diventare consapevoli di ciò che è un bene comune e sperimentare la relazione con gli altri. Il territorio può essere considerato un mediatore culturale. La bellezza risiede nella città. Come il cosmo degli antichi, come il corpo umano, la città è una configurazione spontaneamente correlata alla bellezza o, almeno, alla sua eminente possibilità: Kallipolis (la "bella città" di Platone). La bellezza della città, intesa da Platone e dai Greci, ha superato la dimensione strettamente estetica della bellezza moderna, e la polis si riferisce più a una costituzione culturale. La città bellissima è una città dove tra i suoi abitanti regna una *philia*, una condivisione naturale, un reciproco riconoscimento attraverso cultura e tradizioni. Ancora oggi si può dimostrare che se c'è una bellezza diffusa nel paesaggio urbano, può essere solo in un senso profondamente culturale. È attraverso questo flusso etico e culturale dell'estetica che la città non è solo bella, ma può aspirare ad esserlo ancora di più attraverso una profonda connessione che recupera il senso dei luoghi. Una città può essere del tutto bella; ci possono essere città in cui nulla è particolarmente bello ma che sono comunque molto sensuali. La risposta sta nel patrimonio culturale e nelle sue tradizioni.

A tal proposito, si cita una buona pratica italiana rappresentata dalla legge sulla bellezza promossa dalla Regione Puglia. Questa legge fornisce strumenti, metodi e azioni per sperimentare la bellezza del territorio e per apprezzare l'ampia diversità del mosaico delle identità pugliesi. La legge pugliese è una legge operativa per migliorare il benessere della comunità e consentire processi di inclusione, ospitalità e dialogo interculturale. L'iniziativa presenta il territorio pugliese secondo uno scenario innovativo di "comunità paesaggistiche", dove la definizione pratica di ciò che è "bello" parte da processi partecipativi, dalla mediazione con le comunità, secondo l'espressione di tradizioni e innovazione al fine di creare valore.

È una legge ispirata al processo di partecipazione con il contributo dei cittadini: ha 23 articoli ed è accompagnata da un Manifesto che spiega i principi, le ragioni e gli obiettivi che hanno guidato la stesura del dispositivo di legge.

Il concetto di bellezza ha un significato ampio che include non solo la bellezza dell'ambiente naturale, ma anche l'ambiente antropico, i manufatti umani, il paesaggio agricolo, il paesaggio urbano, il tessuto architettonico. La legge è stata redatta al fine di proteggere e valorizzare la bellezza della Puglia in tre modi: perseguire un'alta "qualità costruttiva" nei futuri interventi che verranno realizzati nei luoghi urbani; demolire o recuperare i cosiddetti "detrattori della bellezza" che oggi deturpano i territori; preservare e valorizzare le peculiarità delle diverse province che formano il "mosaico delle identità pugliesi".

Per quanto riguarda la "qualità delle costruzioni", la Regione deve riorganizzare gli strumenti di pianificazione, garantendo che il livello strategico sia regionale, e che il livello di attuazione sia comunale. In questo modo, si dovrebbe garantire l'armonia tra gli interventi da eseguire mentre i criteri su cui si misura la "qualità" sono quelli di vitalità, significato, coerenza e accessibilità. A proposito dei "detrattori della bellezza", con questa espressione il Manifesto intende tutti quei luoghi, o non luoghi, che abbracciano gli spazi: determinati sobborghi, determinati edifici nei centri storici, vuoti urbani, eco-mostri, edifici illegali. Questa legge consentirà di intervenire su di loro adattandoli all'idea di bellezza della comunità in cui sorgono. Infine, parlando del "mosaico delle identità pugliesi", il Manifesto riconosce le differenze tra i diversi luoghi che compongono la Regione e, invece di appianarli, li incoraggia. Questo è il motivo per cui la *Legge sulla bellezza* contiene solo linee guida e attraverso il processo partecipativo che coinvolgerà i singoli territori le verrà data una connotazione finale. Quest'ultimo punto - vale a dire, il rafforzamento dell'identità territoriale - è ciò che rende questa legge unica nel suo genere.

Questa non è la prima legge sulla bellezza, ma è certamente unica nel suo genere. Nel 1922 fu proposta una legge da Benedetto Croce, che tuttavia mirava a proteggere solo il paesaggio naturale. L'idea alla base della bellezza era quella di "ornamento". Proprio per superare un significato simile, nel 1947 i padri fondatori inserirono nell'articolo 9 della Costituzione che la Repubblica "protegge il paesaggio e il patrimonio storico e artistico della Nazione". Solo estendendo questo concetto è stato possibile perseguire un'idea ecologica di bellezza inserita nella legislazione italiana ed europea dopo gli anni '70 fino alla *Convenzione europea del paesaggio* del 2006. Invece, è un atto che, se reso esecutivo, sarà destinato a cambiare il volto dei paesaggi pugliesi nei prossimi anni. Abituati a una pratica amministrativa vittima della tirannia del presente, si potrebbe considerare una buona notizia. Data la sua complessità, inoltre, è una legge che dovrà essere testata e, se necessario, modificata nel tempo. Ciò non dovrebbe sorprendere: vengono selezionate aziende audaci proprio per questo motivo, perché non hanno una strada segnata e spetta a loro trovare un modo, passo dopo passo, aggiustando i passi falsi. I programmi si basano sull'idea di rigenerazione legata alle caratteristiche ambientali e storico-culturali dell'area interessata, alla sua identità, ai bisogni e alle esigenze degli abitanti. Esse implicano una serie coordinata di interventi in grado di affrontare in modo integrato problemi di degrado fisico e disagio socio-economico, contrastando l'esclusione sociale degli abitanti attraverso l'offerta di una molteplicità di funzioni e tipi di utenti e interventi materiali e immateriali nel campo abitativo, socio-sanitari, educativo, formativo, lavorativo e di sviluppo (Battista, 2019).

I piani articolati di trasformazione sono preparati dai comuni singoli o associati o proposti ai comuni da altri soggetti pubblici o privati, anche associati tra loro e hanno effetto di strumenti di pianificazione esecutiva. Un altro concetto importante della Legge è la "Carta della qualità urbana" che raccomanda ai Comuni di identificare edifici e aree soggette a norme speciali di protezione con diversi tipi di interventi, adeguamento degli edifici e riqualificazione urbana. Citando il grande storico dell'arte Ernst Gombrich: "I Greci erano belli perché avevano belle piazze e belle città" (Gombrich, 1995). La bellezza in Puglia è ancora lì dai tempi della Magna Grecia. Non resta che preservarla e, se possibile, aumentarne il valore di riconoscimento sociale tra le persone. È responsabilità delle comunità, delle istituzioni locali e dei cittadini mantenere vivo il patrimonio nella memoria, nei rituali e nelle tradizioni orali, che sono la *materia* di un paesaggio culturale.

3 _ Comprendere il carattere dei luoghi:
colore come espressione culturale del paesaggio

Il colore è un elemento chiave per la comprensione del carattere del luogo e spesso la materia prima di un paesaggio culturale. Lo studio propone una metodologia operativa per superare i problemi che oggi non consentono di creare bellezza come espressione di valori e significati. La metodologia di analisi e interpretazione di luoghi, città e paesaggi culturali evidenzia le best practices per la documentazione, la rappresentazione e la mappatura di valori tangibili e intangibili attraverso azioni di indagine urbana, analisi tipologiche, consegna di repertori e libri di modelli. Successivamente mappe, rappresentazioni descrittive e valutazione dell'identità locale rendono possibile presentare linee guida e raccomandazioni grafiche per progetti di rigenerazione su varie scale.

Bruno Taut nel 1925 ci ha ricordato che: "non appena ti sbarazzi del superfluo, il colore si rivela senza dubbio come l'unico mezzo naturale per definire gli spazi", per dare un senso alla forma, per contrassegnare chiaramente il carattere di un luogo. Le città sono sistemi complessi che combinano molteplici identità cromatiche; ogni area ha la sua spazialità morfologica e cromatica che risulta influenzata da molti fattori: luminosità, materiali, colori e contrasti, tipologia di spazi, dimensioni degli edifici. Gli inviti di Taut e di molti altri sono stati parzialmente ignorati data la predominanza ideologica del fondamentalismo del non-colorato, del rifiuto dell'architettura tradizionale e dei materiali naturali e del modo in cui sono realizzati (Taut, 1925).

In un paesaggio, per sua natura eterogenea, il colore come sintesi tra materia, lavoro umano, economia e risorse locali, significati sociali, rappresenta un equilibrio formale, la decostruzione e la ricostruzione percettiva di un habitat.

Oggi quella storia si è fermata, è diventata frammentata, pur avendo i mezzi più potenti di sempre sono venute a mancare le risorse più importanti, le persone, la loro memoria, la loro identità; il processo progettuale più importante si svolge lontano dalla realtà e dai bisogni reali, senza alcuna verifica basata sull'evidenza, senza alcun tentativo di eseguire test sul campo e di adottare un metodo di progettazione collaborativa. Il risultato è ugualmente lontano dalle persone, artificiale, non riflette sulla condizione umana, lontano dal concetto di habitat e della componente percettiva. E pensare che già nel diciassettesimo secolo il filosofo John Locke formulò una teoria percettiva del colore che distingueva tra ciò che definiva "qualità primarie", distanza, peso e forma, da considerare reali e fisiche, e le "qualità secondarie", come il colore, che non può essere considerato realmente fisico ma è legato alla sfera percettiva, l'elemento che può rendere un progetto di successo (Locke, 1689). Attilio Marcolli ha sottolineato l'importanza dei fenomeni percettivi legati al design del colore in base alla realizzazione del luogo.

Marcolli le ha sperimentate in una memorabile ricerca applicata a Venezia, ampliando il concetto di "città e colore" al concetto di "città-colore" e riferendosi a una "teoria simbolica dei colori" ha studiato il rapporto tra gli effetti sensibili al colore e le nostre abitudini, le nostre relazioni mentali-ambientali, i nostri modi di pensare e le nostre tradizioni culturali (Marcolli, 2006).

La vera valorizzazione di un paesaggio costruito o naturale deve diventare, nelle parole di Eugenio Turri, "un fatto intimo, da riportare alla coscienza individuale, anche se è uno dei grandi fatti territoriali, collettivi e persino planetari"; questa necessità si realizza attraverso il riconoscimento di unità minime che caratterizzano un territorio, definite "coremi" e le unità elementari che caratterizzano iconicamente e percettivamente la sua identità, gli "iconemi" (Turri, 2003).

Le città e le loro rappresentazioni diventano allora tavolozze cromatiche, codici configurativi, palette caratteristiche come già avveniva per le città romane nel passaggio dall'era repubblicana, caratterizzata dall'uso della terracotta e dai colori caldi (terra e argilla), a quello della Roma imperiale con il vasto uso di marmi bianchi. Città colore, ad esempio, sono le indiane Jaipur, la *Città rosa* e Jodhpur, la *Città blu*. I colori sono il risultato di un lento processo evolutivo e dell'adattamento al sito o sono imposti dall'alto, introducendo un marchio o scelte concettuali, diremmo oggi. I colori possono essere decisioni unilaterali e sintesi di scelte arbitrarie legate a una forma simbolica di governance e rappresentazione dei luoghi, anticipazione di un moderno concetto di design strategico che è il place-branding.

Il designer del colore Jean-Philippe Lenclos ha studiato a lungo le relazioni spaziali e la componente cromatica dei luoghi e si è dedicato alla stesura di specifici atlanti regionali a colori, nonché a studi sulle tonalità tradizionali di diverse città e paesaggi francesi. Uno dei suoi progetti più famosi era il suo concetto di "geografia del colore". Lenclos e sua moglie Dominique hanno pubblicato il loro primo libro *Couleurs de la France, Maisons et Paysages* nel 1982 (Lenclos e Lenclos, 1982).

Reperti, raccolte e lessici servono a spiegare, ricordare, coinvolgere, conoscere, diffondere, interiorizzare i principi della *Legge* al fine di ricostruire (parzialmente, in modo incompleto ma significativo per modelli ed episodi) l'identità del territorio e la sua dimensione umana.

Un'espressione italiana tipica e popolare, "fare mente locale", cioè sintonizzare la mente con un luogo, riportarlo alla dimensione della vita all'interno di un habitat, propone una riflessione su come creare nuovamente un'integrazione tra la dimensione estetica e quella culturale nel campo della progettazione dello spazio; una riflessione che promuove la bellezza, l'identità e la memoria come beni culturali viventi.

Il capitolo presenta, con riferimento al *Titolo III della Legge sull'identità dei territori pugliesi*, una metodologia operativa di laboratorio partecipativo e pianificazione collaborativa per mappare i "riferimenti identificativi del paesaggio e l'appartenenza del territorio pugliese alla comunità di riferimento e ai diversi significati che può emergere dalla dimensione locale dell'identità territoriale". Il processo implementa la mappatura di soluzioni, pratiche, arti, episodi, storie, professioni, rappresentazioni e partecipazioni relative alla "bellezza", un concetto che è espressione dei significati e dell'identità dei luoghi. L'atto di cercare il senso del luogo attraverso la rappresentazione della sua identità è un prerequisito per integrarlo nel processo di progettazione strategica; la documentazione critica e le varie forme di rappresentazione affrontano il processo di mappatura percettiva e concettuale (Amoruso, 2015).

Il processo di mappatura dei luoghi è l'azione progettuale orientata al suo cambiamento che, coinvolgendo i problemi percettivi ed emotivi e i nostri sensi, affronta la rappresentazione dello spazio attraverso il pensiero visivo e la produzione di materiali grafici.

È importante evidenziare la stabilità e la continuità di un luogo per fare una descrizione delle sue qualità, ma è anche necessario riconoscere l'unità e la differenza come parametri del sito. Nella tradizione moderna e orientata all'occidente, il *genius loci* di solito si riferisce a una dimensione speciale di un luogo, o alla presenza di uno "spirito del luogo" più che necessariamente uno spirito guardiano e nel campo della teoria e della pratica architettonica, il *genius loci* ha profonde implicazioni per il design degli interni, che unisce anche il tema della fenomenologia. Rispettare il *genius loci* non significa copiare modelli antichi in modo rigido e nostalgico, ma evidenziare l'identità del luogo, interpretarla e trascriverla con linguaggi contemporanei ed essere in grado di creare connessioni con i "soggetti" e i loro "tipi" che sono il risultato di un processo analitico.

Forma, struttura e relazioni sono correlate alla percezione e alla rappresentazione che rafforzano il ruolo dell'immagine e del pensiero visivo. Secondo Lynch, la mappatura percettiva dei luoghi si basa su un processo cognitivo e funzionale che adotta principalmente visione, memoria e fruizione di tali "immagini ambientali"; esse sono generate dal potenziale di un luogo, la sua "immaginabilità" e una gerarchia che consente l'orientamento attraverso i suoi spazi, il "wayfinding" (Lynch, 1960).

Il processo di analisi e mappatura dei luoghi costituisce il preludio necessario per un'azione progettuale orientata alla loro modifica e comprende anche la dimensione emotiva e percettiva del coinvolgimento dei sensi finalizzata alla rappresentazione dello spazio attraverso il pensiero visivo e la produzione di materiali grafici. "L'occhio non vede cose ma figure di cose che significano altre cose", scrive Calvino in *Le città invisibili* (Calvino, 1994). Il processo di mappatura consiste nella formazione di "immagini", primi concetti mentali che vengono poi interpretati e trascritti in relazione a un codice più o meno sofisticato. Le immagini rendono visibile una forma, si riproducono attraverso la loro struttura geometrica, tipologica, estetica e danno prova delle relazioni strutturali e funzionali tra i componenti.

Il paesaggio urbano storico dei nostri territori molto spesso può essere considerato un paesaggio culturale (Salerno, 2017), espressione materiale dei modelli di adattamento a diversi siti e di resilienza ambientale, in cui ogni elemento può essere identificato e documentato; questo panorama può essere descritto graficamente come un catalogo con più livelli di informazioni che sviluppano appropriati modelli semantici (Amoruso, 2017). Gli interventi sul paesaggio urbano storico comprendono metodologie, strumenti e tecniche di progettazione. Per sviluppare nuove conoscenze sull'insediamento, sulle caratteristiche tipologiche e morfologiche del patrimonio diffuso, vengono utilizzati strumenti e tecniche per la rappresentazione del paesaggio e documentarne le unità e le aree omogenee; inoltre, è necessario indirizzare il contesto di progettazione al riconoscimento del valore dei luoghi. Altre caratteristiche identificative sono ricorrenti e si possono trovare in diverse unità paesaggistiche in cui è evidente il forte rapporto tra spazio urbano, sua componente cromatica e lavorazione dei materiali locali. È quindi necessario promuovere metodi operativi per ripristinare e ricostruire la condizione fisica e umana, indagando a fondo la rappresentazione e la valorizzazione del patrimonio culturale e dei paesaggi urbani storici, secondo la definizione di UNESCO, ma collegando l'azione cognitiva alle successive metodologie di produzione di placemaking e design strategico.

Gli strumenti di rappresentanza urbana richiedono la definizione di standard e norme grafiche prescrittive per il mantenimento e il recupero della città; appropriati codici di progettazione grafica possono organizzare l'informazione, la gestione e la comunicazione delle azioni sulla città, garantendo il raggiungimento degli obiettivi di qualità urbana. La rappresentazione dello spazio attraverso il colore non si riferisce a uno dei possibili modi di rappresentare; comprendendo anche i valori percettivi legati al fenomeno luminoso e ambientale, è possibile trasmettere il codice identificativo di uno spazio in modo più organico e completo.

I repertori grafici a supporto dei piani urbanistici evidenziano le configurazioni cromatiche e topologiche della città, la cui importanza strategica è stata commentata da Marcolli. Il colore è uno dei tanti codici con cui la città rappresenta se stessa e quindi deve essere inquadrato e interpretato correttamente.

A tal fine è necessario redigere documenti per valutare il carattere dei luoghi e delle città e sensibilizzare sui valori diffusi nell'habitat urbano; attraverso un'analisi critica dello scenario costruito si definiscono linee guida appropriate per gli interventi relativi alle preesistenze, evidenziando, in sintesi, il loro *genius loci*.

Queste linee guida, elaborate attraverso l'uso di codici di progettazione, nascono sempre da un'importante azione mirata che evidenzia, attraverso una catalogazione sistematica, le caratteristiche più riconoscibili del paesaggio urbano; è necessario sottolineare i caratteri incongrui al fine di definire, durante l'intervento, il vocabolario da seguire, in accordo con la disponibilità dei materiali e le tecniche di costruzione locali.

Pertanto, viene applicato un approccio basato sulla conoscenza e sull'evidenza, che si basa su una comprensione approfondita delle condizioni del sito e dei suoi modelli di aggregazione sociale anche attraverso strumenti di progettazione strategica, la redazione di repertori tipologici e l'applicazione di tecniche per la rappresentazione dell'ambiente, l'informazione, la comunicazione sociale e la consapevolezza pubblica. La città tradizionale esprime, attraverso i suoi fattori formali e cromatici, un carattere ambientale, ecologico e sociale, proiettando attraverso l'ambiente costruito il riferimento alle nostre identità più radicate. Il tessuto urbano è articolato secondo una sequenza logica e gerarchica di luoghi, un linguaggio organico per loro comprensione e uso pratico. Per un corretto intervento nel tessuto urbano, è importante una conoscenza strutturata del contesto, da raggiungere attraverso il rilevamento delle caratteristiche urbane e ambientali, evidenziando gli indicatori di qualità e degrado degli spazi pubblici e dell'ambiente costruito. Questa azione consente il recupero e la valorizzazione dei luoghi, il miglioramento della qualità urbana anche attraverso l'eliminazione di opere incongrue.

Il lessico urbano comprende tutte quelle regole architettoniche che definiscono l'immagine finale dei beni costruiti; quindi forma, densità, materiali, uso del colore e tecniche di costruzione rivelano l'identità di un luogo e caratterizzano i suoi spazi gerarchicamente. L'identità dei luoghi, come elemento a cui fare riferimento per stabilire ciò che è incongruo e ciò che non lo è, non è un concetto astratto poiché, all'interno di una città, costituisce un concetto centrale attraverso i molteplici strati prodotti da un processo di contaminazione culturale. Alcune leggi regionali recentemente emanate (L.R. dell'Emilia-Romagna n. 16 del 2002) hanno introdotto il termine "opera incongrua" come punto di partenza per un processo di promozione della qualità urbana e della ricostruzione del paesaggio; un elemento incongruo è un oggetto privo di coerenza logica e non proporzionato; quindi, non congruente, significa che non corrisponde ai bisogni e alle aspettative, è "sconveniente", secondo la sensibilità comune del luogo. Il paragrafo 1 dell'art. 10 della suddetta legge menziona l'impatto visivo, le dimensioni, le caratteristiche tipologiche e funzionali delle cosiddette opere incongrue: incongruenza estetica legata a dimensioni, design-composizione, colore, stile; incoerenza funzionale dovuta a dimensioni, incompatibilità con il contesto/tessuto, per uso improprio; e poi l'incongruenza economica, legata a un altro concetto molto importante che è la sostenibilità per la comunità.

Patrick Geddes, contemporaneo e sostenitore di Ebenezer Howard, ha sostenuto l'indagine civica come indispensabile per la pianificazione urbana: il suo motto era "diagnosi prima del trattamento" e si riferiva alle tecniche pratiche per l'indagine, l'analisi e la pianificazione regionali. Tale indagine dovrebbe includere almeno la geologia, la geografia, il clima, la vita economica e le istituzioni sociali della città e della regione. Le sue prime ricerche sul centro storico di Edimburgo sono diventate un modello per le indagini successive. Era particolarmente critico nei confronti di quella forma di pianificazione che si basava molto sul design e sull'effetto, trascurando di considerare "il quartiere circostante e costruito senza riferimento ai bisogni o alle potenzialità locali". Geddes ha invece incoraggiato l'esplorazione e la considerazione di "tutta la serie di condizioni esistenti", studiando il "luogo così com'è, cercando come è cresciuto per essere quello che è, e riconoscendo allo stesso modo i suoi vantaggi, le sue difficoltà e i suoi difetti".

Geddes credeva che le città dovessero essere viste come organismi in continua evoluzione, dando grande valore alla continuità della tradizione e alle caratteristiche fisiche di un luogo. Una volta compresa l'essenza di un luogo, credeva si potesse dare una nuova prospettiva di vita attraverso un buon design e prendendo di mira elementi dannosi (Robb, 2017).

Attingendo al metodo scientifico, Geddes ha incoraggiato un'attenta osservazione come modo per scoprire e lavorare con le relazioni tra luogo, lavoro e gente (o famiglia). La lezione di Geddes insegna che un bene culturale diffuso, come un centro storico, è l'elemento principale dell'identità di un territorio e un'espressione della sua comunità; attraverso le peculiarità di un luogo, le sue tradizioni specifiche e la memoria storica che risiede nelle sue risorse fisiche, è possibile elaborare una matrice progettuale che colleghi i valori ambientali diffusi allo scenario naturale, alle tradizioni di costruzione e all'uso delle risorse locali; in questo paradigma troviamo i significati legati alla vita, alla forma dei paesaggi agricoli e alla struttura urbana che influenza la socialità espressa da tradizioni, cibo, vino e artigianato.

Nella caratterizzazione e rappresentazione di un paesaggio di prossimità è possibile evidenziare temi di stabilità e continuità e rendere riconoscibili i parametri di unità e differenza. Il concetto di luogo è indissolubilmente associato al concetto di limite e confine, relazione e connotazione spaziale, che si intrecciano con una delimitazione fisico-percettiva e danno una rappresentazione della sua anima. Il luogo è un insieme di identità con confini, in cui esiste sempre una connessione tra i soggetti e lo spazio. Pertanto, è qualcosa di specifico, con un suo carattere, che lo identifica e, allo stesso tempo, lo rende unico. Le azioni operative sul territorio dovrebbero sviluppare, distribuire e convalidare strumenti, modelli di informazione, strategie e piani per migliorare la resilienza delle aree storiche per far fronte a eventi catastrofici, valutazione della vulnerabilità e ricostruzione integrata. Secondo la *Raccomandazione Historic Urban Landscape* dell'UNESCO, si suggerisce inoltre di identificare i passaggi critici per attuare l'approccio del paesaggio urbano storico, che può comprendere quanto segue: intraprendere rilievi approfonditi e mappare le risorse naturali, culturali e umane della città e utilizzando la pianificazione partecipativa e la consultazione delle parti interessate raggiungere il consenso su quali valori proteggere per la trasmissione alle generazioni future e per determinare gli attributi che portano questi valori. Un ulteriore passo è valutare la vulnerabilità di questi attributi rispetto agli stress socio-economici e all'impatto dei cambiamenti climatici e integrare i valori del patrimonio urbano e il loro stato di vulnerabilità in un quadro più ampio di sviluppo della città. Devono essere fornite indicazioni sulle aree sensibili del patrimonio che richiedono un'attenta attenzione alla pianificazione, alla progettazione e all'attuazione dei progetti di sviluppo (Bandarin e van Oers, 2012).

La ricerca attuale definisce uno standard di progettazione in grado di supportare la promozione della qualità architettonica e urbana del territorio. Attraverso l'elaborazione di un codice morfologico, viene proposta una corretta base grafica, implementando e stabilendo le "nuove" convenzioni a supporto del progetto urbano: un insieme di principi, regole e aspettative per rappresentare e condividere significati.

Ciò è possibile perché i codici (successivamente riferiti ad aree specialistiche) costituiscono il veicolo per tradurre le intenzioni in una forma costruita ma allo stesso tempo sono anche strumenti di rappresentazione e comunicazione, mostrando, senza ambiguità, come verrà creata la struttura urbana. Le informazioni necessarie per il progetto sono raccolte attraverso strumenti sintetici organizzati sotto forma di schemi tipologici grafici, quindi si procede alla definizione di un lessico e alla redazione di appropriati glossari raccolti in un documento di analisi chiamato *Codice tipologico* o *Pattern Book*.

Questo documento affronta la comprensione del codice locale e dell'identità attraverso la documentazione dei suoi schemi urbani e delle tecniche di costruzione, una maggiore conoscenza del valore della sua architettura vernacolare e dell'urbanistica. La ricerca propone l'integrazione di modelli, rappresentazioni e visualizzazioni basate su repertori, database iconici e simulazioni predittive. La promozione dell'identità locale e del benessere psicologico e ambientale richiede la definizione degli strumenti per la raccolta e la documentazione dei caratteri locali: analisi dei modelli urbani, tecniche di costruzione e analisi tonale dell'ambiente urbano, classificazione del vocabolario architettonico e paesaggistico. Nella progettazione di paesaggi urbani storici, le combinazioni di colori si basano sull'importanza topologica delle unità paesaggistiche; la documentazione analitica su queste unità consente di registrare il transetto urbano e il libro di schemi. Il transetto urbano-rurale è un modello di pianificazione urbana creato da Andrés Duany e testato in diverse città costruite in tutto il mondo. Il transetto definisce una serie di zone di transizione dalle aree rurali sparse al denso nucleo urbano. Il pattern book è un repertorio di progetto e riferimenti operativi che presenta illustrazioni, modelli e disegni di edifici, spazi e lessico dell'ambiente urbano (Duany e DPZ, 2011).

La *Convenzione di Faro* (2005) sottolinea le importanti questioni del patrimonio in quanto radicate nei diritti umani e nella democrazia. Promuove una più ampia comprensione del patrimonio e delle sue relazioni con le comunità e la società. La Convenzione ci incoraggia a riconoscere che, riguardo al patrimonio culturale, oggetti e luoghi non sono importanti in se stessi. Sono importanti a causa dei significati e degli usi che le persone attribuiscono a loro e ai valori che rappresentano. La *Convenzione di Faro* è intesa come una "convenzione quadro" che definisce le questioni in gioco, gli obiettivi generali e i possibili campi di intervento affinché gli Stati membri possano progredire. A tal scopo introduce due concetti innovativi:

(a) il patrimonio culturale è una raccolta di risorse ereditate dal passato che le persone identificano, indipendentemente dalla proprietà, come riflesso ed espressione dei loro valori, credenze, conoscenze e tradizioni in costante evoluzione. Comprende tutti gli aspetti dell'ambiente derivanti dall'interazione tra persone e luoghi nel tempo;

(b) la comunità del patrimonio è costituita da persone che apprezzano aspetti specifici del patrimonio culturale che desiderano, nell'ambito di un'azione pubblica, sostenere e trasmettere alle generazioni future.

A tal fine, la ricerca propone un processo di placemaking per affrontare uno studio completo sul carattere dei luoghi, sintonizzando l'attenzione su valori, significati, spazi chiave e condizioni ambientali. È un processo continuo che cristallizza il senso di comunità: una visione comune all'interno della comunità. Co-creazione di una comprensione comune, mediazione come gioco sociale, introduzione di strumenti partecipativi per le persone e metodi di valutazione efficaci per avviare soluzioni creative dal basso. L'approccio orientato al luogo per la gestione dello spazio ha rivelato un potenziale sostanziale per il coinvolgimento del pubblico, il processo decisionale collaborativo e la costruzione della comunità; uno strumento efficace per il miglioramento della democrazia partecipativa.

La *Convenzione per la salvaguardia del patrimonio culturale immateriale* (2003) definisce il patrimonio culturale immateriale (ICH) - o patrimonio vivente - come il protagonista della diversità culturale dell'umanità e il suo mantenimento come garanzia di creatività continua. Il patrimonio culturale immateriale indica le pratiche, le rappresentazioni, le espressioni, le conoscenze, le abilità - nonché gli strumenti, gli oggetti, i manufatti e gli spazi culturali associati - che le comunità, i gruppi e, in alcuni casi, gli individui riconoscono come parte del loro patrimonio culturale. Questo patrimonio culturale immateriale viene costantemente rigenerato da comunità e gruppi in risposta al loro ambiente, alla loro interazione con la natura e alla loro storia e fornisce loro un senso di identità e continuità, promuovendo così il rispetto per la diversità culturale e la creatività umana.

4 _ Conclusioni

Le metodologie scientifiche per la documentazione sistematica della componente tangibile dei paesaggi urbani o, più in generale, dei territori si sono notevolmente evolute negli ultimi anni grazie all'introduzione degli strumenti digitali. Questa lettura analitica, sebbene necessaria, non è sufficiente a rappresentare la diversità e la varietà di espressioni e significati, ovvero il patrimonio immateriale che le organizzazioni internazionali considerano come la chiave per comprendere il patrimonio che, quando si sviluppa su una grande comunità economica, diventa un paesaggio culturale.

Indagare e rappresentare questa diversità può avere un impatto significativo solo se si avvia un'azione coordinata tra istituzioni, comunità locale e cittadini, innescando un processo di partecipazione dal basso verso la riappropriazione dei luoghi e la formazione della componente psicologica e percettiva. Le innovazioni metodologiche e strumentali sono dirette alla creazione di efficienti processi cognitivi che consentono di condividere, comunicare e documentare il *mood* di un paesaggio. La comprensione del suo ruolo sull'identità culturale e territoriale deve diventare oggetto di narrazione, comunicazione, inclusione sociale attraverso la preparazione di repertori, kit di strumenti e manuali al servizio della comunità. I cittadini, le comunità e gli attori istituzionali, in questo contesto regolamentare e operativo, possono riflettere sugli scenari e sulle espressioni dei loro beni; il colore è quel materiale grezzo, raffinato, riconoscibile e popolare che dà carattere ai luoghi, promuovendo allo stesso tempo la bellezza, l'identità e la memoria come dimensioni indispensabili per il benessere individuale e collettivo. Il principio con cui il colore di un habitat varia è dovuto anche alla componente luminosa; un fenomeno energetico crea variabilità cromatica, ovvero spazialità attraverso una serie di tonalità che determinano quindi il valore di un contesto spaziale. Questo è il processo attraverso il quale la *civitas*, attraverso la sua componente indispensabile, contribuisce alla determinazione dello spazio vitale di una comunità e alla formazione della sua immagine, con la mediazione e la partecipazione dei suoi cittadini, portatori, dal basso, di storie.

Ringraziamenti

Lo studio fa parte di una ricerca internazionale su paesaggio culturale, progettazione ambientale e metodologie di rappresentazione avanzata sviluppata presso il Dipartimento di Design del Politecnico di Milano e coordinata da Giuseppe Amoruso e che, nella prima fase, ha trovato esito nella pubblicazione *Cultural Landscape in Practice. Conservation vs. Emergencies*, Giuseppe Amoruso, Rossella Salerno (curatori), Springer International Publishing, 2019 ISBN 978-3-030-11422-0 (eBook) ISBN 9783030114213 (hardcover).

Per questo saggio, Valentina Battista ha curato il paragrafo 2, mentre Giuseppe Amoruso ha curato il paragrafo 3. Gli altri paragrafi sono stati curati da entrambi gli autori.

Bibliografia

Amoruso G., *Developing semantic models for the Historic Urban Landscape regeneration*, in Amoruso G. (ed) *Putting Tradition into Practice: Heritage, Place and Design*, Springer International Publishing AG., Cham, 2017, pp. 769-777

Amoruso G., *The image of Historic Urban Landscapes. Representation codes*, in Brusaporci S. (ed) *Handbook of Research on Emerging Digital Tools for Architectural Surveying, Modeling, and Representation*, IGI Global, Hershey, 2015, pp. 566-595

Bandarin F., van Oers R., *The Historic Urban Landscape: Managing Heritage in an Urban Century*, John Wiley & Sons, New York, 2012

Battista V., *A Cultural Reading of the Territory. Practices and Interdisciplinary Approach for the Making of Beauty in Apulia*, in Amoruso G., Salerno R. (eds) *Cultural Landscape in Practice. Conservation vs. Emergencies*, Springer International Publishing AG, Cham, 2019

Calvino I., *Le città invisibili*, Mondadori, Milan, 1994

Duany A. & DPZ, *Garden Cities: Theory & Practice of Agrarian Urbanism*, The Prince's Foundation for the Built Environment, London, 2011

Gombrich E. H., *The Story of Art*, Phaidon, London, 1950

Lenclos J., Lenclos D., *Les couleurs de la France. Maisons et Paysages*, Le Moniteur, Paris, 1982

Locke J., *An Essay Concerning Human Understanding*, The Basset, London, 1689

Lynch K., *The Image of the City*, MIT Press, Cambridge MA, 1960

Marcolli A., *Colore - Città. Il caso della città di Venezia*, in Bisson M., Boeri C. (a cura di) *Variazioni sul colore. Contributi per una riflessione sul progetto e sulla cultura del colore*, Franco Angeli, Milano, 2006, pp. 17-26

Norberg-Schulz C., *Genius Loci, Towards a Phenomenology of Architecture*, Rizzoli, New York, 1980

Robb S., Conservative surgery in Edinburgh, in *Context*, Institute of historic building conservation, 150, 2017, pp. 19–22

Salerno R., *Enhancing Not-Outstanding Cultural Landscapes in a European Perspective: A Challenge for Digitization*, in Amoruso G. (ed) *Putting Tradition into Practice: Heritage, Place and Design*, Springer International Publishing AG., 2017, Cham, pp. 3-8

Taut B., Zur Farbenfrage, in *Schlesisches Heim*, 6(2), 1925, pp. 54-57

Turri E., *Il paesaggio come teatro*, Marsilio, Venezia, 2003

Emilio Lonardo

Dipartimento di Design, Politecnico di Milano

Via Durando 38/a - 20158 Milano

emilio.lonardo@polimi.it

Abstract

Nel presente capitolo si cerca di offrire un contributo rispetto al dibattito sul progetto delle città contemporanee, attraverso un approccio transdisciplinare che presenta una matrice generata partendo da un punto di vista centrale ma spesso tenuto marginalmente in considerazione quando si affronta un progetto di spazio urbano, quello psicologico. La psiche dell'essere umano contemporaneo è sufficientemente preparata a vivere bene nelle città che abbiamo costruito? Ha senso parlare di smart cities se ancora emerge nelle persone l'aspettativa di vedere risolti, nel tessuto urbano, alcuni dei bisogni primari individuali e collettivi? Il testo si sviluppa partendo da un esame dello stato dell'arte delle ricerche in tal senso, continua affrontando il ruolo che un progettista di spazi urbani dovrebbe avere, diverso e complicato rispetto al passato; prosegue poi con un'analisi delle caratteristiche che contribuiscono a rendere uno spazio urbano riconoscibile come luogo, evidenziando una serie di comportamenti che potrebbero essere approfonditi o utilizzati come volano per la riappropriazione della città.

Parole chiave: mindscapes, psicologia urbana, interni urbani, design urbano, placemaking, psicogeografia

Metropoli. Mindscapes urbani

Emilio Lonardo

1 _ Introduzione

Nelle città nasciamo e moriamo, ci muoviamo, aspettiamo, amiamo e odiamo, lavoriamo e ci riposiamo; nelle città viviamo le nostre vite e ogni attività, per compiere la quale il nostro cervello possa inviare un impulso al nostro corpo, può essere svolta ed esperita nel tessuto urbano; ogni uomo rivendica il proprio posto nella città, rivendica quindi la propria esistenza come cittadino[1]. Ma le città contemporanee, sempre più ambigue e fluide, non sono le stesse del passato, non presentano le stesse strutture e le medesime funzioni; sono mutate, come è mutato l'uomo che le abita perché si sono modificate le sue abitudini e alcuni dei suoi bisogni. Un corpo urbano nomade vive nel paradosso di essere politicamente corrosivo e ideologicamente seduttivo. Gli impianti urbanizzati, poi, evolvono con maggiore lentezza creando dei periodi di disequilibrio tra le parti. Anche in questi momenti, come quello attuale, l'animale urbano continua a esibire bisogni sociali.

Il paesaggio urbano è, infatti, un paesaggio di conoscenza, un luogo mentale prima che fisico. Progettisti, lavoratori, cittadini, artisti sono tutte figure diverse che insieme contribuiscono, come in un organismo, alla costruzione di uno spazio da abitare, gesto che inizia con la possibilità di controllare, anche solo transitoriamente, una porzione di spazio (Douglas, 1991). Concetti come appropriazione spaziale, scala umana e costruzione dei luoghi descrivono, prima di tutto, un nuovo modo di avvicinarsi agli spazi aperti urbani. A partire dalla fine degli anni '40, specialmente in Italia e in Olanda, è iniziato, appunto, un processo di cambiamento del paradigma che definisce il grado di separazione tra spazio urbano e spazio domestico. Ci si riferisce, ad esempio all'opinione di Aldo Van Eyck, secondo il quale l'interno non è soltanto uno spazio confinato da muri, ma l'ambito essenziale in cui lo spazio si fa luogo e il tempo occasione (Van Eyck, 1962); qualcosa di simile a ciò che il sociologo Derrick De Kerckhove ha chiamato "interiorizzazione", l'introiezione, quindi, di un fenomeno esterno all'interno del proprio bagaglio cognitivo personale.

Ed è questa dimensione interiorizzata, questa centralità del gesto di appropriazione che, a partire dai primi anni Duemila, inizia a portare il progetto dello spazio urbano a quella lettura della città contemporanea che non sembra più attuabile tramite le categorie della pianificazione e del disegno urbano ma che necessita di avvalersi del contributo di discipline altre.

"it is ironic that we know more about the habitat of mountain gorillas than we do about the habitat of people" (è ironico che si sappia di più sull'habitat dei gorilla di montagna di quanto non si sappia sull'habitat della gente) (Jan Gehl) (Landry, Murray, 2017).

Lo *State of the World's Cities 2008/2009: Harmonious Cities* delle Nazioni Unite predice che nel 2050 più del 70% della popolazione Mondiale vivrà in un contesto urbanizzato, mentre il *Washington Population Statistics Bureau* afferma che solo il 4% della popolazione umana mai esistita sulla Terra ha abitato in città; questo porta a realizzare che la specie umana non è psicologicamente preparata a vivere nelle città, tanto che alcuni studi (Peen et al., 2010; Vassos et al., 2010) dimostrano che la vita in contesti urbani è associata all'aumento percentuale dello sviluppo di malattie e disturbi della psiche come ansia e schizofrenia e all'aumento del consumo di droghe.

L'aspetto delle città impatta sul nostro stato mentale ed emotivo e questo impatta sulla forma delle città; quello che si crea, quindi, tra noi e l'ambiente urbano è un processo simbiotico (Landry, Murray, 2017).

Le città sono posti dove la maggior parte di noi è estranea, sono un mix di persone con identità e storie personali definite, con differenti culture, interessi e approcci alla vita spesso molto diversi tra loro, che si ritrovano a vivere e condividere lo stesso spazio collettivo; ma allo stesso tempo le città sono anche il livello spaziale dove provare a unificare le differenze attraverso un rapporto diretto tra le persone (Landry, Murray, 2017), dove soddisfare i propri bisogni, individuali e collettivi.

In relazione alla piramide delle gerarchie dei bisogni umani teorizzata da Maslow, le città dovrebbero non solo soddisfare i nostri bisogni primari, ma anche essere in grado di farci sentire sicuri, connessi gli uni con gli altri e ispirarci.

I bisogni sociali hanno un fondamento antropologico; opposti complementari comprendono il bisogno di sicurezza e di apertura, di certezza e di avventura, di organizzazione del lavoro e di divertimento, di prevedibilità e di imprevisto, di unità e di differenza, di isolamento e di incontro, di scambio e investimenti, di indipendenza (o di solitudine) e di comunicazione, di immediatezza e di prospettiva a lungo termine. L'essere umano ha anche il bisogno di attività creativa, di opera (non soltanto di prodotti e beni materiali consumabili), di informazioni, di simboli, di immaginazione, di attività ludiche. Attraverso i bisogni specifici vive e sopravvive un desiderio fondamentale di cui il gioco, la sessualità, le attività corporee come lo sport, l'arte e la conoscenza sono manifestazioni particolari e momenti che, a differenti livelli, permettono di superare la divisione specialistica del lavoro (Lefebvre, 2014). Lavoro che è al centro delle riflessioni di Ettore Sottsass Jr. quando nel 1973, immaginando il *Pianeta come Festival*, denuncia quei "pensieri involuti sulle città" secondo i quali gli uomini debbano vivere per lavorare e lavorare per produrre e poi consumare, proponendo di reagire in modo che l'uomo possa invece vivere per vivere e lavorare, se vuole, "per sapere con il corpo, con la psiche e con il sesso che sta vivendo". Nelle considerazioni di Sottsass si evidenzia una lettura lucida delle trasformazioni che stavano interessando la società dell'epoca, sempre più globale.

Con il radicarsi del capitalismo e del processo di urbanizzazione - infatti - il valore di scambio come "oggetto" si sostituisce al suo valore d'uso, privando i cittadini del senso fondamentale della vita urbana e della città come luogo della partecipazione, dell'incontro e dell'interazione, mutando di fatto il senso stesso del luogo urbano. La messa a sistema di questi fattori con la crisi economica e l'avanzamento tecnologico che ha consentito alle persone di avere un accesso completo e istantaneo a un numero enorme di risorse, anche in mobilità, e l'abbassamento dei tempi e dei costi degli spostamenti di medio e lungo raggio, sta ridisegnando il modo di vivere delle persone, tendenti alla condizione di nomadi, riconfigurando le città stesse come nodi di reti globali.

Quasi ogni analisi sembra però confermare che la frammentarietà, la dispersione e l'eterogeneità della città contemporanea siano da attribuire alle ondate di processo tecnico nel campo dei trasporti e delle telecomunicazioni, secondo un modello che tende a interpretare lo sviluppo urbano in relazione alle onde di Kondratiev[2].

Le osservazioni di Kevin Lynch (1960) e di Gordon Cullen (1961) hanno provato a determinare un vocabolario di elementi riconoscibili in qualsiasi città, atti a migliorarne la comprensione. L'unione di questi elementi costituiva un'immagine della città pubblica, probabilmente formata da molte immagini individuali, o addirittura tante immagini pubbliche, possedute ciascuna da un certo numero di cittadini. Così si parla di percorsi, margini, quartieri, nodi, punti di riferimento (Lynch, 1960) e poi di piazze, punti focali, nodi, luci, comunicazione (Cullen, 1961). Ma alla luce dei cambiamenti in atto appare urgente trovare nuove parole e nuovi metodi narrativi, inventare nuove funzioni per ricreare un senso di appartenenza ormai eliso ed epurato. La città contemporanea, piuttosto che un luogo in cui si vive e si abita, è diventato un non-luogo in cui ci si muove; è uno spazio da attraversare, un territorio in cui i soggetti si spostano continuamente creando campi magnetici che la definiscono al di là degli aspetti materiali di cui è composta. Questa è l'antitesi della definizione di città tradizionale, che era un punto forte, fermo, materiale. La città era un luogo dove recarsi, una meta in cui operare. Il contrario di un territorio in cui muoversi (Poli, 2009).

Considerando poi il mutato rapporto con la felicità palesato dal salto generazionale tra baby boomers e i millenials, possiamo tracciare una linea abbastanza netta rispetto alla direzione intrapresa sull'uso delle città. Le indagini socio-demografiche indicano - infatti - che i figli del boom economico tendono a ritenersi felici quando hanno soddisfatto beni materiali come avere una bella casa, un buon lavoro, una bella macchina, mentre i nati dopo il 1980 ricavano la massima

Un luogo nella e-city, disegno di Emilio Lonardo, 2015

soddisfazione dal viaggiare, conoscere, scambiare. Nell'arco di tre generazioni (in mezzo c'è quella chiamata X) si è consumata una rivoluzione: il possesso ha smesso di essere la via maestra verso la realizzazione personale per lasciare spazio all'esperienza (Botti, 2017). Questa nuova tipologia di nomade non sa dire cosa sia "casa" e cosa sia "famiglia", sostituisce e scambia relazioni, gruppi e posti, vive in una sorta di consumo esponenziale. Parliamo di un individuo formatosi come ibrido trans-culturale, dotato di una discreta forza economica generalmente acquisita (e non guadagnata), della capacità di attraversare agilmente frontiere multimediali, culturali e politiche; un "homo visitor", un collezionista di scatti ed esperienze, più che un soggetto che abbia interesse a portare valore aggiunto alla cosa pubblica. E se è questo lo stadio evolutivo che sta raggiungendo la specie umana, allora viene da domandarsi a cosa serviranno le città, e chi se ne prenderà cura; se esisteranno gruppi sociali capaci di reagire al gigantismo all'uniformità globale.

2 _ Il ruolo del progettista e lo Urban Interior Design

In questo cosmo di grandi trasformazioni e di nuove possibilità, anche il ruolo del progettista e il suo modo di fare progetto stanno cambiando, soprattutto per coloro che si occupano di spazi pubblici. Mancando sempre più spesso la committenza, si trovano a portare avanti auto-commissioni, promuovendo interventi dal basso e coinvolgendo le comunità, come nel caso del ponte progettato a Rotterdam da ZUS studio; si trovano quindi in una condizione di progettisti indipendenti, con doveri e responsabilità annesse. Un progettista attento e capace dovrebbe riuscire a entrare in dialogo con i luoghi, stimolandone una sovversione emotiva; tradotto in un linguaggio progettuale, ciò corrisponde alla capacità di rimettere in gioco gli spazi senza snaturarli, ma lavorando sulle caratteristiche intrinseche, sui difetti, sulla memoria del luogo. Un po' come fa, ad esempio, Attilio Stocchi nel progetto *Cuore Bosco* a Piazza San Fedele a Milano, con il quale riporta temporaneamente in auge il cuore celtico sopito della città meneghina. Il progetto, infatti, almeno quello di qualità, svolge un ruolo fondamentale per la formazione del senso di appartenenza e della memoria. Gli spazi della realtà, i luoghi individuali e quelli collettivi, la loro connotazione estetica, il materiale e i colori di cui sono composti, influenzano i comportamenti, creando legami o disinteresse, senso di tranquillità o inquietudine, di conforto o di dolore. Si potrebbe continuare a elencare dicotomie per pagine intere, ma quello che risulta chiaro è che dovrebbe cambiare l'atteggiamento del progettista, mutando da un approccio di creatore, per calarsi nei paradigmi maggiormente pregni di vita delle persone che quotidianamente vivono gli spazi. Dovrebbe finire, insomma, l'era delle archistar e cominciare quella delle anarchistar, creativi disposti a entrare nel quadro del reale che sono soliti solamente osservare.

Nella *Poetica dello Spazio*, Gaston Bachelard ha sviscerato a fondo la ricerca sul richiamo che esercita su di noi la possibilità di "collocarsi all'interno di" e lo connota come un processo di psicoanalisi della conoscenza oggettiva necessaria per raggiungere nuovi spazi di libertà. È in questa accezione che risulta estremamente utile riflettere su un progetto per gli spazi aperti della città (Stevan, 2011). Ancora più significativo sarebbe riuscire a introdurre nella definizione dello spazio due categorie: la "concettualità" e la "spettacolarità", come suggerisce Ugo La Pietra definendo queste componenti utili a fornire elementi di giudizio per capire e superare le mode culturali (sempre più spesso evidenti nella progettazione dello spazio urbano), travalicare gli ambiti disciplinari, introdurre componenti in grado di coinvolgere il sociale. Se dal Movimento Moderno abbiamo ereditato la capacità di astrazione e, quindi, l'uso di tecniche più o meno sofisticate per caricare di significati (concettualità) l'opera architettonica, è pur vero che oggi, per riuscire a configurare un ambiente urbano abitabile occorre fare uso anche dell'altra categoria, la spettacolarità, una categoria che porta con sé il gioco, il piacere, l'ironia, sfruttando spesso la figurazione quale veicolo per raggiungere appunto questi effetti e risultati (La Pietra, 2011).

In questa visione elaborata agli inizi degli anni '90 si riesce a intravedere l'embrione di quella tipologia spaziale che verrà definita "interni urbani". Nel suo intervento intitolato *Interno/Esterno* Ugo La Pietra definisce anche alcune direzioni progettuali che secondo lui andrebbero seguite nell'affrontare il progetto di uno spazio urbano con l'approccio degli interni, come ad esempio consentire all'individuo urbanizzato, oltre che di usare gli strumenti dello spazio, anche di possederli. Per raggiungere questi effetti, un primo passo potrebbe essere quello di garantire la presenza di tutti i sistemi: come nello spazio privato, in cui ambiente e oggetti sono definiti per sviluppare attività legate alla comunicazione, alle pratiche di sopravvivenza e di igiene, ad attività ludiche e culturali, anche lo spazio pubblico dovrebbe contenere a pari merito tutte queste funzioni. Un altro percorso utile per usare con familiarità le due categorie, spettacolare e concettuale, è quello di riuscire a guardare i cittadini del luogo, la cultura sotterranea dei territori, ascoltare e registrare ciò che la gente desidera. Un essere umano garantisce la propria sopravvivenza attraverso la modificazione, fisica, ma soprattutto mentale, dell'ambiente in cui vive e opera, osservando che modificazione vuol dire appropriazione, appropriazione vuol dire spesso esplorazione, significa capire e, infine, amare un luogo (La Pietra, 2011). Il progettista di interni urbani dovrà quindi essere un tecnico, ma anche un artista, una figura ibrida capace di tenere conto di tutti gli aspetti citati, materiali e immateriali, una specie di art-director degli spazi pubblici - come è stato definito in un dialogo con Luciano Crespi, direttore del master di Urban Interior Design al Politecnico di Milano - capace di dialogare in maniera proattiva con cittadini, maestranze, amministrazioni e altri professionisti al fine di raggiungere una abitabilità urbana.

3 _ Creare Luoghi

Creare un luogo non è paragonabile a costruire un edificio; il valore di un luogo non è misurabile esclusivamente attraverso parametri quantitativi o estetici, ma è individuato dal modo in cui i suoi spazi vengono utilizzati. Per questo motivo un progetto di spazio che ambisce a essere luogo, deve tenere conto di fattori fisici, sociali, ecologici e culturali, ma anche psicologici e individuali, nei quali l'identità della comunità si rispecchia e si auto-replica. Proprio per questa intrinseca e ampia forma di rappresentanza che ne costituisce il fondamento primo, il placemaking si configura come un processo effettivamente aperto. D'altra parte, come ricorda Lynch: un paesaggio in cui ogni roccia racconti una storia può rendere difficile la creazione di storie nuove. Benché questo possa non apparire come un problema di importanza cruciale nel caos urbano in cui oggi viviamo, esso indica che ciò che noi cerchiamo non è un ordine definitivo, ma un ordine aperto, capace di un continuo sviluppo ulteriore (Lynch, 1964).

Se analizzata, la complessità dei tessuti urbani può essere compresa e mostrata come una serie di layers sovrapposti che contribuiscono a creare quel caos di cui parla Lynch. Ogni strato ha delle sue caratteristiche peculiari che lo rendono parte di un organismo in costante trasformazione. Il *livello zero* è costituito dal terreno calpestabile sul quale accadono le cose, si sviluppano le idee che poi, con il passare del tempo, alimenteranno lo strato della storia.

Il *primo livello* è quello storico, è il substrato nel quale sono conservati i ricordi collettivi e individuali, il patrimonio artistico, architettonico e culturale. Troviamo poi le *caratteristiche geografiche*, che descrivono il tipo di territorio e ci permettono di individuare le potenzialità e i difetti oggettivi del paesaggio: se la città è protetta da montagne o tagliata in due da un fiume; se, seduti ai tavolini esterni, i fruitori di un bar nel centro possano respirare l'odore del mare o essere sorpresi dal vento di tramontana, e così via. I *camminamenti* si legano ai due livelli inferiori. Possono essere naturali o artificiali, ma quello che è importante sapere è che collegano, insieme al sistema dei mezzi pubblici. I *punti di riferimento* si stagliano visivamente o emotivamente in relazione con le persone, e creano il senso dell'orientamento, prestano il nome alle piazze, sono teatri di incontri mancati e di appuntamenti. Aggrappato a tutto ciò che c'è di naturale e di artificiale-architettonico esiste poi un insieme di *sovrastrutture*: le insegne dei negozi, i cartelli stradali e pubblicitari, le pensiline degli autobus, i numeri civici che consentono di localizzare i punti di interesse attraverso la loro successione progressiva e la distinzione tra pari e dispari, gli uni da un lato della strada, gli altri dall'altra (con non pochi casi di ambiguità; come si chiede un personaggio di Raymond Queneau, in *Icaro involato*: il 13bis è un numero pari o un numero dispari?) e che in alcuni casi connotano ulteriormente lo spazio (si pensi ad esempio agli ingressi delle metropolitane parigine), in altri lo appiattiscono (le strade commerciali dei grandi centri urbani raccolgono negozi di pochi e ripetitivi marchi globali). L'ultimo strato, quello più superficiale, è costituito dall'unico elemento che fa sì che tutti gli altri esistano e siano riconoscibili: le *persone che abitano un territorio* e il tessuto di relazioni che si instaura tra di esse è ciò che rende realmente viva una città. Tutti questi elementi hanno la caratteristica di avere una valenza oggettiva ma anche una soggettiva; così, per ogni città esistono più città, pari al numero di persone che la vivono, l'hanno vissuta o, semplicemente, l'hanno transitata.

4 _ Conclusioni

Le città sono il luogo dove succede la vita del cittadino, delle comunità, dove si crea una propria individualità collettiva, dove oggi si giocano le sfide culturali, ambientali, politiche. Le città sono allo stesso tempo singolari e plurali, definite e in divenire, immobili e mutevoli.

Dove ora c'è una città prima non c'era nulla, come su un foglio bianco, e poi ecco apparire parole a comporre frasi che sono strade, piazze e palazzi, che creano ombre, che anneriscono gli spazi.

Un foglio, in formato ISO A4 occupa $623,7 cm^2$. Per fare $1 m^2$, lo spazio minimo per un uomo dove si forma la sua identità e dove si espande la sua mente, occorre scrivere poco più di sedici pagine, e questo contributo ne occupa un quarto, lasciandone liberi i tre quarti: lo spazio della condivisione, atto primo per creare una città abitabile.

1. L'utilizzo del plurale è voluto, come sarà esposto in maniera più approfondita in seguito; una delle grandi ambiguità in tema di città deriva dalla bontà di utilizzo del termine per indicare territori politici, amministrativi e geografici. Seppure sia sempre più accettato il concetto per cui l'uomo contemporaneo viva in una Pangea Territoriale fatta da un unico tessuto urbano, continuiamo a spostarci di città in città senza sentire (sempre più spesso) per nessuna di esse un reale senso di appartenenza. Le usiamo più che abitarle, creando una crisi di identità.

2. Sinusoidi capaci di descrivere cicli economici regolari all'interno del moderno sistema capitalistico. A partire dal 1771 sono state riconosciute cinque ondate: la rivoluzione industriale, l'era del vapore e delle ferrovie, l'era dell'acciaio e dell'ingegneria pesante, l'era del petrolio e dell'automobile e l'era telematica.

Bibliografia

Bachelard G., *La Poétique de l'Espace,*
Presses Universitaires de France, Paris,
1958

Botti S., Editoriale, *Abitare*, 568, 2017

Cullen G., *Concise Townscape,*
Architectural Press, New York, 1961

Douglas, M., The idea of home: a kind of
space, *Social Research*, 58, 1991

Landry C., Murray C., *Psychology & The
City*, Comedia, Bournes Green, 2017

La Pietra U., *Abitare la città*,
Allemandi&C, Torino, 2011

Lefebvre, H. (1968). *Le droit à la ville*.
Parigi: Éditions Anthropos

Lynch K., *The Image of the City*, The MIT
Press, Cambridge MA, 1960

Peen J., Schoevers RA, Beekman AT.
Dekker J., The current status of urban-
rural differences in psychiatric disorders,
Acta Psychiatrica Scandinavica, 121(2)
2010, pp. 84-93

Poli C., *Città Flessibili*, Intar Libri, Torino,
2009

Stevan C., *Consolidamento e sviluppo
di una disciplina*, in Crespi, L. (a cura di)
*Città come. Sguardi d'interni sui territori
dello spazio aperto*, Maggioli Editore,
Santarcangelo di Romagna, 2011

Van Eyck A., *Writings: The Child, the City
and the Artist*, Sun, Amsterdam, 1962

Vassos E., Pedersen CB., Murray RM.,
Collier DA., Lewis CM., Meta-analysis
of the association of urbanicity With
Schizophrenia, *Schizophrenia Bullettin*,
38(6), 2012, pp. 1118-1123

Claudia Caramel

Dipartimento di Design, Politecnico di Milano

Via Durando 38/a - 20158 Milano

claudia.caramel@polimi.it

Abstract

Processo che generalmente conclude ogni intervento di restauro architettonico ponendosi quale azione necessaria alla conservazione dei beni, il riuso funzionale del patrimonio costruito si apre oggi a nuove possibili interpretazioni derivate da profondi cambiamenti nel modo di abitare. Quale significato può e deve dunque assumere oggi il termine riuso? E, in particolare, quale significato può assumere in relazione a quegli elementi architettonici diffusi nel tessuto urbano che, per le loro caratteristiche, non sono oggetto di tutela da parte delle istituzioni pubbliche? Se, nella maggior parte dei casi, tali presenze non possono accogliere vere e proprie funzioni, esse costituiscono parte integrante del nostro scenario quotidiano e, se adeguatamente valorizzate, possono divenire occasione per generare un rinnovato senso di appartenenza ai luoghi e alle comunità che li abitano. In questo processo, al progettista spetta pertanto il compito di ideare soluzioni che, oltre a garantire la salvaguardia dei beni, aiutino i cittadini a maturare una nuova forma di consapevolezza circa il valore identitario che il patrimonio costruito può continuare ad assumere entro i profondi cambiamenti sociali in atto.

Parole chiave: riuso, patrimonio culturale meno noto, partecipazione dei cittadini, conservazione del patrimonio urbano

Riuso. Riuso urbano e vivibilità

Claudia Caramel

1 _ Introduzione

In un'epoca chiamata ad affrontare problematiche ambientali di portata mondiale, considerare come azioni di recupero e riutilizzo possano essere indirizzate agli spazi urbani, equivale a considerare uno dei molteplici aspetti in cui si manifesta la crisi che interessa la nostra "casa comune". Alle diverse forme di "inquinamento" che compromettono un'adeguata qualità abitativa delle città, si sommano oggi le conseguenze di una profonda trasformazione nelle modalità di relazionarsi ai luoghi, improntata a un utilizzo sempre più massiccio delle tecnologie digitali. Nella dimensione virtuale della rete, gli spazi privati e pubblici si allargano a dismisura esponendoci a una dimensione priva di confini che, se da un lato ci esalta, dall'altro spaventa. L'esperienza fisica dello spazio urbano è inoltre spesso anticipata da esplorazioni condotte attraverso le numerose apps di cui disponiamo e mediata da giudizi condivisi da altri attraverso i social, utili sia a soddisfare la nostra curiosità che a mitigare il senso di inquietudine che a volte accompagna la conoscenza dei brani meno noti delle nostre città. Come nelle relazioni interpersonali, anche nel rapporto con i luoghi, la dimensione virtuale è in grado di offrirci delle "zone di confort" in cui rifugiarci, interferendo spesso con la capacità di affrontare le trasformazioni in atto nella loro complessità e con la possibilità di sviluppare un'adeguata consapevolezza verso le problematiche legate alla salvaguardia e alla valorizzazione del nostro "habitat".

Allo stesso tempo, la logica del consumismo cui ancora ubbidiamo, ci porta ad adottarne le modalità anche nella trasformazione degli spazi privati e collettivi, favorendo una rapida sostituzione degli elementi che li costituiscono e la tendenza a "utilizzarli" piuttosto che a "valorizzarli". La velocità dei cambiamenti e il predominio della "memoria a breve termine" si scontrano tuttavia coi tempi lunghi necessari alla formazione dell'identità dei luoghi e allo sviluppo di un adeguato senso di appartenenza da cui solo può discendere una condizione di benessere per chi lo abita. Entro la spasmodica ricerca di opere straordinarie che incarnino il nostro narcisismo, ma che, al tempo stesso, possono improvvisamente stravolgere il carattere di un luogo, quale significato può dunque assumere oggi il termine "riuso"?

Termine che da sempre solleva interrogativi al centro del dibattito architettonico, specialmente se riferito alla rifunzionalizzazione di preesistenze particolarmente significative per la collettività - basti pensare, ad esempio, alle testimonianze della storia del Novecento o al riutilizzo di chiese per altre funzioni - il concetto si apre a nuove possibili interpretazioni che necessariamente devono essere messe in relazione alle complesse trasformazioni in atto nella società odierna. Il tentativo in questa sede è pertanto quello di affrontare la questione con riferimento agli spazi urbani che costituiscono lo scenario della nostra vita quotidiana e, in particolare, a quegli elementi che potremmo definire "minori" in quanto spesso adombrati da opere monumentali, ma nei quali è ancora possibile leggere l'identità dei luoghi e di coloro che con noi li hanno abitati.

2 _ Frammenti di identità collettiva

Nell'ambito dell'importante riflessione sulla memoria collettiva del popolo francese, condotta negli anni Ottanta e Novanta del secolo scorso, lo storico Pierre Nora definiva l'idea dei "lieux de mémoire" riconoscendo la necessità di considerare entro questa definizione, sia luoghi fisici che immateriali, ugualmente idonei a custodire l'identità di una nazione.

"Ces lieux, il fallait les entendre à tous les sens du mot, du plus matériel et concret, comme les monuments aux morts et les Archives nationales, au plus abstrait et intellectuellement construit, comme la notion de lignage, de génération, ou même de region et d'"homme-mémoire". (...) Des lieux-carrefours donc, traverses de dimensions multiples" (Questi luoghi dovevano comprendere tutti i sensi della parola, dai più materiali e concreti, come i monumenti ai morti e gli Archivi nazionali, a quelli più astratti e costruiti intellettualmente, come la nozione di lignaggio, di generazione, o anche di regione e "uomo-memoria". (...) Luoghi-crocevia quindi, intersezioni di dimensioni multiple) (Nora, 1984).

A distanza di circa trent'anni diventa interessante riconsiderare questa classificazione provando a individuare quali "luoghi della memoria" stia creando la "società liquida" (Bauman, 2000) in cui viviamo e, soprattutto, se e in quali luoghi fisici riusciamo oggi a riconoscerci. Inevitabilmente, il largo utilizzo delle tecnologie digitali reso possibile dai dispositivi mobili, sembra favorire la sedimentazione delle memorie condivise da gruppi più o meno numerosi ed eterogenei in una dimensione intangibile e, allo stesso tempo, filtra la percezione dello spazio reale. Tuttavia, nonostante le modalità di fruizione dello spazio stiano mutando profondamente, è indubbio che larga parte della nostra identità comune e, conseguentemente, del nostro benessere psico-fisico, sia ancora oggi largamente dipendente dalla relazione che instauriamo con l'ambiente in cui viviamo e dalla possibilità di sentirci parte di esso e di leggervi la nostra storia. Come Salvatore Settis sottolinea infatti, è soprattutto quando la storia degli uomini si intensifica che abbiamo più bisogno dei nostri padri (Settis, 2015). La necessità di sentirci eredi di un "patrimonio comune" appare dunque con maggiore evidenza proprio quando le trasformazioni si fanno più rapide e lo scenario in cui viviamo cambia continuamente facendoci perdere i nostri punti di riferimento. Per questo motivo, forse "Today, having a heritage is indispensable to having an identity and cultural memory; losing a heritage is like losing a key bit of both. Heritage has come to be used as 'proof' of past, tradition, belonging, and therefore proof also of rights to place, representation and political voice" (Oggi, avere un patrimonio è indispensabile per avere un'identità e una memoria culturale; perdere un patrimonio è come perdere una parte fondamentale di entrambi. Il patrimonio è arrivato ad essere usato come 'prova' del passato, della tradizione, dell'appartenenza, e quindi anche come prova del diritto al luogo, alla rappresentanza e alla voce politica) (Isar et al., 2011).

In questa prospettiva, se le opere monumentali ufficialmente riconosciute come tali, costituiscono la prova tangibile di un'identità comune, è altrettanto vero che "The moment a place receives official recognition as a heritage 'site', its relationship with the landscape in which it exists and with the people who use it immediately changes. It somehow becomes a place, object or practice 'outside' the everyday. It is special, and set apart from the realm of daily life" (Nel momento in cui un luogo riceve il riconoscimento ufficiale come "sito" del patrimonio, il suo rapporto con il paesaggio in cui esiste e con le persone che lo utilizzano cambia immediatamente. Diventa in qualche modo un luogo, un oggetto o una pratica "fuori" dal quotidiano. È speciale e si distingue dal regno della vita quotidiana) (Harrison, 2016)[1]. La fruizione del "Patrimonio" diventa in questi termini l'eccezione, lo sfondo prestigioso di eventi speciali che esulano dalla nostra quotidianità. Al contrario, i beni non classificati che costellano gli spazi urbani, rischiano di venire sottovalutati e di andare perduti. Le città conservano infatti numerosi "frammenti", spesso cristallizzati in un dettaglio architettonico, in un'iscrizione o nell'opera di qualche anonimo autore, per mezzo dei quali è ancora possibile riconoscere l'identità di un luogo e dei suoi abitanti, anche nel processo spesso alienante della globalizzazione (Fig. 1).

Con riferimento a queste presenze appare evidente come, nella maggior parte dei casi, il termine riuso debba necessariamente trovare una corretta interpretazione in quanto è difficile legarlo a una traduzione di tipo strettamente funzionale. Per la loro stessa conformazione infatti, molti dei beni a cui si fa riferimento in questa sede non possono accogliere l'attività umana, ma, piuttosto, essi sono parte integrante dello scenario in cui questa si svolge. Il riuso deve quindi necessariamente porsi sul piano di una "risignificazione" di questi elementi, intesa come strategia capace di coglierne le potenzialità nell'ambito delle trasformazioni sociali in corso. Appare però evidente come tale processo possa prendere avvio solo da una rinnovata consapevolezza verso il valore intrinseco che anche il "piccolo patrimonio" possiede nel rendere uno spazio identitario e, conseguentemente, famigliare, ospitale e confortevole. Indipendentemente dal valore estetico che gli elementi urbani cui si sta facendo riferimento possiedono, l'aspetto

Fig. 1: Piccolo patrimonio urbano. Fotografia di Davide Niglia

sul quale si vuole qui porre l'accento è infatti il contributo che essi possono offrire al mantenimento di quell'identità comune che nella cultura individualista del nostro tempo sembra mancare, ma di cui continuiamo ad avere bisogno. Riutilizzare significa pertanto restituire in primo luogo un significato permettendo ai cittadini di riconoscerlo e di contribuire a esso.

3 _ Un difficile rapporto con la nostra casa comune?

La difficoltà nel riconoscere e mantenere vivo il valore identitario delle testimonianze più vulnerabili del nostro patrimonio comune implica in primo luogo il tentativo di comprendere quali dinamiche e quali fattori ostacolino questo processo. Alle motivazioni sopra brevemente richiamate, derivate dallo stile di vita della società contemporanea e dal largo impiego delle tecnologie digitali, si somma spesso una forma di pregiudizio che ci porta a ritenere di scarso valore ciò che è a noi immediatamente prossimo. Inconsciamente

Fig. 2: Cartelli stradali a Londra. Fotografia di Claudia Caramel

convinti che la bellezza possa trovarsi solo in un altrove cui aneliamo progettando viaggi e vacanze, siamo generalmente meno propensi a prestare attenzione a ciò che ci circonda ed è parte dello scenario entro cui ci muoviamo quotidianamente.

Paradossalmente, è interessante considerare a questo proposito come il nostro sguardo verso l'ambiente circostante cambi profondamente nel momento in cui visitiamo un luogo per la prima volta o da cittadini ci trasformiamo in "turisti". Come evidenzia John Urry infatti "When we 'go away' we look at the environment with interest and curiosity (...). In other words, we gaze at what we encounter" (Urry, 2002). In questa condizione siamo propensi a cogliere ogni dettaglio dell'ambiente che ci circonda e a prestare attenzione anche a elementi comuni quali i colori dei mezzi pubblici (Haapala, 2005) o i cartelli stradali (Fig. 2). Indubbiamente, il "fattore novità" è in grado di risvegliare la nostra capacità di guardare ciò che ci circonda anche nella prossimità e tale aspetto può contribuire in maniera determinante a indirizzare la nostra attenzione anche verso le presenze minori del tessuto urbano.

Allo stesso tempo un altro tentativo utile è quello di provare a comprendere il rapporto che, da cittadini, instauriamo con lo spazio pubblico. Infatti, se da un lato si assiste a un crescente interesse verso la progettazione degli spazi privati, dall'altro pare evidente come risulti difficile abitare la nostra "casa comune". Anche l'uso dello spazio pubblico sembra infatti risponde con maggiore facilità alla logica dell'evento che a quella di una cura costante implicita in un abitare consapevole. Se da un lato ci dimostriamo propensi e desiderosi di prendere parte a iniziative saltuariamente proposte da amministrazioni ed enti locali, dall'altra sembriamo celare una forma di inquietudine che ci impedisce di considerare lo spazio pubblico quale naturale estensione di quello privato. Molteplici episodi della storia più recente, unitamente a una diffusa forma di ipocondria, sembrano infatti mantenerci in un continuo stato di allerta alimentando un'inconscia diffidenza verso ciò che non riusciamo a controllare nella sua interezza, cui si contrappone l'illusorio senso di sicurezza offerto degli ambienti privati, costruiti da noi in prima persona.

Tuttavia, nel tentativo di riconoscere il valore identitario insito nel patrimonio urbano più vulnerabile e di mantenerne vivo il significato, abitare la città diventa premessa indispensabile. Esperienze emblematiche, quali il caso della città di Venezia, dimostrano come la mancanza di "abitanti" intesi come il sangue vivo che circola in quelle vene che sono le strade e le piazze (Settis, 2014), implichi inevitabilmente la perdita, non solo delle testimonianze più vulnerabili del proprio passato, ma della città stessa. Come ci ricorda Salvatore Settis nei suoi numerosi contributi dedicati alla realtà veneziana, lo spopolamento dovuto agli elevati costi delle abitazioni e il cambiamento delle destinazioni funzionali di numerosi edifici a favore di un turismo "mordi e fuggi" sono alla base della perdita della vera identità della città e delle cause che mettono in pericolo la sua fragile impalcatura (Settis, 2014).

Se è vero che la condizione della città di Venezia rappresenta una situazione estrema, dovuta anche alla sua particolare struttura, è altrettanto vero che la mancanza di un rapporto diretto con la prossimità, derivata dalla ridefinizione del concetto di cittadinanza su scala globale, si traduce spesso in varie forme di degrado che a loro volta innescano processi degenerativi misurabili sia sul piano ambientale che sociale. Un insufficiente "senso di appartenenza" porta infatti a trascurare il "bene comune" o, ancor peggio, a restare indifferenti verso la sua condizione (Fig. 3). Al contrario, il sentirsi parte del contesto materiale che abitiamo come collettività, può tradursi non solo in un maggior senso di responsabilità verso di esso, ma anche in un significativo miglioramento della nostra condizione di benessere psicologico.

Numerosi studi dimostrano infatti l'influenza che l'ambiente in cui viviamo esercita sulla nostra psiche e, conseguentemente, è doveroso riflettere su come anche il contesto urbano possa contribuire in tal senso. A questo proposito, James Hillman riconosce nella città l'esibizione tangibile dell'anima comunitaria e, nel diffuso stato di disordine dell'ambiente urbano, le conseguenze di un esagerato soggettivismo favorito dalla psicologia. Dal suo punto di vista infatti, il culto di un sé individuale ha progressivamente portato a un'illusoria indipendenza dalle relazioni con la collettività e con l'ambiente, condizione poi sfociata in differenti forme di disturbo e di malessere. Coerentemente con questa posizione, Hillman sostiene che agire sull'ambiente esterno sia di fondamentale importanza per curare l'interiorità dell'individuo affermando che un modo per migliorarci è quello di migliorare le nostre città (Hillman, 1999) e di prestare attenzione a tutti gli elementi che ne costituiscono il paesaggio, considerazione alla luce della quale anche il piccolo patrimonio può assumere un valore considerevole.

4 _ Partecipare per condividere

Affinché il processo di "risignificazione" delle testimonianze storiche diffuse entro il tessuto urbano possa essere finalizzato a migliorare il nostro senso di appartenenza e conseguentemente, il nostro benessere, è necessario comprendere non solo quali fattori ostacolino tale processo, ma anche quali potenzialità, insite nel modo di vivere contemporaneo possano essere indirizzate in questa direzione.

Fig. 3: Forme di degrado urbano a Palermo. Fotografia di Claudia Caramel

Se, come visto, appare infatti evidente una certa riluttanza nel considerare lo spazio pubblico quale naturale espansione di quello privato, è interessante notare come, al contrario, lo spazio urbano divenga spontaneamente il luogo più idoneo ad accogliere quel senso di comunità che si manifesta in occasioni eccezionali, quali quelle generate da eventi politici o naturali. Sono significative in questo senso le folle che, improvvisamente, si radunano intorno ad artisti e musicisti che scelgono come palcoscenico la strada o i luoghi simbolo di eventi catastrofici, basti ricordare, ad esempio, la performance del pianista Davide Martello davanti al teatro Bataclan di Parigi o il progetto "One Minute of Dance a Day"[2] avviato da Nadia Vadori-Gauthier dopo gli attacchi a *Charlie Hebdo* quale forma di resistenza estetica e possibilità concreta per creare relazioni con le persone e gli ambienti. In queste situazioni la necessità di "condivisione", generalmente amplificata dai social media, trova uno spazio accogliente nel corpo caldo e vitale della città, superando improvvisamente la paura e il limite di sicurezza segnato dal confine di casa.

Ugualmente significativi sono i tentativi compiuti da gruppi, più o meno numerosi di cittadini, di migliorare la qualità degli spazi urbani agendo in prima persona. Molteplici sono anche in questo caso gli esempi che potrebbero essere citati, tra i quali le azioni compiute, fin dagli anni Settanta, dalla "guerrilla gardening" combattuta da giardinieri improvvisati che, ai limiti della legalità, trasformano piccole aree degradate della città in giardini fioriti "seminando bellezza" (Trasi, Zabiello, 2009), o gli innumerevoli casi di street art, generalmente opera di anonimi artisti desiderosi di riscattare gli angoli più degradati del tessuto urbano per restituirli ai cittadini. Episodi come questi, cui potrebbero esserne aggiunti molti altri, trovano oggi la loro naturale estensione attraverso immagini e video catturati e diffusi per mezzo dei dispositivi mobili, attraverso i quali può e deve forse passare una nuova forma di appartenenza e partecipazione.

Allo stesso tempo, il desiderio di "partecipazione" esternato dai cittadini trova riscontro, ed è a sua volta alimentato, da numerose forme di coinvolgimento sostenute anche da parte dell'Unione Europea. In particolare, la Convenzione di Faro[3], riconoscendo la necessità di mettere al centro di un'idea allargata e interdisciplinare di patrimonio culturale la persona, si fonda sul presupposto che la partecipazione dei cittadini costituisca un aspetto di fondamentale importanza per accrescere la consapevolezza del valore del patrimonio culturale e che essa offra un contributo essenziale al benessere e alla qualità della vita. È interessante evidenziare come in questa sede venga ridefinita l'idea stessa di patrimonio culturale, inteso come "a group of resources inherited from the past which people identify, independently of ownership, as a reflection and expression of their constantly evolving values, beliefs, knowledge and traditions. It includes all aspects of the environment resulting from the interaction between people and places through time" (un gruppo di risorse ereditate dal passato che le persone identificano, indipendentemente dalla proprietà, come riflesso ed espressione dei propri valori, credenze, conoscenze e tradizioni in costante evoluzione. Comprende tutti gli aspetti dell'ambiente che derivano dall'interazione tra le persone e i luoghi nel tempo)[4]. Allo stesso tempo la convenzione sottolinea la necessità di un coinvolgimento attivo nei processi di valorizzazione di tutte le parti, e conseguentemente anche dei cittadini, cui non spetta solo il diritto di godere del patrimonio, ma anche la responsabilità di partecipare alla sua conservazione, presentazione e identificazione. Appare dunque chiaro come la direzione tracciata dalla convenzione possa contribuire in maniera sostanziale a favorire un nuovo approccio e una nuova consapevolezza circa il valore di tutti gli elementi derivati dall'interazione tra uomo e luoghi e come questa strada possa risultare utile per valorizzare anche gli aspetti minori del tessuto urbano in cui una comunità si riconosce.

5 _ Conclusioni

Alla luce delle riflessioni sopra esposte, appare evidente come il processo di risignificazione delle preesistenze diffuse nel tessuto urbano implichi la necessità di considerare problematiche di differente entità, non riconducibili esclusivamente a interventi di conservazione materiale delle testimonianze stesse. In questa prospettiva, al progettista chiamato a ideare soluzioni per la valorizzazione e la fruizione dei beni, spetta pertanto il compito di avviare una nuova forma di dialogo tra il patrimonio costruito e i cittadini. Obiettivo principale dovrebbe essere quello di favorire una nuova forma di consapevolezza circa il valore identitario insito in tali presenze, in primo luogo aiutando i fruitori dello spazio urbano a riconoscerle. Se da un lato le soluzioni allestitive proprie alla logica dell'evento (Crespi, 2013) possono aiutare i cittadini a "vedere" ciò che li circonda, introducendo nello scenario urbano, anche solo temporaneamente, un elemento di novità che possa attrarre l'attenzione dei passanti e indirizzarla verso le presenze minori, allo stesso tempo il desiderio di partecipazione e condivisione alimentato dalla dimensione virtuale, deve essere sostenuto traducendolo in azione concreta e costante sul territorio.

Se, come detto, gli elementi urbani cui si sta facendo riferimento non possono generalmente accogliere una destinazione funzionale e se le funzioni stesse sono soggette a rapidi cambiamenti, i frammenti della nostra comune identità disseminati nelle città possono diventare punti di riferimento attorno ai quali organizzare nuove forme di fruizione dello spazio pubblico. Essi possono essere letti come "pause" nel tessuto urbano che ci offrono l'occasione di fermarci e di "stare" nella città, condizione necessaria per riscoprire un senso di appartenenza ai luoghi e alla collettività che, seppur temporaneamente, li abita. Testimonianze di un passato spesso a noi sconosciuto, essi possono divenire poli attrattori e propagatori di valori sociali ed estetici capaci di farci riscoprire parte viva della città ed eredi di un patrimonio comune, aiutandoci a contrastare quel senso di alienazione che, nella complessità del nostro tempo, spesso avvertiamo e a uscire dal pragmatismo utilitaristico imparando ad apprezzare la bellezza di ciò che ci circonda (Francesco, 2015). Solo da una rinnovata consapevolezza può poi discendere un reale senso di rispetto e il desiderio di prendersi cura del bene comune, quale azione concreta in grado di valorizzare in modo significativo il patrimonio costruito e di migliorare la qualità della nostra vita.

1. https://www.open.edu/openlearn/history-the-arts/history/what-heritage/content-section-2.1

2. http://www.uneminutededanseparjour.com/en/

3. *Council of Europe Framework Convention on the Value of Cultural Heritage for Society,* Faro, 27.X.2005

4. Articolo 2 – Definizioni.

5. https://www.coe.int/en/web/conventions/full-list/-/conventions/rms/0900001680083746

Bibliografia

Bauman Z., *Liquid Modernity*, Polity Press, Cambridge, 2000

Crespi L., *Da spazio nasce spazio. L'interior design nella trasformazione degli ambienti contemporanei*, Postmedia books, Milano, 2013

Francesco, *Laudato si'. Lettera enciclica sulla cura della casa comune*, 2015, http://www.vatican.va/content/francesco/it/encyclicals/documents/papa-francesco_20150524_enciclica-laudato-si.html

Haapala A., *On the Aesthetics of the Everyday: Familiarity, Strangeness, and the Meaning of Place*, in A. Light and J. M. Smith, *The Aesthetics of Everyday Life*, Columbia University Press, New York, NY 2005, pp. 39-55

Harrison R., *What is heritage?* The Open University, 2016, https://www.open.edu/openlearn/history-the-arts/history/what-heritage/content-section-2.1

Hillman J., *Politica della bellezza*, Moretti & Vitali editori, Bergamo, 1999

Isar Y.R., Viejo-Rose D., Anheier H.K., *Introduction*, in H.K. Anheier and Y.R. Isar (a cura di), *Heritage, Memory & Identity. The Cultures and Globalization Series*, (Vol. 4) SAGE Publications Ltd., Londra, 2011, pp. 1-20

Nora P., *Présentation*, in P. Nora (a cura di), *Les Lieux de Mémoire. La République*, Éditions Gallimard, Parigi, Vol. 1, 1984, VII-XIII

Settis S., *Se Venezia muore*, Einaudi, Torino, 2014

Settis S., *Il mondo salverà la bellezza? Responsabilità, anima, cittadinanza*, Ponte alle Grazie, Milano, 2015

Trasi M., Zabiello A., *Guerrilla gardening: manuale di giardinaggio e resistenza contro il degrado urbano*, Kowalski, Milano, 2009

Urry J. (2nd ed), *The Tourist Gaze*, SAGE Publications Ltd., Londra, 2002,

Elena Elgani e Francesco Scullica

Dipartimento di Design, Politecnico di Milano
Via Durando 38/a - 20158 Milano
elena.elgani@polimi.it
francesco.scullica@polimi.it

Abstract

Nella progettazione il tempo è sempre stato un fattore capace
di influenzare la relazione dell'individuo con lo spazio e i
modi d'uso connessi a specifici ambienti. In anni recenti,
però, si registra una compressione del tempo disponibile per
ogni singola attività, l'incremento senza misura di numerose
esperienze da vivere e una totale sovversione nei modi d'uso
degli spazi alla quale corrisponde l'affermarsi di nuove
soluzioni spaziali. In particolare, se consideriamo gli spazi
del lavoro e dell'ospitalità nello scenario contemporaneo,
questi stanno radicalmente mutando la loro identità attraverso
processi di ibridazione e contaminazione tra spazialità, funzioni
e servizi. Il saggio esplora questa dimensione per delineare
"nuovi interni del possibile" che si stanno progressivamente
definendo, anche in relazione a nuove gestualità, ai nuovi
stili di vita e ai nuovi modi di abitare che caratterizzeranno il
prossimo futuro.

Parole chiave: spazi ibridi, ospitalità, luogo di lavoro, co-living,
co-working, vita di transizione, design dell'esperienza

Tempo

Spazi ibridi per utenti-corpi fra lavoro e ospitalità

Elena Elgani e Francesco Scullica

1 _ Introduzione

"Alice: How long is forever?
White Rabbit: Sometimes, just one second".
(Alice: Quanto tempo è per sempre?
Coniglio Bianco: A volte, solo un secondo)
(T. Burton, *Alice in Wonderland*, film, 2010)

Nella società contemporanea assistiamo a una profonda mutazione e ridefinizione del concetto di tempo, dopo che il Modernismo ha provato a scandire il tempo degli individui attraverso una rigida divisione razionale, applicata anche agli spazi e alle funzioni in essi contenute. Gli spazi hanno disatteso progressivamente ogni piano precostituito sia per quanto riguarda i tempi e i modi d'uso. Da molto tempo ormai siamo consapevoli del cambiamento in atto, e abbiamo registrato la "dismissione di tutte le principali funzioni e contemporaneamente si sta diffondendo l'uso improprio di quasi tutte quelle esistenti" (Branzi, 2003). Infatti, da alcuni anni dormiamo nelle fabbriche, lavoriamo a casa, impariamo in ufficio, studiamo in una caffetteria, abitando una "metropoli ibrida" in cui il mondo del progetto è un "sistema frammentario, discontinuo, che esalta le differenze e le eccezioni in luogo delle grandi unità ideologiche" (Branzi, 2010).

Se da una parte sembra che gli spazi stiano progressivamente raggiungendo una loro "stabilità" nella discontinuità, nell'alterazione e nella continua evoluzione accettando il superamento di codificazioni troppo stringenti, dall'altra il tempo è in continua accelerazione, anche in relazione alla quantità di esperienze di vario tipo che ogni individuo è intenzionato a vivere, e questo inevitabilmente influenza, di nuovo, il progetto degli spazi dell'abitare.

In un saggio del 2015 il sociologo Hartmut Rosa, riflettendo sulla relazione tra esperienza e temporalità nella contemporaneità ha recuperato il concetto di "contrazione del presente" del filosofo Hermann Lübbe e ampliato quello di "spazio di esperienza e orizzonte di aspettativa" di Reinhart Koselleck per analizzare le cause e gli effetti dei processi di accelerazione che caratterizzano la nostra epoca. Rosa definisce tre distinte categorie: accelerazione tecnologica, accelerazione dei mutamenti sociali e accelerazione dei ritmi di vita che hanno trasformato completamente il regime spazio-temporale della società, ossia la percezione e organizzazione dello spazio e del tempo nella vita collettiva. Di fatto ogni singolo individuo è assoggettato al dominio di un regime del tempo governato da forme di accelerazione sociale che "è definita da una crescita nei ritmi di decadenza dell'affidabilità di esperienze e aspettative e dalla contrazione degli archi temporali definibili come 'presente'" (Rosa, 2010).

Si potrebbe quindi affermare che il tempo contemporaneo si organizza in un presente sempre più contratto che prevede un aumento del numero di singole azioni o esperienze in unità di tempo. Il nostro quotidiano si fonda sull'istantaneità con cui viviamo le esperienze, il tempo altamente ristretto "da una componente tecnologica che riduce, accelerandoli, i tempi delle incombenze quotidiane solo per poter moltiplicare la possibilità di vivere il maggior numero di esperienze in un arco temporale totalmente immanente che si fonda sulla sovrapposizione di un'idea di passato inteso come "ciò che non tiene" con le istanze di un futuro "in cui tutto è possibile" con l'obiettivo di assolvere all'aspirazione principale dell'uomo moderno secolarizzato, ossia quella di "gustare la vita in tutte le sue altezze e i suoi abissi" (Azzaro, 2019).

Si tratta di un tempo istantaneo in cui scambiamo messaggi e mail, scorriamo il dito sullo smartphone per procedere all'acquisto online di un prodotto o di un'esperienza, condividiamo e apprezziamo un ricordo su un social network, gestiamo i devices della nostra casa, pretendiamo di svolgere più attività in multi-tasking, corriamo da un appuntamento al successivo, misuriamo le prestazioni delle macchine così come quelle degli individui, o interiorizziamo una piacevole esperienza per passare alla successiva. Nella società contemporanea l'accelerazione tecnologica e sociale descritta da Rosa ha trasformato completamente la percezione e l'organizzazione dello spazio-tempo nella vita collettiva, determinando nuovi stili di vita fondati su flessibilità lavorativa, temporaneità delle relazioni interpersonali, viaggi frequenti e discontinuità abitativa, che hanno ricadute sugli spazi e i modi con cui questi vengono abitati.

Da queste considerazioni si potrebbe affermare che l'istantaneità sembra essere la nuova dimensione temporale dell'individuo, che attraverso le tecnologie per accessi ed elaborazioni di una vasta quantità di dati in pochi secondi, le comunicazioni immediate, la velocità dei mezzi di trasporto, che consentono di viaggiare in tempi sempre più brevi rispetto al passato, e la definizione di lingue globali, come l'inglese e il cinese, che garantiscono alle persone che lo parlano di capirsi facilmente, è in grado di svolgere un elevato numero di attività in tempi altamente ridotti.

Tuttavia, all'accelerazione delle strutture temporali e alla dilatazione del campo esperienziale, corrisponde una perdita di valore dell'esperienza, sempre meno capace di esprime un valore identitario (Azzaro, 2019). Questa condizione determina l'incapacità di "esprimere stabilmente qualcosa a qualcuno nel tempo, perché in linea di principio possiamo diventare una sorta di "tutto" ed esprimere qualsiasi cosa con qualsiasi modalità a chiunque in ogni luogo istantaneamente e per sempre. La fisionomia dell'esperienza contemporanea promuove, quindi, uno spazio rappresentativo la cui temporalità tende all'infinitamente "piccolo" e nel quale la capacità di produrre uno "spessore" per una rappresentazione del mondo condivisibile è diventata una lotta contro il tempo" (Azzaro, 2019).

La nuova dimensione, abbandonando visioni qualitative dell'esperienza e uno specifico approccio "slow" ai gesti e ai comportamenti dell'individuo, influenza la capacità di concentrazione, di attesa, di interazione e di apprendimento degli individui, così come tutte le gestualità collegate a comportamenti inediti (si pensi ai

rapporti con i devices, ormai appendice dell'individuo), in particolare
per le nuove generazioni che stanno crescendo in questi ultimi anni,
secondo slogan che potremmo definire del "tutto e subito" e del "se
non ora, quando?".

Il tempo, da sempre, riveste un ruolo fondamentale nella
definizione della quotidianità del singolo, e, come anticipato, continua
ad assumere un ruolo determinante anche per le nuove generazioni,
con particolare riferimento alla percezione di una mancanza di tempo
personale che viene spesso manifestata perché si vorrebbe poter
lavorare meno e/o concentrare più attività di svago e benessere ed
esperienze emozionali, ora più accessibili che in passato. Il tempo
da dedicare alla persona o agli affetti risulta essere un nuovo lusso
per alcune persone, spesso troppo assorbite dalle proprie attività
lavorative, e frustrate da questa condizione.

In particolare se consideriamo la dimensione temporale in relazione
agli spazi e alle modalità con cui questi vengono fruiti, diventando
non solo spazi fisici, ma anche spazi mentali in cui l'individuo proietta
se stesso, dobbiamo considerare che il "bradisismo impercettibile"
delle mutazioni di cui scriveva Andrea Branzi (Branzi, 2003) si è ora
trasformato in una "mutazione disruptive" (Baricco, 2018) ovvero in
una totale sovversione degli schemi di fruizione di spazi e servizi
capace di alterare tutte le concezioni "solide" e archetipiche che
avevamo istituito. Infatti, la condizione attuale registra oltre a
un'accelerazione anche un sovvertimento delle categorie temporali,
e quindi di determinate spazialità, come quella del tempo dedicato
al lavoro e quello destinato allo svago, che oggi si intrecciano in un
continuo di contrazioni e sovrapposizioni che generano prevaricazioni
di un ambito sull'altro o carenze, ma anche possibilità inedite.

2 _ Tempi e spazi, tra viaggio e lavoro

Nel mondo contemporaneo, che attualmente può essere
riconosciuto come globalmente interconnesso, in costante
movimento e in continua accelerazione, l'accoglienza, e il "sentirsi
accolto", diventano temi centrali della nostra quotidianità, in
particolare se consideriamo che la casa non è più il fulcro centrale
dell'abitare, ma sempre più spesso abitiamo spazi collettivi e

condivisi per tempi sempre più contenuti e in modo discontinuo (Elgani, Scullica, 2020). In questo saggio l'attenzione sarà rivolta agli spazi ricettivi e del lavoro terziario di ultima generazione, così come a nuove spazialità generate dai processi di ibridazione di questi due ambiti, con la consapevolezza che il concetto di ospitalità non deve limitarsi a queste strutture, ma dovrebbe essere un paradigma imprescindibile per il progetto di ogni nuova architettura.

Nel contesto del turismo le modalità del viaggio e il conseguente soggiorno nelle strutture ricettive appaiono essere sempre più influenzate dalla contrazione del tempo: non solo gli spostamenti sono più veloci e più accessibili, ma spesso per alcuni la mobilità è uno stile di vita che porta a trascorrere gran parte del proprio tempo in viaggio, muovendosi da una struttura ospitale all'altra (Urry, Elliott, 2010). Inoltre, il soggiorno in determinati contesti si concentra in un numero di giorni inferiore rispetto al passato, ma con maggior frequenza durante l'anno (Gaggi, Narduzzi, 2006) perché le motivazioni del viaggio possono essere per svago così come per lavoro. Per questo motivo le strutture ricettive, in particolare, devono essere più flessibili nella loro offerta di spazi-servizi per i nuovi viaggiatori, anche alla luce del diffondersi di nuovi fenomeni quali il bleisure (Raymond, 2013).

I nuovi viaggatori cercano negli hotels, così come nei design hostels e nei resorts, atmosfere, esperienze, servizi altamente personalizzati e customizzati per rispondere a specifiche esigenze e desideri, tuttavia spesso i viaggiatori dispongono di un tempo limitato per fruire degli stessi. Molte esperienze, così come molti spazi, vengono valutati sulla capacità che hanno di stupire ed entusiasmare l'ospite che ne ha una fruizione veloce e poco approfondita, spesso limitata all'immagine che cattura per ricordare l'esperienza o uno spazio specifico. L'immagine, poi, è spesso condivisa su un social network, diventando icona di uno stile di vita che le persone perseguono e vogliono diffondere mediaticamente.

In egual misura, se consideriamo gli antipodi, negli spazi del lavoro il fattore tempo determina le modalità di lavoro negli uffici, così come nei luoghi della produzione, con le opportune distinzioni. In ufficio, il tempo normato "dall'alto" dell'orario di lavoro si sta progressivamente sostituendo con nuove concezioni basate sul raggiungimento di obiettivi in cui la gestione del tempo è affidata al lavoratore, con ampi gradi di autonomia. È il principio alla base dello smart-working, un nuovo modello di pianificazione delle attività lavorative in cui l'impiegato non è più obbligato a trascorrere tutto l'orario di lavoro in ufficio, ma ha la possibilità di concordare quanto tempo trascorrere all'interno dell'ufficio e come organizzare il resto del tempo in cui deve svolgere le proprie mansioni. Per alcune categorie di lavoratori, come i genitori di bambini in età scolare, questo significa avere la possibilità di lavorare "da casa" per poter organizzare al meglio i momenti da trascorre con i propri figli e la famiglia, oppure può permettere alle persone di concedersi maggiori momenti personali di svago e cultura, pratica di attività sportive e cura del corpo. In questo modo la permanenza in ufficio può essere sempre più concentrata, ma anche orientata a fruire di momenti di interazione diretta con le persone coinvolte nei propri team di lavoro, così come ad accedere a specifiche attività e servizi. Le relazioni degli individui con le proprie attività e con i propri colleghi si trasformano significativamente, i momenti di break e le pause pranzo possono acquisire un significato e un ruolo diverso rispetto al passato diventando dei momenti più creativi, non solo sul piano professionale, ma anche funzionale per l'ottimizzazione del proprio tempo quotidiano.

Di contro altre attività lavorative come quelle legate al mondo della produzione e della logistica subiscono una significativa accelerazione fondata sulla necessità di incrementare le produzioni o le spedizioni contenendo al massimo le tempistiche, non senza conseguenze negative sulla tutela e sulla dignità del lavoro e del lavoratore, come dimostrato da Amazon che in alcuni paesi ha dotato i lavoratori di braccialetti in grado di registrare produttività e velocità dell'operatore. Il lavoro diviene oggetto di una vera e propria rivoluzione, resa possibile anche dall'implementazione di sistemi tecnologici fondati su devices di ultima generazione e reti di dati in continua crescita.

Come ogni rivoluzione il trasformarsi del lavoro porta con sé anche delle criticità che influenzano la vita degli individui, tra queste: la continuità delle proprie attività lavorative anche nei momenti di riposo che porta alcune persone a lavorare molto più di quanto venga loro richiesto, la necessità di essere sempre connessi per essere aggiornati o rispondere ai colleghi, l'eccesso di controllo e di valutazione della produttività che non considera più la dimensione umana dell'individuo. Questi aspetti possono avere ricadute negative non solo sulla sfera professionale, ma anche sugli ambiti del riposo e del relax dell'individuo minando il benessere psico-fisico delle persone e talvolta influenzando lo stile di vita delle persone in maniera negativa.

Il tempo diventa quindi un elemento capace di influenzare la relazione dell'individuo con lo spazio, ma questa non è una novità, mentre è recente la concezione della velocità di fruizione, spesso istantaneità, come un elemento da considerare nella definizione degli spazi, ai quali si connettono gli aspetti funzionali e di servizio in essi contenuti, così come le relazioni tra le persone che abitano gli spazi stessi.

3 _ Utenti-corpi

Nella definizione progettuale degli spazi, si fa sempre più spesso riferimento al termine utente, e, negli studi più specializzati, a target, con un'accezione prettamente socio-economica; in realtà ci si dimentica spesso come, al di là delle macro categorie di utenza e di fruitori, impiegate soprattutto nell'epoca del design moderno e della "standardizzazione" delle sue "risposte" in ambito progettuale, non solo i diversi gruppi di utenti siano formati al loro interno da "persone", ognuna con delle proprie specificità - fisiche, psicologiche, comportamentali - come d'altra parte sempre più sottolineato dalle discipline del *Design for all* e della Progettazione per l'utenza ampliata, ma che tali persone siano da considerare anche nella loro fisicità corporea associata a specifiche condizioni psicologiche. Nel momento in cui, per esempio si fa riferimento ad alcuni spazi fondamentali del nostro vivere contemporaneo, come gli spazi per il lavoro in ufficio, in cui trascorriamo molto del nostro quotidiano, o quelli destinati all'ospitalità a fini turistici, bisognerebbe confrontarsi realmente con una dimensione corporea e psico-fisica nel rapporto fra utenti-corpi, spazi di riferimento e tempi di fruizione e relazione con gli spazi.

4 _ "Costruire" i tempi

Se consideriamo gli spazi del lavoro terziario e dell'ospitalità nello scenario contemporaneo in relazione ai mutati comportamenti degli individui e all'istantaneità delle relazioni con quest'ultimi possiamo definire che queste spazialità, non solo fisiche ma anche mentali, stanno radicalmente mutando la loro identità. I recenti progetti, che sono stati indagati da attività di ricerca presso il Dipartimento di Design del Politecnico di Milano (Scullica, Elgani, 2019), dimostrano che è in atto un processo di ibridazione reciproca di servizi e funzioni che impone un ripensamento delle spazialità per il lavoro e il riposo-svago ad esse collegate. Il fattore tempo risulta fondamentale nella definizione di queste nuove identità fondate su differenti caratterizzazioni spaziali e servizi offerti. I numerosi nuovi progetti di spazi collettivi hanno profonde ricadute anche sulla percezione che gli individui possono avere del proprio lavoro o della propria dimensione di tempo libero, anche in relazione alla comunità di appartenenza. Per questo i progettisti sono chiamati a intervenire non solo sulla dimensione spaziale, ma anche su quella temporale. I progetti più convincenti sono il risultato di un confronto tra team in cui il contributo di architetti, interior designer, antropologi, psicologi, facility manager, referenti delle risorse umane, esperti di marketing, event manager e esponenti sindacali diviene fondamentale. Infatti, "costruire significa affermare dei valori che a volte la comunità non desidera avere. Implica, talvolta imporre la giustizia sulla comunità, anche se la tensione tra il costruire e l'abitare sarà sempre presente nel mondo reale" ha sostenuto il sociologo Richard Sennett in merito a una riflessione sull'etica nel progetto della città (Brivio, 2018). Stimolare la tensione positiva che si crea tra gli spazi, i tempi e i nuovi comportamenti degli individui è una grande responsabilità perché significa individuare risposte progettuali per la collettività, anche in relazione alle strutture temporali, a trasformazioni sempre più rapide e dirompenti. Costruire una dimensione accogliente e intima che possa dare conforto, seppur per poco tempo, all'individuo risulta una delle sfide più importanti per il prossimo futuro, sia che interessi spazi collettivi interni o all'aperto.

L'ibridazione di funzioni, servizi e modi d'uso integrata a una progettazione dei tempi di utilizzo degli spazi è un processo che può governare questo cambiamento in atto attraverso la contaminazione tra realtà differenti per generare nuove spazialità, capaci di stimolare gestualità e atteggiamenti e adattarsi alla complessità degli stili di vita contemporanei.

5 _ "Nuove specie di spazi"

Dare un nome alle nuove spazialità dall'incontro tra la dimensione lavorativa e quella ospitale è un primo passo per riconoscerne un'identità e autonomia, con la consapevolezza che il processo dell'ibridazione non segue uno sviluppo lineare, ma produce una continua miscela e giustapposizione di temi e attività un tempo tra loro distanti.

Infatti, si registra la definizione di nuove spazialità basate su nuovi modelli di comportamento e principi di condivisione, quali nuovi format ricettivi e nuove realtà per il lavoro condiviso, tra questi emergono i co-living e i co-working. Oppure si individuano spazi codificati che subiscono parziali contaminazioni perché acquisiscono funzioni che appartenevano ad altri ambiti senza perdere la loro strutturazione tradizionale, come avviene per alcuni hotel e ostelli, o per gli uffici di aziende di medio-piccola dimensione che non sono in grado di supportare trasformazioni consistenti. Tutte queste spazialità si connotano per la volontà di creare realtà significanti, realmente ospitali, e in grado di veicolare messaggi positivi di inclusione rispetto alla comunità sociale, attenzione al prossimo e di rispetto del contesto ambientale circostante. Si registra inoltre la volontà di valorizzare l'identità del luogo in cui il nuovo spazio ibrido si colloca per ritrovare una dimensione intima e rassicurante anche in una condizione di estrema mobilità, come quella che connota la quotidianità, attraverso la relazione con componenti e oggetti che si relazionano con l'identità del singolo. Di seguito si affronteranno le due principali nuove categorie nate dall'ibridazione tra la dimensione ospitale e quella lavorativa.

5.1   Co-living

Un nuovo format, che si sta delineando negli ultimi anni, è il co-living, ibrido per eccellenza poiché unisce a una dimensione ospitale-residenziale con la sfera lavorativa. Un incontro che trova le sue radici sia nei modelli abitativi collettivi, spesso fondati su base ideologica, sia negli studentati e successivamente nei co-housing, ma che ora ne prende le distanze poiché prevede l'unione di funzioni e attività connesse a due ambiti un tempo contrapposti: lavoro e relax, in relazione ai contemporanei stili di vita e senza alcuna accezione ideologica (Elgani, Scullica, 2020). I co-living si rivolgono principalmente a coloro, in particolare tra le nuove generazioni, che per scelta o necessità devono abitare in un contesto urbano differente da quello dove risiedono abitualmente. Per questi individui solitamente la mobilità è determinata da esigenze lavorative e dal desiderio di realizzarsi professionalmente, per questo viaggiano principalmente come singoli o in piccoli nuclei famigliari verso contesti urbani densamente abitati e molto costosi per quanto riguarda la quotidianità, ma ricchi di opportunità professionali, come le grandi capitali europee, le megalopoli asiatiche e i grandi centri del Nord e Sud America, dove stanno comparendo i primi networks di co-living. L'esigenza di abitare in prossimità di aree strategiche e i costi spesso proibitivi degli alloggi porta questi giovani professionisti a preferire sistemazioni condivise, anche in relazione a una perdita di valore del concetto di proprietà di un immobile. Infatti, se si assume uno stile di vita nomadico si abbandona l'idea di risiedere stabilmente in un luogo, mentre vi possono essere nuove incertezze quali la solitudine o la difficoltà ad accedere ai servizi.

In tal senso nei co-living i layout degli spazi sono pensati per offrire occasioni di incontro e scambio così come privacy. Lo spazio personale è ridotto al minimo essenziale, si può disporre di una camera con bagno o di micro-appartamenti, mentre sono offerti spazi condivisi per le attività di ristoro e di svago con spazi multifunzionali, mutevoli e flessibili. A questi si aggiungono spazi per la pulizia (lavanderia) e lo stoccaggio di

beni personali, così come servizi quali car o bike-sharing, programmi
di attività pensate appositamente per gli abitanti temporanei e accessi
convenzionati ad altri spazi quali cinema e ristoranti.

In Europa The Old Oak a Londra, ZOKU ad Amsterdam, Flatmates
a Parigi, nel resto del mondo il network WeLive, dimostrano la
varietà di esperienze proposte e ricercate dalle differenti categorie
di nomadi contemporanei ai quali corrispondono co-living differenti
che enfatizzano l'attenzione verso alcune tematiche o categorie
specifiche di lavoratori.

5.2   Co-working

Per quanto riguarda la sfera del lavoro i coworking rappresentano
una nuova spazialità in via di definizione in questi anni (Simonelli
et al., 2018). All'inizio i co-working erano stati concepiti come
soluzione flessibile per rispondere alle esigenze della creative class,
delineata da Richard Florida, una categoria composta da free-lancer
e professionisti della creatività che spesso non poteva accedere a
un proprio ufficio, principalmente per ragioni economiche. Il modello
però si è largamente diffuso perché dalla condivisione di spazi e
servizi sono nati incontri virtuosi tra professionisti che hanno portato
a nuove start-up e collaborazioni vincenti.

Il modello spaziale progressivamente sta influenzando anche il
mondo delle grandi corporate che, applicando il sistema gestionale
smart-working, trovano nell'articolazione dei co-working un
riferimento non solo per i layout, ma anche per attività e servizi offerti.
Infatti, i co-working si distinguono tra loro non solo per le differenti
postazioni proposte, ma sempre più per l'offerta di servizi accessori
che sono in grado di offrire e per "l'allure" del posto. I servizi attraggono
specifiche "neotribù" (Cova, 2010), community di professionisti
che condividono interessi professionali e attitudini, generando
interessanti "addensamenti" di professionalità e competenze che
concorrono a rinforzare o definire specifiche identità in determinati
luoghi. Nella realtà milanese la mappatura dei moderni workplace offre
una varietà di soluzioni che permettono di assimilare questi luoghi a
spazi dell'intrattenimento per numerosità, localizzazione strategica e
interessanti linguaggi estetico-espressivi adottati.

6 _ Interni del possibile

I nuovi format del lavoro e dell'ospitalità sono sistemi di spazi progettati ponendo attenzione alla possibilità di ridefinire l'organizzazione spaziale di un singolo spazio o di una serie di spazi intorno a una community temporanea. Gli spazi sono volutamente versatili e flessibili per adeguarsi a differenti attività sia di tipo lavorativo che per lo svago delle persone. Ne sono un esempio le meeting room che di giorno ospitano riunioni e nel tardo pomeriggio accolgono le classi di yoga, così come l'area bar attrezzata con differenti layout, ai quali corrispondono differenti tipologie di sedute per permettere lo svolgimento di riunioni e incontri informali nel primo co-living europeo ZOKU, aperto ad Amsterdam nel 2015.

Si tratta di "interni del possibile", dove liberamente si può decidere come affrontare le proprie attività poiché gli spazi sono dotati di un sistema di attrezzature fisse e arredi mobili capaci di adattarsi a differenti usi per limitati periodi di tempo, come avviene per gli spazi comuni dei co-living che appartengono al network WeLive, dove le persone possono definire la configurazione dello spazio a seconda del tipo di attività che vogliono svolgere.

Progettare luoghi dinamici dello stare per accogliere la varietà e la mutevolezza dei comportamenti di una comunità temporanea in continua ridefinizione presuppone un'attenta analisi di quelle che sono le esigenze e i gusti dei membri che partecipano ad una comunità. Questi spazi infatti, a differenze delle abitazioni, non devono rispondere alle necessità di un solo individuo, ma devono potersi adeguare a una comunità che li abita temporaneamente, e nel caso degli spazi ospitali, che continua a ridefinirsi per le frequenti partenze degli ospiti. Questo aspetto aggiunge complessità a una progettualità già molto articolata in cui gli aspetti tecnico costruttivi devono spesso conciliarsi anche con la dimensione del brand proprietario della struttura, come dimostrano i co-working appartenenti a networks di scala globale o gli hotel di catena diffusi in tutto il mondo.

Coinvolgere la dimensione sensibile dell'individuo, la sua dimensione interiore, è un altro aspetto centrale di queste nuove spazialità, perché se da una parte è vero che il rapporto con gli spazi è molto più labile in relazione a una riduzione dei tempi di fruizione e permanenza, dall'altra la necessità dell'individuo di entrare in relazione con ambienti capaci di connettere la persona con la sua dimensione intima più profonda è un'esigenza ancora significativa. In un ufficio dove la persona, per motivi di organizzazione spaziale, illuminazione, climatizzazione non si sentirà realmente accolta avrà più difficoltà a concentrarsi ed essere produttiva. Allo stesso modo, in una camera d'albergo dove l'accesso e la fruizione dei servizi è difficoltosa, l'ospite non si sente a suo agio e non può riposare in tranquillità. Non solo, se l'individuo non percepisce quei dettagli che gli consentono di "riconnettersi" con sé stesso, anche in una dimensione emozionale che può essere attivata con scelte cromatiche, profumi, selezioni musicali, aspetti comunicativi e di relazione, difficilmente l'esperienza in quel luogo sarà percepita come positiva.

7 _ Conclusioni

Nel progetto della relazione tra gli spazi e i ridotti tempi di permanenza, in cui vivere esperienze che vorrebbero essere significative, diviene sempre più rilevante l'ausilio di componenti che supportino il funzionamento degli spazi-prodotti-servizi. Tra questi vi sono i sistemi narrativi, sempre più sofisticati e integrati tra spazio fisico e virtuale. Percorsi e artefatti comunicativi, che possono arricchirsi di componenti ludiche e/o ironiche, in grado di attivare un'interazione con il fruitore e catturarne l'attenzione per poi imprimere una percezione positiva, sono integrati nei progetti di tutti gli spazi collettivi ibridi di nuova generazione. Negli spazi dell'ospitalità lo storytelling è sempre stato un aspetto fondativo del progetto fin dalla codificazione dei primi design hotel, ed oggi è applicato in numerosi spazi per il lavoro. I social networks spostano l'attenzione su singoli ambienti, o frammenti di essi, e la fruizione degli spazi è spesso relegata al tempo di uno scatto o di una "storia" (cfr. di Instagram) realizzata con il proprio smartphone. Lo storytelling aiuta a costruire e a rendere manifesta la relazione tra ambienti differenti in spazi, spesso molto complessi da un punto di vista organizzativo-funzionale, permettendo al fruitore di cogliere nel complesso la ricchezza degli ambienti che abita temporaneamente.

Inoltre, il desiderio di unicità dell'esperienza si scontra con la molteplicità delle soluzioni proposte, di cui poche offrono realmente attenzione al comfort, all'intimità dell'individuo e ai suoi aspetti emozionali, con il risultato di un affollamento di spazi fluidi per il lavoro-ristoro-svago.

L'istintiva percezione di sentirsi accolti laddove si riesce a instaurare un rapporto empatico con ambienti e oggetti, capaci di attivare interazioni, sensazioni, ricordi e aspetti intimi dell'inconscio continuerà a rappresentare per i progettisti del prossimo futuro la frontiera da esplorare e "controllare" attraverso la propria progettualità. In questa direzione si muovono le ricerche delle neuroscienze che attraverso devices indossabili sono in grado di valutare parametri biologici che attestano le reazioni degli individui in determinati ambienti (Magsamen, 2019). A partire dal corpo umano la misurazione del benessere fisiologico, integrata agli studi sulla psicologia ambientale, ha l'ambizione di definire le caratteristiche degli ambienti in cui gli individui abitano meglio rispetto ad altri. Se da una parte questa direzione di ricerca rappresenta il futuro perché potrebbe fornire dati rilevanti per la progettazione di spazi-prodotto-servizi sempre più customizzati e adattabili non solo sui gusti, ma su rilevanti parametri fisiologici del fruitore, dall'altra potrebbe ridurre la dimensione progettuale a una mera applicazione di parametri. L'auspicio per il futuro è che il progettare rimanga "un atto intellettuale ed emotivo carico di intenzioni espressive ed estetiche, di sapere tecnico, di implicazioni etiche e di esperienze narrative" (Trabucco, 2015). Dovrebbe permanere la volontà e la sensibilità di bilanciare in modo sostenibile i fattori temporali con quelli spaziali, integrandoli attraverso processi di ibridazione e contaminazione sempre più sofisticati e complessi, senza scordare l'uomo, destinatario privilegiato del fare progettuale.

Azzaro L., *Esperienza, tempo e poesia*. https://www.argonline.it/esperienza-tempo-e-poesia-un-saggio-di-lorenzo-azzaro-iparte/ (scaricato il 04.09.2019)

Baricco A., *The Game*, Einaudi, Torino, 2018

Branzi A. *Il mondo cambia*, in I. Farè, S. Piardi (a cura di) *Nuove specie di spazi*, Liguori, Napoli, 2003, p. XI

Branzi A., *La metropoli ibrida*, in La Rocca, F., *Scritti Presocratici. Andrea Branzi: visioni del progetto di design 1972 -2009*, Franco Angeli, Milano, 2010

Brivio C., *Richard Sennett: Costruire città aperte, anche lasciando qualcosa di non programmato*. 2018, http://www.ppan.it/stories/sennett-costruire-citta-aperte/ (scaricato il 30.06.2019)

Cova B., *Il marketing tribale: legame, comunità, autenticità come valori del marketing mediterraneo*, Gruppo 24 ore, Milano, 2010

Elgani E.; Scullica F., *Questa casa (non) è un albergo*, in Costruire l'abitare contemporaneo. Nuovi temi e metodi del progetto, Atti del III Convegno Nazionale di Architettura degli Interni, 17-18 gennaio, Padova, Il Poligrafo, Napoli, 2020

Elliot J., Urry J., *Mobile Lives,* Routledge, Londra, New York, 2010

Gaggi M., Narduzzi E., *La fine del ceto medio e la nascita della società low cost*, Einaudi, Torino, 2006

Farè I., Piardi S. (a cura di), *Nuove specie di spazi*, Liguori, Napoli, 2003

Magsamen S., *A Space for Being: A Neuroaesthetics Exhibit Featuring Design's Impact on Our Biology*, http://anfarch.org/a-n-17/ (scaricato il 16.10.2019)

Raymond M., Six Trends from Martin Raymond, in *Hospitality Design*, December, 78, 2013

Rosa H., *Alienation and Acceleration. Towards a Critical Theory of Late-Modern Temporality*, NSU Press Malmö, 2010

Scullica F., Elgani E. (a cura di), *Living, Working and Travelling. New Processes of Hybridization for the Spaces of Hospitality and Work*, Franco Angeli, Milano, 2019

Simonelli G., Scullica F., Elgani E., Monna V., *Can coworking spaces be built bottom-up?* in A. Meroni, A. M. Ospina Medina, B. Villari, ServDes2018. Service Design Proof of Concept, Proceedings of the ServDes. 2018 Conference, 18-20 June, Milan, Linköping University Electronic Press, Linköping, 2018

Trabucco F., *Design*, Bollati Boringhieri, Torino, 2015

Anna Anzani

Dipartimento di Design, Politecnico di Milano
Via Durando 38/a - 20158 Milano

anna.anzani@polimi.it

Abstract

La convivenza umana nelle città post-industriali pone una formidabile sfida all'interior design, che consiste non solo nelle migrazioni e nella sopravvivenza del pianeta, nell'integrazione sociale e nel benessere, ma anche in una dimensione di vivibilità basata su significati intangibili. Secondo una visione ecologica, l'habitat umano dovrebbe tener conto dei bisogni primari delle persone nella loro complessità, comprendendo il diritto alla memoria, alla bellezza, all'interiorità e il diritto a cambiare se stessi cambiando la propria città. Il riuso degli edifici esistenti permette di porre un freno al consumo di suolo, di energia, di patrimonio costruito e naturale, ma anche di trarre significativa ispirazione dalla memoria stratificata in spazi storici complessi, cogliendo le loro potenzialità latenti e sviluppandole in modo innovativo e sostenibile. In questo capitolo vengono discussi i concetti di luogo, identità, innovazione e vengono proposte alcune riflessioni sulla possibile intersezione tra diversi campi (interior design, psicologia, antropologia, restauro, neuroscienze...), per promuovere la creazione di luoghi fisici e relazionali ospitali e accoglienti.

Parole chiave: luogo, memoria, bellezza, identità, riuso, interior design

Identità

Identità dei luoghi fra conservazione e innovazione

Anna Anzani

1 _ Introduzione

La convivenza umana nelle città post-industriali pone sfide formidabili all'interior design, che si trova di fronte non solo alla migrazione e alla sopravvivenza del pianeta, all'integrazione sociale e al benessere, ma anche alla ridefinizione della vivibilità dello spazio.

Si può osservare un'interessante convergenza fra diverse discipline che si sono occupate dello spazio fisico come luogo di relazioni umane. Se assumiamo come ruolo dell'interior designer quello definito dall'IFI (2011), ovvero determinare il rapporto delle persone con gli spazi in base a parametri psicologici e fisici, l'interior design si rivela investito della grande responsabilità di migliorare la qualità della vita delle persone. Allo stesso modo, negli anni '70, gli studi nell'ambito del restauro architettonico, oltre ad aspetti storici ed estetici tradizionalmente considerati importanti, cominciarono ad assumere (Pane, 1978) anche un'istanza psicologica come componente fondamentale del benessere individuale e collettivo. Di contro, la psicologia ambientale prima, poi la psico-geografia e successivamente l'approccio di Hillman (1999), basato sulla psicologia del profondo, hanno iniziato a dare importanza all'effetto dello spazio sul comportamento individuale, arrivando ad affermare che cambiare il contesto urbano ha un effetto terapeutico, assumendo sostanzialmente una dimensione ecologica. Ciò può essere interessante se confrontato con il concetto di interiorità urbana di Attiwill, che sposta la disciplina dell'interior design verso una ecologia della soggettività, considerando che la soggettività si genera in una rete dinamica, a partire dal rapporto tra le persone e l'ambiente urbano (Attiwill, 2018).

Da un approccio transdisciplinare, basato su influenze reciproche tra campi diversi (interior design, conservazione, arte, antropologia, geografia, neuroscienze...), il design process potrebbe trarre significativa ispirazione dalla memoria stratificata in spazi storici complessi. Attivando un potenziale generativo da azioni, relazioni ed emozioni (Schinco, 2011), si potrebbe implementare l'innovazione per promuovere la creazione di spazi fisici e relazionali ospitali e accoglienti, favorendo il benessere individuale e collettivo.

2 _ Luogo

Abitare è una forma di conoscenza e reinvenzione della realtà che coinvolge sia la dimensione tangibile dei luoghi fisici sia la loro rappresentazione mentale, essendo le nostre menti e i nostri corpi connessi a diversi livelli con l'ambiente e la cultura (Damasio, 2018). Data la nostra natura socio-relazionale, l'inter-corporeità è la principale fonte di conoscenza del mondo e degli altri (Mallgrave, 2015), e il legame con i luoghi costituisce un valore fondamentale per la nostra personalità. Come messo in evidenza in tempi relativamente recenti, gran parte della nostra conoscenza è non letterale e metaforica: conosciamo il mondo astratto con i concetti attraverso i quali abbiamo conosciuto la realtà che abbiamo sperimentato con i nostri sensi (Giuliani, 2016). Il pensiero procede per analogie e connessioni e si basa sulla nostra esperienza corporea per dare forma alle idee astratte; il corpo è tanto essenziale per il pensiero che possiamo dire che la mente è incorporata. Il ruolo cruciale del corpo nel plasmare la realtà evidenzia il suo rapporto fondamentale, sia razionale che emotivo, con l'ambiente culturale, inseparabile da quello naturale.

Recenti studi filosofici e la scoperta dei neuroni specchio aiutano a comprendere che possiamo interiorizzare situazioni fisiche esterne ed esperienze attraverso una simulazione incarnata. Tradizionalmente, il ruolo e la capacità cognitiva delle emozioni sono stati sottovalutati rispetto alla nostra comprensione concettuale, intellettuale e verbale. Tuttavia, le reazioni emotive sono spesso i giudizi più completi e sintetici che possiamo produrre, anche se difficilmente siamo in grado di identificare i costituenti di tali valutazioni (Pallasmaa, 2014).

La convivenza con gli altri e una reale convivenza con la natura sono due obiettivi che si implicano a vicenda e che si intrecciano in modo virtuoso (Remotti, 2010). Riconoscere la natura sociale dell'espressione creativa umana come manifestazione di inter-corporeità può permettere di rilanciare l'importanza della qualità e dell'attaccamento ai luoghi. Gli studi sull'attaccamento al luogo lo hanno definito come un concetto di integrazione che incorpora diversi aspetti del legame tra le persone e il luogo. Gli affetti, le emozioni e i sentimenti sono centrali e sono spesso accompagnati da cognizione e azione. L'attaccamento al luogo include un legame affettivo positivo che si esprime nella tendenza dell'individuo a mantenere la vicinanza a un luogo, un rapporto affettivo con il paesaggio che va oltre la cognizione, che riguarda non solo luoghi tangibili di scale diverse ma anche luoghi o oggetti simbolici o immaginati. Inoltre, oggetto dell'attaccamento possono essere non solo l'ambiente fisico ma anche le relazioni sociali che un luogo significa (Korpela, 2012).

"Quando entriamo in uno spazio, lo spazio entra in noi, e l'esperienza è essenzialmente uno scambio e una fusione dell'oggetto e del soggetto. Allo stesso modo, l'atmosfera è uno scambio tra le proprietà materiali o esistenti del luogo e il regno immateriale della percezione e dell'immaginazione umana. Eppure, non si tratta di 'cose' fisiche o di fatti, ma di 'creazioni' esperienziali umane. Paradossalmente, cogliamo l'atmosfera prima di identificare i suoi dettagli o di comprenderla intellettualmente. (...) Uno spazio o un luogo è una sorta di immagine multisensoriale diffusa, una 'creatura' esperienziale, un'esperienza singolare, che si fonde con la nostra stessa esperienza e cognizione esistenziale" (Pallasmaa, 2014).

L'intima qualità di un luogo, che a differenza del relativo concetto di spazio indica uno spazio dotato di significato, è dovuta non solo alla percezione del clima e della geografia, ma anche all'immaginazione. "Ambienti confortevoli e invitanti ispirano la nostra immaginazione inconscia, i nostri sogni a occhi aperti e le nostre fantasie. (...) Molto spesso all'atmosfera dei paesaggi urbani e delle abitazioni contemporanee manca un'aria sensuale ed erotica" (Pallasmaa, 2014).

2.1 Memoria

La vivibilità dello spazio si basa non solo su aspetti razionali e funzionali, ma anche su significati intangibili che ci permettono di sentire un senso di appartenenza. Da un punto di vista antropologico, i luoghi che hanno memoria possiedono la qualità di farci sentire intimi con loro. Secondo La Cecla (2000), se l'ambiente in cui viviamo, la città, la campagna, il territorio diventano indifferenti, la nostra attività come esseri viventi non è più quella di creare e modificare un luogo. Se un'aspettativa di familiarità, di "adesione affettiva o comprensione", con un luogo riceve da esso un "comando contrario", ci troviamo disorientati; se il nostro corpo non trova affinità con le presenze fisiche circostanti, possiamo sentirci male in un luogo perché non lo sentiamo o lo percepiamo come non nostro.

La "memoria del luogo" si riferisce al contenuto dei ricordi delle persone, ma allo stesso tempo è anche descrittiva di un luogo. Così come il corpo, che è il luogo individuale della memoria, può essere fonte di blocchi e sofferenza, così la città, che è il luogo collettivo della memoria, può essere fonte di disorientamento. Attraverso monumenti, stili architettonici, edifici, iscrizioni, i luoghi possono ricordare. Per le persone che vivono in un luogo, la memoria collettiva può essere influenzata dalla trasmissione di informazioni storiche, o dalla curiosità e dalla motivazione a scoprire il passato dimenticato del luogo (Lewicka, 2008).

Oggi viviamo un disorientamento psichico, una perdita di memoria dovuta all'eccesso di costruzione, di sviluppo, di spostamenti. Il nostro bisogno di conservare le dimensioni e le immagini del passato non è dovuto alla loro bellezza o al loro interesse, ma al fatto che sono parte del nostro prezioso patrimonio psicologico (Pane, 1978).

La distruzione intenzionale di opere d'arte, l'incuria dei monumenti e dei paesaggi, il declino delle città storiche, sono sintomi diversi ma convergenti di una crisi che non è solo economica e politica, ma culturale. Non siamo più in grado di guardare al nostro passato, se non con nostalgia o con disagio. La distruzione materiale va contrastata attraverso valori immateriali, ad esempio ridefinendo la bellezza in relazione alla città. In effetti, la tutela dell'ambiente, del paesaggio, del patrimonio culturale, ha una radice squisitamente politica ed è legata all'orizzonte dei nostri diritti (Settis, 2017). Attualmente, la memoria rischia di non valere più nulla se la maggior parte delle nostre coordinate familiari si sgretola: la forma delle città e dei paesaggi, la cura della dignità umana, la priorità del bene comune, la giustizia sociale, l'uguaglianza, il diritto al lavoro, la democrazia. Se ci confrontassimo con la memoria storica dell'Europa, continuamente rinata dalle sue rovine, potremmo far sì che la bellezza fosse il terreno privilegiato su cui poterci misurare con le comunità di migranti che popolano il nostro continente. Come grande serbatoio di energia, la bellezza potrebbe generare una memoria culturale autenticamente plurale (Settis, 2017).

3 _ Identità

Ci sono luoghi che hanno un significato per intere comunità, veicolano frammenti che danno valore al presente e costruiscono la nostra identità. Identità è un termine dibattuto; a volte viene criticato quando il suo significato implica un senso di appartenenza divisivo che tende a creare una separazione tra noi e l'altro. A questo proposito, Remotti (2010) suggerisce di riferirsi più opportunamente al concetto di "riconoscimento" che si riferisce a bisogni, caratteristiche, diritti e che inquadra i luoghi in una dimensione negoziabile.

Tuttavia, se riferiamo l'identità ai legami delle persone con i luoghi, il concetto diventa particolarmente interessante dal punto di vista dell'approccio progettuale. Secondo la psicologia ambientale, il termine identità significa sia identicità (continuità) che distintività (unicità), quindi corrisponde a un'esigenza di coerenza che, in presenza di un cambiamento e nel tempo, impedisce l'effetto di sentirsi stranieri all'interno di un paesaggio o di un territorio urbano. Secondo Settis (2017) questa funzione è svolta dalla forma storica della città, che permette il riconoscimento e potrebbe essere riflessa anche dal concetto di *genius loci* utilizzato per descrivere l'impalpabile unicità di un luogo (Lewicka, 2008).

3.1 Conservazione

Le città post-industriali sono caratterizzate dalla presenza di complessi sottoutilizzati, caratterizzati più dalla memoria che da significati attuali. Uno dei temi centrali nelle città contemporanee è il riuso compatibile e sostenibile del patrimonio storico, in cui emergono complesse relazioni tra memoria collettiva, legame con il luogo, identità e comportamenti personali/collettivi. Sviluppatosi inizialmente come metodo per proteggere i beni storicamente significativi dalla demolizione, oggi il riuso degli edifici non offre solo un'alternativa alla nostra società sempre più consumistica, ma anche un modo per valorizzare il potenziale del patrimonio edilizio esistente. In un'epoca di continui spostamenti e cambiamenti, vivere e lavorare in una casa già abitata offre l'opportunità di entrare in contatto con un'identità comune (Anzani et al., 2019).

Attualmente, a causa di cambiamenti socioeconomici, funzionali e spirituali della società, il riuso riguarda beni in continuo e progressivo smantellamento come l'archeologia industriale, i distretti militari, gli ex ospedali psichiatrici, le chiese e i complessi religiosi. Una delle discipline coinvolte nel riuso e nella tutela del patrimonio storico è il restauro architettonico, il cui significato più delicato e potente, in un'ottica globalizzata ed "ecologica", è la cura dei luoghi (Anzani e Caramel, 2020).

Infatti, la conservazione delle icone industriali, il mantenimento del carattere storico intrinseco dei luoghi, l'adozione di criteri di intervento minimi, l'ibridazione e approcci reversibili possono valorizzare le identità locali, portare alla riqualificazione, al turismo culturale, favorendo il benessere individuale e collettivo.

Occupandosi del riuso di edifici abbandonati, l'interior design dovrebbe riconoscerne il significato, le loro stratificazioni storiche e materiali e il valore aggiunto derivante dalla reciproca valorizzazione tra il nuovo e il vecchio. In molti casi, il maggior beneficio derivante dal riuso di un edificio esistente è la possibilità di apprezzarne la bellezza delicata e spesso nascosta che il progetto riesce a rivelare. La salvaguardia e la valorizzazione della bellezza sono in realtà un contributo reale al miglioramento della qualità della vita. Il riuso di edifici esistenti richiede una dimensione "creativa/critica" della memoria, che tragga dall'architettura costruita le sue potenzialità latenti, cogliendo la forza rivoluzionaria del passato (Pasolini, 1971). Allo stesso tempo la nostra natura biologica, fortemente legata al nostro incessante processo evolutivo, richiede l'utilizzo di modelli innovativi.

Oggi il restauro deve affrontare temi come la distruzione causata da calamità naturali, guerre, attentati terroristici, e riaffermare l'importanza dei principi espressi nella Convenzione di Faro (Consiglio d'Europa, 2005) - citati anche in altri capitoli di questo libro da Amoruso e Battista e da Caramel - dove la perdita del patrimonio si traduce in una perdita di memoria e di identità per il presente. La Convenzione riconosce una concezione allargata e interdisciplinare del patrimonio culturale, al centro della quale si pongono le persone e i valori umani. In una società in costante evoluzione, usato con saggezza il valore del patrimonio culturale ha le potenzialità per essere una risorsa per lo sviluppo sostenibile e il miglioramento della qualità della vita. Nella Convenzione viene riconosciuto il diritto di ogni persona a partecipare all'arricchimento o all'incremento del patrimonio stesso e a prendere parte liberamente alla vita culturale della comunità. Questo è un aspetto del diritto sancito dalla Dichiarazione universale dei diritti dell'uomo delle Nazioni Unite (1948) che va in parallelo con il diritto alla città formulato da Lefebvre nel 1968, poi ridefinito da Harvey. Più che un diritto individuale o di gruppo di accedere alle risorse urbane, ci dovrebbe essere il diritto di cambiare e reinventare la città secondo le nostre esigenze. Si tratta di uno dei diritti umani più preziosi, ma anche più trascurati, un diritto collettivo più che individuale, poiché la ricostruzione della città dipende inevitabilmente dall'esercizio di un potere comune sui processi di urbanizzazione (Harvey, 2008).

4 _ Innovazione

Le nostre vite sono inquadrate dalla complessità fisica ed emotiva dell'ambiente che forma i nostri interni urbani. Lo sfaccettato campo degli interni offre nuove visioni per il futuro come un archivio dell'esperienza umana in continua evoluzione (Murialdo, House, 2019).

Il design in contesti storici deve riannodare relazioni, percorsi, narrazioni che permettano di rendere vivo e attrattivo un tessuto caratterizzato da presenze costruite e ricche di memoria storica. Una delle opportunità per creare qualcosa che susciti interesse e fascino, attivando un coinvolgimento, è anche quella di radicarlo nelle origini, generando luoghi dotati di carattere e pieni di fascino.

Spesso gli spazi urbani abbandonati costituiscono dei vuoti urbani "percepiti come un altrove", vissuti dalla popolazione come un'assenza di significato, una sorta di occasione mancata per la città. Le emergenze storiche, talvolta caratterizzate da tratti costruttivi e compositivi di pregio anche se in stato di abbandono, fanno parte di un immaginario urbano riconoscibile e di una memoria collettiva a cui la popolazione si sente molto legata. Un progetto innovativo dovrebbe tenerne conto, raccogliendo la sfida di sovvertire le logiche speculative e di cementificazione, dimostrando che attraverso una mobilità capace di creare connessioni e non barriere, l'innovazione nell'uso delle energie rinnovabili, il riuso intelligente dell'esistente e il minimo intervento, è possibile raggiungere livelli molto avanzati di qualità urbana e creare spazi accoglienti. D'altra parte, ciò risponde anche all'esigenza di ridefinire un nuovo equilibrio tra uso del territorio e benessere psico-fisico, ponendo un freno al consumo di suolo, energia, patrimonio naturale e costruito, come indicano da un punto di vista globale tutte le scienze a cui appartiene l'ecologia umana. Le città del terzo millennio dovrebbero coinvolgere ogni aspetto della qualità della vita urbana, dall'economia (lavoro) alla cultura, dalla mobilità ai problemi sociali e dalle condizioni ambientali al benessere. In qualità di "custodi temporanei" degli spazi urbani, il nostro obiettivo non deve essere quello di imitare, ma di rispettare e di essere sensibili alla materialità intrinseca dell'edificio. Un approccio progettuale dovrebbe registrare un'impronta leggera sulla superficie di un edificio mantenendo la sua integrità, sempre attento al carattere dello spazio cancellato. La nostra ambizione dovrebbe essere quella di rendere evidenti le qualità e gli elementi intangibili seguendo le loro tracce, percepite ma non necessariamente viste (Lecce, 2019).

5 _ Conclusioni

La densità urbana, l'abuso della natura, le migrazioni di massa stanno trasformando radicalmente le nostre idee di luogo e di ambiente e ci pongono di fronte alla necessità di ripensare in modo incisivo alle condizioni abitative dell'uomo. L'interior design può svolgere un ruolo importante nella comprensione della complessità della società contemporanea, della rivoluzione delle condizioni di lavoro e delle relazioni umane, dando valore non solo a un uso funzionale, ma anche esperienziale dei luoghi.

Promuovere un'intersezione multidisciplinare tra interior design, psicologia, antropologia, conservazione, può aiutare a ricercare soluzioni progettuali incentrate sull'interiorità e sugli aspetti esistenziali dell'abitare contemporaneo, esplorando le relazioni tra i concetti di identità, attaccamento ai luoghi e memoria.

In conclusione, vorrei citare le riflessioni di Sennett sulla possibilità che l'esposizione agli altri possa produrre "sentimenti e pensieri: soggettività, individualità e interiorità" (Pimlott, 2018). In risposta alla metropoli del presente, il coinvolgimento umano con gli altri è auspicabile. Nonostante le narrazioni oppressive della metropoli, Sennett mette in evidenza i valori che emergono e gli sforzi che si possono compiere per generare situazioni che favoriscano la consapevolezza delle persone, contatti e potenziali interazioni tra di loro. Per l'interior design, il tema è capire quali tipi di spazio si possono realizzare in modo che le persone possano praticare una riflessività in cui possa aver luogo il lavoro della memoria, dove possa avvenire un reale rapporto tra l'interiorità e l'esterno (Attiwill, 2018).

Bibliografia

Anzani A., Caramel, C., *Design and Restoration. An Ecological Approach*, in L. Crespi (a cura di) *Cultural, Theoretical and Innovative Approaches to Contemporary Interior Design*, IGI Global, Hershey, PA, 2020

Anzani A., Caramel C., Lonardo E., *Hybridization and reuse of existing buildings*, in F. Scullica, E. Elgani (a cura di), *Living, Working and Travelling: New Processes of Hybridization for the Spaces of Hospitality and Work*, Franco Angeli, collana Design International, Milano, 2019

Attiwill S., *Urban Interiority as Collective Individuation*, [in]arch International Conference 2018 Proceedings, The Stories of Interior, Multiple Perspectives on Interiority, 30-31 January, Universitas Indonesia, Department of Architecture, Faculty of Engineering, 2018

Council of Europe, *Framework Convention on the Value of Cultural Heritage for Society*. Treaty Series - No. 199. Faro, 27.X.2005

Damasio A., *Lo strano ordine delle cose*, Adelphi, Milano, 2018

Giuliani M., *Corpi che parlano. Psicoterapia e metafora*, Durango Edizioni, Andria (BT), 2016

Harvey D., The right to the city, *New Left Review*, 53 Sept Oct, 2008

Hillman J., *Politica della bellezza*, F. Donfrancesco (a cura di), Moretti & Vitali, Bergamo, 1999

IFI, *IFI Interiors Declaration,* 2011, https://ifiworld.org/programs-events/interiors-declaration-adoptions/

Korpela K., *Place Attachment*, in S. D. Clayton (a cura di), *The Oxford Handbook of Environmental and Conservation Psychology*, Oxford Handbooks, Oxford, 2012, pp. 148-163

La Cecla F., *Perdersi. L'uomo senza ambiente*, Editori Laterza, Roma-Bari, 2000

Lecce C., Open Neighbourhoods. Disclosing the hidden potentialities of urban interiors, *IE:Studio # 4,* 2019

Lefebvre H., *Le droit à la ville*, Éditions Anthropos, Paris, 1968

Lewicka M., Place attachment, place identity, and place memory: Restoring the forgotten city past, *Journal of Environmental Psychology*, 28, 2008, pp. 209-231

Mallgrave H.F., *L'empatia degli spazi. Architettura e neuroscienze*, Raffaello Cortina, Milano, 2015

Murialdo F., House N., The hidden interiors, *IE:Studio # 4,* 2019

Musolino M., Between space and place: how to live modern imaginaries, on the threshold of alterity, *Im@go. Rivista di Studi Sociali sull'immaginario* - III, n. 3, June, 2014

Pallasmaa J., Space, Place and Atmosphere. Emotion and Peripheral Perception in Architectural Experience, *Lebenswelt, 4.1,* 2014, pp. 230-245

Pane R., Urbanistica, architettura e restauro nell'attuale istanza psicologica, *Rivista di Psicologia Analitica, 18*, 1978, pp. 13-25

Pasolini P., 1971, http://wave2018iuav.com/la-forza-rivoluzionaria-del-passato/

Pimlott M., Interiority and the Conditions of Interior, *Interiority*, Vol. 1, No. 1, 2018, pp. 5-20

Remotti F., *L'ossessione identitaria*, Laterza, Bari, 2010

Schinco M., *The Composer's Dream. Essays on Dreams, Creativity and Change,* Pari Publishing, Pari, 2011

Settis S., *Politiche della Bellezza: Europa, Italia*, lezione presso la Casa della Cultura, Milano, 2017 https://www.youtube.com/watch?v=sLLjxVvrZvs

Ada Piselli

Psicologa, psicoterapeuta, formatrice. Centro Milanese di Terapia della Famiglia, via Leopardi 19 - 20123 Milano.

ada.piselli@gmail.com

Abstract

Il presente contributo si propone di esplorare, alla luce del pensiero di Gregory Bateson e della teoria di Ernest Hartmann, i modi in cui gli esseri umani vivono insieme in luoghi che sono allo stesso tempo fisici e immateriali: i confini. Secondo il filosofo Martin Heidegger l'abitare è il modo in cui gli esseri umani (mortali) sono nel mondo. Il luogo in cui si abita è dunque il luogo in cui si vive, in cui si è vivi. In cui si è visti, in cui si è riconosciuti. L'ecologia della mente proposta da Bateson è stata una rivoluzione epistemologica che ha guidato lo sguardo di pensatori e clinici verso una visione sistemica, interconnessa della realtà per cui la relazione viene prima, precede, è inevitabile e ineludibile. Insieme all'abitare è il modo in cui siamo al mondo con gli altri. Osservare le relazioni implica l'osservazione di come gli esseri viventi interagiscono e si toccano, secondo configurazioni riconoscibili. Questa visione estetica ha implicazioni etiche importantissime per chiunque si occupi di esseri umani e degli spazi fisici e relazionali in cui vivono, che sia un terapeuta o un designer. Gli esseri viventi hanno dei contorni, dei confini, che separano e definiscono, certo, ma che sono anche il punto di contatto, di connessione. Di questi confini, inter e intra psichici, spesso non siamo del tutto consapevoli, se non quando vengono "toccati". Nello sviluppo del bambino l'autonomia viene frequentemente fatta coincidere con l'acquisizione di pratiche e comportamenti. L'autonomia riguarda piuttosto la consapevolezza dei propri confini, delle loro qualità, e dei legami. Secondo la teoria di Hartmann, nella tensione tra separazione e connessione, che rende i confini più o meno "sottili" o "spessi", si sviluppa e si mantiene l'identità individuale, così come quelle collettive. E in questa tensione sta la possibilità stessa di esperire le relazioni. Gli esseri umani abitano questi confini: sono lo spazio, il margine, il legame in cui incontrano gli altri e se stessi, in cui possono dire io, in cui fanno esperienza dell'ambiente.

Di che cosa sono fatti questi confini dunque? "Della materia di cui sono fatti i sogni" (W. Shakespeare, *La tempesta*): un precipitato complesso, vivo e pulsante di aspetti individuali, universali, corporei, affettivi, di memorie e di futuri possibili, che si genera, si rinnova e si modifica appunto abitandolo in relazione con gli altri.

Parole chiave: confini, abitare, autonomia, relazione, umanità

Confini
Abitare i confini

Ada Piselli

1 _ Introduzione

Papà, perchè le cose hanno i contorni? (Bateson, 1972)

Inizia così, con questa domanda di una bambina, uno dei metaloghi contenuti in *Verso un'ecologia della mente* di Gregory Bateson. Nel risponderle il padre cita William Blake: "I savi vedono i contorni e perciò li disegnano" e, poco dopo: "I pazzi vedono i contorni e perciò li disegnano". La bambina, proprio come tutti noi, rimane piuttosto sconcertata. È dunque da pazzi o da saggi vedere e tracciare confini?

Compito della scienza, si dice nello stesso brano, è fare chiarezza. Fare chiarezza alle volte significa complicare molto le cose. Questo è quello che accade quando ci si avvicina al pensiero di Gregory Bateson.

Se dovessi rispondere alla bambina, probabilmente userei le parole di Ernest Hartmann (2011): i confini sono ovunque. I confini, come vedremo, sono separazioni, ma anche connessioni e hanno caratteristiche che possono essere osservate e descritte. I confini esistono nel mondo materiale, hanno una consistenza, delle dimensioni, sono appunto fatti di materia: la pelle degli uomini, la corteccia degli alberi, le membrane delle cellule, il rivestimento di un edificio. Possiamo riconoscere i margini di un edificio, di una cellula, di un albero o di un uomo. Possiamo distinguere un uomo da un altro, una cellula dall'altra e così via sulla base delle loro caratteristiche individuali contenute all'interno dei loro confini. In molti casi, quale che sia la nostra disciplina (design, biologia, psicologia...), sarà estremamente utile e importante identificare i confini precisi del nostro oggetto di studio e interesse e considerarlo isolatamente.

Ma quando invece si osservano e si studiano le interazioni, tra una cellula e un'altra, tra un uomo e un altro, tra un edificio e un altro, o tra moltissime cellule, moltissimi uomini, moltissimi edifici, o ancora tra uomini ed edifici, tra uomini e alberi e così via, allora, in questi casi, dobbiamo ripensare al modo in cui consideriamo i confini. E tracciare confini diversi, che considerino e includano le relazioni.

Tutte le discipline annoverano dei progetti che, considerati isolatamente, erano perfetti, ma che poi calati in un contesto reale, composto da molteplici interazioni complesse, non hanno portato ai risultati sperati, o peggio. Si pensi ad esempio, in ambito urbanistico, ai progetti di certi quartieri residenziali in grandi città inglesi (La Cecla, 2000). Quartieri che erano stati progettati con cura ed erano considerati il meglio della progettazione urbanistica erano stati vandalizzati dagli abitanti, specie nelle parti destinate alla socializzazione. In alcuni casi gli abitanti stessi avevano allestito, con materiali non certo nobili o preziosi, altri luoghi di relazione, molto frequentati. Possiamo ipotizzare che dietro al rifiuto da parte di gran parte della popolazione residente ci sia stata una progettazione che, pur ineccepibile sul piano architettonico e urbanistico, non ha tenuto in sufficiente considerazione l'interazione con gli abitanti, e della relazione degli abitanti con i propri spazi.

Anche le scienze naturali sono piene di resoconti di questo tenore. Si pensi ad esempio all'introduzione di insetti predatori per scacciare determinati parassiti, che in breve tempo diventano a loro volta un problema consistente per l'ecosistema.

La stessa psicologia ha cercato, e in parte cerca ancora, di spiegare molti fenomeni umani, compresa la sofferenza individuale, facendo ricorso a "oggetti" dai confini molto stretti, come il corpo o la mente di un singolo individuo e alle "cose" in essi contenuti.

Quando si vogliono osservare, descrivere, comprendere (e ancora di più quando poi ci si vuole intervenire) fenomeni complessi è necessario allargare il campo di osservazione, modificando i confini del nostro oggetto di studio.

Questo cambiamento non è solo formale, ma risponde a una precisa epistemologia. Non è l'osservatore che crea le connessioni, è la nostra realtà a essere interconnessa. Poi certo, ciascun osservatore traccia dei contorni attorno al proprio oggetto di interesse, dal proprio punto di vista e per quello che gli è concesso vedere in un dato momento. Ma sarebbe altrettanto da pazzi, per tornare a Blake, sia non vedere le connessioni che negare le separazioni. È un salto epistemologico difficile, che ha bisogno di guide preparate e rigorose.

Gregory Bateson (1972) ci ha mostrato l'interconnessione dei sistemi e dei processi mentali. Ernest Hartmann (2011) ci ha insegnato che è possibile osservare le qualità dei confini. Arno Gruen (1987) ci ha ricordato il valore dell'amore e della compassione. Martin Heidegger (2014) e Franco La Cecla (2000) ci hanno offerto una riflessione sull'abitare e sul perdersi, sul rapporto tra uomo e spazio. Due psicoterapeuti, due antropologi e un filosofo dunque, ciascuno consapevole dei confini della propria disciplina, e quindi anche della vicinanza e della necessità delle altre, quando si voglia indagare e comprendere l'uomo.

Un altro filo rosso attraversa questo lavoro. Gli esseri umani vivono insieme, gli uni accanto agli altri, da migliaia di anni. Siamo animali relazionali ed è proprio questa nostra prerogativa che ci ha permesso di sopravvivere come specie. Eppure, viviamo in un mondo che, con la benedizione e la complicità di ampie porzioni del mondo scientifico (anche delle cosiddette scienze sociali), enfatizza una visione competitiva dell'evoluzione, una visione che prevede che una specie, per sopravvivere, ne debba necessariamente sopraffare un'altra (Gruen, 2011). Una simile visione ha ricadute importanti sui modi in cui intendiamo il nostro vivere insieme, dai modi in cui alleviamo i bambini a come pensiamo le nostre città e gli spazi che abitiamo. Occorre recuperare un pensiero ecologico in senso batesoniano, complesso, che osservi le relazioni e riconosca nuovamente il valore del potenziale creativo di ogni essere umano e delle pratiche cooperative.

2 _ La mente ecologica: Gregory Bateson

Gregory Bateson (1904-1980) è stato una figura imponente e trasversale del pensiero del '900, un autentico pioniere della transdisciplinarità, che ha letteralmente incarnato, studiando e occupandosi di discipline diverse e considerate ai tempi, ma ancora oggi, piuttosto distanti. Dopo aver studiato biologia e scienze naturali infatti si dedicò all'antropologia culturale, all'etologia e infine approdò al Mental Research Institute di Palo Alto dove, con le sue osservazioni provenienti da altre discipline, contribuì a sviluppare una nuova epistemologia per comprendere i sistemi umani e, seppure con qualche criticità, un nuovo modo di approcciare la sofferenza e anche la malattia mentale. Il filo rosso che connette la sua ricerca è il superamento del dualismo cartesiano, della separazione tra mente e corpo, tra mente e natura. Nelle sue parole: "ho studiato, cioè, l'area di incontro tra il pensiero filosofico molto astratto e formale da una parte e la storia naturale dell'uomo e delle altre creature dall'altra" (Bateson, 1972).

La visione ecologica ed estetica da lui proposta prevede una visione sistemica, cibernetica, interconnessa della realtà. Una visione che pone al centro dell'osservazione le relazioni, le retroazioni tra parti diverse dei sistemi e che mette profondamente in discussione le idee intuitive e diffuse circa i confini della mente e di quello che comunemente chiamiamo "io".

In occidente siamo abituati a far coincidere i confini della mente, dell'io, della coscienza, con quelli del corpo. E la psicologia così come la si intende comunemente, e come frequentemente si presenta, conferma questa premessa con costrutti come carattere, personalità, che fanno riferimento a proprietà individuali di ogni singolo essere umano, situate al suo interno e connesse in vari modi al funzionamento biologico di ogni individuo.

Bateson (1972) propone una visione radicalmente diversa, una visione che espande i confini della mente fino a includervi la totalità del sistema sociale interconnesso e l'ecologia planetaria. Una mente che non è racchiusa dentro ai confini di un organismo, ma che è costituita da messaggi e canali esterni al corpo, da idee e informazioni, da relazioni e retroazioni. Una mente ecologica, e un'ecologia delle idee.

Quello che emerge è una definizione di mente come sistema cibernetico (ossia basato sulle retroazioni), un sistema allargato, olistico, che elabora l'informazione e porta avanti i processi per tentativi ed errori. Una mente immanente nel sistema più ampio: uomo più ambiente. All'interno della mente più ampia ci sono dei sottosistemi differenziati e organizzati gerarchicamente che interagiscono e che possiamo definire mente individuale. Ciascun sottosistema deve essere considerato come una parte, e non come un pezzo a sé stante, o peggio in opposizione o competizione con il sistema più ampio. Nessuna parte del sistema può realmente esercitare un controllo unilaterale sul sistema intero, perché le proprietà di un sistema mentale sono immanenti nel sistema più vasto e ogni parte risponde ai messaggi delle relazioni che regolano il sistema stesso.

Quali sono dunque i confini della mente? La risposta di Bateson è sorprendente e controintuitiva: "Direi che la delimitazione di una mente individuale debba sempre dipendere da quali fenomeni desideriamo comprendere o spiegare" (Bateson, 1972).

In *Verso un'ecologia della mente* (1972) si trovano due celebri esempi per illustrare il sistema mentale: l'uomo che taglia un albero e il cieco.

L'osservatore "occidentale medio" dice "io taglio l'albero", presupponendo che esista qualcosa come un "io" circoscritto che compie un'azione finalizzata e circoscritta su un oggetto delimitato, l'albero. Bateson ci suggerisce che dovremmo invece considerare l'intero "processo autocorrettivo (cioè mentale) attuato da un sistema totale, albero-occhi-cervello-muscoli-ascia-colpo-albero" (ibid.). Ogni colpo di ascia dato dall'uomo è infatti calibrato secondo i segni lasciati dal colpo precedente. Lungo il circuito si trasmettono informazioni sulle differenze (differenze nella corteccia dell'albero, nella retina dell'uomo, nel sistema nervoso, nei muscoli...) e queste trasformate di informazioni sono idee.

"Si consideri un cieco munito di bastone: dove comincia l'io del cieco? Alla punta del bastone? All'impugnatura del bastone? O in qualche punto intermedio del bastone? Queste domande sono prive di senso, poiché il bastone è un canale lungo il quale le differenze, trasformate, sono trasmesse, sicché tracciare una linea di demarcazione *attraverso* questo canale equivale a rescindere una parte del circuito sistemico che determina la locomozione del cieco". Per comprendere dunque il modo in cui il cieco cammina dobbiamo considerare il sistema olistico che include l'uomo, con tutti i canali sensoriali coinvolti, e il bastone (ed il terreno su cui si muovono, e i passanti intorno al cieco, e i rumori intorno...). Qualsiasi confine si voglia tracciare attorno a un sistema mentale deve essere tracciato in modo da non tagliare i canali di informazione in modi che renderebbero i fenomeni incomprensibili. Non sarebbe possibile comprendere la camminata del cieco senza considerare le informazioni trasmesse dal bastone. Riprendendo più avanti l'esempio del cieco Bateson sottolinea che se osserviamo il cieco seduto a tavola, e quello che ci interessa comprendere è il modo in cui il cieco mangia, allora il bastone e i suoi messaggi non saranno più così pertinenti, mentre, aggiungo io, dovremo includere nella nostra osservazione altri canali di informazione e altri organi di senso (la forchetta e l'olfatto, ad esempio).

Inoltre, per definire la mente individuale si devono includere anche le parti interessate della memoria e le "banche di dati". Come filosofi ingenui gli esseri umani si muovono, ossia osservano la realtà e organizzano le loro azioni, sulla base di premesse, che sono idee di natura generale e astratta, che si sono riproposte con maggiore frequenza. Queste premesse vengono apprese, o meglio deutero-apprese, in un processo che Bateson chiama "formazione delle abitudini", che seleziona tra le idee che vengono ripetute o confermate nei diversi apprendimenti, nei diversi contesti, e le colloca in una categoria separata. "Queste idee fidate sono allora a disposizione per l'uso immediato senza un esame approfondito, mentre le parti più flessibili della mente possono essere riservate alla gestione di problemi nuovi" (Bateson, 1972). Sia le premesse che il processo di formazione delle abitudini sono fuori dalla consapevolezza immediata, e quindi fuori dalla possibilità di essere sottoposti a un esame critico. Queste premesse tendono nel tempo a diventare piuttosto rigide e, per lo stesso processo per cui si formano, diventano "nodi" o "costellazioni" per altre idee. Siccome anche le idee sono in relazione tra loro, possono cioè confermarsi o contraddirsi, stare con maggiore o minore facilità insieme, questi nodi organizzeranno gli apprendimenti successivi. Il fatto che un'idea venga ripetuta e confermata nel tempo non significa tuttavia che sia vera, o utile. Gli esseri umani possono quindi organizzare la propria conoscenza sulla base di premesse non vere, addirittura patogene. La buona notizia, che è stata una notizia rivoluzionaria nel mondo della psicoterapia, è che un cambiamento in una premessa fondamentale, in un nodo, può comportare un cambiamento in tutta la costellazione delle idee a esso connesse, e quindi nel modo in cui ci si muove nel mondo. La terapia sistemica ha dunque iniziato a interessarsi al mondo delle idee e delle premesse, a come si formano, vengono condivise in un gruppo e a come possono essere modificate.

Le ricadute teoriche ed etiche di questa epistemologia, di questa ecologia della mente, sono imponenti e attraversano molti campi del sapere, non solo quello della terapia. Qui ci soffermeremo solo su alcuni aspetti. Innanzitutto, l'io come siamo comunemente abituati a pensarlo ne risulta profondamente ridimensionato. Bateson ci suggerisce la necessità di "una certa dose di umiltà, temperata dalla dignità o dalla gioia di far parte di qualcosa di assai più grande: parte, se si vuole, di Dio".

L'unità di sopravvivenza, per Bateson, non è l'individuo o la famiglia o la società, ma l'*organismo nel suo ambiente*. Un individuo che non consideri l'interconnessione profonda e vitale con il proprio ambiente (fisico e antropico) rischia di trattarlo senza alcuna considerazione etica e di agire solo per la sopravvivenza della propria unità, o la propria gente (famiglia, comunità, paese...), in contrapposizione e in competizione con altri individui, altre genti, con la natura. Questo atteggiamento porta inevitabilmente a considerare l'altro un nemico e a distruggere l'ambiente. L'attualità di questa osservazione è evidente.

L'unità di sopravvivenza "organismo nel suo ambiente" diventa anche però l'unità di osservazione. Per descrivere e comprendere il comportamento di un individuo Bateson ci suggerisce di allargare il campo di osservazione, includendo tutti quei canali comunicativi che trasmettono e a cui si trasmettono informazioni, proprio come il bastone del cieco. Nell'ambito della psicologia clinica e della psichiatria questo ha aperto un nuovo filone di ricerca e di intervento molto prolifico, che ha cambiato per molti clinici il modo di intendere e trattare la malattia mentale. Le ricerche condotte dallo stesso Bateson con altri al Mental Research Institute sulla schizofrenia, ad esempio, hanno allargato il campo di osservazione agli scambi comunicativi all'interno della famiglia, fino a elaborare la teoria del doppio legame (Bateson, 1972).

Anche la sofferenza mentale quindi non è racchiusa nella scatola cranica (o nei neurotrasmettitori, o nella personalità) della persona sofferente, ma emerge in un sistema più ampio che funziona come una mente e che ha una propria ecologia delle idee e condivide una serie di premesse. Si sono osservate e studiate le famiglie, da allora, considerandole come sistemi in cui tutti i membri partecipano come menti individuali, interconnessi e interdipendenti come descritto sopra, ciascuno con un proprio confine corporeo e un proprio funzionamento, ma tutti coinvolti nel processo di scambio di informazioni, seppure con ruoli differenti (Minuchin, 1977).

Naturalmente questo processo non riguarda esclusivamente le famiglie. Ogni volta che si partecipa a un sistema umano (una classe scolastica, un team di lavoro, una riunione di condominio...) si entra a far parte di una mente sistemica, che si influenza e da cui si è influenzati. Descrivere il comportamento di un singolo individuo che partecipa a un gruppo facendo riferimento esclusivamente a caratteristiche intrapsichiche si rivela pertanto non solo anti-ecologico, ma anche poco utile.

Preme infine sottolineare che anche gli ambienti costruiti dall'uomo fanno parte, come il bastone del cieco, dei canali di informazione che costituiscono la mente sistemica. Le piastrelle di colore diverso sui pavimenti delle stazioni ferroviarie mi trasmettono informazioni circa la traiettoria migliore da seguire per raggiungere il binario. Così come la rimozione delle panchine dalle grandi stazioni ferroviarie mi costringerà a trovare un altro modo per aspettare il treno (Piselli, 2015).

Bateson ridefinisce quindi i confini della nostra mente, che si espandono oltre il nostro corpo e anche oltre alla nostra vita biologica. I corpi seguono il loro destino biologico, ma le idee sopravvivono all'interno della mente ecologica, ad esempio come libri o opere d'arte, come informazioni all'interno di un circuito più ampio. Ci mette in guardia dalle separazioni arbitrarie tra gli individui e il contesto, tra il corpo e la mente e, come vedremo, tra le emozioni e la razionalità. E tuttavia ci ricorda che i confini esistono e che tracciare delle distinzioni è un atto necessario ai saggi e ai matti, come abbiamo visto sopra, per comprendere i fenomeni. A patto che ci si ricordi che certe distinzioni sono arbitrarie e che si tenga a mente, quando si osserva un arco del circuito, che esiste un circuito più ampio.

3 _ Confini e autonomia: Ernest Hartmann e Arno Gruen

Ernest Hartmann (1934-2013) è stato uno psichiatra e uno psicoanalista austriaco-americano. Dopo essersi lungamente dedicato allo studio del sogno, ha dedicato gli ultimi anni della sua vita professionale all'elaborazione della teoria dei confini. La teoria parte dal presupposto che i confini sono ovunque (2011). Che si osservino fenomeni interni alla mente oppure nel mondo esterno, è possibile identificare parti, porzioni, archi separati tra loro. Queste parti sono separate e connesse da confini che non sono linee immaginarie o monodimensionali, ma che hanno caratteristiche che possono essere osservate sia all'interno della mente sia nelle relazioni interpersonali.

I confini possono essere sottili o spessi. Hartmann li colloca su un continuum che va dalla veglia focalizzata, dove i confini sono molto spessi, al sogno a occhi aperti o al sogno vero e proprio, dove i confini sono sottilissimi. I confini spessi hanno a che fare con la separazione, con margini ben definiti tra una cosa e l'altra, con distinzioni precise. I confini sottili, al contrario, riguardano le connessioni, i margini sfumati, la permeabilità. I confini spessi dividono il mondo in bianco e nero, in me e non-me. Quelli sottili evocano sfumature, prossimità. I confini spessi riguardano l'autonomia e l'indipendenza, quelli sottili la vicinanza e l'intimità. I confini spessi permettono l'attenzione focalizzata, la concentrazione su un compito. Quelli sottili favoriscono la creatività, la fantasticheria, il sognare a occhi aperti. Confini troppo spessi possono portare a una eccessiva rigidità, a una chiusura anche patologica nei confronti del mondo esterno o di certe parti di sé, a relazioni fredde e distaccate. Confini troppo sottili al contrario possono far sentire gli individui eccessivamente indifesi, vulnerabili, bisognosi di relazioni fusionali. Va sottolineato come Hartmann non attribuisca un valore diverso ai confini spessi o sottili, anzi, sebbene ciascuno di noi tenda a sviluppare una prevalenza di confini più o meno sottili o spessi, uno sviluppo armonico prevede la presenza di un mix di entrambi, e quindi della possibilità di assottigliare o inspessire i confini a seconda dell'attività in cui si è coinvolti e delle circostanze in cui ci si trova. A questo proposito l'autore ha coniato l'espressione "principio dell'ameba" (Hartmann, 2011). L'ameba è un microscopico essere unicellulare che in circostanze normali estende i suoi pseudopodi verso l'ambiente esterno. Quando si sente minacciata l'ameba ritira gli pseudopodi, che vanno a inspessire la membrana esterna per proteggere l'ameba stessa. Allo stesso modo reagiscono gli esseri umani. Quando ci sentiamo minacciati inspessiamo i nostri confini. Questo non implica solo una chiusura, ma anche il ricorso a un pensiero dicotomico molto rigido: noi contro loro, bianco contro nero, giusto contro sbagliato. Quando ci sentiamo minacciati vogliamo risposte precise, vogliamo sicurezze. Hartmann sottolinea come questa sia una risposta non solo degli individui, ma anche dei gruppi (comunità, paesi, nazioni...). Di fronte a una sensazione minacciosa si riduce drammaticamente lo spazio per un pensiero complesso, per le sfumature, per le connessioni.

Secondo Hartmann i confini hanno una base biologica nel cervello e cominciano a svilupparsi fin dalla primissima infanzia. Ancora, probabilmente gran parte dello sviluppo del bambino ha a che fare con la percezione e il mantenimento dei confini. Il primo confine che il bambino deve tracciare è tra "me" e "non me", ossia tra sé e la madre. Gran parte del nostro sistema educativo prevede in qualche modo un progressivo inspessimento dei confini in direzione di una maggiore autonomia. Tuttavia, i bisogni di relazione, vicinanza, intimità permangono per tutto il corso della nostra vita. Hartmann ipotizza che il bambino possa trovare progressivamente un bilanciamento tra le spinte (interne ed esterne) all'autonomia e il bisogno di relazione e che in questa tensione si possa costruire e mantenere un'identità individuale separata, ma in relazione con gli altri. Bisogna osservare che viviamo in un tempo che, al contrario di Hartmann, privilegia grandemente i confini spessi, attribuendo sin dall'infanzia molto valore all'autonomia, identificata con l'avere sempre meno bisogno dell'adulto, dell'altro, con il cavarsela da soli in qualsiasi circostanza, con l'essere padroni e artefici del proprio destino. L'aver bisogno dell'altro viene considerato un sintomo di debolezza, e la debolezza è semplicemente inaccettabile. Questa visione ha evidentemente delle ricadute importanti nel modo in cui consideriamo le nostre fragilità, nel modo in cui entriamo in relazione con l'altro e con le sue debolezze e di conseguenza nel modo in cui ci prendiamo individualmente e collettivamente cura dei bambini, che sono creature indifese per loro stessa natura, e di chiunque venga percepito come bisognoso.

Arno Gruen (1936-2015), psicologo e psicoanalista, alla luce di una lunga esperienza clinica, sottolinea i pericoli insiti in questo tipo di visione. La madre, e insieme e dopo di lei tutti gli adulti che si prendono cura dei bambini, che non accetta la propria impotenza, la propria debolezza, la propria fragilità rischia di non accettare nemmeno quella del bambino. Questo la porterà a rifiutare qualsiasi espressione di debolezza, qualsiasi richiesta di aiuto e conforto da parte del bambino. Il bambino quindi imparerà, Bateson (1972) direbbe deutero-apprenderà, a limitare le proprie richieste di conforto, a negare e soffocare i propri bisogni emotivi, negando e soffocando contestualmente anche una grossa parte della propria umanità. Questo lo renderà, crescendo, sempre meno sensibile ai propri stati interni e sempre meno disponibile verso quelli degli altri, alimentando un circolo vizioso di indifferenza e spietatezza, di cui oggi possiamo tutti osservare gli effetti. Secondo Gruen la vera autonomia non ha a che fare con l'acquisizione di pratiche o con il fare da soli. La vera autonomia nasce invece dal poter sperimentare liberamente i propri stati interni, le percezioni, i sentimenti e i bisogni. Poter esprimere emozioni come dolore, disperazione, ma anche euforia e gioia e vederle accolte dall'altro permettono di costruire un ponte (un confine) tra il mondo interno e quello esterno. Solo in questo modo si mantiene un accesso alla propria umanità, che è sì impotente e fragile, ma anche vitale e creativa e gioiosa. Quando si recidono i legami con questa umanità, quando si generano confini nella mente troppo spessi, direbbe Hartmann, ci si allontana effettivamente dalle sensazioni dolorose, ma si perde anche la possibilità di sperimentare la gioia, la vitalità e in ultima istanza la vicinanza e la compartecipazione con gli altri esseri umani. Per Gruen sono l'amore e la compassione, intesa proprio come compartecipazione a un comune sentire umano, che permettono lo sviluppo e il dispiegamento di un sé autentico e autonomo. Ne risulta quindi una visione dell'autonomia ben lontana dalla visione corrente, con delle implicazioni importanti sia per quanto riguarda la psicoterapia, sia per come pensiamo alle relazioni tra gli esseri umani. Emerge un'autonomia che ha a che vedere con l'essere profondamente connessi non solo con la propria umanità, ma con l'Umanità in senso esteso. Un'autonomia interconnessa e interdipendente, che risuona molto con la Mente ecologica di Gregory Bateson.

3.1 Confini nella mente. I rischi di una separazione troppo rigida

Per quanto Hartmann ci ricordi che i confini spessi sono necessari per molti aspetti della vita quotidiana, appare evidente che confini troppo spessi nella mente comportano una serie di pericoli sia per l'individuo che per il sistema delle relazioni. Gruen (1987) ci mette in guardia dai rischi connaturati nell'eccessiva astrazione. Un pensiero eccessivamente astratto, iper-razionale, ci allontana da una reale comprensione del mondo e dell'altro. L'astrazione ci permette infatti di trasformare la realtà in idee, che prendono il posto del reale che intendevano originariamente rispecchiare. Se ci muoviamo in un mondo fatto solo di idee astratte e recidiamo il legame con i bisogni che le hanno generate, la nostra possibilità di comprendere il mondo diminuisce. Ma non solo. Ne fanno le spese l'apertura, l'entusiasmo, le passioni. Un mondo fatto solo di idee è un mondo disumano. E infatti l'eccessiva astrazione è distruttiva, sia a livello individuale che a livello collettivo. Se anche gli esseri umani diventano un'idea, allora possiamo prendere decisioni disumane, che trattano le persone come mezzi e non come fini.

Anche Gregory Bateson si scaglia con forza, la sua prosa non è delicata come quella di Gruen, contro una mente eccessivamente razionale. Sostiene infatti che la separazione tra le emozioni e l'intelletto sia "mostruoso e pericoloso", e che la pura razionalità finalizzata sia per sua stessa natura "patogena e distruttrice di vita". Le emozioni, così come i sogni, sono per Bateson una forma di "pensiero", di "ragionamento", ossia delle informazioni su questioni come l'amore, l'odio, la dipendenza, l'autorità. Questioni di relazioni che sono di importanza vitale per la sopravvivenza stessa degli esseri umani. Considerarli ostacoli o interferenze al pensiero razionale e di conseguenza ignorarli, tagliarli fuori dai processi decisionali è per Bateson un atteggiamento scellerato, con conseguenze terribili, al pari del separare la mente dal corpo e la mente individuale da quella collettiva. Le conseguenze di decisioni operate da una mente isolata sia dalla mente collettiva che dalle proprie emozioni (la finalità cosciente), comportano una disumanizzazione dell'altro e potenzialmente la distruzione dell'ambiente, entrambi visti come separati, non connessi, astratti, in ultima istanza non vivi.

Bateson usa l'espressione "mente senza aiuti". Gli aiuti a cui fa riferimento sono l'arte, la religione, il sogno e simili. La coscienza senza aiuti non può "apprezzare" la natura sistemica e interconnessa della mente, in quanto da sola può vedere solo piccoli archi di circuito con i quali può interagire (e sui quali può intervenire direttamente). Questa mente senza aiuti tenderà inevitabilmente all'odio, non solo per i motivi espressi sopra, ma anche perché, vedendo solo archi di circuito, e mai il sistema intero, complesso, interconnesso, gli individui saranno sempre sorpresi, frustrati e arrabbiati nel vedere che le proprie strategie finalizzate falliscono o che gli si ritorcono contro. "Così è fatto il mondo in cui viviamo: un mondo di strutture circuitali; e l'amore può sopravvivere solo se la saggezza (cioè la capacità di sentire o riconoscere la realtà circuitale) sa parlare con voce efficace" (Bateson, 1972). La mente razionale ha dunque bisogno dell'aiuto dell'arte, dei sogni e della religione per mantenersi saggia, ossia profondamente consapevole della mente sistemica che connette. Secondo Bateson l'arte non è espressione dell'inconscio, quanto piuttosto del rapporto tra diversi livelli del processo mentale. L'arte ha a che fare con la ricerca della grazia, che è fondamentalmente una questione di integrazione tra diverse parti della mente. Possiamo dunque supporre che la creatività risieda nella capacità di avere accesso e di poter attraversare diverse parti della mente, separate da confini sottili e permeabili, che permettono di bagnarsi nelle emozioni, nella propria umanità, ma anche di usare la tecnica e la razionalità che permettono di tradurre le connessioni attraverso gli strumenti dell'arte.

Da ultimo possiamo ipotizzare che l'arte, i sogni, la religione possano aiutare ad assottigliare confini molto spessi, perché sollecitano esperienze condivise e condivisibili rispetto alle proprie emozioni, alla propria umanità, e alla profonda connessione con il reale.

4 _ Abitare: Martin Heidegger e Franco La Cecla

Abitare è una facoltà umana: siamo fisicamente e biologicamente collocati in uno spazio e con questo sviluppiamo una qualche forma di relazione che ha delle caratteristiche sia individuali, affettive, che socialmente e culturalmente elaborate.

Il filosofo tedesco Martin Heidegger (1889-1976) in una conferenza del 1951 dedicata al rapporto tra uomo e spazio intitolata *Costruire, abitare, pensare* esplora il tema dell'abitare e del costruire, del modo cioè in cui i luoghi diventano spazi e di come gli uomini vi si relazionino. Abitare è il modo "in cui i mortali sono sulla terra" (Heidegger, 1971) e la sua caratteristica fondamentale è avere cura. Heidegger sostiene che l'abitare è dato dalla convergenza di quattro dimensioni, che egli chiama Quadratura: terra, cielo, dio e uomo. Terra e cielo rappresentano gli aspetti naturali dell'ambiente, mentre dio e uomo gli aspetti psicologici, relazionali, ecologici e spirituali. Gli uomini abitano nella Quadratura e si prendono cura della Quadratura. In quale modo? Secondo Heidegger prendersi cura della Quadratura significa custodire, mettere al riparo. Gli uomini mettono al riparo la Quadratura dal momento che abitano sempre presso le cose, le cose che costruiscono. Il costruire, ossia trasformare i luoghi in spazi è dunque un momento successivo all'abitare. Possiamo costruire perché possiamo abitare. Costruire e pensare, in modi diversi, dice, sono entrambi indispensabili all'abitare. Eppure, sono anche insufficienti finché restano separati, "senza ascoltarsi l'un l'altro" (Heidegger, 1971). Costruire e pensare possono ascoltarsi quando, pur restando pratiche distinte, ricordano di appartenere alla cornice più ampia dell'abitare, dell'essere al mondo quindi, sulla terra, sotto al cielo, connessi agli altri uomini e di fronte alla divinità.

Dunque, anche il filosofo tedesco in qualche modo ci mette in guardia dalle separazioni e dai confini troppo spessi. Secondo Heidegger usare l'espressione "la relazione tra uomo e spazio" è di per sé fuorviante, poiché presuppone una separazione. Lo spazio non è qualcosa di separato, né un'oggetto esterno o un'esperienza (anche se sappiamo che può essere tutte queste cose). Non esistono gli uomini da una parte e lo spazio dall'altra, perché nella definizione di uomo è connaturata l'idea di un uomo che abita nella Quadratura presso le cose. "La relazione di uomo e spazio non è null'altro che l'abitare pensato nella sua essenza".

L'intervento termina con una riflessione sulla crisi degli alloggi (è il 1951), che secondo lui ha cause diverse dalle guerre e dalle distruzioni, diverse dai cambiamenti legati all'aumento della popolazione e all'industrializzazione. Secondo Heidegger ha piuttosto a che fare con il sentirsi sradicati, con la ricerca del modo di abitare, ossia di essere nel mondo. Gli uomini sembrano voler tenere lontana questa "miseria", non voler riflettere sulla loro sdradicatezza. Eppure, proprio il riconoscimento di questa mancanza può chiamare gli esseri umani ad abitare, e dunque a costruire a partire dall'abitare e pensare per abitare.

"Noi siamo carne e geografia" scrive Franco La Cecla (2000), antropologo e architetto, in un volume dedicato proprio al perdersi, al sentirsi sradicati, al rapporto tra l'uomo e l'ambiente. Secondo La Cecla, in affinità con Heidegger, la separazione tra uomo e ambiente è arbitraria: "l'ambiente come 'intorno' è una interazione di due presenze, quella dell'abitante e quella del luogo. Le presenze sono affini perché il corpo, il nostro corpo, non è nello spazio, ma abita lo spazio, è fatto della sua stessa sostanza, ne è parte integrante". "Perdersi" implica dunque una discrepanza, una distanza improvvisa tra noi e lo spazio, lo scarto percepito tra un'attesa di familiarità e una serie di messaggi indecifrabili che provocano una "vertigine", un "disorientamento", uno stato simile secondo La Cecla a quello che Gregory Bateson (1972) descrive nella situazione del doppio legame. Sempre facendo riferimento a Bateson, l'autore sostiene che "perdersi", con lo smarrimento che comporta, possa anche essere l'occasione per ri-ambientarsi, e quindi per attivare un processo di deutero-apprendimento circa il nostro rapporto con l'ambiente, che era diventato una premessa, un'idea astratta, che davamo per scontato, e quindi per formare nuove abitudini. La Cecla chiama questo processo "mente locale" e lo definisce come il "ricostituirsi dell'interazione, il ricontestualizzarsi di un rapporto. È il soggetto che fa mente locale, ma questa si forma, di volta in volta, diversa; sarebbe anzi meglio dire 'di luogo in luogo diversa' (...) ma è nella natura del processo che risulti *inestricabile* la distinzione tra soggetto e contesto" (corsivo mio). Così, la nostra conoscenza, i nostri apprendimenti variano da luogo a luogo, e i luoghi vengono modificati da chi vi si ri-ambienta. Infatti, la "mente locale" è percezione e definizione dello spazio, ma è anche uso, appropriazione, dello spazio stesso. Quanto più ci allontaniamo dalla manipolazione dello spazio, tanto più ci allontaniamo dalla nostra identità, che diventa meno definita e meno interessante anche a noi stessi.

Abitare significa quindi essere, e prendersi cura, dell'ambiente naturale, insieme agli altri esseri umani e al cospetto del divino. Vivere connessi alla mente ecologica di Gregory Bateson e alla "mente locale" di Franco La Cecla. Bellissimo. Ma anche incredibilmente complicato, se non impossibile, dal momento che, come abbiamo visto sopra, gli esseri umani possono percepire e interagire direttamente solo con porzioni, con archi del circuito e mai con la totalità. Siamo "condannati" ai margini, ai confini. Lì gli esseri umani vivono ed entrano in relazione.

5 _ Conclusioni: abitare i confini

C'è una nota espressione del pediatra e psicoanalista inglese Donald Winnicott (1896-1971), molto cara agli studenti di psicologia dell'età evolutiva, che recita "There's no such thing as a baby" (Winnicott, 1947). Winnicott intendeva dire che il bambino non esiste se non in relazione a qualcun altro. E in effetti è noto a chiunque che un neonato non potrebbe sopravvivere da solo, né fisicamente né psicologicamente. Non solo, Bateson (1972) come abbiamo visto ci ricorda che per comprendere e descrivere il comportamento del bambino dovremo includere nella nostra osservazione anche la madre, con le sue emozioni. E per comprendere e descrivere la loro interazione dovremo includere anche il padre, le famiglie di origine, il contesto in cui vivono, le premesse di ciascuno e quelle socio-culturali sulle relazioni madre-bambino. Questa è la base della terapia familiare: allargare il contesto di osservazione per descrivere e spiegare il comportamento, anche quello ritenuto patologico, di un individuo.

Eppure, dobbiamo riconoscere che il bambino esiste in quanto individuo separato (il cordone ombelicale, legame biologico vitale che lo connette alla madre viene tagliato pochi istanti dopo la nascita), che ha dei propri confini. Hartmann (2011) ci dice che questi confini sono sottilissimi, proprio come la sua pelle, eppure esistono. La madre entra in relazione con il bambino attraverso questi confini e i propri. Non può accedere al suo mondo interno (e non potrà farlo nemmeno quando il bambino avrà acquisito il linguaggio, a meno che il bambino non voglia comunicarle i propri stati interni), ma può toccare la sua pelle, consolare il suo pianto, cantargli una canzone mentre lo nutre. Ma il confine resta (quando questo confine viene negato sono guai seri).

Torniamo un secondo all'esempio del cieco di Bateson (1972). Abbiamo visto che noi osservatori, se vogliamo comprendere la camminata del cieco, dobbiamo includere nella nostra osservazione il bastone. Ma se chiedessimo al cieco? Io credo che lui saprebbe indicarci dove sta il confine tra sé e il bastone e credo che lo collocherebbe nella mano che lo impugna. Probabilmente, nella terminologia di Hartmann, si tratta di un confine sottile, permeabile, che permette al cieco di ricevere tutte le informazioni trasmesse dal bastone. Ma anche in questo caso esiste un confine.

Noi entriamo in relazione gli uni con gli altri e con l'ambiente circostante attraverso i nostri confini. Abitiamo, proprio nel senso di Heidegger di "siamo nel mondo", in questi confini. Siamo separati dagli altri, eppure abbiamo questa formidabile possibilità di contatto, quasi sempre. Appaiono molto suggestive a questo proposito le osservazioni di La Cecla sulla soglia. Le soglie dividono e insieme uniscono due spazi diversi che vi si affacciano. Segnalano un confine, un impossibile ostacolo o un possibile passaggio. Ma, dice l'antropologo, il passaggio è consentito solo a patto di fare i conti con l'altro (luogo, individuo...), di accettarne l'influenza sulla nostra identità. "La soglia è un luogo dove due identità nello spazio si attestano, si attendono, si confrontano, si riflettono. Essa serve a ribadire le differenze" (La Cecla, 2000).

Sulla soglia chiediamo permesso per entrare. Sulla soglia lasciamo entrare gli altri. Sulla soglia esitiamo prima di andarcene, o prima di entrare davvero. Sulla soglia diamo il benvenuto e salutiamo. Sulla soglia diciamo addio a quelli che se ne vanno per sempre, e la soglia non sarà più la stessa. La casa non sarà più la stessa. Le soglie sono confini.

Le cose, le persone, gli ambienti, ci toccano sui nostri confini e noi non possiamo non reagire. Reagiamo sulla base di caratteristiche biologiche e psicologiche individuali, ma anche sulla base di comportamenti appresi culturalmente e condivisi socialmente.

Gregory Bateson, Arno Gruen e anche a modo suo Martin Heidegger ci ricordano, con parole diverse, che esiste un'umanità che ci accomuna tutti, un'umanità mortale, dolente, ma anche gioiosa, vitale e creativa. Un'umanità che ci affratella, a cui tutti possiamo partecipare e che possiamo riconoscere in noi stessi e negli altri. I sogni, l'arte, la religione possono essere strumenti potentissimi per questo auto e mutuo riconoscimento.

Ringraziamenti

Mamma, esistono i confini tra le discipline? Certo che esistono, ed è bene che in molti momenti siano belli spessi, sia durante la formazione che durante la pratica. Ma, come abbiamo visto, le informazioni non si possono fermare, certi canali di comunicazione non si possono troncare, pena la perdita di possibilità di comprendere il reale. E allora l'incontro e il dialogo tra discipline diverse diventano necessari, indispensabili. Questo lavoro nasce dalle riflessioni nate cinque anni fa, durante la preparazione di Alteridentità (Durango, 2015). Ringrazio ancora Durango edizioni per avermene affidato la cura, è stata un'occasione preziosa. Su quelle pagine si sono incontrate persone, provenienti da discipline diverse, che si sono scambiate idee e che continuano a farlo in molti modi. Credo che in questi anni questi scambi abbiano arricchito tutti. Di sicuro hanno arricchito me. Desidero ringraziare Anna Anzani e Luciano Crespi per avermi ospitata al Politecnico di Milano, Dipartimento di Design per parlare con i loro studenti. Sono sempre tornata a casa più ricca. Ringrazio Massimo Schinco e Massimo Giuliani per l'amicizia e gli scambi di questi ultimi anni. Molte di queste parole loro le hanno già lette, ed è un privilegio. Desidero ringraziare anche il Centro Milanese di Terapia della famiglia. Insegnare lì è uno stimolo continuo a studiare e a riflettere, sulla terapia, ma non solo.

Bibliografia

Anzani A., Guglielmi E., (a cura di), *Memoria, bellezza e transdisciplinarità - Riflessioni sull'attualità di Roberto Pane,* Maggioli Editore, Santarcangelo di Romagna, 2017

Bateson G., *Steps to an Ecology of Mind: Collected Essays in Anthropology, Psychiatry, Evolution, and Epistemology,* University Of Chicago Press, Chicago, 1972

Bateson G., *Mind and Nature: A Necessary Unity,* E. P. Dutton, New York, 1979

Boscolo L., Cecchin G., Hoffman L., Penn P., *Clinica Sistemica,* Bollati Boringhieri, Torino, 2004

Gruen A., *The betrayal of the Self: The fear of autonomy in Men and Women,* Human Development Books, Berkeley, CA, 2007

Gruen A., War or peace? We Cannot Survive With Real-Politik, *Psychohistory News,* June 9. International Psychohistorical Association, Fordham University, 2011 http://www.cosmicdreaming.com/warorpeace.html

Hartmann E., *Boundaries: a new way to look at the world,* CIRCC EverPress, Summerland, CA, 2011

Heidegger M., Building, Dwelling, Thinking, in M. Heidegger, *Poetry, Language, Thought,* Harper & Row, New York, 1971

La Cecla F., *Perdersi. L'uomo senza ambiente,* Editori Laterza, Bari, 2000

Minuchin S., *Famiglie e Terapia della famiglia,* Astrolabio, Roma, 1977

Piselli A., (a cura di), *Alteridentità,* Durango Edizioni, Manerbio, 2015

Piselli A, Io e noi. Abitare i luoghi e le memorie, in A. Anzani, E. Guglielmi (a cura di), *Memoria, bellezza e transdisciplinarità - Riflessioni sull'attualità di Roberto Pane,* Maggioli Editore, Santarcangelo di Romagna, 2017

Schinco M., *The Composer's Dream: Essays on Dreams, Creativity and Change,* Pari Publishing, Pari, 2011

Nicola Bruno

Dipartimento di Medicina e Chirurgia (DiMeC), Unità di
Neuroscienze, Università di Parma
Via Volturno, 39 - 43121 Parma
nicola.bruno@unipr.it

Abstract

Nel corso della storia, l'uomo ha utilizzato disegni, dipinti, o
fotografie ("pictures") per trasmettere informazioni sulla disposizione
tridimensionale dell'ambiente e sulla struttura volumetrica degli
oggetti. Senza dubbio questa forma di comunicazione visiva può
essere utile sia dal punto di vista pratico (ad es. nei disegni tecnici o
nelle mappe) sia da quello estetico (ad es. nei dipinti, nelle stampe
o nelle fotografie di carattere artistico). Tuttavia, le picture sono
bidimensionali, limitate nelle dimensioni e compresse nell'intensità e
nella cromaticità. Per costruzione, la quantità di informazioni visive
presenti nelle picture è inferiore a quella delle informazioni visive
disponibili nell'ambiente tridimensionale. Stando così le cose, come
possiamo percepire lo spazio in una picture? In questo capitolo
propongo uno schema concettuale per comprendere le informazioni
visive sullo spazio. Lo schema si basa sul concetto di assetto ottico
ambientale sviluppato da J. J. Gibson, e sull'idea chiave che per un
osservatore incarnato e mobile le informazioni sono disponibili
nello spazio-tempo. Mostro quindi come questo schema possa
essere usato per identificare le differenze chiave tra la percezione
spaziale nell'ambiente reale e la percezione spaziale nelle picture.
Queste differenze forniscono utili intuizioni su come interpretiamo
lo spazio nelle picture, rivelano il ruolo fondamentale dei punti
di vista nell'interpretazione dell'ambiguità spaziale e identificano
fattori finora trascurati che influenzano l'esperienza estetica nella
prospettiva e nell'arte.

Parole chiave: spazio, percezione, picture, informazioni, assetto ottico
ambientale, punto di vista.

Percezione
Percepire lo spazio nelle *picture*

Nicola Bruno

1 _ Introduzione

In questo capitolo mi occupo della percezione visiva dello spazio nei disegni, dipinti e fotografie. Nella nostra lingua non esiste una parola per riferirsi collettivamente a tutte queste cose, per cui ho preso in prestito il termine inglese: *picture*. In inglese sono "pictures" tutte quelle forme di comunicazione grafica in cui vengono prodotti dei segni su una superficie bidimensionale, che viene poi in qualche modo esibita a dei fruitori. Il modo di produzione dei segni non ha importanza: sono picture le incisioni dell'arte rupestre preistorica, gli affreschi, i mosaici, i disegni a matita, carboncino o penna; le stampe, i dipinti, le fotografie e i fotogrammi di un film. Il punto di partenza è che, nel corso della storia, la nostra specie ha sempre utilizzato picture per trasmettere informazioni visive sullo spazio. Percepire lo spazio nelle picture può essere dunque considerato un processo fondamentale della cognizione umana. Tuttavia, le picture sono bidimensionali, tipicamente coprono solo una piccola porzione del nostro campo visivo, e sono fortemente limitate nella gamma dinamica delle intensità luminose che riflettono per l'occhio umano. Le picture sottocampionano le informazioni visive sullo spazio in diversi modi. Ma se le cose stanno così, come percepire lo spazio nelle picture? In questo capitolo offro un quadro teorico per affrontare questa domanda. Questo quadro di riferimento si basa su due presupposti fondamentali: i) quando osserviamo le picture, inneschiamo gli stessi meccanismi cerebrali per la percezione della profondità che abbiamo sviluppato per percepire la disposizione tridimensionale dell'ambiente durante l'evoluzione della nostra specie; ma ii) il risultato di questi meccanismi è fondamentalmente diverso quando percepiamo le picture, rispetto alla percezione dell'ambiente tridimensionale, perché l'informazione ottica normalmente disponibile di fronte a un'immagine differisce in modo fondamentale dall'informazione disponibile quando percepiamo l'ambiente. Sostengo che in queste differenze informative stia un'importante specificità della percezione pittorica della profondità, e dall'apprezzamento dei risultati nei corrispondenti processi psicologici risultano intuizioni chiave sulle nostre reazioni psicologiche alle picture.

2 _ Informazioni sullo spazio nell'ambiente tridimensionale

Il processo di percezione visiva può essere concepito come una catena di eventi. I raggi luminosi emessi dal sole o da un illuminante artificiale vengono riflessi dalle superfici degli oggetti in vari modi che dipendono dalla composizione materiale di queste superfici, dalla direzione dell'illuminazione nonché, in modo particolare, dalla geometria tridimensionale di una data scena. Un organismo dotato di sensori di luce biologici campiona la struttura spaziale di questi raggi luminosi per ottenere informazioni, che possono poi essere utilizzate per formare rappresentazioni interne della disposizione tridimensionale dell'ambiente e per guidare le azioni. Nella nostra specie, questi campionamenti sono eseguiti grazie alla *retina*, un sottile strato contenente un mosaico di *fotorecettori*, cellule neurali specializzate nella *trasduzione* dell'energia energia elettromagnetica in un codice neurale che viene poi trasmesso a diversi altri centri di elaborazione retinici, sottocorticali e corticali. Ai fini del presente capitolo, non parlerò della natura dell'elaborazione neurale delle informazioni sulla profondità, ma mi concentrerò invece sulla comprensione della natura delle informazioni sulla profondità che sono disponibili per questa elaborazione. Per comprendere la natura di tali informazioni, un'utile formalizzazione della struttura della luce ambientale nei confronti di un potenziale punto di vista è fornita dalla nozione di *assetto ottico ambientale* sviluppata da James J. Gibson, uno dei più influenti teorici della percezione del secolo scorso.

2.1 L'assetto ottico ambientale

La nozione di assetto ottico ambientale è illustrata in Figura 1. Gibson (1979) ha sviluppato questa nozione quale costrutto teorico per descrivere come l'insieme dei raggi luminosi viene strutturato dalle interazioni con gli oggetti nell'ambiente. Per fare ciò, è partito da un'analisi della disposizione ambientale che dobbiamo percepire. Ha sostenuto che questa è meglio descritta come una articolazione di oggetti e superfici di varie dimensioni (ma all'interno di una scala globale compatibile con il nostro corpo), in varie relazioni spaziali come l'inclusione, il supporto o l'adiacenza. Per questo motivo, il nostro ambiente visivo è ricco di struttura spaziale. Per esempio, un osservatore può trovarsi dietro una scrivania, e la scrivania può essere posta di fronte a una lavagna appesa a una parete (si veda di nuovo la Figura 1). Inoltre, l'ambiente è pieno di luce ambientale, cioè di raggi luminosi che vengono emessi da una o più fonti di luce e poi rimbalzano intorno nell'ambiente con un complesso schema di riflessioni. La selezione di un potenziale punto di vista all'interno di questo denso mezzo di luce ambientale definisce un assetto ottico ambientale. Ogni superficie nell'ambiente può essere concepita come la base di un angolo solido con l'apice nel punto di vista. L'insieme di questi angoli solidi è l'assetto ottico ambientale per il punto di vista e la scena dati.

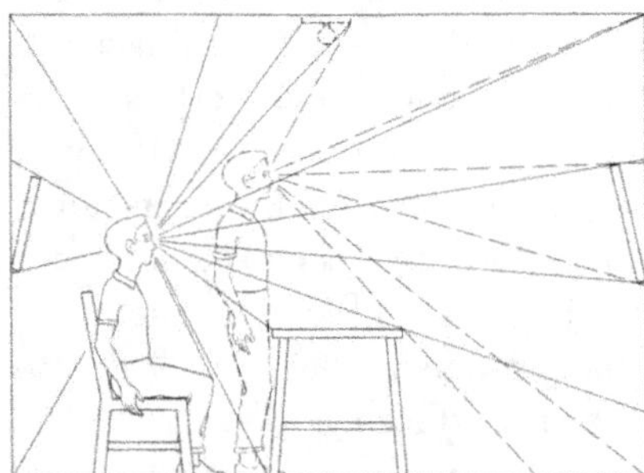

Fig.1 Assetto ottico ambientale da due punti di vista successivi, come illustrato in Gibson (1979)

In particolare, Gibson ha sottolineato che anche questo assetto ha una struttura spaziale, e tale struttura dipenderà in modo causale dalla struttura dell'ambiente. Per esempio, l'angolo solido con base alla lavagna sarà compreso dentro all'angolo solido con base alla parete, e sarà adiacente a quello della scrivania ma sopra di esso. Data questa dipendenza causale, la struttura spaziale dell'assetto ottico è destinata a preservare, almeno in parte, la struttura spaziale dell'ambiente. Più precisamente, le caratteristiche specifiche della struttura spaziale degli assetti ottici mapperanno aspetti specifici della struttura spaziale dell'ambiente. In questo senso, queste caratteristiche possono essere considerate *fonti* di informazioni ottiche sullo spazio.

Oltre ad analizzare le informazioni ottiche in un assetto ottico, Gibson ha anche sottolineato un punto estremamente importante. Ha notato che gli esseri umani, come molti animali non umani, sono organismi mobili. Ciò implica che le informazioni sono potenzialmente disponibili non solo nella struttura spaziale degli assetti ottici, ma anche nella loro struttura temporale. Man mano che il punto di vista cambia posizione rispetto all'ambiente, gli angoli solidi sottesi da oggetti e superfici cambiano nel tempo e questo cambiamento mappa in modo appropriato le relazioni di profondità. Infine, Gibson ha anche tenuto conto che gli esseri umani, sempre come molti animali non umani, hanno due occhi: ciò implica che in condizioni ordinarie otteniamo informazioni da un doppio assetto ottico, che a sua volta subisce una serie di trasformazioni man mano che ci muoviamo.

Le considerazioni di cui sopra suggeriscono una distinzione tripartita tra le fonti di informazione per la profondità: informazioni derivate dalla struttura spaziale in un unico assetto, in un assetto doppio, e dalla struttura temporale. Di seguito, le illustrerò in modo più dettagliato partendo dall'ultima (parallasse di movimento), passando poi alla penultima (parallasse binoculare), e terminando con la prima (informazione pittorica). Questo ordine è giustificato solo dalla convenienza. Nonostante in questo modo le geometrie sottostanti mi sembrino spiegate più chiaramente, l'ordine non riflette alcuna classificazione implicita per importanza o rilevanza. Nella visione naturale, tutti e tre i tipi di informazione di profondità sono di solito disponibili e potenzialmente utili. Inoltre, e per completezza, va aggiunto che, anche se non saranno discusse in questa sede, in condizioni specifiche sono disponibili anche altre potenziali fonti di informazione. Per esempio, le informazioni sullo spazio sono spesso ottenute da informazioni uditive o somatosensoriali, dando luogo a complesse interazioni multisensoriali che influenzano anche il modo in cui percepiamo lo spazio (Bruno & Pavani, 2018). Come sostenuto nella parte finale di questo capitolo, ci sono ragioni per ipotizzare che tali interazioni multisensoriali, soprattutto per quanto riguarda la somatosensazione, possano avere un ruolo importante nel modo in cui apprezziamo le picture, soprattutto quando guardiamo opere d'arte in un museo o in una mostra.

2.2 Informazioni dalla parallasse di movimento

Nelle trasformazioni dell'assetto ottico che si verificano nel tempo sono contenute ricche informazioni sulle relazioni spaziali. Tali trasformazioni possono essere dovute a cambiamenti di posizione del punto di vista per un osservatore in movimento, rispetto a oggetti stazionari; a movimenti di oggetti animati o inanimati nell'ambiente per un osservatore stazionario, rispetto a un punto di vista stazionario; o a entrambi allo stesso tempo. Per semplicità, limiterò la mia discussione al primo di questi casi. Questa semplificazione è giustificata da due motivi. In primo luogo, quando si osservano le picture, ci si trova tipicamente nella prima di queste situazioni, poiché le picture sono di solito ferme quando le osserviamo. In secondo luogo, anche in presenza di oggetti in movimento, ci saranno ampie parti dell'ambiente che non si muovono quando gli oggetti si muovono nei confronti del terreno stazionario e rispetto ai circostanti oggetti stazionari. Il fatto che specifiche trasformazioni ottiche possano essere dovute sia al movimento dell'osservatore sia dell'oggetto rispetto al punto di vista pone problemi specifici ai meccanismi cerebrali che devono codificare tali informazioni per percepire la disposizione dell'ambiente. Una discussione di questi meccanismi esula tuttavia dall'ambito del presente capitolo.

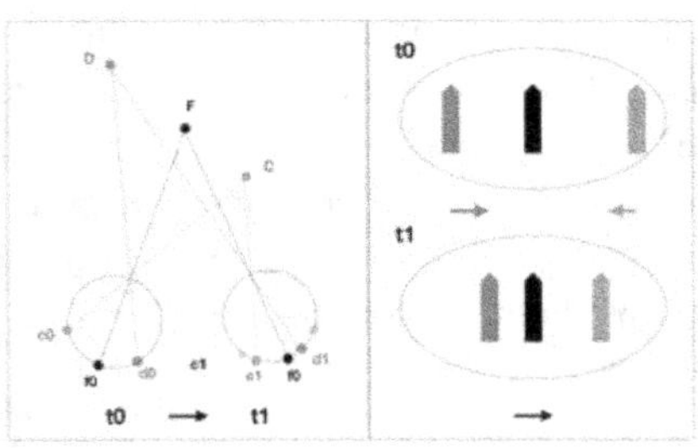

Fig.2 Geometria della parallasse di movimento come fonte di informazioni sulla profondità. Freccia nera: movimento dell'osservatore nell'ambiente. Frecce grigio chiaro desaturato e grigio scuro: spostamenti di D e C, rispetto a F, nell'assetto ottico

Le trasformazioni ottiche che si verificano nell'assetto ottico come conseguenza di un cambiamento di posizione del punto di vista sono solitamente indicate come parallasse di movimento (o in alternativa, in alcuni contesti, come *flusso ottico*). Per capire come la parallasse di movimento fornisce informazioni sulle relazioni spaziali, si consideri in Figura 2 il pannello di sinistra. Supponiamo che l'occhio sia una sfera (anche questa è una semplificazione ma adeguata ai fini di questa descrizione) e che la retina copra la parte interna posteriore di questa sfera, e supponiamo inoltre che questo occhio stia fissando l'oggetto F (disco nero) nell'ambiente in modo tale che la proiezione di questo punto cada sulla *fovea*, la piccola parte centrale della retina che ha la più alta risoluzione ottica (ogni volta che fissiamo un oggetto, portiamo la sua proiezione sulla fovea). Un altro oggetto D (disco grigio chiaro) si trovi più lontano di F dal punto di vista e un altro oggetto C (grigio scuro) si trovi più vicino al punto di vista. Così, al tempo $t0$ i tre oggetti cadono sui punti retinici f0, d0 e c0. Supponiamo ora che l'occhio appartenga a un osservatore in movimento e che l'osservatore cambi posizione dal tempo $t0$ al tempo $t1$ continuando a mantenere la fissazione su F. Come conseguenza del movimento, le proiezioni di D e C cambieranno posizione (Figura 2, pannello di destra) sulla retina da d0 (grigio chiaro desaturato) a d1 (grigio chiaro) e da c0 a c1 (grigio scuro). La proiezione di F, tuttavia, non cambierà la sua posizione retinica in quanto la fissazione la mantiene sulla fovea.

Come mostrato in Figura 2, le posizioni di D e C rispetto a F nell'assetto ottico cambiano in funzione della loro posizione in profondità, secondo due regole: i) gli oggetti più vicini al punto di vista rispetto alla fissazione, come C, si spostano otticamente nella direzione opposta alla direzione di movimento dell'osservatore, mentre gli oggetti più lontani dal punto di vista, come D, si spostano nella stessa direzione del movimento dell'osservatore; ii) la velocità dello spostamento retinico in entrambe le direzioni è proporzionale alla distanza in profondità dell'oggetto rispetto alla fissazione (si noti che il cambiamento di posizione di C, che è più vicino a F rispetto a D, è inferiore al cambiamento di D come indicato dalla lunghezza delle frecce grigio scuro e grigio chiaro). Quindi, la parallasse di movimento fornisce informazioni sulle distanze nell'ambiente relative alla posizione in profondità del punto di fissazione, fino a un termine di scala che dipende dalla distanza del punto di vista dalla fissazione. Questo è potenzialmente sufficiente per specificare la disposizione tridimensionale dei tre punti in relazione l'uno all'altro (profondità esocentrica o relativa all'oggetto), utile per la percezione delle strutture ambientali. Se la distanza di fissazione dal punto di vista (profondità egocentrica o relativa all'osservatore) è nota da altre fonti di informazione, la parallasse di movimento specifica pienamente le distanze metriche dei punti. Si rimandano i lettori interessati ad approfondire maggiormente la base cerebrale della percezione della profondità a partire dalla parallasse del movimento alla recente rassegna da parte di Kim, Angelaki e De Angelis (2016).

2.3 Informazioni dalla parallasse binoculare

Gli esseri umani, così come diverse specie animali non umane, hanno due occhi con campi visivi parzialmente sovrapposti (cioè una parte dell'ambiente esterno si proietta su entrambe le retine). Ciò significa che, anche per un osservatore stazionario, le differenze tra gli assetti ottici di ciascun occhio (parallasse *binoculare*) forniscono informazioni sulla profondità. La geometria della parallasse binoculare è per molti versi analoga a quella della parallasse di movimento. Invece di sfruttare i cambiamenti temporali dell'assetto ottico relativi a due punti di vista successivi, il cervello può estrarre informazioni spaziali dalle differenze fra due matrici disponibili simultaneamente. Quando sono espresse in relazione alle posizioni sulla retina, queste differenze sono chiamate *disparità*.

Un'illustrazione di come le disparità retiniche trasmettono informazioni sulle posizioni in profondità è mostrata in Figura 3. L'analogia con la parallasse di movimento dovrebbe essere evidente. Entrambi gli occhi fissano l'oggetto F, in modo tale che la proiezione di F cade sulle *fovee* sinistra e destra. Si dice che le posizioni retiniche lf e rf si trovano su punti *corrispondenti* sulle due retine. Infatti, dato un punto di fissazione, c'è un insieme di punti esterni che cadranno su punti retinici corrispondenti. Il luogo di questi punti è chiamato *orottero* e ha una forma approssimativamente circolare. Tutti i punti esterni che giacciono sull'orottero hanno una disparità retinica pari a zero. Al contrario, sia l'oggetto D, che è più lontano dalla fissazione rispetto ai due punti di vista, sia l'oggetto C, che è più vicino, hanno proiezioni che cadono su punti retinici *non corrispondenti*. Si dice che gli oggetti con proiezioni che cadono su punti non corrispondenti hanno una disparità diversa da zero. Si noti inoltre che le proiezioni dell'oggetto C cadono a sinistra della fissazione sull'occhio sinistro e a destra della fissazione sull'occhio destro. Poiché sarebbe necessario incrociare ulteriormente gli occhi (convergere) per fissarlo, si dice che l'oggetto C ha una disparità *incrociata*. Al contrario, le proiezioni dell'oggetto D cadono a *destra* della fissazione sull'occhio sinistro e a *sinistra* della fissazione sull'occhio destro. Poiché sarebbe necessario "disincrociare" (divergere), si dice che l'oggetto D ha una disparità *non crociata*. In generale, gli oggetti con disparità incrociata sono più vicini all'orottero rispetto al punto di vista, mentre gli oggetti con disparità non incrociata sono più lontani. Quindi, il segno della disparità contiene informazioni sull'ordine in profondità rispetto alla fissazione. Inoltre, l'entità della disparità contiene informazioni sulla distanza relativa del punto dalla fissazione, fino a un termine di scala che dipende dalla distanza di F. Sempre in analogia con la parallasse di movimento, se questa distanza è nota, le disparità possono fornire informazioni anche sulle distanze metriche. Si rimandano i lettori interessati alla base cerebrale della percezione della profondità a partire dalla parallasse binoculare alle rassegne di Parker e Cumming, 2001; per una versione aggiornata si veda Parker, 2019.

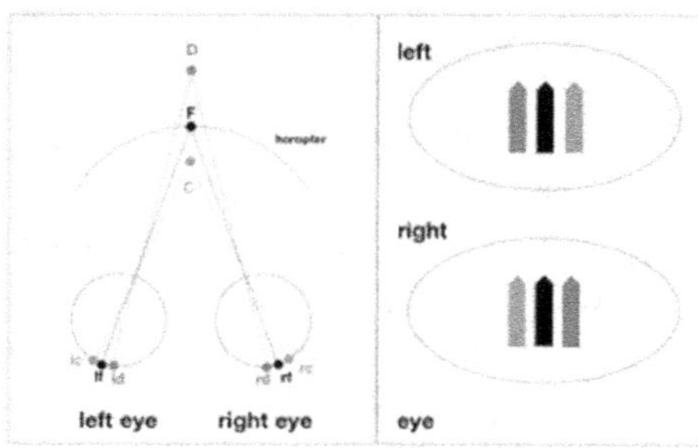

Fig. 3 Geometria della parallasse binoculare come fonte di informazioni sulla profondità

2.4 Fonti di informazione pittoriche

Informazioni sulle relazioni di profondità a partire dalle caratteristiche strutturali delle singole matrici ottiche vengono fornite anche a un osservatore monoculare stazionario. Queste caratteristiche sono comunemente chiamate fonti di informazione pittorica, perché corrispondono alle caratteristiche di un disegno o di un quadro che un artista può sfruttare per trasmettere un senso di profondità in un'immagine.

L'elenco manualistico delle fonti pittoriche comprende di solito le seguenti caratteristiche: *altezza nel piano, dimensione relativa, occlusione* (talvolta chiamata anche *interposizione* o *sovrapposizione*), e *prospettiva aerea*. Sono esemplificate nella scena semplificata nel pannello di sinistra in Figura 4, che dovrebbe apparire come un insieme di elementi grigi di forma simile che si allontanano in profondità, visti attraverso due riquadri montati su un telaio nero. L'altezza in piano si riferisce al fatto che gli elementi che sono più in alto nell'assetto ottico sono più lontani dal punto di vista, supponendo che si appoggino tutti sul terreno e che il terreno sia approssimativamente piatto. Si noti che i rettangoli vicino alla parte superiore dei riquadri tendono ad apparire più lontani di quelli vicino alla parte inferiore. La dimensione relativa si riferisce al fatto che la dimensione proiettata degli elementi dell'assetto ottico è proporzionale alla distanza dal punto di vista, assumendo che tutti gli elementi abbiano la stessa dimensione fisica. Si noti che i rettangoli più piccoli tendono ad apparire più lontani. L'occlusione si riferisce al fatto che gli elementi che nascondono parti di altri elementi si trovano di fronte a questi elementi nascosti. Si noti che la cornice nera, che nasconde parti di alcuni rettangoli, appare su un piano di profondità più vicino. La prospettiva aerea, infine, si riferisce al fatto che il contrasto in intensità luminosa tra un elemento e il suo

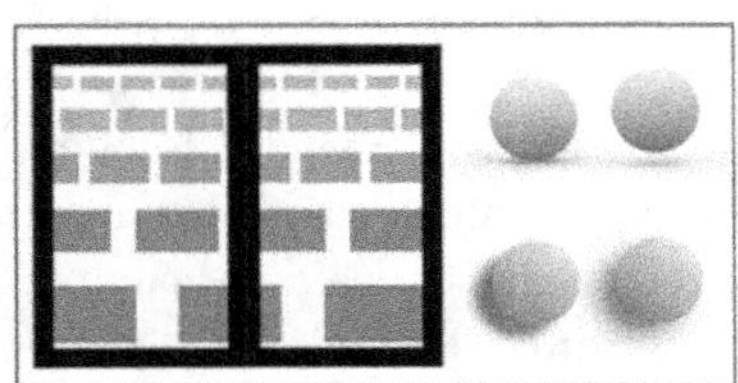

Fig. 4 Illustrazione di sei fonti pittoriche di informazioni sulla profondità: altezza in piano, dimensione relativa, occlusione, prospettiva aerea, ombreggiatura e ombra proiettata

sfondo tende a ridursi in funzione della distanza dal punto di vista. In una scena colorata, la riduzione del contrasto è correlata anche a un cambiamento di cromaticità verso l'estremità blu dello spettro. Questo si osserva tipicamente in una vista panoramica con i picchi delle montagne sullo sfondo, dove i picchi più lontani hanno meno contrasto e appaiono sempre più simili al cielo.

Inoltre, le informazioni sulle relazioni di profondità sono fornite in un assetto ottico monoculare statico da *ombre proiettate* e da pattern di *ombreggiatura* sulle superfici (talvolta chiamati *chiaroscuro* dai pittori). Questi sono esemplificati nelle picture nel pannello di destra in Figura 4. Si noti come le relazioni di contatto tra le ombre proiettate e il terreno di supporto forniscono informazioni sulla posizione della sfera rispetto al supporto, come l'andamento delle ombreggiature fornisce informazioni sulla struttura tridimensionale delle sfere, e come sia le ombre sia l'ombreggiatura forniscono informazioni sulla direzione dell'illuminazione.

A differenza delle fonti basate sulla parallasse, le fonti pittoriche forniscono informazioni probabilistiche sulla profondità in quanto si basano sulla validità di ipotesi relative alla statistica dell'ambiente naturale e di punti di vista tipici. Inoltre, spesso forniscono solo informazioni sull'ordine di profondità (cioè, ciò che è davanti e ciò che è dietro) più che sulla distanza relativa o assoluta. Le informazioni provenienti da fonti pittoriche possono comunque avere importanti conseguenze sulla profondità percepita, soprattutto come vincoli all'elaborazione di parallassi binoculari o di movimento. A titolo di esempio, i lettori possono trovare un'approfondita discussione sulle interazioni neurali tra disparità e fonti di informazione pittorica nella recente rassegna di Welchman (2016).

3 _ Informazioni ottiche sullo spazio nelle picture

Quando guardiamo un'immagine, diventano disponibili le stesse fonti di informazione che sono disponibili quando guardiamo l'ambiente tridimensionale. Prendo ciò come un dato di fatto: una picture, sia essa un dipinto, un disegno o una fotografia, è essa stessa parte di un oggetto fisico in una determinata posizione nello spazio che circonda lo spettatore. In realtà, un dipinto è tipicamente una superficie piana (la tela), montata su una cornice che a sua volta è appesa a un muro. Su questa superficie piana, tuttavia, si trova una disposizione di elementi (linee, forme, colori) che hanno lo scopo di rappresentare una parte diversa dell'ambiente. Questa disposizione varierà, naturalmente, a seconda della natura del quadro. Nella vista di un paesaggio o di una città, la disposizione mira esplicitamente a rappresentare di fatto una porzione di un ambiente tridimensionale, osservata da un determinato punto di vista. Si pensi, ad esempio, a una delle tante vedute di Venezia dipinte dal Canaletto. In un quadro astratto, non rappresentazionale, lo scopo del pittore è meno ovvio, ma in una certa misura è ancora presente una rappresentazione delle relazioni spaziali. Un esempio che mi viene in mente sono le opere mature di Vasilij Kandiskij, dove linee variamente colorate e figure geometriche si sovrappongono sulla tela in diverse posizioni. Qualunque sia lo stile del dipinto, la disposizione degli elementi visivi sul quadro stesso ha una struttura spaziale, che si rispecchia nella struttura di una porzione dell'assetto ottico a disposizione dello spettatore. Tuttavia, come osservato ancora una volta da Gibson (1979), questa porzione di assetto ottico è concepita come "congelata" nello spazio-tempo - è intesa a catturare, almeno in una certa misura, un unico potenziale assetto disponibile da un punto di vista. Di conseguenza, le fonti di informazioni sulla profondità disponibili durante la visione del quadro sono effettivamente le stesse di quelle disponibili nella visione ordinaria. Tuttavia, nel complesso, le informazioni che forniscono al sistema visivo dello spettatore presentano alcune differenze cruciali rispetto alla visione dell'ambiente tridimensionale. In ciò che segue, parlerò delle informazioni dalla parallasse e poi passerò alle informazioni pittoriche.

3.1 Parallasse di movimento e binoculare

Quando si guarda un dipinto che rappresenta relazioni di profondità tra gli oggetti, la parallasse binoculare e di movimento non specificano la profondità, ma la *planarità*. In altre parole, segnaleranno ai meccanismi cerebrali informazioni sulla superficie bidimensionale della tela. Questo perché l'informazione della parallasse dipende dalla geometria tridimensionale della scena. Così, le disparità retiniche saranno coerenti con tutti gli elementi raffigurati nel quadro che si trovano sullo stesso piano, con una certa inclinazione rispetto al punto di vista che dipende dalla sua posizione rispetto alla tela. Allo stesso modo, quando il punto di vista si sposta nel tempo, l'assetto ottico subirà trasformazioni ottiche coerenti con la posizione della tela nell'ambiente tridimensionale. Nessuna delle due fonti sarà coerente con le relazioni di profondità rappresentate nella foto. Un semplice esempio di questo fatto generale è ciò che accade quando l'immagine raffigura un oggetto allungato che punta verso lo spettatore, come, ad esempio, la canna di una pistola. Supponiamo di essere in piedi proprio di fronte all'immagine e di spostarci lateralmente verso destra. Se la canna fosse effettivamente rivolta verso di noi in profondità, la struttura dell'assetto ottico dovrebbe gradualmente rivelare il lato sinistro della canna, mentre gli elementi di sfondo sul lato destro della canna dovrebbero essere gradualmente nascosti alla vista. Ma questo naturalmente non accadrà, perché la canna è semplicemente dipinta sulla tela - non ha veramente una struttura tridimensionale in profondità. Torneremo su questo tipo di situazioni nella prossima sezione, poiché spesso danno luogo a interessanti fenomeni di percezione pittorica. Prima di farlo, considereremo le informazioni provenienti da fonti pittoriche.

3.2 Fonti pittoriche

Quando si guarda un dipinto che rappresenta relazioni di profondità tra gli oggetti, se la geometria proiettiva del dipinto è corretta, le fonti pittoriche *sono* coerenti con la struttura dell'assetto ottico per il punto di vista appropriato per la proiezione, a condizione che si guardi l'immagine in visione monoculare o che la distanza del punto di vista dall'immagine sia abbastanza grande da rendere irrilevante la parallasse binoculare. Ciò implica che, in linea di principio, è possibile fare un'immagine che, se vista da un punto di vista appropriato da un osservatore statico monoculare (o binoculare se lontano), approssimerà la struttura dell'assetto ottico reale per la scena tridimensionale raffigurata in misura sufficiente affinché l'approssimazione sia praticamente equivalente all'assetto reale. In questo caso, le fonti pittoriche *nell'immagine*, forniranno informazioni che saranno equivalenti alle informazioni fornite dalle fonti pittoriche dell'ambiente tridimensionale raffigurato. Va sottolineato, tuttavia, che ciò sarà vero solo se la posizione dell'osservatore sarà coerente (o almeno non troppo diversa) dal punto di vista implicito dell'immagine. Se non è così, allora l'assetto ottico creata dall'immagine non sarà coerente con l'assetto ottico inteso per l'ambiente tridimensionale raffigurato, ma coerente con un assetto con una diversa disposizione tridimensionale. Questo fatto generale ha generato fenomeni interessanti che forniscono intuizioni sui meccanismi cerebrali alla base della percezione e dell'apprezzamento delle picture, come discusso nel seguito.

4 _ Il ruolo del punto di vista nel comprendere
e apprezzare le picture

Dopo aver inquadrato il tema attraverso l'analisi delle informazioni sulla profondità nelle picture, possiamo ora passare alle sue conseguenze psicologiche. In quest'ultima parte del capitolo, mostrerò come la considerazione del potenziale conflitto tra le interpretazioni di profondità generate da diverse fonti possa condurci a fondamentali intuizioni sulla nostra comprensione e il nostro apprezzamento delle picture. Per brevità, limiterò la mia discussione a tre fenomeni chiave, il *trompe l'oeil*, la *robustezza della prospettiva* e la *prospettiva inversa*. Concluderò con una discussione sul ruolo del punto di vista nella strutturazione delle dinamiche psicologiche relative alla percezione della profondità pittorica.

4.1 Trompe l'oeil

In un classico libro sulla prospettiva lineare, Edgerton (1975, discusso in Kubovy, 1988) ha analizzato un intrigante aneddoto sul celebre architetto rinascimentale Filippo Brunelleschi. La storia è più o meno la seguente. Secondo Antonio Manetti, biografo brunelleschiano del XV secolo, Brunelleschi aveva dipinto una veduta prospettica del Battistero di San Giovanni visto dal portale di Santa Maria del Fiore (la cattedrale fiorentina era all'epoca ancora incompiuta). Il dipinto era su un pannello relativamente piccolo che poteva essere tenuto con una mano sola, e in questo pannello Brunelleschi aveva eseguito un piccolo foro esattamente nel centro della proiezione. Agli spettatori veniva chiesto di tenere il dipinto con una mano, con il retro non dipinto rivolto verso di loro, di tenere con l'altra mano uno specchio davanti al dipinto, e di portare un occhio vicino al foro per guardare il riflesso. Manetti riferisce di aver provato la dimostrazione più volte, e di avere sempre avuto l'impressione che guardare attraverso il foro fosse come vedere il vero Battistero. Purtroppo, il dipinto non è stato conservato e lo stesso Brunelleschi non ha lasciato dichiarazioni in merito. Tuttavia, la storia è generalmente ritenuta vera e viene spesso discussa in opere scientifiche su prospettiva e percezione (si veda, ad esempio, Davis, 2017). La prendo come un prototipo per illustrare il principio chiave che sta alla base del trompe l'oeil, un genere artistico che mira a realizzare picture che non si possono distinguere dall'oggetto raffigurato.

Il genere stesso del trompe l'oeil è multiforme e abbraccia la maggior parte della storia delle arti visive, dall'arte greca e romana alla pittura iperrealistica contemporanea. L'effetto di "ingannare l'occhio" può coinvolgere un solo elemento del quadro, come la famosa mosca dipinta nell'angolo in basso a destra della *Madonna col Bambino* di Carlo Crivelli (1480 ca.), o come nel pezzo di pergamena inciso in fondo al *Salvator Mundi* di Antonello da Messina (1470 ca.). In molti altri casi, l'effetto può coinvolgere l'intero dipinto e lo spettatore ha l'impressione di guardare qualcosa di tridimensionale invece di un quadro. Per esempio, l'effetto può essere un bassorilievo simulato, un oggetto o un'intera scena. Comunque, ciò che conta ai fini di questo capitolo è che, quando gli spettatori si godono il trompe l'oeil, raramente si trovano in una situazione analoga alla dimostrazione di Brunelleschi. Nel caso di Brunelleschi, il punto di vista è stato limitato dallo spioncino sulla superficie del dipinto, in modo tale che gli spettatori fossero necessariamente nella posizione corretta per il punto di vista virtuale della resa prospettica. In altre parole, si trattava di osservatori statici monoculari che campionavano un singolo assetto ottico, e la struttura di questo assetto conteneva ricche informazioni pittoriche sulla scena tridimensionale simulata. Quindi non sorprende particolarmente il fatto che credessero di vedere la realtà. Invece, in condizioni normali, gli osservatori del trompe l'oeil non si trovano nel punto di vista virtuale corretto, si muovono e guardano il trompe l'oeil con due occhi. Dalla parallasse si evince che l'oggetto visto è in realtà piatto. Di conseguenza, come sostenuto anche da Calabrese (2011), l'effetto non è *letteralmente* la convinzione di vedere la cosa reale.

Così, un'analisi delle informazioni di profondità disponibili durante la visualizzazione del trompe l'oeil suggerisce segnali sensoriali contrastanti, mentre un'analisi della fenomenologia del trompe l'oeil suggerisce che le risposte comportamentali sono più complesse del semplice confondere una rappresentazione con un oggetto reale. Forse l'ipotesi più intrigante sul principio psicologico che regola queste risposte è stata fornita da Kubovy (1988). Secondo Kubovy, l'elemento chiave alla base del nostro fascino per il trompe l'oeil è meta-percettivo piuttosto che percettivo *tout court*. Gli spettatori vivono il dipinto come la possibilità di un'illusione della realtà, piuttosto che come un errore percettivo in cui si confonde il dipinto con un oggetto reale. Questa possibilità è radicata nelle dinamiche delle diverse interpretazioni cognitive delle informazioni di profondità disponibili, alcune delle quali rivelano la vera geometria tridimensionale della tela dipinta, mentre altre fonti suggeriscono un'interpretazione alternativa della profondità e del punto di vista. Proprio quest'ultimo elemento, che dipende dalla mancata corrispondenza tra il punto di vista reale dell'osservatore e il punto di vista implicito della prospettiva, pone il problema dell'elaborazione psicologica di tali disallineamenti, fenomeno che spesso viene definito come robustezza della prospettiva.

4.2 La robustezza della prospettiva

I celebri *Quaderni* di Leonardo da Vinci includono un intrigante passaggio sulle rappresentazioni di profondità in un dipinto. Leonardo ha dichiarato che se si vuole rappresentare un oggetto vicino a sé che risulti naturale, è impossibile che la prospettiva non sembri sbagliata, con rapporti falsi e disaccordi di proporzioni tipici di un'opera miserabile; a meno che lo spettatore, quando lo guarda, non ponga l'occhio proprio alla stessa distanza, altezza e direzione in cui l'occhio o il punto di vista è stato posto facendo la prospettiva (da Vinci, 2008). È interessante notare che l'opinione espressa da Leonardo è sia giusta sia sbagliata. È giusta in termini di prospettiva geometrica o, calata nel quadro concettuale del presente capitolo, in termini di geometria dell'assetto ottico e degli indici pittorici che ne derivano. Ma è anche sbagliata, perché Leonardo sosteneva che la rappresentazione dello spazio "sembra" sbagliata allo spettatore. Il lettore può convincersene con un semplice esperimento. Si trovi un'immagine raffigurante una scena di profondità. Per esempio, una fotografia, o un dipinto prospettico, o il disegno tecnico di un edificio eseguito da un architetto. La si guardi da alcuni punti di vista. La scena appare distorta ("miserabile con falsi rapporti e disaccordi di proporzioni")?

La risposta, naturalmente, è negativa. Quando si guardano le picture, il sistema visivo umano è del tutto capace di generare una percezione soddisfacente della scena raffigurata anche quando il punto di vista non è geometricamente corretto. Kubovy (1988) ha definito questo fatto fondamentale della percezione pittorica "robustezza" della prospettiva, e una recente sintesi del fenomeno si può leggere in Pagel (2017). La robustezza della prospettiva è un fatto notevole con due importanti implicazioni per la nostra comprensione della profondità pittorica. La prima di queste è che il meccanismo cerebrale che elabora le fonti pittoriche evidentemente non esegue una sorta di "ottica inversa". Non cerca di ricostruire una rappresentazione metricamente accurata dello spazio tridimensionale rappresentato a partire dalla sua proiezione bidimensionale nel punto di vista dato. Sembra piuttosto che le informazioni provenienti da fonti pittoriche siano utilizzate, in combinazione con le informazioni della parallasse, per costruire una rappresentazione della disposizione degli oggetti nell'ambiente cha sia utile da un punto di vista comportamentale. Come sostenuto da molti teorici contemporanei (si veda, ad esempio, Hoffman, Singh & Prakash, 2015), questa rappresentazione deve essere accurata solo quanto necessario per supportare interazioni di successo con l'ambiente. Tali interazioni raramente richiedono misurazioni di una struttura tridimensionale perfette in tutte le dimensioni. Ad esempio, per supportare la presa di un oggetto, le stime della distanza dalla mano e delle dimensioni rispetto alle dimensioni della mano dovrebbero essere sufficienti, in linea di principio, a guidare il movimento. La seconda implicazione è che l'elaborazione relativa alla codifica cerebrale della posizione di visualizzazione gioca un ruolo importante nella percezione delle picture. È dimostrato, infatti, che la robustezza della prospettiva comporta una sorta di compensazione mentale del punto di vista errato. La prova di questa ipotesi viene dall'analisi dei casi in cui la robustezza fallisce.

La robustezza della prospettiva non è perfetta. Anche se nella maggior parte dei casi non siamo consapevoli delle distorsioni che ci si potrebbe aspettare in base al ragionamento di Leonardo, in alcuni casi le viste prospettiche delle fotografie appaiono distorte. Questi casi particolari sono a modo loro interessanti, in quanto forniscono indicazioni sui principi di elaborazione che stanno alla base della robustezza della prospettiva. Un esempio molto discusso (si veda ad esempio Massironi 2002; Massironi e Savardi 1991) si trova nella chiesa di Sant'Ignazio a Roma, dove il visitatore trova un disco di marmo giallo inserito nella parte centrale del pavimento della navata centrale. In piedi su questo disco, il visitatore che guarda il soffitto della chiesa occuperà un punto di vista coerente con la geometria della proiezione centrale per la prospettiva dell'affresco dipinto sul soffitto. L'affresco, eseguito da Andrea Pozzo verso la fine del I secolo, raffigura elementi architettonici che sembrano prolungare verso l'alto quelli della chiesa vera e propria, fino ad arrivare a un'apertura centrale che mostra il cielo con angeli e putti in volo sopra gli spettatori. Il sorprendente realismo della rappresentazione dipinta, che da secoli affascina i visitatori della chiesa, deve molto al fatto che il soffitto è in realtà piuttosto distante dal punto di vista dello spettatore. La distanza elimina essenzialmente qualsiasi disparità binoculare, e quindi la parallasse binoculare non fornisce alcuna informazione sulla planarità. Non si ha la consapevolezza di guardare un dipinto invece di una vera e propria struttura tridimensionale. Tuttavia, come qualsiasi visitatore della chiesa può facilmente testimoniare, se ci si allontana dal disco di marmo mentre si guarda ancora il soffitto, si percepiscono immediatamente delle forti distorsioni. Che in queste condizioni le distorsioni *siano* viste, come previsto da Leonardo, suggerisce una possibilità intrigante: che una condizione necessaria della robustezza della prospettiva sia la disponibilità delle informazioni di profondità per percepire la planarità del quadro.

L'ipotesi che si debba vedere il quadro per vedere lo spazio raffigurato è infatti supportata da prove empiriche. In uno studio classico, Rosinski et al. (1980) hanno ottenuto giudizi di orientamento percepito in profondità per picture che raffiguravano una semplice superficie in varie inclinazioni. In un esperimento, i partecipanti hanno guardato l'immagine da due posizioni vincolate binocularmente, con la testa tenuta in posizione fissa da un mento e da un poggiatesta oftalmico. Entrambe le posizioni erano geometricamente scorrette, cioè non corrispondevano al punto di vista geometricamente corretto per la superficie raffigurata, e corrispondevano a orientamenti della superficie proiettata molto diversi. Tuttavia, i giudizi sull'orientamento percepito seguivano da vicino la vera inclinazione della superficie, con poca differenza tra le due posizioni. Pertanto, i risultati di questo esperimento sono coerenti con la robustezza della prospettiva. In un altro esperimento, i partecipanti hanno guardato l'immagine da due spioncini, in modo tale che i punti di vista fossero limitati e monoculari. Uno degli spioncini coincideva con il punto di vista corretto per la superficie raffigurata, mentre l'altro no. Pertanto, l'orientamento della superficie proiettata coincideva con la vera inclinazione della superficie nel primo, mentre differiva da essa nel secondo. In contrasto con l'esperimento binoculare, in quest'altro esperimento l'orientamento giudicato seguiva l'inclinazione vera quando la foto era vista dal punto di vista corretto, mentre era sistematicamente più grande dell'inclinazione vera quando vista da quella sbagliata. In altre parole, nelle condizioni di questo secondo esperimento la robustezza della prospettiva entrava in crisi. Rosinski e collaboratori hanno suggerito che i partecipanti compensassero i punti di vista errati (cioè la prospettiva era robusta) quando l'informazione binoculare forniva informazioni sulla superficie dell'immagine, come nel primo esperimento. Quando queste informazioni erano assenti, non era possibile alcuna compensazione e quindi dal punto di vista scorretto si verificavano distorsioni. I risultati di Rosinski e dei suoi collaboratori sono stati replicati in studi successivi (ad esempio Vishwanath, Girshick & Banks, 2005).

4.3 Prospettiva inversa

Come i lettori hanno ormai probabilmente compreso, un principio chiave del presente capitolo è che la specificità della percezione pittorica stia in un conflitto di informazioni. Le fonti d'informazione legate alla parallasse, che specificano la planarità, confliggono con le fonti pittoriche (o, se si vuole, con la prospettiva) che descrivono la profondità da un punto di vista specifico. Sostengo che questo conflitto implica una dinamica mentale di compensazione che si verifica solo con le picture. Nei casi tipici di cui abbiamo parlato finora, il conflitto sorge tra planarità e profondità. Ma che dire del conflitto tra profondità opposte? Una risposta a questa domanda viene da una particolare tecnica ideata dal noto op-artist britannico Patrick Hughes. Nelle opere di Hughes, le vedute prospettiche di edifici o oggetti sono dipinte su una superficie ondulata e tridimensionale invece che su una tela piatta. Ad esempio, la superficie può avere la forma di una serie di piramidi tronche, con basi rettangolari che sporgono verso l'osservatore e lati trapezoidali che si allontanano in profondità per incontrarsi in un punto complanare con la cornice. Su questo bassorilievo Hughes dipinge una scena prospettica, ma la prospettiva è coerente con i rapporti di profondità opposti. Ad esempio, sulle basi rettangolari più vicine può dipingere superfici di sfondo, insieme all'orizzonte e al cielo. Sui lati trapezoidali, può dipingere i lati dell'edificio, ma utilizzando una vista prospettica che è opposta all'orientamento reale in profondità della superficie. Così, gradienti di dimensioni relative coinvolgono elementi più grandi e più lontani, ed elementi più piccoli vicino al punto di vista. Le linee parallele in prospettiva convergono, invece di divergere, in quanto recedono in profondità. L'"immagine" che ne risulta è difficile da descrivere a parole, ma i lettori possono trovare illustrazioni online cercando il nome di Hughes su piattaforme come YouTube[1]. Sono disponibili anche veri e propri articoli scientifici, che comprendono semplici schemi per ritagliare il proprio Patrick Hughes su carta (ad esempio, Wade & Hughes, 1999). Hughes ha definito la sua tecnica "prospettiva inversa".

Ai fini del presente capitolo, ciò che interessa sono gli effetti percettivi che si presentano quando si osservano dipinti a prospettiva inversa. Se ne possono vedere, in una certa misura, sia su video sia in scala ridotta su cartoncini da ritagliare come quelli che accompagnano alcuni paper scientifici. Si tratta comunque di surrogati scadenti dell'esperienza reale della visione di un dipinto di Hughes, spesso realizzati su superfici a bassorilievo molto grandi che riempiono la maggior parte del campo visivo, a meno che non si sia lontani. Di seguito, cercherò di fornire una descrizione. Tuttavia, raccomando ai lettori di non perdere l'opportunità di vedere un vero Patrick Hughes se visitano una galleria o un museo che ne possiede uno. Immaginate quindi di entrare in una grande stanza di un museo, e di vedere sulla parete di fronte all'ingresso quella che sembra una grande tela con una vista prospettica di edifici relativamente convenzionale. A questo punto l'opera appare come un normale quadro non molto interessante. Man mano che vi avvicinate all'opera, però, si verificano fenomeni sorprendenti. All'inizio qualcosa sembra sbagliato. All'inizio non si è sicuri, ma presto ci si rende conto di cosa sia. La scena sembra deformarsi in modo ordinato, come se gli edifici ondeggiassero lateralmente. Se vi muovete, sembrano ruotare seguendovi mentre li guardate. In un certo senso, l'intero quadro prende vita. Questo continua a succedere per un po' di tempo, mentre continuate ad avvicinarvi al muro, e poi avete di nuovo la sensazione di qualcosa di confuso, fino a quando le distorsioni si fermano improvvisamente e prendete coscienza della vera struttura tridimensionale della tela. A questo punto, potreste perdere consapevolezza dello spazio raffigurato che avevate visto originariamente entrando nella stanza, e gli elementi dipinti sulla superficie diventano essenzialmente privi di significato. Non appena vi allontanate dalla tela, però, il movimento dell'edificio riprende. Imparate facilmente, infatti, ad attivare e disattivare le distorsioni cambiando la distanza. Evidentemente, l'aver scoperto il "vero" stato di cose non impedisce che le distorsioni si verifichino.

Si può imparare molto esaminando gli effetti percettivi della prospettiva inversa. Essi infatti possono essere considerati una sintesi della maggior parte del materiale presentato in questo capitolo. Consideriamo prima di tutto l'effetto di variare la distanza dal dipinto. Se visto da lontano, il sistema visivo non ha essenzialmente alcuna informazione binoculare sulla sua vera struttura tridimensionale, e anche la parallasse del movimento è ridotta al minimo, a meno che il dipinto non sia molto grande e non si sia molto lontani. Così, la struttura dell'assetto ottico si basa sulle fonti pittoriche, e quello che si vede sembra un'opera normale: un dipinto su una tela piana. La robustezza della prospettiva è pienamente operativa, e le eventuali distorsioni residue dovute alla parallasse di movimento vengono prontamente scontate. Man mano che ci si avvicina, la situazione cambia. Ora la parallasse binoculare non è più trascurabile, anche se le disparità retiniche non sono grandi, e sorge un potenziale conflitto. In questa fase iniziale vincono le fonti pittoriche, e si continua a vedere la disposizione di profondità suggerita dalla prospettiva (invertita). Questo però contraddice sia la parallasse binoculare sia, soprattutto in questa fase, la parallasse di movimento. Gli oggetti più vicini alla fissazione dovrebbero muoversi, nell'assetto ottico, nella direzione opposta al proprio movimento nello spazio. In questa particolare situazione, tuttavia, gli oggetti che sembrano essere più vicini alla fissazione (a causa di indici pittorici) si muovono nella vostra stessa direzione (a causa della parallasse del movimento). Questo è un paradosso percettivo. Il sistema visivo potrebbe risolverlo, se riuscisse a ricostruire correttamente la forma della superficie dipinta. Alla distanza attuale, tuttavia, l'informazione binoculare è troppo debole. Quindi si sente che qualcosa non va, che la percezione non è stabile. Finché, naturalmente, il cervello non trova un altro modo per risolvere il paradosso. La soluzione è la seguente: "Data la disposizione della profondità percepita e data la parallasse di movimento, non è possibile che guardi una scena stazionaria. Devono essere gli edifici che si muovono". Naturalmente non sto suggerendo che "voi" crediate davvero che si stiano muovendo. A un altro livello di consapevolezza (chiamatelo "cognitivo"), sapete perfettamente che il vostro sistema visivo è stato ingannato. Ma questo non impedisce di vedere i movimenti illusori, e di divertirsi. Né vi sto suggerendo che gli osservatori ragionino consapevolmente sul fatto che gli edifici devono essere in movimento. Non solo i meccanismi di percezione della profondità sono indipendenti dalle credenze e dalle aspettative, ma sono anche automatici e obbligatori. Non si può che vedere ciò che si vede, in condizioni appropriate. Infine, considerate cosa succede quando vi trovate realmente vicino alla superficie dipinta.

Qui l'equilibrio tra parallasse binoculare e spunti pittorici si inverte a favore della prima. Si vede la vera profondità fisica del bassorilievo, ma si perde la prospettiva.

Testare come funziona la percezione quando le informazioni sensoriali confliggono è un antico trucco di laboratorio. Con un po' di pazienza, nelle monografie o nei libri di testo sulla percezione non è difficile trovare descrizioni dell'effetto percettivo basate sulla stessa logica di Patrick Hughes. Ciò che rende speciale la prospettiva inversa di Hughes è che funziona per tutti e in contesti naturalistici. Gli effetti sono così forti ed evidenti che non servono apparecchiature, procedure speciali o formazione. Per lo spettatore occasionale, questi effetti sono una fonte di meraviglia e uno stimolo per la curiosità intellettuale. Per l'intenditore di percezione, così come, spero, per i lettori di questo capitolo, rappresentano uno strumento straordinario per esplorare la percezione della profondità in un dipinto. Ma forse l'aspetto più importante degli effetti spettacolari di Hughes è che essi offrono un'opportunità unica di sperimentare direttamente le potenti dinamiche psicologiche scatenate da fonti di profondità discordanti.

4.4 Comprensione spaziale vs. presenza

Rappresentazioni visive dello spazio non sono presenti solo in quadri o disegni. Anche architetti, designer e ingegneri usano abitualmente le picture per comunicare informazioni sulla struttura tridimensionale di edifici, paesaggi urbani e oggetti. Queste picture rientrano di solito nella categoria dei disegni tecnici. Mentre lo scopo principale delle rappresentazioni spaziali nell'arte è espressivo ed edonico, i disegni tecnici mirano a illustrare il modo in cui qualcosa è costruito o funziona. Così, a differenza che nell'arte, lo scopo principale dei disegni tecnici è quello di generare una comprensione della struttura tridimensionale attraverso una precisa comunicazione dello spazio. Per facilitare questo processo, i disegnatori di disegni tecnici integrano le informazioni visive con una varietà di strumenti per la comunicazione non visiva. Questi sono codificati da standard internazionali (Comitato Tecnico ISO/TC10, 2003) e includono simboli, unità di misura, sistemi di notazione e varie convenzioni grafiche. Tali strumenti integrano l'informazione visiva fornita dai disegni propriamente detti, favorendo una comprensione concettuale delle grandezze e dei rapporti nella struttura 3D raffigurata. Di conseguenza, tale comprensione può andare oltre ciò che si ottiene con l'elaborazione percettiva dei dispositivi visivi. Tuttavia, le informazioni spaziali fornite dai disegni rimangono fondamentali. Per questo, gran parte della precedente analisi relativa alle fonti di informazione sulla profondità si applica altrettanto bene alla percezione dello spazio nei disegni tecnici. I disegni tecnici sfruttano tipicamente le fonti pittoriche per rappresentare la struttura 3D, e la robustezza della prospettiva attenua le distorsioni nella percezione di tale struttura. Inoltre, architetti e progettisti hanno spesso bisogno di comunicare informazioni sul loro lavoro a un pubblico non tecnico durante lo sviluppo di un progetto - per esempio, mentre discutono le opzioni di costruzione con potenziali acquirenti. A questo scopo, spesso preparano disegni o diagrammi volti a migliorare non solo la comprensione del progetto da parte del destinatario, ma anche il suo interesse e il suo apprezzamento. Questa forma di disegno tecnico è chiamata *illustrazione tecnica*. Data la loro finalità, le illustrazioni tecniche non sono solo funzionali ma anche espressive, tanto che i principi che regolano la rappresentazione dello spazio nell'arte diventano ancora più rilevanti.

Con lo sviluppo di hardware relativamente accessibili, ora la presentazione di strutture tridimensionali nell'architettura, nel design e nell'ingegneria viene sempre più eseguita da simulazioni computerizzate. Questo modo di presentare le viste su schermo viene di solito ribattezzato realtà virtuale (VR). La tecnologia VR si è diffusa nell'architettura e nel design sia per la visualizzazione tecnica sia per l'illustrazione espressiva. Ad esempio, Wang et al. (2018) forniscono una rivisitazione della VR nell'ambito dell'istruzione e della formazione ingegneristica. Nelle presentazioni VR, la geometria di una struttura 3D viene modellata da un software appropriato, resa su schermo di computer e visualizzata mentre si indossano dispositivi che generano un'esperienza vivida e realistica di oggetti volumetrici nello spazio. Questa proprietà dell'esperienza VR è spesso chiamata *presenza* (vedi Ferretti, 2016; Schultze, 2010). Sebbene la VR sia spesso indicata come una singola tecnica per la visualizzazione, è possibile adottare approcci e tecniche diverse a seconda del software e dell'hardware disponibili. Soprattutto, vengono sfruttate diverse fonti di informazione 3D e, di conseguenza, si generano diversi gradi di presenza o di comprensione spaziale, o entrambe. Ai fini del presente capitolo, la distinzione più rilevante è quella tra VR *non immersiva* e *immersiva*. La VR non immersiva sfrutta tipicamente dispositivi simili a quelli oggi comunemente disponibili nelle sale cinematografiche 3D, cioè gli stereoscopi. Il termine si riferisce a qualunque dispositivo per la presentazione binoculare di una coppia di picture separate che rappresentano la vista dell'occhio sinistro e quella dell'occhio destro della stessa scena. Dato che queste picture contengono tipicamente lievi differenze a causa dei diversi punti di vista, diventano disponibili disparità retiniche tra le retine dell'osservatore. Così, quando il cervello esegue la fusione binoculare, sorge la percezione di una scena solida e tridimensionale (detta stereopsi, vedi Vishwanath, 2014). La VR immersiva, invece, combina la visione stereoscopica con l'animazione al computer e il tracciamento del movimento. Nei dispositivi più avanzati, ciò è tipicamente ottenuto con cuffie dotate di due piccoli monitor OLED o LCD che visualizzano picture generate dal computer sull'occhio sinistro e destro, e di giroscopi e sensori per il tracciamento della posizione dell'osservatore in movimento nello spazio. Utilizzando i dati di tali sensori, le applicazioni software aggiornano continuamente le picture presentate per simulare i cambiamenti di punto di vista nell'ambiente virtuale. A differenza della stereopsi tradizionale, la VR immersiva non sfrutta quindi solo la parallasse binoculare, ma anche la parallasse di movimento, poiché le viste vengono aggiornate online in funzione dei movimenti dell'osservatore. Inoltre, soprattutto, l'informazione della parallasse sarà sempre coerente con l'informazione pittorica di ogni singola immagine monoculare. Per esempio, mentre la testa ruota a destra, nelle picture sono resi gli elementi appropriati della parte destra della scena. Di conseguenza, l'osservatore non riceve semplicemente le nuove informazioni, ma le *ottiene* in funzione della sua attività esplorativa. È opinione diffusa che questo legame tra l'informazione sullo spazio e l'esplorazione finalizzata sia il fattore chiave per favorire una percezione avvincente della profondità e migliori notevolmente l'esperienza della presenza (Vishnawath, 2014).

Pertanto, se considerato nel quadro delle fonti di informazione per la profondità, il processo di percezione dello spazio nei disegni tecnici solleva due importanti questioni empiriche. La prima riguarda l'*efficacia* dei disegni tecnici nel favorire negli spettatori un'adeguata comprensione della struttura 3D raffigurata. Ad esempio, si possono ovviamente utilizzare disegni tecnici tradizionali, e sono stati utilizzati a lungo, in architettura e in ingegneria. Ma quanto servono realmente al loro scopo e, cosa più interessante, c'è un vantaggio nell'introduzione delle tecnologie VR? Il secondo riguarda invece la *qualità* dell'esperienza stessa. Come si confronta l'esperienza della profondità nei disegni tecnici tradizionali con quella nelle diverse forme di VR? E come si confrontano entrambe con l'esperienza della profondità reale in un ambiente reale? Nella terminologia introdotta nei primi paragrafi di questa sezione, la prima di queste domande ha a che fare con la comprensione spaziale, mentre la seconda con la presenza. Poiché entrambe sono legate al modo in cui percepiamo lo spazio, questi due aspetti sono a volte considerati come un'unica elaborazione psicologica. Tuttavia, come vediamo ora, almeno alcune prove empiriche suggeriscono che dovrebbero essere mantenuti distinti in quanto si riferiscono a dimensioni diverse e potenzialmente separabili.

Per esempio, ci sono prove che la comprensione spaziale di modelli 3D sperimentati attraverso la VR immersiva è migliore rispetto a quella attraverso la VR non immersiva (Paes, Arantes & Irizarry, 2017) e che le reazioni agli ambienti realizzati attraverso la VR immersiva possono essere equivalenti a quelle risultanti dall'esperienza dei corrispondenti ambienti reali (Chamilothory, Wienhold & Andersen, 2019). Una serie di studi sulla rappresentazione architettonica del ricercatore danese Anders Hermund (Hermund & Klint, 2016; Hermund, Bundgaard & Klint, 2017; Hermund, Klint & Bundgaard, 2018) hanno confrontato valutazioni qualitative e stime metriche 3D di un ambiente fisico reale (un auditorium della Royal Danish Academy of Fine Arts), di presentazioni immersive VR dell'auditorium e di disegni tecnici di piante e sezioni dell'auditorium. Tre gruppi di partecipanti indipendenti hanno compilato un questionario finalizzato a valutare le risposte qualitative e metriche ed è stata utilizzata una tecnologia immersiva VR avanzata per la visualizzazione dell'ambiente virtuale.

In entrambi i tipi di risposta i risultati hanno rivelato correlazioni molto più elevate con l'ambiente reale nel caso dell'ambiente VR immersivo rispetto a quello dell'ambiente disegnato. Questo risultato suggerisce che i partecipanti esposti alla VR immersiva hanno sperimentato la presenza e hanno raggiunto un grado di comprensione spaziale paragonabile a quello dell'ambiente reale. Questo risultato è coerente con la conclusione che la disponibilità di parallasse binoculare e di movimento, e l'assenza di conflitti con gli spunti pittorici, forniscono un modo ottimale di comunicare la struttura 3D.

Al contrario, Gîbacia (2012) ha valutato l'efficienza (utilizzando i tempi di risposta) e l'accuratezza (utilizzando un test di riconoscimento) nella ricostruzione della struttura 3D raffigurata nei disegni tecnici creati con software CAD. Si è riscontrato che la visione stereoscopica binoculare dei modelli CAD migliora il realismo della struttura 3D percepita, ma non riduce i tempi né aumenta la precisione nel confronto con la visione libera dei modelli sullo schermo. Questa constatazione è coerente con l'idea che la presenza e la comprensione spaziale coinvolgono diversi processi psicologici e sono influenzati da diversi fattori. In particolare, i risultati confermano che con la visione stereoscopica si ottiene un certo grado di presenza, ma ciò non comporta necessariamente un miglioramento della comprensione spaziale. Un risultato simile è stato riportato da Saleeb (2015). Questi resoconti sono abbastanza coerenti con l'analisi delle fonti di informazione 3D fornite in precedenza nel capitolo. Durante la visione libera dei modelli CAD sullo schermo, i partecipanti hanno utilizzato fonti pittoriche (si vedano le sezioni 2.4 e 3.2) per ricostruire mentalmente le strutture 3D raffigurate. Allo stesso tempo, il loro sistema visivo ha elaborato informazioni binoculari e di parallasse di movimento (si vedano le sezioni 2.2 e 2.3), che hanno specificato la planarità. Queste sono le condizioni che consentono la robustezza della prospettiva (4.2). Pertanto, ci si aspetterebbe che, a parità di altri fattori, la comprensione della struttura 3D raffigurata ne tragga vantaggio almeno in una certa misura. Nella visione stereoscopica, al contrario, le informazioni binoculari non specificano più la planarità, ma sorge un conflitto con le fonti pittoriche (dato che normalmente il punto di vista non è corretto, queste erano coerenti con una struttura 3D non corretta e forse ambigua) così come con la parallasse di movimento (a meno che il sistema testa-occhi non fosse perfettamente stabilizzato, questo rimaneva coerente con la planarità). Dato questo conflitto, è plausibile che la robustezza della prospettiva non fosse ugualmente impegnata in queste condizioni, e che la comprensione spaziale dei partecipanti non ne abbia beneficiato. Tuttavia, le informazioni binoculari hanno fatto sì che i modelli CAD apparissero tridimensionali, generando una percezione della presenza.

5 _ Conclusioni

È venuto il momento di terminare e di giungere a una conclusione. In questo capitolo ho esaminato le più importanti fonti di informazione sulla profondità utilizzate dal sistema visivo umano. Ho poi mostrato come nelle picture queste fonti di informazione comportino un conflitto. La natura di questo conflitto, tuttavia, è peculiare. Quando si osserva una picture, il cervello riceve informazioni sulla vera struttura tridimensionale di un oggetto fisico: la superficie piatta su cui l'immagine è stata dipinta o stampata. Queste informazioni sono fornite dalla parallasse binoculare e di movimento (insieme ad altre fonti potenziali meno importanti di cui non ho parlato), e portano a una consapevolezza sensoriale della superficie piatta della picture. Allo stesso tempo, il cervello riceve informazioni su una diversa struttura tridimensionale, che può essere quasi qualunque disposizione di superfici e oggetti a diverse profondità. Queste informazioni sono fornite da fonti pittoriche, e portano a un tipo di consapevolezza qualitativamente diversa. È una consapevolezza che la scena disegnata *rappresenta* una disposizione fisica di superfici e oggetti, ma tale disposizione non è veramente di fronte a noi qui e ora. Questo diverso tipo di consapevolezza potrebbe essere chiamato cognitivo (in contrapposizione a quello sensoriale), o forse meta-percettivo (il termine preferito da Kubovy, 1988), e uno dei suoi componenti sembra essere legato al fatto che le fonti pittoriche sono calibrate per un punto di vista virtuale che tipicamente *non* è il punto di vista occupato dallo spettatore. Si noti, per inciso, che questa ipotesi non richiede che gli spettatori siano effettivamente consapevoli della discrepanza del punto di vista. Molto probabilmente, i meccanismi alla base della robustezza della prospettiva operano completamente al di fuori della portata dell'accesso cosciente. Oppure, in alternativa, possono diventare coscienti solo quando si adotti una mentalità specifica, che potrebbe richiedere un addestramento o almeno uno sforzo di attenzione.

Qualunque sia la preferenza per quanto riguarda la consapevolezza delle rappresentazioni dei punti di vista, ciò che rimane vero è che percepire la profondità nelle picture comporta un conflitto tra una rappresentazione sensoriale e una meta-percettiva di ciò che ci si trova di fronte. Questa è una forma di *doppia percezione* e, suggerisco, è proprio tale dualità che caratterizza l'unicità della percezione pittorica. Il conflitto tra le due rappresentazioni fornisce il terreno per una dinamica mentale, ma questa dinamica è molto più complessa della competizione tra le percezioni sensoriali. Si consideri, ad esempio, un laboratorio allestito per presentare separatamente forme molto diverse rispetto alle corrispondenti posizioni retiniche dell'occhio sinistro e destro. Queste condizioni generano spesso un fenomeno chiamato *rivalità binoculare*. Poiché le differenze tra le due matrici ottiche superano di gran lunga le soglie neurali per la fusione binoculare e l'elaborazione delle disparità, il sistema visivo può sopprimere solo una delle percezioni concorrenti o, in alternativa, alternarsi all'infinito tra di esse. Non può mai percepire entrambe le cose contemporaneamente. Oppure si considerino *pattern bistabili* come l'immagine iconica di due profili di fronte con lo sfondo centrale a forma di calice (la figura bistabile faccia-vaso). A causa del funzionamento di meccanismi di segregazione visiva figura-sfondo, tali modelli sono visti in un modo (ad esempio, i profili), o nell'altro (il calice). Non sono mai visti entrambi contemporaneamente. Nella percezione duale delle picture, invece, entrambe le rappresentazioni sono disponibili contemporaneamente, e si scontrano a un livello diverso, un livello che attraversa la percezione di ciò che si vede, qui e ora, e di ciò che *potrebbe* essere visto, da me o da un altro osservatore, da un punto di vista relativo a una certa scena.

Così, l'analisi offerta in questo capitolo ha gradualmente deviato dai fatti specifici della geometria proiettiva verso territori molto più ampi della psicologia cognitiva e delle neuroscienze cognitive.

Mentre non esiste ancora una teoria globale della percezione dello spazio per picture, sembra ora generalmente accettato che tale teoria dovrà tenere conto almeno di due aspetti chiave della profondità pittorica: le dinamiche mentali generate da informazioni contrastanti e la simulazione mentale di assumere il punto di vista di un'altra persona. Entrambi gli aspetti comprendono una varietà di domande empiriche e di enigmi teorici, e una rassegna completa della ricerca attuale non rientrerebbe nell'ambito del presente capitolo. Il ruolo di contrastanti fonti di informazione sulla profondità, all'interno di diversi quadri teorici, è stato sottolineato in precedenti analisi della percezione pittorica da Gregory (1970) e Gibson (1979). Peraltro, il dibattito sulla natura delle dinamiche che ne derivano è proseguito in lavori contemporanei (si veda, ad esempio, Millar, 2006). Un altro classico di Kubovy (1988) fornisce un'analisi teorica convincente delle dinamiche di conflitto e delle rappresentazioni dei punti di vista nelle picture. Il meccanismo in gioco nell'immaginare un ambiente visto da un punto di vista diverso è stato studiato concentrandosi sulle basi cerebrali (Lambrey et al., 2012; Banaei et al. 2017), sulla simulazione motoria (Muto, Matsushita & Morikawa, 2018) e sulle interazioni multisensoriali (Deroualle et al., 2015). Per informazioni più dettagliate, i lettori interessati sono rimandati a queste opere.

Bibliografia

Banaei M., Hatami J., Yazdanfar A. & Gramann K., Walking through architectural spaces: the impact of interior forms on human brain dynamics, *Front. Hum. Neurosci.*, 11: 477, 2017

Bruno N., Pavani F., *Perception: A Multisensory Perspective,* Oxford University Press, Oxford, 2018

Calabrese O., *L'arte del Trompe l'Oeil*, Jaca Book, Milano, 2011

Chamilothori K., Wienold J., Andersen M., Adequacy of Immersive Virtual Reality for the Perception of Daylit Spaces: Comparison of Real and Virtual Environments, *LEUKOS*, 15(2-3), 203-226, 2019

da Vinci L., *Notebooks,* Oxford University Press, Oxford, 2008 (first edition 1952)

Davis W., *Visuality and Virtuality: Images and Pictures from Prehistory to Perspective,* Princeton University Press, Princeton, 2017

Deroualle D., Borel L., Devèze A., Lope C., Changing perspective: The role of vestibular signals, *Neuropsychologia, 79,* 175-185, 2015

Edgerton S.Y., *The Renaissance rediscovery of linear perspective,* Basic Books, New York, 1975

Ferretti G., Visual Feeling of presence, *Pacific Philosophical Quarterly*, 12170, 1-25, 2016

Gîbacia F., Evaluation of cognitive effort in the perception of engineering drawings as 3D models, *ACHI 2012: The fifth international conference on advances in Computer-Human interactions,* IARIA, 2012

Gibson J. J., *The Ecological Approach to Visual Perception,* Routledge Abingdon-on-Thames, 1979

Gregory R., *The intelligent eye,* McGraw-Hill, New York, 1970

Hermund A., Klint L.S., Virtual and Physical Architectural Atmosphere *Proceedings of the International Conference on Architecture, Landscape and Built Environment (ICALBE 2016),* New Zealand Academy of Applied Research Ltd, 3-4, Kuala Lumpur, Malaysia 2016

Hermund A., Bundgaard T.S., Klint L.S., Speculations on the representation of architecture in virtual reality: How can we (continue to) simulate the unseen? Paper presented at *Back to the Future: The Next 50 Years - 51st International Conference of the Architectural Science Association,* 2017

Hermund A., Klint L.S., Bundgaard T.S., The perception of Architectural Space in reality, in virtual reality, and through plan and section drawings: A case study of the

perception of architectural atmosphere, in A. Kepczynska-Walczak, S. Bialowsky (a cura di), *Computing for a better tomorrow: eCAADe.* Vol. 36, 735-744. Poland, 2018

Hoffmann D. D., Singh M., Prakash C., The interface theory of perception, *Psychonomic Bulletin & Review, 22*(6), 1480-1506, 2015

Kim HR, Angelaky DE, De Angelis GC, The neural basis of depth perception from motion parallax, *Phil Trans R Soc* B 371:20150256, 2016

Kubovy M., *The Psychology of Perspective and Renaissance Art,* Cambridge University Press, Cambridge, 1988

Lambrey S., Doeller C., Berthoz A., Burgess N., Imagining being somewhere else: Neural basis of changing perspective in space, *Cerebral Cortex,* 22(1), 166-174, 2012

Massironi M., *The Psychology of Graphic Images,* Lawrence Erlbaum Associates, Mahwah, 2002

Massironi M., Savardi U., The Ceiling of the Church of St Ignatius and the Perception of Concave Surfaces, *Perception, 20*(6), 771–787, 1991

Millar B., The conflicted character of picture perception, *Journal of Aesthetics and Art Criticism,* 64(4), 471-477, 2006

Muto H., Matsushita S., Morikawa K., Spatial perspective taking mediated by whole-body motor simulation, *Journal of Experimental Psychology: Human Perception and Performance,* 44(3), 337-355, 2018

Paes D., Arantes E., Irizarry J., Immersive environment for improving the understanding of architectural 3D models: comparing user spatial perception between immersive and traditional virtual reality systems, *Automation in construction,* 84, 292-303, 2017

Pagel R., The duality of picture perception and the robustness of perspective, *Art and Perception,* 5(3), 233-261, 2017

Parker AJ, *Stereopsis and depth perception*, Oxford Research Encyclopaedia of Neuroscience, 2019

Parker AJ, Cumming BG, Cortical mechanisms of binocular stereoscopic vision, in C. Casanova, M. Pitito (a cura di) *Progress in Brain Research*, vol 134, Elsevier, 2001

Rosinski R.R., Mulholland T., Degelman D. & Farber J., Picture perception: an analysis of visual compensation, *Perception & Psychophysics,* 28(6), 521-526, 1980

Saleeb N., Effects of the differences between virtual and physical perception of space on building information modelling, *WIT Transactions on the Built Environment*, 149, 21-32, 2015

Schulze U., Embodiment and presence in virtual worlds: a review, *Journal of information technology*, 25, 434-449, 2010

Technical Committee ISO/TC10, *Technical drawings - General principles of presentation. ISO 128-1, 20-25, 30, 34, 40, 44, 50,* 2003

Vishwanath D., Toward a new theory of stereopsis, *Psychological review,* 121, 151-178, 2014

Vishwanath, D., Girshick, A.R. & Banks, M.S., Why pictures look right when viewed from the wrong place. *Nature Neuroscience,* 8(10), 1401-1410, 2005.

Wade N. J., Hughes P., Fooling the eyes: trompe l'oeil and reverse perspective, *Perception,* 28(9), 1115 – 1119, 1999

Wang P., Wu P., Wang J., Wang X., A critical review of the use of virtual reality in construction engineering education and training. *Int. J. Environ. Res. Public Health*, 15, 1204, 2018

Welchman AE, The human brain in depth: how we see in 3D, *Annu Rev Vis Sci* 2:345-376, 2016

Massimo Schinco

Psicologo Psicoterapeuta. Professore a contratto, Dipartimento di Design, Politecnico di Milano, Via Durando 38/a - 20158 Milano

massimo.schinco@polimi.it

Abstract

Il linguaggio proprio della creatività è quello dei processi primari; affinché tale linguaggio possa generare frutti condivisi nei domini della scienza, della tecnica, del lavoro, della politica e in generale nei processi decisionali, si debbono affrontare complessi problemi di traduzione. Le condizioni che rendono tale traduzione possibile non consistono solo nel possesso di strumenti tecnici e dotazioni di personalità, ma risiedono anche nella qualità della comunicazione e delle relazioni umane.

Tali condizioni si possono realizzare grazie a visioni della conoscenza, della coscienza e degli affetti che l'autore ritiene pertinenti con una piena valorizzazione delle pratiche di riuso di ambienti, spazi ed edifici. Esse evidenziano la natura creativa della coscienza umana e la natura metaforica della conoscenza, insieme alla necessità di prendersi cura delle relazioni umane per valorizzare il potenziale trasformativo degli affetti, delle memorie e delle immagini. La fenomenologia del sogno e del sognare, specialmente alla luce dei contributi di Montague Ullman ed Ernest Hartmann, che la concepiscono in una chiave di continuità tra stati di coscienza notturni e diurni, si configura come cornice esperienziale e concettuale ideale per intendere la pratica della creatività come orientata al futuro, al pieno esercizio della responsabilità e, infine, caratterizzata dall'interezza anziché dalla frammentazione.

Parole chiave: re-inventare, riuso, sogno, creatività, relazioni, sogno tangibile

Sogni
Il legame relazionale tra creatività notturna e diurna

Massimo Schinco

1 _ Introduzione

Nelle conversazioni ordinarie, quando ci si riferisce al riuso lo si fa solitamente con connotazioni affettive perlomeno ambivalenti. Il cibo avanzato di ieri non stimola immediatamente gli appetiti, però si sa che "il minestrone è più buono il giorno dopo" e "com'era brava la nonna a riutilizzare gli avanzi". Ciò che è "vintage" è affascinante ma suscita nostalgia e "che c'è di più confortevole di un paio di scarpe che uso da anni"? Se poi il discorso si orienta verso la sfera relazionale e affettiva si fa addirittura pericoloso, a partire dalle "minestre riscaldate" fino ad altre allegorie a volte spiritose e a volte un po' tristi o francamente di dubbio gusto. Anche in ambito estetico, è certamente emozionante vedere un'opera d'arte restituita a una condizione che fa esclamare "sembra nuovo", benché questa sia sempre un'illusione e in certi ambiti è palesemente impossibile, come in quello della filologia musicale. Non potremo mai udire i concerti brandeburghesi come li scrisse Bach o la quinta sinfonia come si eseguiva ai tempi di Beethoven. Non sono solo cambiati gli strumenti, i materiali, le prassi esecutive, la formazione dei musicisti; è cambiato tutto: dal paesaggio fisico e sonoro, all'orecchio e al corpo intero di musicisti e ascoltatori. E, se si riflette anche brevemente, ci si rende conto che ciò vale per qualsiasi esperienza sensoriale ed estetica, non solo per quella musicale.

Siamo dunque destinati a dibatterci tra la smania per il totalmente nuovo, più o meno temperata dalla saggezza, e la nostalgia più o meno tormentosa per ciò che ora è passato ma un tempo era nuovo? Non si tratta di una questione da liquidarsi moralisticamente vestendo il "pince-nez" di un grillo parlante ecosistemicamente aggiornato e, per questo, anche più che giustamente allarmato. La "urgenza di creazione" - e creazione è novità - è una caratteristica della coscienza umana, secondo Henri Bergson (Bergson, 1934). E la speculazione del filosofo francese trova oggi conferme nell'ambito delle neuroscienze. Il nostro sistema nervoso è fatto per essere costantemente attivo e produttivo.

È sempre Bergson (Bergson, 1934) che ci indica una naturale via di uscita dal dilemma di cui sopra, svelandone l'intima natura di "falsa alternativa" attraverso la re-invenzione. "Si può conoscere e comprendere solo ciò che si può in qualche misura re-inventare", scrive in un famoso saggio. Prendiamoci il tempo necessario per soffermarci con calma su queste poche ma intense parole. Dichiarando in modo sintetico ed efficace la propria teoria della conoscenza, Bergson evoca l'epistemologia, ovvero le premesse che la sottendono; insieme all'epistemologia emerge la sua antropologia filosofica, cioè la sua visione dell'essere umano. Cominciamo già a intuire che la posizione di Bergson fornisce oggi allo studioso della creatività una cornice in grado di interagire vivacemente con i contributi più recenti provenienti dalla psicologia e dalla fisica teorica. Soprattutto, al di là delle pur fondamentali questioni di tipo speculativo, da tutto ciò possiamo ricavare nuove aperture ed energie per realizzare strumenti operativi destinati a docenti, studenti e professionisti interessati alle tematiche del riuso.

In un precedente saggio dedicato, sempre nello stesso ambito applicativo, alla "giocosità" e alle sue applicazioni, Sara Schinco e io, al fine di esplicitarne compiutamente il potenziale, abbiamo avvicinato la succitata affermazione di Bergson in modo analitico.

"(...) l'autore ci dice che qualcosa da conoscere esiste (non è un soggettivista e nemmeno un costruttivista radicale) così come esiste un impulso alla conoscenza sufficientemente intenso da dover essere disciplinato. Dopodiché, afferma che 'spiegare il perché' e 'mostrare come' non basta. Abbiamo bisogno di comprendere, ovvero trovare il significato di ciò che conosciamo, e il significato sarà frutto di una esperienza complessiva. Ciò che c'è da conoscere, è stato inventato: un'affermazione impegnativa! Se c'è un'invenzione, c'è un inventore, indipendentemente da come lo si voglia definire da un punto di vista metafisico. La presa di posizione di Bergson è chiarissima: la realtà si comporta come un soggetto creativo, nient'affatto come un essere impersonale; assoggettato comunque a regole, e non importa che esse siano di tipo meccanico o caotiche. (...) Per cui il gioco della conoscenza, anziché implicare una banale implementazione di regole, richiede un voto di originalità. Tuttavia, solo in qualche misura. Non è permesso re-inventare alcunché senza criterio. Sulla natura di questo criterio, la sua definizione e la sua misura, la discussione non cesserà mai". (Schinco e Schinco, 2018).

Sempre allo scopo di "liberare" il potenziale delle parole di Bergson facciamo qualche breve cenno al contesto in cui esse sono state scritte. Ricordiamo che, a partire dall'ultimo quarto del XIX secolo, il mondo occidentale è andato incontro a una radicale messa in discussione di se stesso sotto tutti i punti di vista: economia, pensiero, religione, teorie della conoscenza, organizzazione familiare, comunitaria e sociale; nulla è destinato a rimanere come prima, sia su un piano concettuale che pratico. Non solo va in crisi il rapporto tra il soggetto e il mondo: non si sa più esattamente di che cosa si parla sia quando si parla del soggetto sia quando si parla del mondo. Dopo la Seconda guerra mondiale, lo sviluppo delle scienze dell'informazione, la teoria dei sistemi e la cibernetica getteranno temporaneamente una nuova luce, spostando il fuoco dell'attenzione sulla relazione, anziché sulla natura degli elementi interagenti tra loro. Ma – e siamo ai giorni nostri – la questione della sostanziale libertà del soggetto, e quindi della sua responsabilità, alle prese con variabili sistemiche molto più grandi di lui, permane in gran parte irrisolta. Non solo: il concetto stesso di relazione, sotto la spinta dei paradigmi della conoscenza emergenti, di matrice quantistica e post-quantistica, si rivela come necessitante di rifondazione.

Libertà dell'individuo e sua auto-affermazione; possibilità, stile e vincoli nella vita di relazione; partecipazione alla vita della comunità e alle incombenze sociali, in primo luogo quelle del lavoro; rapporto con l'identità di un luogo, le sue memorie, le sue tensioni verso il futuro, non sono temi astratti, bensì sfide che gli studiosi della città, urbanisti, architetti e designer affrontano in modo vivo e impegnativo ogni giorno (Anzani e Guglielmi, 2017). Sfide che stanno acquisendo un'urgenza nuova, dal momento che individui e comunità hanno a portata di mano tecnologie capaci di ampliare a dismisura ogni segnale ricevuto o emesso, così come di dislocare persone e cose a grande velocità. E tutto ciò, a dispetto di attese spesso ingenue e talora interessate, non sembra alleviare la solitudine e le difficoltà di comunicare delle persone. Pare viceversa che esse si radicalizzino. Infine, ultra-tecnologici ma fortemente disanimati, gli abitanti dei paesi più ricchi e "sviluppati" si apprestano a fare i conti con aspetti della storia a lungo negati e, nel migliore dei casi, mal compresi, come il rapporto con il cosiddetto "sud del mondo", le sue popolazioni e le masse che da lì si muovono per aspirazione, necessità o disperazione. Anche questa è una situazione critica, faticosamente evitata, più che realmente affrontata fino a oggi. Il perché di tale evitamento, o almeno uno dei principali perché, è rivelato da un effetto collaterale della crisi stessa. Il massiccio e disarmonico manifestarsi sul territorio di persone straniere in stato di bisogno da cui, nelle società opulente, individui e gruppi tentano di difendersi con pervicace tenacia, quasi cancellandolo dal proprio immaginario: si tratta dello stato stesso di bisogno che, in quanto tale, è parte fondante dell'identità di qualsiasi essere umano, indipendentemente dalla sua situazione economica e affettiva. In decenni di esperienza collettiva di benessere e scarsa consapevolezza, esso è stato relegato nell'invisibilità, nell'estraneità, nelle periferie dei luoghi e delle esistenze, medicalizzato o assoggettato a diverse forme ideologizzate di ingegneria sociale ed educativa, in poche parole trattato come "problema da risolvere" (Schinco, 2015). Dal nulla esso ora riemerge come un'ombra, direbbero gli appassionati del pensiero jungiano, e come ombra viene temuto. Ma ombra non è, è reale quanto tutto il resto, e anche a esso gli studiosi delle città e degli spazi sono chiamati a rispondere in modo nuovo, creativo e soprattutto realistico, riconoscendone il valore. Aver bisogno degli altri è infatti un valore, e riconoscerlo cambia innanzitutto il modo di lavorare con gli altri prima ancora che per gli altri.

Il lungo e multiforme percorso di crisi a cui ho fatto cenno rivela, nel variegato e discontinuo dipanarsi di eventi, catastrofi, novità, invenzioni e così via, alcuni elementi di continuità. Uno di essi, che di fatto ho già citato, è l'emersione dell'immaginazione e dell'immaginario, con il crescere di importanza del loro ruolo, quasi in progressione geometrica, in ogni ambito della vita umana. Non si può più concepire né crescita, né crisi, né regressione, sia per l'individuo che per la comunità, senza parlare di immaginario: sia esso personale, collettivo, sociale, politico, religioso, strategico, scientifico... Nelle teorie della conoscenza l'immaginazione si è emancipata dal ruolo ancillare che la vedeva considerata come territorio riservato ad artisti, poeti, sognatori o folli in diversa gradazione. Grazie alla psicoanalisi e alla psicologia analitica jungiana l'immaginazione è dilagata nei territori tipici delle scienze cosiddette umane, per poi influenzare, attraverso gli approcci costruttivisti più o meno radicali, le teorie della conoscenza in quanto tali. Un esempio illuminante, e vicino ai temi di cui si occupa questo volume, è quello di Gaston Bachelard, epistemologo impegnato a superare la contrapposizione tra empirismo e materialismo. Nella seconda parte della sua carriera si dedica allo studio dell'immaginario, invitando a esplorare con attenzione il rapporto tra immaginazione e pensiero: "Preso nella sua interezza, l'uomo è un essere che non solo pensa, ma che prima immagina. Un essere che, da sveglio, è assalito da un mondo di immagini nitide, e, addormentato, sogna in una penombra in cui si muovono forme incompiute, forme in movimento in lontananza, forme che si deformano senza fine. Per una completa determinazione dell'essere umano, è quindi necessario sommare un essere notturno e un essere diurno. Dobbiamo cercare di trovare i dinamismi che vanno da un polo all'altro, tra sogno e pensiero". (Bachelard, 1954)

Nella ricerca sulla natura di questi dinamismi un ruolo speciale riveste il contributo del biologo, antropologo ed epistemologo Gregory Bateson: in un celebre articolo del 1956 (in Bateson, 1972) il gruppo di ricerca da lui coordinato e ispirato mette in luce l'inscindibile legame tra forme del pensiero e forme della relazione umana. La percezione del mondo e di sé, le emozioni, gli affetti, le idee che la colorano e la sostanziano non sono frutto di mere caratteristiche individuali bensì dipendono in modo importante dal contesto relazionale in cui il soggetto è immerso. Nei lavori successivi, Bateson svilupperà le sue idee in una prospettiva francamente ecosistemica. Il suo contributo, e quello di altri studiosi (Bohm 1992 , Peat 2008) incoraggiano fortemente a lavorare in una direzione specifica: la valorizzazione dell'immaginazione attraverso la relazione costruttiva e pienamente umana tra professionisti e studiosi di ambiti diversi.

2 _ Immaginazione, creatività, problemi di traduzione

Il linguaggio proprio dell'immaginazione è quello dei processi primari della mente: linguaggio iconico e performativo, privo di negazioni e di indicatori propri della logica formale. Il sogno ne è l'esempio più eloquente e narrativamente condivisibile, essendo il sogno generato nella cornice protettiva della sospensione della motricità volontaria, e quindi dell'azione, tipica del sonno. Nella vita di veglia, il linguaggio dei processi primari si rivela innanzitutto nelle comunicazioni e nei comportamenti propri della prima infanzia, ma si veste anche di modalità più inquietanti o addirittura terrificanti. Nei deliri apparentemente incomprensibili e nelle allucinazioni proprie della follia, nelle forme più o meno profondamente dissociative della ritualità collettiva, nelle regressioni di qualsivoglia origine, nell'agito acritico del trasporto erotico e di quello distruttivo... Se il contatto interattivo con i processi primari della mente è condizione indispensabile per produrre creativamente, affinché tale linguaggio possa generare frutti condivisi nei domini della scienza, tecnica, arte, lavoro, politica e in generale nei processi decisionali, senza viceversa degenerare nella disorganizzazione caotica e nella dissipazione, bisogna affrontare complessi e impegnativi problemi di sospensione dell'azione diretta e di traduzione. La capacità di sospendere l'azione diretta e acritica è una competenza psicologica che si acquisisce grazie a uno sviluppo affettivo sufficientemente buono. Ma anche la traduzione, ricordiamolo, è una competenza che si acquisisce. Competenza innanzitutto umana e poi tecnica. Daniel Stern (2010), psicoanalista e ricercatore, ci mostra come questa competenza sia innanzitutto di origine materna. Nelle primissime interazioni tra madre e infante, la madre, accudendo il piccolo e giocando con lui, costantemente "traduce" tutte le sue comunicazioni restituendogliele nella comunicazione con ogni genere di modalità: musicale, motoria, coreutica, teatrale. Il linguaggio pre-verbale che si genera allora accompagnerà per sempre la vita del soggetto umano, fino al suo termine. Il linguaggio verbale stesso "si appoggerà" su questo terreno, ne sarà modellato e guidato. Un altro studioso, anch'esso psicoanalista e ricercatore, Arno Gruen (1988) ha mostrato come questo processo sia sostanziato da decisive implicazioni emotive, relazionali e affettive. "Tradurre", se il mondo degli adulti non è in grado di accogliere pienamente l'umanità dell'infante, e cioè anche il suo essere pienamente bisognoso, a tratti addolorato e aggressivo, può trasformarsi in "tradire" e falsificare ciò che è squisitamente umano. Ciò ha conseguenze in tutti i domini tipici dell'umano, siano essi quelli dell'affettività, del lavoro, dell'arte, della religiosità e della politica.

Oltre che una capacità umana fondamentale, nel corso dello sviluppo la traduzione si configura come una capacità che richiede specifiche competenze e lavoro, ovvero studio. Karl Jaspers, nel suo celebre saggio "Genio e Follia" (trad. it. 2001) fa di questa competenza psicologica e tecnica il reale discrimine che separa la creatività, nell'interazione con i processi primari, dal pensiero delirante e solipsistico. Lo studio delle biografie dei grandi artisti sembra dare supporto all'ipotesi di Jaspers. Lo spingersi al limite, a volte addirittura superandolo imprudentemente, nello sviluppo di competenza tecnica e artistica, sembra essere una costante nella personalità dei grandi creativi (Schinco 2011).

Fin dall'inizio, la psicologia clinica dei processi primari è stata particolarmente attenta al tema della traduzione. In grandissima sintesi, possiamo affermare che per Freud "tradurre" è principalmente interpretare, rendere consapevole ciò che è inconscio, ovvero ricondurre le manifestazioni del pensiero primario alla verità originale che è stata in parte rimossa, negata, deformata. Jung si muove in una cornice epistemologica differente, già in forte sintonia con la nascente fisica quantistica. Non essendovi conoscenza senza influenzamento della realtà conosciuta da parte del soggetto conoscente, "tradurre" significa principalmente trasformare, far cioè sì che l'influenzamento liberi tutto il potenziale generativo dei processi primari stessi, senza per questo arrivare necessariamente a una conoscenza diretta dei contenuti della mente inconscia. Jung invita il soggetto a lasciarsi trasformare dall'immaginazione, a lasciare che il linguaggio della vita diurna e del lavoro mentale consapevole venga "contaminato" e trasformato dall'attività immaginativa. Infine, in tempi ancora più recenti, Milton Erickson focalizza l'attenzione sulle quotidiane manifestazioni comportamentali dei processi primari, interpretandole sempre come competenze, anche quando disturbano il soggetto, e invitando, in quanto competenze e risorse, a ri-utilizzarle in direzione della crescita e dello sviluppo naturale (vedi Haley, 1973). La focalizzazione dell'attenzione sulle manifestazioni comportamentali dei processi primari implica in se stessa una valorizzazione inedita dei processi relazionali. Se nella sua attività clinica Erickson si dedica al "qui e ora" della relazione con i suoi pazienti, Bateson (1972), insieme al suo gruppo di ricerca che osserva sistematicamente famiglie di cui almeno un membro manifesta sintomi psicotici, ne studia il lavoro concreto dedicandosi alla modellizzazione in termini sistemici e cibernetici dei processi relazionali. Questo passaggio è del massimo interesse in questa sede; esso rende evidente che, nel contatto con i processi primari della mente, per rendere possibile una onesta traduzione e ancor più un creativo e condiviso riuso, non basta il possesso di dotazioni di personalità e di strumenti tecnici; è anche necessaria una adeguata qualità della comunicazione e delle relazioni umane, con la conseguente apertura di prospettive valoriali e di senso (Schinco e Schinco, 2016).

3 _ La concezione del sogno e del sognare
secondo Hartmann e Ullman

Vi sono autori che, con i loro contributi, ci hanno fornito strumenti operativi e di riflessione pienamente in sintonia con la prospettiva sopra delineata. Essi si sono costantemente focalizzati sulla natura creativa della coscienza umana e sulla natura metaforica della conoscenza, ponendo sempre un adeguato accento sulla necessità di prendersi cura delle relazioni umane per valorizzare il potenziale trasformativo degli affetti, delle memorie e delle immagini.

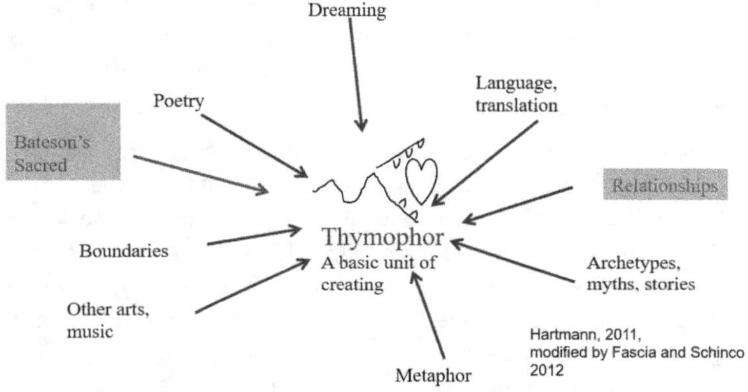

Fig. 1 Il "Thymophor"

Il primo che prenderemo in considerazione è Ernest Hartmann (1934 – 2013), psicoanalista, ricercatore, studioso del sogno e del sognare in una chiave che privilegia la continuità tra i diversi stati di coscienza: notturni, diurni, ordinari e alterati. È bene precisare che "continuità" non significa "omogeneità". Certamente lo stato di coscienza della veglia è differente da quello del sonno, e il sonno stesso è caratterizzato da fasi differenti tra loro. Il confine tra questi stati differenti non è però da vedersi come netto e come marcatore di sostanziale discontinuità. Veglia e sogno, pensiero logico-formale e immaginazione si permeano l'uno dell'altro, all'interno di ordini simili a quelli matematici che generano figure come i frattali o gli ologrammi.

Prendendo le mosse da una visione psicoanalitica abbastanza tradizionale del sogno, Hartmann ha innanzitutto lavorato sulla immagine centrale del sogno stesso, considerandola come metafora privilegiata del contenuto affettivo più importante della scena onirica. Per ciò che riguarda il nostro lavoro, ciò implica che il sogno traduce affetti ed emozioni in immagini. Valorizzando la funzione creativa che ogni lavoro di traduzione da un codice a un altro richiede, nell'ultima parte della sua carriera Hartmann (Hartmann, 2012) giunge a concludere che, nei suoi processi fondamentali, la funzione creativa è sempre la stessa, sia che si esplichi nella generazione di sogni, di opere d'arte e di letteratura, di traduzioni, di miti, archetipi e, ultimi ma non per importanza, di confini.

Questa visione è fortemente in sintonia con la mia (Schinco, 2011), in cui metto in luce che la stessa creatività è anche all'opera nel dominio delle relazioni umane e in particolare nei comportamenti resilienti. Per descrivere iconicamente queste caratteristiche delle funzioni creative della mente, Hartmann ricorre a una metafora grafica: il "Thymophor". Nella Fig. 1 (Schinco, 2015b) il Thymophor originale di Hartmann e le sue prestazioni sono arricchiti in chiave relazionale e includendo anche ciò che Gregory Bateson intende come "sacro" (Bateson & Bateson, 1988).

La prematura scomparsa di Hartmann nel 2013 non ci ha permesso di sviluppare una ulteriore collaborazione su questo e altri temi, tra cui quello fondamentale dei confini (Hartmann, 2011). Nel suo saggio sul ruolo e sulla natura dei confini nella mente e nelle relazioni sociali Hartmann si esprime con un linguaggio caratterizzato da metafore semplici ed efficaci, che gettano luce su territori che invitano a una ampia e approfondita esplorazione. Secondo Hartmann i confini possono essere più sottili o più spessi, in termini di permeabilità tra le caratteristiche degli spazi che essi suddividono e, al contempo, congiungono. A seconda dello spessore o meno, e della sua rigidità o flessibilità, la creazione di un confine non è da vedersi come un atto di esclusiva separazione. Un confine adeguato permette non solo di comunicare e interagire in condizioni di sicurezza, bensì anche di differenziarsi in modo creativo e originale rimanendo in rapporto. Un confine può essere visto come la manifestazione concreta di un ordine generativo di sviluppo, organizzazione, crescita, differenziazione. In questo senso si può quindi affermare che la più autentica funzione dei confini non dovrebbe essere quella di separare territori dalle differenti identità, quanto piuttosto di tenerli per quanto possibile in relazione. Tanto più che, in quanto atto creativo, la natura dei confini è decisiva nel contribuire a generare la natura di quelle identità. La generazione di un confine è quindi un atto di re-invenzione, nel pieno senso che Bergson ha dato a questo termine. Non possono sfuggire qui le implicazioni etiche e politiche di tale affermazione. La classica visione per cui "la politica è l'arte del possibile" viene a interagire in simmetria con una visione per cui "la politica è l'arte della creatività". In sintesi, la politica, a livelli macroscopici oppure locali, potrebbe essere concepita come arte della continua re-invenzione. Penso in questo momento a Edith Stein, alla sua preziosa distinzione tra regole sociali e interazione umana nella comunità (Stein 1922 trad. it. 1996). Solo la re-invenzione, infatti, garantisce la conoscenza, che è necessaria per intervenire intelligentemente sul piano delle regole sociali, e insieme la comprensione, necessaria per non offendere, anzi valorizzare le comunità. A questo punto diviene palese che la qualità e gli esiti di tale re-invenzione sono legati a doppio filo alla qualità e agli esiti del contesto relazionale in cui essa viene realizzata.

Particolarmente significativo nell'evidenziare il legame esistente tra la valorizzazione del materiale onirico, fonte privilegiata per condividere il mondo dell'immaginario e dei processi primari, e la valorizzazione delle relazioni umane è il contributo di Montague Ullman (1916 – 2008), psichiatra, psicoanalista didatta e ricercatore, fondatore del Dream Laboratory al Maimonides Medical Center, Brooklyn, N.Y. In altra sede (vedi Schinco, 2017) ho presentato in modo più approfondito le concezioni di Ullman. Qui mi limiterò a riprendere alcuni concetti fondamentali particolarmente pertinenti per il nostro discorso. Anche Ullman, così come Hartmann, sottolinea la natura metaforica della produzione onirica, ma con due grandi differenze. La prima è l'importanza della natura mobile delle scene oniriche: i sogni sono definiti da Ullman come "metafore in movimento" (Ullman, 1987). La seconda riguarda la finalità adattativa del sognare, che pertiene *squisitamente* alla specie umana nel suo insieme. Senza negare in alcun modo l'importanza che il sognare ha per l'individuo, Ullman sostiene che questa importanza deriva dal fatto che il sogno non è un fenomeno privato, bensì per sua natura comunitario. Come già sosteneva Hartmann, le immagini oniriche sono metafore di affetti e di emozioni, ma questi affetti ed emozioni, essendone espressione, riflettono le condizioni di una totalità che comprende la collettività, la comunità e l'individuo sognatore. Ne discende che lo strumento tecnico più adatto per condividere le ineludibili verità affettive e intenzionali che il materiale onirico può rivelare, è il lavoro in gruppo (Ullman, 1996). Nel lavoro in gruppo, in cui un sognatore narra il suo sogno e gli altri partecipanti partecipano alla costruzione di narrative condivise confrontandolo con emozioni, sentimenti, esperienze e vissuti di ognuno, non si mira a interpretare il sogno, bensì a valorizzarlo. Per valorizzazione si intende l'ascolto del sogno altrui, il trattarlo come se fosse un sogno proprio, il commentarlo evitando ogni intrusione indesiderata e inappropriata nell'intimità degli altri, il lasciarsi andare giocosamente all'inventiva sul piano immaginale e narrativo. Perché non si verifichino scivolamenti nel caos e prevaricazioni di tipo emotivo e relazionale, Ullman assoggetta il lavoro di gruppo a una disciplina piuttosto stretta, e lo suddivide in cinque diversi stadi. Il conduttore del gruppo si fa attivo garante dell'effettivo svolgimento dei lavori secondo il metodo. L'esperienza della partecipazione a un gruppo Ullman è generalmente molto intensa e coinvolgente sul piano affettivo ed emotivo. Quasi sempre i partecipanti, quale che sia il loro ruolo nel gruppo, ne riportano sensazioni positive e durature, legate sia alla fiorente attività produttiva sul piano simbolico e dell'immaginario durante il lavoro in gruppo e anche dopo, sia ai sentimenti di appartenenza, comprensione reciproca e accettazione che si sviluppano nel gruppo stesso. Come una sorta di effetto collaterale, il lavoro in gruppo rinforza emotivamente l'attitudine a rapportarsi con accettazione e rispetto reciproco in ogni occasione, non solo per il benessere che comportandosi così si è sperimentato in gruppo, ma anche per l'incremento di capacità creativa che ne è derivato.

Da un punto di vista meta-teorico, le concezioni e le tecniche di Ullman si appoggiano a concezioni della coscienza umana "di frontiera", di derivazione quantistica e post-quantistica. In particolare, il legame più evidente è quello con la teoria degli ordini implicati del fisico teorico e filosofo della scienza David Bohm (1917 – 1992). Sarebbe ardua impresa, e affaticante per il lettore, presentare in poche righe le teorie fisiche e le visioni filosofiche di Bohm (Bohm 1980, 1992, Bohm & Peat 1987). Possiamo però evocarne il senso che ci interessa attraverso un esempio musicale. Tutti conoscono almeno qualcuna delle tante sublimi composizioni di Antonio Vivaldi. La capacità del compositore di evocare, attraverso i suoni, paesaggi e scenari di vario genere, ne ha fatto uno dei più popolari esponenti della cosiddetta "musica a tema", ove il tema può essere una stagione, un evento atmosferico, una scena pastorale, e il brano musicale una allegoria del tema prescelto. In realtà, benché la maggior parte delle composizioni di Vivaldi non si ispirino a un tema dichiarato, la loro capacità evocativa, da un punto di vista affettivo ed emotivo, è estremamente potente. In particolare, a chiunque abbia passato un poco di tempo a Venezia e nell'area lagunare, pare prima o poi di sentire nei suoni vivaldiani il languore, le condizioni atmosferiche, la malinconia e l'allegria, il tratto umano tipici di quei luoghi e dei suoi abitanti. In una cornice scientifica e filosofica per così dire "tradizionale", si potrebbe affermare che Vivaldi abbia avuto uno straordinario talento nel recepire informazioni e segnali sensoriali che provenivano dal suo ambiente di origine, nel tradurli efficacemente in suoni sicché un ascoltatore che abbia conosciuto quell'ambiente non potrà fare a meno di riconoscerne l'impronta, entrando così in una relazione affettiva e immaginale con esso. La visione di Bohm è radicalmente diversa. La spiegazione tradizionale è per Bohm solo una narrativa che serve a organizzarsi nell'ordine esplicito, percepito e conosciuto del reale. A un altro livello, quello dell'ordine implicito, che soggettivamente viviamo come un "altrove" rispetto al mondo fenomenico, nessun segnale viene raccolto, tradotto, trasmesso, ricevuto e decodificato, in quanto in senso ultimo non vi è alcun trasmittente separato dal ricevente. La realtà propria di questo ordine implicito è virtuale, ovvero non reificata e cioè non attualizzata in oggetti separati l'uno dall'altro nel tempo e nello spazio. In sé e per sé non è rappresentabile attraverso parole o immagini, e anche da un punto di vista matematico Bohm è incorso in notevoli difficoltà in parte irrisolte nel tentare di formalizzarla. La realtà implicita però si attualizza incessantemente in immagini, pensieri, suoni, realtà materiali, parole, emozioni e affetti. L'ordine implicito di cui la laguna di Venezia è una attualizzazione ed esplicazione, è lo stesso che si attualizza ed esplica nella musica di Vivaldi e nell'esperienza affettiva ed emotiva sia del musicista che dell'ascoltatore. Attraverso questa esperienza affettiva condivisa si esplica la comune appartenenza, altrimenti implicita, di compositore, ascoltatore e musicista a una unica e indivisibile realtà. L'esecuzione musicale termina, i suoni e le emozioni si placano, e l'ordine poc'anzi attualizzato ritorna nell'implicito senza per questo cessare di esistere. L'esecutore della musica e l'ascoltatore recuperano pienamente i confini distinti del loro ego, ma non per questo essi sono separati, per quanto possano credere di esserlo. Il continuo susseguirsi di implicazione ed esplicazione del reale è definito da Bohm "olomovimento", ovvero movimento della realtà in quanto interezza.

Quanto descritto nell'esempio musicale è del tutto analogo a ciò che avviene nella condivisione di un sogno all'interno di un gruppo Ullman. Il lavoro sul sogno esplicita e rende manifesta, attraverso l'esperienza affettiva e immaginale, una comune appartenenza che già esiste né può cessare per il semplice fatto che i confini operativi dell'ego individuale tendono a occultarla. Piuttosto, il prendersi cura della buona qualità di questi confini ha una importanza capitale da un punto di vista etico, in quanto da essa dipende la responsabilità con cui agiremo individualmente e collettivamente nella realtà. Come ci ricorda sempre Bergson (1934), e tutta la psicologia degli stati di coscienza ci conferma, la limitazione del nostro campo percettivo e di pensiero è ciò che ci permette di organizzare azioni e linguaggio senza perderci in una complessità di grado infinito tipica forse di una esperienza contemplativa, ma proibitiva per agire e comunicare con gli altri. Il modo in cui realizziamo e abitiamo il confine con ciò che, di conseguenza, rimane "altrove", "là fuori", ovvero il modo e i tempi in cui apriamo e chiudiamo – per parafrasare Huxley (Huxley, 1954) – "le porte della percezione", ma anche le porte della conoscenza e della comprensione, sono decisivi se non vogliamo automaticamente comportarci come ciechi convinti di vedere, ovvero con grande arroganza e violenza (Schinco e Schinco 2015).

Ritroviamo approcci alla realtà analoghi a quello appena illustrato nel pensiero di molti artisti e scienziati contemporanei. Il compianto grandissimo direttore d'orchestra Sergiu Celibidache (1912 - 1996), evocando Schiller, ritiene che la musica sia una chiave d'accesso alla "realtà non-reificata oltre il pensiero e nascosta dietro la bellezza stessa" (Celibidache, in Schmitt-Garre 1992). Il fisico teorico Efstratios Manousakis si riferisce alla conoscenza del reale come a "processi di attualizzazione nel flusso potenziale di coscienza" (Manousakis, 2006).

Al di là di ogni possibile differenza di implicazione antropologica e metafisica, teniamo per fermo un fatto molto concreto. Il movimento dei confini della nostra percezione, conoscenza e comprensione o, in altre parole, la qualità della nostra re-invenzione del reale, è legato a doppio filo alla qualità delle relazioni umane che intraprendiamo e coltiviamo (Bateson, 1972). Ricordando nuovamente il contributo di Arno Gruen, teniamo altresì per fermo che tali relazioni non sono realistiche e diventano inevitabilmente falsificanti se non sono in grado di accogliere le fatiche, le necessità, i dolori e anche la rabbia degli altri esseri umani. In questo senso, il nostro approccio agli altri, al mondo, alla conoscenza e alla comprensione deve essere "eleogenetico" (Schinco 2015a, b, 2018), ovvero capace di preparare il terreno affinché gli esseri umani riescano a essere misericordiosi gli uni con gli altri, orientati al futuro e costantemente incuriositi dai tesori nascosti della condizione umana.

4 _ Conclusioni

Nelle attività del laboratorio di Design degli Interni della Scuola del Design, Politecnico di Milano, condotte dalla Prof. Anna Anzani (team leader), dalla Prof. Barbara di Prete e da me, con la collaborazione di dottorandi, cultori della materia e assistenti e docenti esterni invitati, negli A.A. 2017 – 2018 e 2018 – 2019 abbiamo adottato una impostazione ispirata alle concezioni che ho sopra delineato, realizzandola in una chiave francamente transdisciplinare. Ognuno di noi docenti è infatti pienamente formato ed esperto nella propria disciplina, rispettivamente il restauro, il design degli interni, la psicologia clinica della creatività. In ognuna di esse, inoltre, ogni docente è in grado di proporre un proprio taglio personale. Il nostro obbiettivo didattico non era però quello di imporre agli studenti una mera "sommatoria" di nozioni provenienti da ambiti disciplinari e filoni di interessi diversi. Abbiamo certamente fornito loro, tramite lezioni frontali e letture, le nozioni che giudicavamo necessarie e ne abbiamo valutato l'assimilazione tramite test. Volevamo però che gli studenti utilizzassero tali nozioni in una cornice di apprendimento alquanto specifica, cioè come parte della competenza necessaria allo sviluppo della loro personale creatività. Attraverso le attività di revisione dei progetti in corso di preparazione da parte degli studenti, ci siamo proposti di attivare per quanto possibile il loro stesso contatto con i propri processi primari, con la loro sfera immaginale e affettiva, come individui e come gruppo, sempre nel rispetto del contesto scolastico in cui si trovavano (Anzani e Schinco, 2018). Per conseguire questo obbiettivo ci siamo attenuti ad alcune linee di condotta. Ci siamo innanzitutto proposti di interagire con loro il più possibile in team, allo scopo di "esporli" all'interazione che realizzavamo tra di noi, come stimolo a un deutero-apprendimento, ovvero a "imparare a imparare". Ognuno di noi docenti, infatti, nella consapevolezza dell'autorevolezza propria e dell'altro nelle rispettive discipline, era altresì consapevole dei limiti, propri e dell'altro, di fronte alle sollecitazioni del compito concreto da realizzare. Sentendoci in condizioni di sicurezza nella relazione reciproca, sicurezza alimentata da un comportamento costantemente affidabile, abbiamo potuto stabilire tra noi confini sottili e flessibili, praticando incessantemente la curiosità, la giocosità inventiva e immaginativa; non raramente ci siamo dovuti mostrare francamente "bisognosi" l'uno dell'altro: bisognosi di informazioni, chiarimenti, idee, ma anche aiuto materiale e sostegno reciproco.

In questo modo abbiamo anche inteso meta-comunicare costantemente l'idea che la valorizzazione dell'individuo e quella del gruppo non sono necessariamente in competizione tra di loro. Viceversa, sia l'individuo che il gruppo si avvantaggiano reciprocamente se tale competizione viene non solo attenuata bensì re-inventata in chiave giocosa.

Tutto ciò ha contribuito a caratterizzare fortemente il contesto in cui gli studenti hanno lavorato suddivisi in gruppi sui propri sogni, secondo il metodo di Ullman. È opportuno ricordare che il metodo di Ullman è concepito dichiaratamente senza finalità di tipo clinico o terapeutico. È semplicemente un gruppo di condivisione, per cui l'utilizzo del metodo è del tutto compatibile con il contesto universitario. La risposta dei partecipanti in alcuni casi è stata molto intensa sul piano emotivo, altre volte prudente sul piano della comunicazione. Raramente però ha suscitato indifferenza o aperto rifiuto. Nonostante agli studenti sia richiesto più volte, durante il corso di studi, di lavorare e produrre risultati in gruppo, lavorare in gruppo sui sogni è stata una esperienza inconsueta e per certi versi alternativa. Di fatto, invece che al principio di prestazione si è data la priorità all'incontro con l'altro, alla giocosità immaginativa, alla capacità di accogliere emozioni e sentimenti, propri e altrui.

Che effetti hanno avuto sugli studenti la continua esposizione alla loro "mente inconscia" e le proposte relazionali di cui sono stati destinatari? Come team docente non disponiamo di indicatori oggettivi in merito. Fondandoci sulla nostra esperienza didattica, abbiamo avuto la netta impressione che la ricaduta sia stata benefica e positiva. Ciò sia in termini di qualità dei lavori prodotti, sia in termini di stimoli ricevuti da noi stessi in quanto docenti: stimoli molto ben definiti, volti a focalizzare meglio questa o quella questione, a chiarire meglio questo o quello snodo concettuale, a lasciar andare ciò che si era rivelato a conti fatti ridondante o non così fondamentale.

Il compito affidato agli studenti in entrambi gli anni accademici è consistito nel riuso e nella valorizzazione di una vasta area in stato di abbandono e grave degrado, ove tuttora sorgono gli edifici di quello che in passato fu un grande e famoso ospedale psichiatrico, progressivamente chiuso e dismesso in seguito alla riforma psichiatrica del 1978. Un compito veramente arduo. Nell'effettuazione dei sopralluoghi, finalizzati sia alla ricognizione in senso tecnico e al rilievo, sia all'esporsi "anima del luogo", gli studenti hanno colto la presenza di una sofferenza umana in un certo senso pluristratificata. Quella legata al passato e alle vicende dei malati che lì furono ricoverati e quella legata al presente; pur essendo infatti ufficialmente chiusa al pubblico, l'area è tutte le notti frequentata da persone senza fissa dimora, da adolescenti in cerca delle esperienze più disgraziate che si possano immaginare, da tossicodipendenti e da figure marginali di ogni tipo. Intorno a essa, una piccola città vive la sua ordinaria vita diurna e notturna, apparentemente "come se" tutto questo degrado dell'umanità non ci fosse. Una piccola parte dell'area è già stata recuperata e ospita strutture di riabilitazione per persone

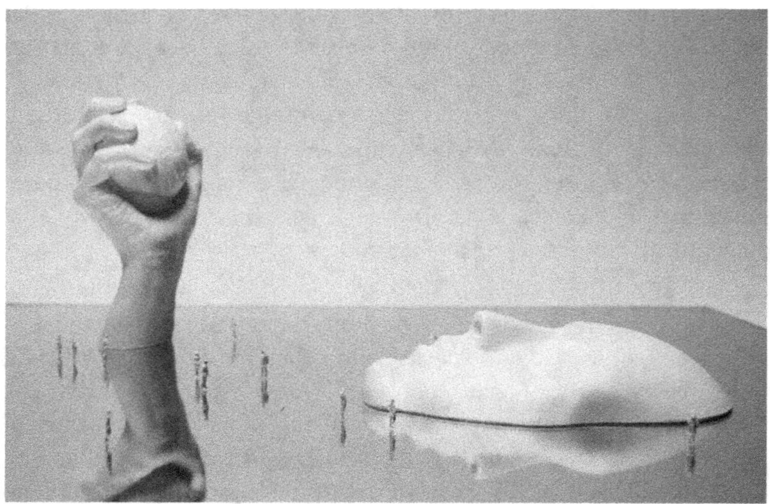

Fig. 2 Sogno tangibile. Progetto degli studenti Brandi D., Mansueto F., Calgaro P., Cheroni E., Storti C., Capasso G., Correnti E. Gruppo 5 Laboratorio di Design degli Interni, a.a. 2017 – 2018. (in: Anzani, Schinco 2018)

affette da tossicodipendenza. Finalità del progetto di valorizzazione è l'ampliamento di queste strutture e la realizzazione di una sorta di confine frattale con la vita comunitaria della cittadina, in cui il mondo del disagio e della sua cura da una parte, e quello della quotidianità ordinaria non si neghino reciprocamente né si ignorino ma stiano fianco a fianco e in termini ragionevoli si compenetrino. In concreto, ciò comporta la realizzazione nella stessa area non solo di zone protette ospitanti ambulatori e strutture di ricovero, ma anche di aree aperte a tutti e destinate alla vita culturale, alla socialità, allo sport.

La qualità dei lavori prodotti testimonia a nostro giudizio che gli studenti sono riusciti a dar voce all'anima del luogo e, naturalmente nella perfettibilità propria di prodotti realizzati in un percorso di formazione, ha perlomeno confermato la giustezza della strada imboccata: nel progettare la valorizzazione di un'area il cui passato è stato particolarmente tormentato da un punto di vista umano, è possibile far sì che il dolore accumulato e presente si incontri con nuova vitalità e nuovi usi da parte della comunità, senza per questo essere negato, anzi essendo pienamente riconosciuto e onorato.

Nel percorso scientifico, metodologico e applicativo che rende tutto ciò possibile, al sogno e alla sua valorizzazione nella vita diurna è stato assegnato un ruolo da protagonista. Come team di docenti volevamo che questa particolarità non finisse in secondo piano, ma ottenesse anch'essa una pubblica rappresentazione, non solo come testimonianza ma soprattutto come stimolo per la mente inconscia dei potenziali utenti degli spazi riqualificati. E così abbiamo concepito il "sogno tangibile". È caratteristica del sogno la sua qualità immateriale: un sogno è fatto di immagini, di sensazioni, emozioni, suoni: nulla che possa essere misurato nello spazio o toccato con le mani. Abbiamo chiesto a ogni gruppo di studenti di scegliere un sogno, preferibilmente notturno, ma anche "ad occhi aperti" se l'avessero preferito, elaborarlo in gruppo e "tradurlo" e re-inventarlo in un manufatto "tangibile" da integrare nella parte di progetto a loro affidata. Il risultato, tangibile sul piano materiale, è stato in taluni casi veramente "toccante" anche su quello emotivo. I sogni sono immateriali, fantasmi notturni in cui resti di già vissuta vita diurna, prospettive e desideri di vita futura si compenetrano con fantasie senza tempo, irriducibili a ogni forma di relativa concretezza. Questi due aspetti del mondo, materiale e immateriale, si alimentano reciprocamente, sono inseparabili. Chiuderò il mio scritto con una domanda che mi pare inevitabile: con tutte le difficoltà e le assunzioni di responsabilità che essa richiede, la "tangibilizzazione" dei sogni non è forse la caratteristica più qualificante e peculiare di ogni processo di re-invenzione personale e comunitaria?

Bibliografia

Anzani A., Guglielmi E. (a cura di), *Memoria, bellezza e transdisciplinarità - Riflessioni sull'attualità di Roberto Pane,* Maggioli Editore, Santarcangelo di Romagna, 2017

Anzani A., Schinco M., Experiencing the Continuity between Consciousness and Places: the Role of Dreams, Memory and Imagination in the Re-use Design of Dismissed Heritage, *2nd International Interdisciplinary Conference "Dreams, Phantasms and Memory",* 20-21 September, Danzica, Polonia, 2018

Bachelard G., *Le dormeur éveillé.* Emission radiodiffusée le 19 janvier 1954 sur Parigi Inter., 1954 https://citationsdenoslectures.fandom.com/fr/wiki/Transcription_de_la_conf%C3%A9rence_:_Le_dormeur_%C3%A9veill%C3%A9

Bateson G, *Steps to an Ecology of Mind: Collected Essays in Anthropology, Psychiatry, Evolution, and Epistemology,* University Of Chicago Press, Chicago, 1972

Bateson G., Bateson M.C., *Angels Fear: Towards an Epistemology of the Sacred,* Chicago University Press, Chicago, 1988

Bergson H., *La Pensée et le mouvant. Essais et conférences,* Alcan, Parigi, 1934

Bohm D., *Wholeness and the Implicate Order,* Routledge & Kegan Paul, Londra, 1980

Bohm D., *Thought as a System,* Routledge & Kegan Paul, Londra, 1992

Bohm D., Peat F.D., *Science, Order and Creativity,* Bantam Books, New York, 1987

Gruen A., *The Betrayal of the Self,* Grove Press, New York, 1988

Haley J., *Uncommon Therapy – The Psychiatric Techniques of Milton H. Erickson MD,* W. W. Norton & C., New York, 1973

Hartmann E., *Boundaries, A New Way to Look at the World,* Summerland, CA, CIRCC EverPress, 2011

Hartmann E., *The Dream is a Poem; the Poem is a Dream – An Approach to the Tymophor, a Basic Unit for Creativity,* 2012 http://www.tufts.edu/~ehartm01/

Huxley A., *The Doors of Perception,* New York, Harper & Row, 1954

Jaspers K. (trad. it.), *Genio e follia – Strindberg e Van Gogh,* Raffaello Cortina, Milano, 2001

Manousakis E., Founding quantum theory on the basis of consciousness, *Found. Phys.* 36(6), 795, 2006

Peat F. D., *Gentle Action – Bringing Creative Change in a Turbulent World,* Pari Publishing, Pari, 2008

Schinco M., *The Composer's Dream: Essays on Dreams, Creativity and Change,* Pari Publishing, Pari, 2011

Schinco M., *Epiphanies of Right, Epiphanies of Evil: eleogenetic practices as an alternative to a "problem based" reality,* 2015a, http://www.slideshare.net/beinetter/krakow-eleogenetic-2015-online

Schinco M., Working with Dreams in Systemic Practices and Perspectives, in W. Owczarski, Z. Ziemann (a cura di), *Dreams, Phantasms and Memories,* Gdansk University Press, Danzica, 2015b

Schinco M., Pensiero onirico e decisioni orientate al futuro, in A. Anzani, E. Guglielmi (a cura di), *Memoria, bellezza e transdisciplinarità - Riflessioni sull'attualità di Roberto Pane*, Maggioli Editore, Santarcangelo di Romagna, 2017

Schinco M., Schinco S., Spazi travagliati: tempo, affetti e memoria nei processi di identità territoriale, in A. Piselli (a cura di), *Alteridentità. Luoghi narrati luoghi taciuti, luoghi comuni,* Durango Edizioni, Manerbio, 2015

Schinco S., Schinco M., Attracted by the future, conditioned by the past, shaped by our decisions: that's where a place is, in O. Lytovka (a cura di), *The Place of Memory and Memory of Place*, Interdisciplinary Research Foundation Press, Varsavia, 2016

Schinco M., Schinco S., The "Ephemeral Architectures" as an Example of Play and Re-invention in Shared Processes of Creative Knowledge, in G. Amoruso (a cura di), *Putting Tradition into Practice: Heritage, Place and Design*, Lecture Notes in Civil Engineering 3, Springer International Publishing AG, Cham, 2018

Schinco M., Eleogenetics and its Applications, in S. Barile, R. Espejo, I. Perko, M. Saviano (a cura di), *Cybernetics and Systems: Social and Business Decisions*, Routledge Giappichelli System Management, Torino, 2018

Schmitt-Garre J., *Sergiu Celibidache - You don't do anything - You let it evolve*, Film, Pars Media Production, Co-produced by ZDF, 1992

Stein E., *Psicologia e scienze dello spirito (Contributi per una fondazione filosofica)*, trad. it. AM. Pezzella (1996), Città Nuova Editrice, Roma, 1922

Stern D., *Forms of Vitality: Exploring Dynamic Experience in Psychology and the Arts,* Oxford University Press, New York, 2010

Ullman M., "Wholeness and Dreaming", in BJ. Hiley, DF. Peat (a cura di), *Quantum Implications*, Routledge, Londra, 1987

Ullman M., *Appreciating Dreams - A Group Approach*, Thousand Oaks, CA, Sage Publications, Republished (2006) by Cosimo Books, New York, 1996

Alfonso Chielli

Conservatorio "G. Verdi", Via Conservatorio, 12 - 20122 Milano

alfonso.chielli@consmilano.it

Abstract

Ogni suono rimanda al "bagno sonoro primitivo" nel quale
il Sé, fin dai primi mesi della vita intrauterina, si è formato
(Anzieu, 1976). È il mondo sonoro, espressione della continua
interazione materno-fetale, a definire lo spazio nel quale è
immerso il feto e a determinare quella stretta relazione che
si avrà durante l'intera vita fra il corpo, il sentire e i suoni. Il
linguaggio e la musica avrebbero quale comune progenitore una
sorta di "musilanguage" (Ball, 2011) che avrebbe caratterizzato
la comunicazione dei primati, permettendo lo scambio di
informazioni e del contenuto emotivo a queste correlato. Il
suono è così portatore di un significato più ampio rispetto a
quanto possa essere espresso con le parole, potendo abbracciare
quella stessa dimensione subconscia o inconscia che caratterizza
l'essere e l'azione di ciascun individuo. Le dinamiche della
musica sembrerebbero avere un accesso diretto alle strutture
affettive della nostra coscienza- nucleare e il suono diviene così
espressione del Sé più profondo. Prima dell'emozione, alla
base dell'emergere del Sé, a caratterizzare la qualità stessa del
vissuto musicale, abbiamo il corpo, che sempre più appare oggi
inscindibilmente connesso con il processo conoscitivo.

Parole chiave: musica, suono, spazi, incarnato, cognizione

Corpo
Spazi sonori e mente musicale incarnata

Alfonso Chielli

1 _ Introduzione

Si ritiene, in particolar modo in ambito accademico, che la musica non abbia altro significato se non quello esplicitato dalla sua stessa struttura. Ciò che sembrerebbe importante è il riconoscimento di ciò che avviene armonicamente, melodicamente e formalmente, come se l'apprezzamento di un'opera d'arte possa essere solamente ricondotto alla bellezza e alla perfezione dell'idea musicale che in essa si possa riconoscere. Più spesso, in ambito amatoriale, la si apprezza invece sulla base di quanto questa possa risultare piacevole all'ascolto senza dovervi ricercare verità e bellezza, non ponendosi un problema di etica o di estetica. In entrambi i contesti il concetto di spazio viene spesso a ridursi ad un semplice attributo vuoto di significato, se non per quanto concerne il luogo ove avviene il concerto, risultando questo di estrema importanza, non tanto in quanto possa permettere la migliore qualità dell'ascolto, ma in quanto espressione, più frequentemente, di precise scelte commerciali, economiche e politiche. È così possibile ascoltare concerti di musica classica in luoghi in cui lo spazio architettonico strida con la musica eseguita, la cui qualità del suono perda bellezza in un ambiente incapace di diffonderlo.

A partire dalla considerazione che l'"opera d'arte è una struttura i cui elementi interrelati sono spesso qualità, o proprietà di qualità come loro gradi di intensità" il cui "contenuto di senso simbolico permea l'intera struttura, perché ogni articolazione di quella struttura è un'articolazione dell'idea che veicola" (Langer, 1950), non mi soffermerò sugli aspetti strutturali e formali caratterizzanti la composizione e la comprensione musicale, volendo indagare gli ambiti del Sé implicati nel "fare" musica. E così come nel parlare di spazio ritengo si debba cercare di comprendere il significato che questo venga ad avere per chi lo abita, dovendo porre particolare attenzione agli affetti e al corpo, in egual modo sarà necessario cercare di comprendere se, in che modo e in qual senso si possa parlare di significato nel fare musica e come questo venga a modificare e caratterizzare lo spazio sonoro e la qualità del vissuto.

2 _ Architettura e musica

Da sempre si sono potute riconoscere analogie, riflessi e corrispondenze fra architettura e musica (Favaro, 2011). Basti pensare all'importanza che viene ad avere, sia nella musica che nell'architettura, il proporzionamento, "parametro costante, fondamentale ed imprescindibile" (Ficarella, 2011). In entrambe è possibile riscontrare medesime strategie compositive e frequenti corrispondenze fra l'esplorazione teorico-musicale e la sperimentazione progettuale in architettura. La capacità visiva e uditiva presentano stretti rimandi e si correlano in modo sottile, sulla base di un processo ontogenetico. "L'intelligenza che corrisponde all'occhio e alla sua capacità di percezione si utilizza anche nell'ascolto; l'orecchio percepisce gli intervalli tra le note allo stesso modo in cui l'occhio intuisce le proporzioni" (Romagni, 2018). Per Le Corbusier (1974) "è l'orecchio che può vedere le proporzioni e si può ascoltare la musica della proporzione visiva". È possibile riconoscere nella matematica e nella geometria euclidea il codice per leggere l'architettura, così come il sistema tonale, espressione di armonia e proporzioni, ha rappresentato il *logos* che ha permeato la musica fino al Novecento, mentre, a partire dal XX secolo, sarebbe invece possibile, secondo alcuni autori, ravvisare nel concetto di modulo un nuovo sistema regolatore. "Sia la musica che l'architettura partono dalla ricerca di un'idea sintetica, affidata ad uno schizzo oppure a una sequenza breve di elementi o note e subito dopo si interrogano su come sia possibile sviluppare questi elementi in una disposizione articolata, ma ordinata. A partire da un'esigenza, architettura e musica ricercano un'idea dalla quale si genera un progetto finalizzato a un obiettivo sia funzionale che emozionale" (Romagni, 2018). E Renzo Piano, nel rivolgersi a Berio può così affermare: "La musica è l'architettura più immateriale che possa esistere. È incredibile quanti elementi del fare musica e del fare architettura siano simili (Berio et al., 1995). Per Giorgio Tedde (2005) l'architettura è "l'arte che attraverso un'opportuna disposizione nello spazio di volumi e forme, si mette al servizio del corpo umano per offrirgli un ambiente fisico finalizzato a specifiche funzioni" e la musica "è l'arte che, attraverso una opportuna disposizione nel tempo di energie dalla forma diversa, si mette al servizio della mente umana per offrirgli una spazialità psichica finalizzata a scopi sensoriali". Lo spazio è il contenitore della realtà e, in particolare, l'aspetto percettivo che questa realtà manifesta all'uomo (Romagni, 2018) e l'esperienza dello spazio è stata riconosciuta quale funzione fondamentale nell'ascoltare musica, non solo in relazione alla sua struttura in divenire, ma anche nel caratterizzare, in modo diverso e peculiare, ciascuna tonalità (Kurth, 1931).

3 _ Spazio sonoro quale primo spazio psichico

Ogni suono rimanda al "bagno sonoro primitivo" nel quale il Sé, fin dai primi mesi della vita intrauterina, si è formato (Anzieu, 1976). Suono, ritmo e movimento si configurano quali primi e fondamentali organizzatori (attivatori non solo di competenze, ma anche di comunicazione e scambi fra la madre e il feto) della vita intrauterina (Lorenzetti, 1986) e lo spazio sonoro viene a costituirsi come il primo spazio psichico (Stein, 2015). "Le esperienze acustiche originarie sono da considerare formative dei primi nuclei del Sé, delle prime rappresentazioni oggettuali interne e dei primi vissuti di lutto, legati all'evanescenza dei segni sonori "(Di Benedetto, 2001). Già al terzo mese di gestazione il feto percepirebbe i toni gravi del battito cardiaco e del respiro materni, e al quarto mese acquisirebbe la capacità di cogliere, grazie allo sviluppo della coclea, anche le frequenze medio-alte, potendo così apprezzare i fonemi della voce materna. Le prime esperienze sono tutte affidate alla sensorialità, in primo luogo uditiva, ma anche somatoestesica, olfattiva, gustativa, e sono quindi alla base di una continua interazione sensomotoria materno-fetale. "L'esperienza ritmica uditiva sarà essenziale per lo sviluppo delle funzioni psichiche che parteciperanno alla formazione della categoria mentale deputata alla definizione del bello e tali stimoli funzioneranno da 'oggetti modello' per la formazione di un primo abbozzo di rappresentazioni e costituiranno per il feto un *contenitore ideale* per una crescita che è fisica e mentale ad un tempo" (Mancia, 2001). Viene così a configurarsi un'indissolubile unità fra suono e spazio, in quanto sono proprio i suoni, espressione dei distinti e diversi stati psico-affettivi della madre e del feto e della loro continua interazione, a definire lo spazio nel quale è immerso il feto e a determinare quella relazione fra il suono e il corpo che, con il tempo, renderà possibile e determinerà qualitativamente, per molti aspetti, la riflessione cosciente. Si avrebbero inoltre evidenze che la musica non solo può essere appresa dal feto, ma può anche essere ricordata dopo la nascita. È stato osservato come "neonati di una settimana preferiscano la ninnananna che la mamma ha cantato loro durante la gravidanza" e che "le ninnenanne cantate durante la gravidanza sembrino avere un maggior effetto calmante rispetto ad altre" (Schön et al., 2016). Il bambino dà quindi segno di riconoscere frasi musicali o sequenze di parole, se ha potuto ascoltarle più volte prima della nascita (Fornari, 1984). Sul piano della produzione di suoni, è il primo grido dopo la nascita a inaugurare la capacità espressiva sonora vocale del bambino. Quel grido che presto si articola in pianti dalle tonalità più svariate, per "diversificarsi poi in gorgoglii, gorgheggi, vocalizzi e balbettii fino ad arrivare alla parola" (Maiello, 1993). Per Augusto Romano (1998) il significato della musica sarebbe da riscontrare nell'esperienza dell'unione simbiotica con la madre e, riduttivamente, la musica non sarebbe altro che quella stessa esperienza variamente travestita, "una forma di ri-creazione del primitivo *mondo sonoro esterno*, che ha preceduto l'acquisizione di simboli verbali. Una riformulazione, piuttosto sofisticata, dell'esperienza percettiva arcaica di una lingua come puro suono. Ed è insieme una forma di ri-creazione del proprio *mondo sonoro interno*, dei vissuti corporei relativi al cuore, al respiro, ai tessuti" (Di Benedetto, 2001). L'esperienza musicale è stata considerata il *pontifex*, il "costruttore di ponti" capace di unire la realtà esterna con il mondo interno. Per alcuni autori, in questa funzione di ponte, "la musica può essere considerata come un oggetto transizionale che permette di sostituire in fantasia un oggetto assente, incluso il tono affettivo con questo oggetto collegato, fino a poter la musica arrivare a rappresentare l'identità stessa di un popolo, venendo così a costituirsi quale oggetto transizionale collettivo" (Mancia, 2001). I suoni vengono così a caratterizzare l'ambiente nel quale siamo immersi, definendolo e caratterizzandolo. Risulta impensabile poter identificare uno spazio che non sia accompagnato dai suoni stessi che lo colorano, se non attraverso un processo di astrazione che allontana questo stesso spazio dal nostro sentire, dal corpo e dagli affetti che lo abitano. Lo spazio può sì presentarsi privo di suoni, ma sarà così caratterizzato dall'assenza di suoni, da un silenzio che ancor più caratterizza, in negativo e in un atteggiamento di spasmodica attesa, quello spazio musicale che vorrebbe invece negare. E attraverso i suoni stessi l'uomo è in grado di comunicare e di modificare lo spazio che abita.

4 _ Linguaggio musicale e sua origine

Per Steven Brown, della Karolinska Institute (Svezia), sarebbe possibile identificare un *continuum* di forme a partire dal linguaggio per arrivare alla musica, di cui il loro comune progenitore sarebbe una sorta di "musilanguage" (Ball, 2011) che avrebbe caratterizzato la comunicazione dei primati, venendo quindi ad essere portatore di informazioni non distinguibili dal contenuto emotivo a questo correlato. E tutto ciò viene a riprodursi durante lo sviluppo del neonato, il quale comincia ad esprimersi proprio grazie alla produzione di suoni, i cui stessi connotati fisici, quali l'altezza, il timbro e l'intensità si correlano al sentire e, nel contempo, danno luogo a improvvisazioni sonore, durante le quali il neonato esperimenta e amplia le proprie possibilità espressive e comunicative. Il suono è portatore di un significato diverso rispetto a quanto possa essere espresso con le parole, ma proprio per questo più ampio, potendo abbracciare quella stessa dimensione subconscia o inconscia che caratterizza l'essere e l'azione di ciascun individuo, avendo un valore di rivelazione nel dirci qualcosa che sta sotto ciò che vediamo e sperimentiamo (De Mari, 2015) "per attingere a quel remoto spazio interiore che nessun telescopio può raggiungere" (Galgigna, 2002), dando voce all'immaginario (Volterra, 2002), al contraltare notturno "deposito di potenzialità inesplorate o neglette" (Romano, 1998), alla "caleidoscopica gamma di contenuti psichici, a ciò che non potrebbe essere detto con le parole" (Di Benedetto, 2001). Tale riflessione investe il significato stesso del suono che, da un punto di vista fisico viene inteso quale onda sonora caratterizzata da precise qualità, ma che, in realtà, acquisisce la sua propria identità solo con l'essere percepito. È forse possibile pensare che, nel neonato, i suoni possano venire a distinguersi dallo spazio nel quale si generano e si diffondono? Il sentire e l'intera vita psicoaffettiva sono espressione, in primo luogo, del corpo e nell'infante si esprimono dapprima con il sorriso e il pianto, con tutte le loro possibili sfumature e valenze e, via via, con la lallazione e il linguaggio che, anche nell'adulto, si estrinseca e acquisisce significato non solo in quanto portatore di informazioni, ma soprattutto grazie a come il contenuto venga esplicitato e comunicato. E così saranno il tono e l'inflessione della voce, i gesti e le espressioni facciali che lo accompagnano a rendere possibile la comunicazione dell'intero sentire. Come potremmo distinguere lo spazio che il neonato abita dal suo sentire e da come questi venga ad interagire con questo spazio stesso, che è al contempo spazio tridimensionale, suono e affetto, prima che consapevolezza e pensiero, che verranno via via a definirsi lentamente nel tempo? E così lo spazio sonoro che caratterizza e definisce l'habitat assume una sua precisa individualità affettivo-emotiva, diversa in ciascun individuo, e viene a sua volta a modificarsi sulla base di quanto e di come l'individuo interagisca con questo stesso ambiente.

5 _ Percezione e organizzazione del proprio mondo sonoro interiore

Per la fisica "il suono, causa delle sensazioni uditive, consiste in onde elastiche longitudinali nell'aria di intensità e frequenza appropriate" (Treccani, 1996) le cui caratteristiche acustiche spesso non corrispondono all'esperienza estetica dell'ascoltatore (Siddiq e Reuter, 2018). Ciascun suono, immaginato, prodotto o sentito, viene a situarsi in uno spazio interiore, ben definito, così come accade per i ricordi e, nell'aggregarsi con altri suoni, nel realizzare armonie, definisce strutture architettoniche sonore che mutano prospetticamente nel tempo. Il musicista parla di linee e di strutture verticali o orizzontali ma, nella sua mente, vengono a configurarsi spazi tridimensionali in continuo divenire. La riduzione dello spazio sonoro a due sole dimensioni ne appiattisce la comunicazione. Come la prospettiva ha radicalmente modificato le arti figurative, così nell'esecuzione musicale e nell'ascolto, solo la capacità di dare profondità, e quindi timbro e struttura a quelle figure musicali che si disegnano e variano nel tempo, permette la qualità percettiva e la comunicazione, e questo è proprio riconducibile a quelle prime esperienze fetali in cui il suono, e non la vista, caratterizzava l'ambiente percepito dal feto. Sarebbe interessante, grazie all'utilizzo della FMR, poter indagare quali aree cerebrali vengano ad essere interessate quando il suono, nell'esperienza del musicista, venga a definirsi tridimensionalmente, acquisendo una maggior profondità, qualora sia percepito attentamente in tutte le sue qualità e caratteristiche. "La forma di una composizione è l'architettura con cui essa si articola che ne riflette le suddivisioni, la successione, lo sviluppo di temi, le strutture ritmiche e armoniche" (Romagni, 2018). Ed oggi, spesso, si parla anche di "spazi timbrici" (Siddiq e Reuter, 2018). Si potranno così avere "narrazioni sonore" correlate alla forma del brano musicale, a dare talvolta un gioco di linee, come accade in una fuga o in un brano contrappuntistico che chiede la percezione contemporanea e distinta di voci indipendenti, talaltra complesse rappresentazioni sonore, forme musicali di grande respiro, nelle quali più idee tematiche, armonicamente e melodicamente ben distinte, dialogano fra loro in modo simile a ciò che accade nel proprio mondo interiore o in un'opera teatrale o cinematografica, il cui testo scritto viene a corrispondere alla partitura. E così Christiane Neuhaus (2018) nel descrivere la musica parla di "architettura fluida". "Le forme musicali e i tipi architettonici sono nozioni equivalenti sul piano epistemologico. In quest'ottica la forma si presenta come un codice che si iscrive nella materia. Attraverso lo studio della forma e delle sue proprietà si tenta di decifrare questo codice, cioè si cerca di cogliere le chiavi interpretative del mondo materiale in vista della sua trasformazione" (Martí Arís, 2007). Numerosi sono gli artifizi che vengono applicati in modo simile in architettura e in musica, con corrispondenza del "principio tipologico" architettonico e del "principio formale" musicale, ed entrambi hanno bisogno, perché possano svilupparsi, di un'idea iniziale, di un'intuizione da parte dell'architetto/musicista, e dovranno essere sottoposti a continue variazioni e trasformazioni, fra le quali è possibile citare la "sovrapposizione", la "concatenazione" e "la variazione", che li affranchino da un geometrismo sterile e da una schematicità compositiva (Romagni, 2018). "Il linguaggio musicale, con le sue regole compositive, fa ordine in un materiale privo di Gestalt, inconscio, e tende a conferirgli una forma manifesta dotata di una Gestalt le cui strutture sono isomorfe, nelle loro forme logiche, con la nostra vita emotiva" (Mancia, 2001), ma questo accade solo quando siamo capaci di tornare a quello spazio sonoro originario, che permea affettivamente qualsiasi divenire.

Di particolare interesse la posizione di Christiane Neuhaus (2018) che parla di capacità diverse di processamento della musica, potendo questa distinguersi in corpocentrica, topologica (rivolta all'oggetto) o centrata sull'ambiente con interessamento di aree cerebrali distinte.

6 _ Linguaggio musicale quale forma isomorfa
rispetto al contenuto affettivo ed emotivo

Il linguaggio musicale può essere considerato forma isomorfa rispetto al contenuto affettivo ed emotivo in esso presente. Il passaggio alla comprensione dell'importanza del corpo potrebbe risultare di non così facile intuizione, perché si è soliti porre attenzione al corpo, nel fare musica, considerandone solamente la componente istintuale, che permette l'espressione delle parti più celate e spesso a noi stessi sconosciute, insieme a quella motoria, capace invece di un gesto strumentale sopraffino, distinguendo e dimenticando l'area affettiva. In realtà i sentimenti sarebbero "percezioni composite di quello che accade nel nostro corpo e nella nostra mente quando ha luogo un'emozione (...) programmi di azione complessi e in larga misura automatici" accompagnati da "un programma cognitivo" (Damasio, 2010). L'enterocezione dominerebbe il processo e sarebbe responsabile di quello che viene designato come l'aspetto sentito di queste percezioni. Il suono è espressione del Sé la cui estrinsecazione è il fine di qualunque indirizzo psicoterapeutico. La musica può permettere l'accesso alle parti più profonde del Sé, spesso costrette e sigillate dalle costrizioni sociali e da quelle stesse catene così abilmente costruite nell'incapacità di affrontare il dolore o semplicemente la vita quotidiana. E, proprio nell'essere permeati dalla paura di voler estrinsecare la nostra più vera natura, nel costruire "corazze" che ci permettono una sicurezza illusoria e falsa, possiamo sviluppare competenze sempre più raffinate fino a definire un mondo "altro", perfetto e bellissimo, ma sempre più lontano da un sentire che coinvolga non solo la riflessione cognitiva, ma anche l'utero, la pancia e il cuore. A conferma di quanto la musica abbia un accesso privilegiato alle parti più profonde del Sé, ad una memoria che non può essere cancellata, si rimane stupiti nell'osservare come il paziente affetto dall'Alzheimer, malattia che eradica la nostra memoria e il significato di un'intera esistenza, possa tornare alla vita nell'esprimersi musicalmente, riacquisendo una dignità e una memoria non più presente (Sacks, 2009).

7 _ La mente musicale incarnata

"Sento, dunque sono" (Panksepp, 1998). "La MenteCervello (o il CervelloMente) è una realtà unificata, che non possiede alcun confine con il corpo – è integrata al sistema fisico nel suo insieme" (Panksepp e Biven, 2012). Sempre di più, oggi, si parla di un "Sé incorporato", cioè di un Sé che si fondi sul corpo. Per Damasio (2010) il sé-oggetto è "un insieme dinamico di processi neurali integrati, centrati sulla rappresentazione del corpo in quanto organismo vivente, che trova espressione in un insieme dinamico di processi mentali integrati". Il sé-soggetto trarrebbe origine, per gradi, dal sé-oggetto: "dapprima il proto-sé con i suoi sentimenti primordiali; poi il sé nucleare, guidato dall'azione; e infine il sé autobiografico, che incorpora dimensioni sociali e spirituali". Per Panksepp e Biven (2012) sarebbe possibile "considerare gli affetti come le forme originali della coscienza (...) Le prime fonti di esperienze vissute che si siano evolute nel cervello". "Gli affetti puri rappresenterebbero la fonte primordiale della coscienza anoetica – esperienza di processo primario priva di comprensione". Panksepp parla di un Sé nucleare, funzione cerebrale "nomotetica", e cioè universale, che a seguito dell'interazione con i processi terziari cognitivi di livello superiore, promuoverebbe l'emergere di vari sé "idiografici" e cioè individualmente unici e raffinati dall'esperienza. Il Sé nucleare sarebbe sostenuto dall'azione. Il comportamento fisico determina la sopravvivenza; scopo dell'informazione sensoriale e dei cambiamenti affettivi interni è quindi quello di guidare i sistemi motori. Per Damasio (2010) il sentimento primitivo sarebbe invece un prodotto spontaneo del proto-sé, avendo luogo indipendentemente (a differenza di quanto affermi Panksepp) dal fatto che il proto-sé sia coinvolto o meno da oggetti o eventi esterni al cervello, occorrendo solo che essi siano legati al corpo e solamente al corpo. Che si consideri Panksepp o Damasio, le dinamiche della musica sembrerebbero avere un accesso diretto alle strutture affettive della nostra coscienza-nucleare (Blood e Zatorre, 2001). Ma anche "l'architettura, se pregnante, ci permette di fare esperienza di noi stessi come esseri pienamente corporei e spirituali" (Pallasmaa, 2007). "Il corpo, inteso come luogo di percezione, pensiero e coscienza, rileva la capacità funzionale ed emozionale dell'architettura che si pone principalmente al suo servizio" (Romagni, 2018). Inoltre, a partire dalla considerazione di come l'esperienza sonora e della musica sia multimodale ed evochi vivide connessioni con le rappresentazioni corporee e spaziali (Wöllner, 2018) e di come il movimento stesso si correli a qualsiasi elemento musicale (Epstein, 1995), così come è possibile vedere nell'associazione che si ha fra movimenti del corpo e risposta affettivo-emotiva alla musica (Langer, 1948 e Wöllner, 2018), in particolar modo ponendo attenzione ai micro-movimenti poco visibili ad occhio nudo, si potrà comprendere in che modo e quanto il corpo si ponga quale primo e vero artefice del sentire e fare musica. Se ci rifiutiamo di morire a noi stessi diviene impossibile dissociare il corpo dal fare o ascoltare musica. Prima dell'emozione, alla base dell'emergere del Sé, a caratterizzare la qualità stessa del vissuto musicale, abbiamo il corpo, che sempre più appare oggi inscindibilmente connesso con il processo conoscitivo (Leman, 2007; Leman, 2016; Leman e Maes, 2015), non solo considerandone, a partire dai lavori di Antonio Damasio e di Jaak Panksepp, la componente sensitivo-motoria, sempre implicata, ma anche in quanto capace, nel contempo, di eros e di estasi. Abbiamo musiche che inducono il movimento del corpo e che, nel liberare catene a volte inconsce, permettono a parti profonde del nostro essere di venire alla luce, altre che entrano in risonanza con il nostro mondo affettivo interiore favorendone l'estrinsecazione, ed altre ancora che avvicinano l'uomo all'assoluto. La musica influenza fino a condizionare qualunque gesto o azione. Il movimento del corpo, il suo ritmo, diviene spazialmente e temporalmente corrispondente all'espressione musicale, attraverso un processo di sincronizzazione (Leman et al., 2018). Numerosissimi gli studi che ne confermano gli effetti. E così la musica può determinare, ad esempio, movimenti più vigorosi che, nel camminare, danno luogo a passi più ampi e/o ad una velocità maggiore della cadenza degli stessi e il jogger, spesso in modo non cosciente, adatta la cadenza della corsa al tempo della musica che ascolta (Leman, Buhmann, Van Dyck, 2018). È stato altresì riconosciuto come sia possibile identificare e distinguere, sulla base dell'andamento del tempo, del ritmo e dell'armonia, musiche capaci di indurre il rilascio delle tensioni e il rilassamento, a differenza di altre che permettono di rivitalizzare e rinvigorire l'azione (Leman et al., 2018). La musica può ridare freschezza e attenzione a chi, stanco e annoiato, è costretto ad un lavoro ripetitivo, può permettere gioia e consapevolezza a chi ha dimenticato il significato stesso del vivere e, in modo misterioso e stupefacente, può riportare temporaneamente all'azione i pazienti affetti da encefalite letargica "restituendo loro emozioni e ricordi intensi, fantasie e intere identità alle quali, in massima parte, era loro negato l'accesso" (Sacks, 2009).

8 _ Gesto

Il "fare musica", sia questa composta, eseguita o ascoltata, si accompagna e determina micro o macro-movimenti fino a poter divenire un fenomeno di aggregazione sociale con il coinvolgimento, all'unisono, di più corpi. L'area motoria supplementare risulterebbe implicata sia nei fenomeni percettivi che motori (Godoy, 2009); il movimento del corpo sarebbe sempre presente nella percezione, contribuendo a definirne il significato. Per Truslit (1938) la musica stessa originerebbe dal movimento. Nell'esecuzione è possibile identificare gesti che esprimono il sentire dello strumentista, in alcune scuole considerati superflui e distraenti l'attenzione dell'ascoltatore, in altre ammessi e riconosciuti nella loro valenza comunicativa, da distinguersi rispetto a quelli che, invece, siano espressione di un'intenzione o di un proprio mondo proiettivo, se non di un atteggiamento francamente teatrale fino a divenir caricaturale, e non del proprio autentico sentire, inficiando la qualità stessa dell'esecuzione. In realtà ciascun suono è già presente nel gesto che lo permette e ciascun gesto è espressione di un sentire e, nel contempo, di una riflessione pre-rappresentativa. Il corpo, ancor prima del pensiero, è artefice dell'azione, così come l'intuito può precedere la riflessione cosciente e permettere, spesso, una conoscenza unitiva ancor più profonda e vera. "Il suono musicale è quel che il nostro corpo *sa perché accade* e non quello che *sa perché è il prodotto della sua intenzione*" (Anscombe, 1957). Gustav Mahler ha potuto affermare "io non compongo, sono composto" (Mezzanotte, 1998) e Keith Jarrett, nel descrivere la propria attività, rivela: "Se qualcosa comincia ad accadere io non posso far sì che continui. Devo lasciare che accada" (Jarrett, 1994). Qualunque musica permette la risonanza dell'intero nostro essere in quanto corpo, affettività, riflessione e intelletto, pur venendo sempre a situarsi, sia l'evento compositivo che la performance, in un ambito pre-rappresentativo. È così possibile comprendere come possa accadere che frequentemente i pazienti afasici siano in grado di cantare non soltanto arie, ma anche testi d'opera o di cantici (Boulez, 2016). "La corporeità, non la mente, è il luogo della musica" (La Matina, 2017) e, qualora il giovane esecutore, incapace di ascoltare e dare spazio al proprio corpo, si faccia guidare da una progettualità priva di affetti, potrà produrre un'esecuzione tecnicamente impeccabile che, nel contempo, risuonerà inanimata nel suo essere priva di espressività e di capacità comunicativa.

9 _ Spazi sonori

Un altro aspetto che qui voglio considerare riguarda lo spazio in cui "accade" l'evento sonoro. L'onda sonora si propaga nello spazio assumendo caratteristiche fisiche diverse a seconda delle caratteristiche dell'ambiente, che viene così a determinare la qualità della percezione stessa, non solo in quanto capace di garantire la migliore e più fedele qualità del suono. È così necessario considerare ma anche distinguere la qualità oggettiva del suono da ciò che possa essere percepito e vissuto da chi dà vita al suono stesso, grazie alla capacità di ascolto e di percezione uditiva. La fredda e asettica sala da concerto può infatti, nel suo volere astrarre e idealizzare l'esecuzione stessa, allontanare inesorabilmente l'uomo dalla musica. Qualsiasi musica chiede di poter vibrare nell'ambiente che le è appropriato. L'ambiente condiziona la musica e lo stesso far musica, così come la musica permea e caratterizza in modo diverso l'ambiente. D'altro canto oggi l'ascolto della musica in cuffia permette la più radicale decontestualizzazione dell'evento fino all'*ek-stasis,* venendo così a determinare un aspetto nuovo che, nello stesso tempo, proprio nel suo permettere il distacco dal sé, è anche antico, caratterizzando società assai lontane storicamente e geograficamente nel loro tendere all'Assoluto.

10 _ Musica ed Estasi

Nel fare musica o anche semplicemente nell'abbandonarsi alla musica, sarà possibile arrivare a stati di estasi. Da sempre la musica, in particolar modo l'utilizzo delle percussioni, quale strumento più arcaico nella produzione del suono, viene a caratterizzare le cerimonie sacre, durante le quali l'uomo vuole attingere ad una verità più profonda. È così possibile pervenire ad una realtà "altra", che non è espressione di uno stato alterato di coscienza, quanto di un voler permettere una totale e incondizionata consapevolezza. La musica, dice Wackenroder, è "il sommo mistero della fede, la mistica, la religione completamente rivelata" (Dahlhaus, 2009), "testimonianza dell'aspirazione a una impossibile trascendenza, di cui continua a dare l'ostinata testimonianza, ricevendo in premio talvolta la possibilità di contemplare fugacemente per accenni, ciò che si nasconde dietro il velo" (Romano, 1998).

Si è solitamente propensi a considerare il corpo e la spiritualità espressione di due dimensioni antitetiche, pensando da una parte alla liberazione dei propri istinti e dall'altra ad uno stato che chieda invece di dimenticare il proprio corpo per tendere ad una dimensione "altra" sovracorporea ed eterea. Ed è invece possibile proprio ponendoci in ascolto del nostro corpo, permettendo un silenzio interiore che possa dare voce al Sé più profondo, accedere ad uno stato che ci permetta di divenire parte dell'intero universo. Lapassade (1996) definisce l'estasi come uno stato caratterizzato dall'"unità indifferenziata del soggetto e del mondo" con perdita del senso abituale o comune dello spazio e del tempo e acquisizione del senso del sacro. È ciò che viene descritto nelle esperienze dei mistici di qualsiasi epoca e area geografica, come nell'estasi di Teresa d'Avila e di San Giovanni della Croce o dei monaci tibetani, nello stato di *fana* dei Sufi, nello stato di *samadhi* buddista e nello stato contemplativo *nembutsu* dei mistici giapponesi, fino ad arrivare alla Mindfulness e alla Meditazione trascendentale, che ne esplicitano oggi, all'interno della società occidentale, riprendendo quelle stesse tecniche che hanno da sempre caratterizzato la "via mistica", lo stesso anelito spirituale, espressione del bisogno dell'uomo di tendere all'Assoluto. Solo attraverso il corpo è possibile l'Ek-stasis, l'Estasi, e la musica possiede una via preferenziale avendo accesso diretto al Sé nucleare di Panksepp o all'anima di tanta letteratura. Un'ipotesi affascinante, ma ancora non dimostrata, sarebbe quella nella quale la *trance*, per molti versi da correlarsi all'estasi, verrebbe considerata un bisogno psicobiologico, così come è stato formulato nei lavori di Dissanayake (1988); Duchniewska and Kokoszka (2003); Killeen and Nash (2003). Oggi risulta difficile poter ritrovare e confrontarsi con la sacralità dei luoghi, eppure attraverso il corpo e grazie al corpo è possibile esperire la sacralità di un luogo, che diventa quindi porta d'accesso ad un'altra dimensione. È ciò che accade nell'innamoramento, durante il quale l'espansione della coscienza, investita da Eros, permette di esperire l'esperienza stessa e il luogo in cui questa accade con una sacralità non lontana da quella esperita nella tensione mistica. In alcune culture primitive la musica collega il mondo dei vivi con quello dei morti; in Giappone i monaci mendicanti attraversavano a piedi le isole suonando il *shakuhachi* al fine di raggiungere l'illuminazione attraverso la musica (Koizumi, 2002) e, a conferma di come la sacralità possa portare luce nelle tenebre dell'angoscia psicoaffettiva ed esistenziale, nel paziente affetto da disturbi psichici il "fare musica" può permettere di estrinsecare nodi antichi irrisolti, con stabilizzazione del proprio umore (Sacks, 2009).

11 _ Ascolto musicale

L'ascoltatore non è un semplice testimone passivo, bensì un attivo partecipante del processo di creare o ricreare (Barenboim, 2012). L'arte è dunque un dialogo a tre: tra l'artista e la sua creazione e tra questa creazione e coloro che la osservano (Duchamp, 2011). "Il senso musicale è *intenzionale*: esiste nella misura in cui un ascoltatore lo percepisce" (Dahlhaus, 2009). Un ultimo aspetto da considerare riguarda il come e il perché si modifichi la qualità dell'ascolto e, quindi, il significato che viene ad avere uno specifico brano musicale. È banale considerare solamente l'esperienza e la cultura propria dell'ascoltatore. "L'opera musicale è contemporaneamente individuale e universale" (Boulez, 2016). "Il pubblico deve essere in grado di alterare la propria coscienza e di accogliere il senso della musica nel momento stesso della sua realizzazione fisica" (Barenboim, 2012). Dice McClellan (2002): "Il vero ascolto è accoglienza piena senza emissione di giudizi. Rinunciando al controllo, la mente tace, libera da aspettative, dal monologo verbale, da fantasie, da paure. Se si ascolta l'istante, si annulla l'ego; il futuro e il passato cedono il passo al continuo succedersi del presente". Ci sentiamo allora trascinati al centro del suono e dentro le sue origini. E, come afferma Naranjo (2015), la musica, come fosse un tappeto magico, potrà così portarci ad attraversare un labirinto di mondi distanti e diversi, rendendo possibile l'estrinsecazione di un'emozione virtuale e latente, se saremo però capaci di impegnare il nostro cuore, e potrà così permettere, al di là di qualsiasi barriera individuale, sociale e culturale, di avvicinare due anime mettendo in comunione e connessione gli esseri umani (Cordoba De Parodi, 1998). Abbiamo qui, nuovamente, il concetto di spazio che rimanda a molteplici ulteriori spazi fino a cancellarne qualsiasi delimitazione.

La percezione musicale è sincretica. "Con l'ascolto musicale si sfruttano le facoltà associative e di coordinamento che l'udito ha sulle altre percezioni, a iniziare da quelle più arcaiche, cioè quella cinestesica, quella profonda, quella viscerale, quella statocinestesica" (Rossi, 1998). Nell'ascolto musicale, ricordando Franco Fornari, si possono creare "riaccensioni d'anima", rievocare emozioni, suscitare affetti o passioni, direbbe Bion. Ma, sempre aderendo al modello bioniano, è necessario che due menti siano legate affinché esista un'"emozione sperimentata con intensità e calore (...) La passione è la prova del fatto che due menti sono legate e che non possono esservi meno di due menti se la passione è presente" (Carollo, 1998) e, come dice Incisa della Rocchetta (1998), "quasi che ciò che esiste dentro ciascuno di noi possa essere evidenziato per tramite della sensibilità dell'altro; e l'inconscio affiori in quanto dall'altro riceva senso". Colui che ascolta viene chiamato a completare il processo creativo, a ricostruire o costruire dei significati. "La percezione scaturisce sia dall'azione esercitata dalle qualità sensibili sull'organo che percepisce, sia dall'attività propria dell'organo; a questo processo contribuiscono dunque, quasi contemporaneamente, il soggetto senziente e l'oggetto sentito" (Lumer e Zeki, 2011). Che la musica possa o meno impressionarci nella sua purezza, dipenderà dal nostro modo di porci in ascolto (Naranjo, 2015). L'effetto dipenderà dal livello di coscienza dell'ascoltatore stesso, così come viene comunemente ritenuto in Oriente (Cordoba De Parodi, 1998).

Noy (1993) ha identificato tre diverse modalità caratterizzanti l'interrelazione tra musica ed esperienza emotiva: 1. la via narrativa (la musica è il luogo di un'immanente e pre-codificata narrazione da trasmettere all'ascoltatore); 2. la via diretta (la musica concorda in modo isomorfico con le emozioni dell'ascoltatore); 3. la via indiretta (le reazioni emotive dell'ascoltatore sono il risultato dell'attività difensiva riorganizzata dell'Io a seguito dello stimolo uditivo). Per la cosiddetta scuola isomorfa le emozioni di un ascoltatore sono "attivate direttamente dal contenuto innato del messaggio" (Stein, 2015) e per Pratt (1952), ipotizzando modelli uditivi che trovano corrispondenza in quelli organici e viscerali nel corpo, la musica suona esprimendo quello che l'emozione sta vivendo. All'interno di tale processo sempre in continuo divenire l'ambiente e il contesto hanno sempre una loro parte. "L'opera d'arte è il prodotto dell'instabilità dell'osservatore moltiplicata per le variazioni apportate dal contesto e dalle intenzioni dell'artista" (Lumer e Zeki, 2011) e per Whitehead, ancor prima di ascoltare una musica, la si potrà percepire nel suo essere espressione anche dell'influsso dell'ambiente, pur dovendo questa comunque considerarsi espressione di un'emozione "originaria" (Fregtman, 1990). L'ascolto della musica non può però essere considerato solamente quale esperienza uditiva, emozionale e intellettiva. L'ascolto della musica coinvolge innanzitutto il corpo. "Come scrisse Nietzsche, quando ascoltiamo la musica 'ascoltiamo con tutti i muscoli'. Teniamo il tempo della musica senza volerlo, anche quando non siamo consapevoli di prestarle attenzione, e con il volto e le posture del corpo rispecchiamo la 'trama' della melodia, insieme ai pensieri e ai sentimenti che essa provoca" (Sacks, 2009). Ascoltare una musica amata rappresenta un'esperienza che dà gioia, che può portare ad "avere la pelle d'oca", fenomeno che Francesca Foti (2014) definisce una sorta di "orgasmo della pelle", conseguente all'attivazione del sistema limbico della gratificazione. Già Ehrenzweig (Mancia, 2011) aveva proposto una distinzione tra *ascolto fusionale* e *ascolto separato*, che in epoca recente è stato associato rispettivamente all'ascolto della musica tonale (in particolare delle grandi composizioni classiche e romantiche) e a quello della musica seriale e dodecafonica, la cui ipotesi risulta solo in parte corretta, essendo la qualità dell'ascolto da associarsi principalmente allo stato affettivo e cognitivo dell'ascoltatore, più che alle caratteristiche della musica. Come ha affermato Mancia (1987) "analogamente all'organizzazione del sogno l'ascolto musicale implica comunque un'esperienza *proiettiva* che si collega allo stato in cui si trovano i nostri oggetti interni: dei e demoni del nostro universo mentale". "Durante l'ascolto musicale il tempo metronomico tende a essere trasformato in tempo personale, dove passato, presente e futuro si fondono e fanno coesistere più cose contemporaneamente. Lo sviluppo diacronico di un brano musicale è continuamente smentito da una fruizione sincronica" (Di Benedetto, 2001).

Per Lévi-Strauss (1970) "al di sotto dei suoni e dei ritmi, la musica opera su un terreno grezzo, che è il tempo fisiologico dell'uditore; tempo irrimediabilmente diacronico in quanto irreversibile, e di cui la musica stessa tramuta però il segmento che fu dedicato ad ascoltarla in una totalità e in sé conchiusa. L'audizione dell'opera musicale, in forza dell'organizzazione interna di quest'ultima, ha quindi immobilizzato il tempo che passa. (...) Cosicché, ascoltando la musica e mentre ascoltiamo, noi accediamo a una specie di immortalità". E nello stesso tempo l'oggettività estetica stessa, nella musica, non si manifesta "nell'istante in cui suona ma solo se un ascoltatore, alla fine di un movimento o di una sezione, si rivolge a quello che è trascorso e se lo rammenta come un tutto concluso. A questo punto la musica assume quasi una forma nello spazio: ciò che è stato udito si consolida in qualcosa di esterno, in una 'oggettività di per sé essente'. (...) Paradossalmente, in quanto forma essa perviene a una esistenza reale proprio nell'istante in cui è terminata. Riafferrata nella memoria essa ritorna, ma in una condizione che non aveva mai assunto durante la sua presenza immediata, e così, a distanza, si costituisce come forma plastica esaminabile. La spazializzazione e la forma, il ritorno e l'oggettività sono interdipendenti: ogni elemento fonda o presuppone l'altro" (Dahlhaus, 2009). E Stravinskij (1947), a conclusione della sua "Poetica della musica", afferma: "L'unità dell'opera ha infatti una sua risonanza: la sua eco, che la nostra anima percepisce, risuona poco a poco. L'opera compiuta si diffonde quindi per essere comunicata e infine ritorna al suo principio. Allora il ciclo è chiuso. Ed è così che la musica ci appare come un elemento di comunione con il prossimo, e con l'Essere".

12 _ Conclusioni

In un contesto sociale necessariamente condizionato da esigenze economiche, si ha spesso una quantificazione monetaria di ogni singolo evento. La musica, quando vuole tendere al vero e al bello e non sedurre o manipolare, obbligata ad una solitaria e difficile ricerca non potendo incontrare il favore di chi alla fruizione attiva preferisce quella passiva spesso condizionata dai media, fatica a trovare uno spazio, fisico ma anche intellettivo, all'interno del quale poter essere accolta. D'altro canto quando la via artistica decide di procedere dando spazio solo all'intelletto, allontanandosi a tal punto dal corpo e dal Sé da non poter neanche più essere percepita, non dico compresa, dai nostri sensi incapaci di coglierne tutti gli aspetti, sceglie deliberatamente un destino che la condanna all'espressione solipsistica. In egual modo il Conservatorio o l'Accademia di Musica, qualora non sia più capace di infondere amore e passione per uno studio che è anche e soprattutto ricerca interiore e non sterile trasmissione di contenuti e interpretazioni che necessariamente, nella loro forza e verità, sono in continuo divenire, anziché pullulare di studenti che dialoghino fra loro suonando e confrontando le proprie posizioni e idee, diventa luogo di inutili sofferenze ed esasperazioni. Con l'indagare e il riconoscere quali significati siano presenti nel linguaggio dei suoni, è possibile comprendere quanto la musica, così come lo spazio fisico e psichico che abitiamo, chiedano il diritto di poter tornare ad essere espressione dell'uomo capace di autenticità e verità. La musica, spesso ridotta a vittima sacrificale di un dio che chiede il successo e il denaro, ancora oggi rimane capace di disvelare la natura più vera e profonda del Sé, ogni qualvolta si sia capaci di tornare alla consapevolezza del sentire e al coraggio di essere. A dispetto di una realtà sociale che purtroppo, spesso, utilizza e manipola il corpo stesso, degradandolo a oggetto bisognoso e implorante di un apprezzamento narcisistico, disconoscendone la sua vera natura, è proprio il corpo a tornare a permettere una conoscenza che possa e sappia andare oltre quell'apparenza ideale, così intrisa di solitudine e sofferenza nella sua vetrificata bellezza, riportando nuova vita, lì dove questa è stata dimenticata, e nuova gioia.

Bibliografia

Anscombe G.E., *Intention*, Blackwell, Oxford, ristampa digitale, Harvard University Press, Cambridge Massachusetts, 1957

Anzieu D., L'enveloppe sonore du soi, *Nouvelle revue de psychoanalyse*, 13, 1976, pp.161-170

Ball P., *The Music Instinct: How Music Works and Why We Can't Do Without It*, Vintage, Penguin, London, 2011

Barenboim D., *La musica è un tutto. Etica ed estetica*, Feltrinelli Editore, Milano, 2012

Berio L., Piano R., Regge T., Della creazione, *Micromega*, 3, 1995

Bistolfi F., *Suoni e vibrazioni sull'uomo*, Omicron Editrice, Genova, 2004

Blood A.J., Zatorre R.J., *Intensely pleasurable responses to music correlate with activity in brain regions implicated in reward and emotion* in Procedings of the National Academy of Sciences, 98, 2001, pp. 11818-11823

Boulez P., Changeux J.P., Manoury P., *I neuroni magici. Musica e cervello*, Carocci Editore, Roma, 2016

Carollo R. (a cura di), *Le forme dell'immaginario. Psicoanalisi e musica. Atti del convegno dell'Associazione per l'Aggiornamento e lo Studio della Psicoanalisi e della Relazione Analitica*, Moretti & Vitali Editori, Bergamo, 1998

Córdoba de Parodi M.A., *Música y terapia*, Ediciones Indigo, Barcelona, 1998

Dahlhaus C., *L'estetica della musica*, (trad. ital. a cura di R. Culeddu), Casa Editrice Astrolabio - Ubaldini Editore, Roma, 2009

Damasio A., *The Feeling of What Happens: Body, Emotion and the Making of Consciousness*, Heinemann, London, 1999

Damasio A., *Self Comes to Mind. Constructing the Conscious Brain,* Pantheon, New York, 2010 (trad. italiana di I.C. Blum, *Il Sé viene alla mente*, Adelphi, Milano, 2012).

Delli Pizzi F., *Semeion/Tecmerion. Verso una psicoanalisi della musica*, LibreriaClup, Milano, 2007

De Mari M., Carnevali C., Saponi S. (a cura di), *Tra psicoanalisi e musica,* Alpes Italia, Roma, 2015

Di Benedetto A., *La vita come musica,* Marsilio, Venezia, 1991

Di Benedetto A., L'inconscio attraverso la musica e la vocalità, *Il Verri*, N. 1-2, 1993

Di Benedetto A., *Musica e affetti*, in Longhini, L. e Mancia, M. (a cura di), *I sentieri della mente. Filosofia, letteratura, arte e musica in dialogo con la psicoanalisi*, Bollati Boringhieri, Torino, 2001

Dissanayake E., *Homo Aestheticus: Where Art Comes From and Why,* Free Press, New York, 1992

Duchamp M., *Scritti*, Abscondita, Milano, 2005

Duchniewska K., Kokoszka A., The protective mechanisms of the basic rest-activity cycle as an indirect manifestation of this rhythm in waking: preliminary report, *Int J Neurosci.*, Feb;113(2):153-63, 2003

Epstein D., *Shaping Time: Music, the Brain, and Performance,* Wadsworth Publishing, Belmont CA, 1995

Favaro R., *Spazio sonoro. Musica e architettura tra analogie, riflessi e complicità*, Marsilio Editori, Venezia, 2011

Ficarella G., *La forma del suono*, Giannini Editore, Napoli, 2011

Fornari F., *Psicoanalisi della musica*, Longanesi, Milano, 1984

Foti F., *Il Cervello in ascolto*, in Centro Musicoterapia Benenzon (a cura di), *Musica tra neuroscienze, arte e terapia*, Edizioni Didattica Attiva, Torino, 2014

Fregtman C. D., *Música transpersonal,* Editorial Kairós, Barcelona, 1990

Galgigna M., *La rappresentazione dei processi interiori*, in Volterra, V. (a cura di), *Melancolia e musica. Creatività e sofferenza mentale*, Franco Angeli, Milano, 2002

Godøy R.I., Jorgensen H., *Musical Imagery,* Taylor & Francis, New York and London, 2001

Godøy, R.I., Leman, M. (a cura di), *Musical Gestures: Sound, Movement and Meaning*, Taylor & Francis Ltd, New York and London, 2009

Incisa della Rocchetta J., *Il labirinto degli affetti. Rapporto parola-musica nell'opera di Richard Wagner*, in Carollo, R. (a cura di), Le forme dell'immaginario. Psicoanalisi e musica. Atti del convegno dell'Associazione per l'Aggiornamento e lo Studio della Psicoanalisi e della Relazione Analitica, Moretti & Vitali Editori, Bergamo, 1998

Jarrett K., *Inner Views. Conversations with Kunihiko Yamashita*, Masamichi Asaishi/Rising Inc., Tokyo, 1994 (trad. it.

a cura di P. Gracis and O. Zaggia, Jarrett, K., *Il mio desiderio feroce: conversazioni con Kunihiko Yamashita*, Socrates, Roma, 1990)

Killeen P.R., Nash M.R., The Four Causes of Hypnosis, *International Journal of Clinical and Experimental Hypnosis* 51(3):195-231, 2003

Koizumi, F., *Recorder Liner Notes* of the LP by Gorô Yamaguchi *A Bell Ringing In The Empty Sky: Japanese Shakuhachi Music*, Nonesuch Records, New York (n. H-72025), 1974

Kurth E., *Musikpsychologie*, Max Hesses Verlag, Berlino, 1931

La Matina M., *L'accadere del suono,* Mimesis, Milano, 2017

Langer S. K., *Philosophy in a New Key. A Study in the Symbolism of Reason, Rite, and Art,* The New American Library, New York, 1948

Langer S. K., The Principles of Creation in Art, *The Hudson Review*, Vol.2, No. 4, 1950, pp. 515-534, (trad. it. di N. Ramera, *I principi della creazione artistica,* Morcelliana, Brescia, 2017)

Lapassade G., *Stati modificati e transe,* Sensibili alle foglie, Roma, 1996

Le Corbusier, *Modulor 2*, Gabriele Mazzotta Editore, Milano, 1974

Leman M., *Music Cognition and Mediation Technology*, The MIT Press, Cambridge, MA, 2007

Leman M., *The Expressive Moment. How Interaction (with Music) Shapes Human Empowerment,* The MIT Press, Cambridge, MA, 2016

Leman M., Buhmann J., Van Dyck E., *The empowering effects of being locked into the beat of the music,* in Wöllner C. (a cura di), *Body, Sound and Space in Music and Beyond: Multimodal Explorations,* Routledge, Abingdon, 2018

Leman M., Maes P.-J., *The Routledge Companion to embodied Music Interaction,* Routledge, Abingdon, 2017

Lerdhal F., Jackendoff R., *Generative Theory of Tonal Music,* The MIT Press, Cambridge, MA, London, 1983

Lévi-Strauss C., *The Raw and the Cooked*, Jonathan Cape, London, 1970

Lorenzetti L., *La psicologia della musica per lo sviluppo della persona: prospettive epistemologiche*, in G. Stefani, F. Ferrari (a cura di), *La Psicologia della Musica in Europa e in Italia*, Editrice CLUEB, Bologna, 1986

Lumer L., Zeki S., *La bella e la bestia: arte e neuroscienze,* Editori Laterza, Bari, 2011

Maiello S., *Il corpo di risonanza. Note sul versante dell'ascolto analitico,* Psicoanalisi e Metodo, N. 1., 1993

Mancia M., *Il sogno come religione della mente*, Laterza, Roma-Bari, 1987

Mancia M., *La psicoanalisi e il linguaggio musicale,* in L. Longhini, M. Mancia (a cura di), *I sentieri della mente. Filosofia, letteratura, arte e musica in dialogo con la psicoanalisi*, Bollati Boringhieri, Torino, 2001

Martí Arís C., *La cèntina e l'arco. Pensiero, teoria e progetto in architettura*, Christian Marinotti, Milano, 2007

McClellan R., *Musica per guarire*, Editori Riuniti, Roma, 2002

Mezzanotte, G., *La musica e la psicologia del profondo*, in R. Carollo, *Le forme dell'immaginario. Psicoanalisi e musica. Atti del convegno dell'Associazione per l'Aggiornamento e lo Studio della Psicoanalisi e della Relazione Analitica,*

Moretti & Vitali, Bergamo, 1998

Naranjo C., *La música interior,* Edizione La Llave, Barcelona, 2015

Neuhaus, C., *Music as fluide architecture: investigating core regions of the spatial brain,* in Wöllner C. (a cura di), *Body, Sound and Space in Music and Beyond: Multimodal Explorations*, Routledge, Abingdon, 2018

Noy P., *How music conveys emotion,* in S. Feder, R. Karmel, G. Pollock, *Psychoanalytic Explorations in Music*, International Universities Press, Madison, Connecticut, 1993, pp.125–149

Pallasmaa, J., *Gli occhi della pelle. L'architettura e i sensi*, Jaca Book, Milano, 2007

Panksepp J., *Affective Neuroscience. The Foundation of Human and Animal Emotions*, Oxford University Press, New York, 1998

Panksepp J., Biven L., *Archeologia della mente. Origine neuroevolutive delle emozioni umane*, (trad. it. di C. Sinigaglia), Raffaello Cortina Editore, Milano, 2012

Patel, A. D., *Music, Language, and the Brain,* Oxford University Press, New York, 2008

Peretz I., Zatorre R., *The Cognitive Neuroscience of Music*, Oxford University Press, Oxford-New York, 2003

Pratt C. C., *Music as the language of emotion,* a lecture delivered in the Whitehall Pavilion of the Library of Congress, December 21, 1950 [U.S. Govt. Print. Off.], Monographic, Reuter Washington, 1950

Romagni L., *Strutture della composizione*, Quodlibet, Macerata, 2018

Romano A., *Musica e Psiche,* in R. Carollo (a cura di), *Le forme dell'immaginario. Psicoanalisi e musica.* Atti del convegno dell'Associazione per l'Aggiornamento e lo Studio della Psicoanalisi e della Relazione Analitica, Moretti & Vitali Editori, Bergamo, 1998

Rossi P., *Il gesto, la voce e la musica,* in R. Carollo, (a cura di), *Le forme dell'immaginario. Psicoanalisi e musica,* Atti del convegno dell'Associazione per l'Aggiornamento e lo Studio della Psicoanalisi e della Relazione Analitica, Moretti & Vitali Editori, Bergamo, 1998

Schön D., Akiva-Kabiri L., Vecchi T., *Psicologia della musica*, Carocci Editore, Roma, 2016

Sacks O., *Musicofilia,* Adelphi Edizione, Milano, 2009

Siddiq S., Reuter C., Czedik-Eysenberg I., Knauf D., *Towards the physical correlates of musical timbre(s)*, in R. Parncutt, S. Sattmann, (a cura di) Proceedings of ICMPC15/ESCOM10,: University of Graz, Graz, 2018, pp. 411-415

Sloboda J. A., *La mente musicale,* Il Mulino, Bologna, 1998

Stein A., *Psychoanalytic perspectives on music* (inedito), trad. di M. De Mari in M. De Mari, C. Carnevali, S. Saponi (a cura di), *Tra psicoanalisi e musica,* Alpes Italia, Roma, 2015

Storr A., *Music and the Mind*, Ballantine Books, Reprint Edition, New York, 1993

Stravinsky I., *Poetics of music,* Vintage, New York, 1947

Tedde G., *Musica è Architettura*, in S. Peluso (a cura di), *Musica & Architettura*, Gangemi, Roma, 2005

Treccani (1996) Dizionario delle Scienze Fisiche. http://www.treccani.it

Truslit A., *Gestaltung und Bewegung in der Musik*, Fr. Vieweg ,Berlin-Lichterfelde, 1938

Volterra V. (a cura di), *Melancolia e musica. Creatività e sofferenza mentale*, Franco Angeli, Milano, 2002

Wackenroder W.H., *Werke und Briefe*, Schneider, Heidelberg, 1967

Wöllner C. (a cura di), *Body, Sound and Space in Music and Beyond: Multimodal Explorations*, Routledge, Abingdon, 2018

Fabio Bailo
Dottore di ricerca, Università del Piemonte Orientale "Amedeo
Avogadro", via del Duomo, 6 - 13100 Vercelli
fab.bailo@gmail.com

Abstract
La contemporaneità è piegata e piagata da una pestilenza
inedita, il frantumarsi della memoria individuale e collettiva,
che altera l'essere e il percepirsi comunità rendendo afono il
passato e diafano il presente. L'ammutolimento della memoria,
che qui si evidenzia essere stato colto con preveggenza dai
letterati, scandagliato in profondità dagli storici e analizzato
analiticamente dagli antropologi, è ormai percepito e vissuto
con sgomento dalla parte più consapevole dell'opinione
pubblica. Un possibile, sia pur parziale, antidoto, già
largamente praticato e con ampi margini di miglioramento,
consiste nella creazione di "granai mnestici", allestimenti
museali e didattici che, punteggiando il territorio, ne presidiano
la memoria. Qui sono stoccate "storie di vita" che, quando
raccolte rigorosamente e proposte creativamente, forti di un
talvolta sottovalutato valore euristico, consegnano al futuro un
patrimonio cognitivo che altrimenti, originato e per molti versi
confinato nel passato, rischia di spegnarsi per sempre.

Parole chiave: smemoratezza individuale e collettiva, storie di
vita, "granai mnestici"

Memoria
Memoria di luoghi e comunità nella "modernità in polvere" fra letteratura, storia e antropologia

Fabio Bailo

1 _ Introduzione

> *Non resta più ricordo degli antichi |*
> *ma neppure di coloro che saranno |*
> *si conserverà memoria |*
> *presso coloro che verranno in seguito*
> *(Libro dell'Ecclesiaste 1, 11).*

Così leggiamo in una disperante nota dell'*Ecclesiaste*, uno dei perni di quell'Antico Testamento che Paul Claudel, con evidente afflato simpatetico, definì "l'immenso vocabolario" della modernità (Tosto, 2009). E della "modernità in polvere" quel passo ha colto, con preveggenza, uno snodo drammatico: il frantumarsi della memoria individuale e comunitaria e lo sfrangiarsi della memoria dei luoghi ove le identità si sono plasmate (Appadurai, 2001). Dunque, *l'homo sapiens 2.0* galleggia inquieto tra i marosi di "memorie infrante", temendo la soverchiante mareggiata della smemoratezza definitiva (Campbell, Conway, 1995).

2 _ Il frantumarsi della memoria individuale e comunitaria

A determinare questo stato di cose hanno concorso diversi fattori operanti congiuntamente: la scomparsa del modello tradizionale di trasmissione del patrimonio cognitivo, il venir meno dei pur discutibili intellettuali locali, le conseguenze dei fenomeni migratori interni ed esterni, l'abbandono della comunità tradizionale a favore della metropoli. Mutamenti, quelli accennati, che hanno profondamente modificato "l'essere e sentirsi comunità", fin quasi a minarne l'esistenza stessa. Situazione, questa, quasi inevitabile là dove svaporano i luoghi della vita comunitaria che, privati di sostrato storico e di funzione simbolica e concreta, perdono ogni significato. Come noto, tra le cause dall'ammutolire della memoria applicata agli spazi fisici, patrimonio cognitivo che per molti versi trova il suo *ubi consistam* proprio nei luoghi della socialità, primeggia il disinteresse verso gli anziani, dal momento che "la società moderna ha distrutto il senso delle generazioni come ha distrutto le foreste" (Donati, Colozzi, 1997). Eppure, gli uomini e le donne che hanno raggiunto la loro ultima stagione, quella che qualcuno, sintetizzando i pregiudizi in auge, ha definito "l'età inutile", appaiono e sono insostituibili depositari della memoria del tempo tradizionale, patrimonio raramente codificato in forma scritta, prevalentemente orale e, dunque, per sua natura, precario e fragile (Burgalassi, 1976). Anche per l'Occidente vale la celebre asserzione dello storico e scrittore maliano Amadou Hampaté Ba secondo la quale "in Africa ogni anziano che muore è una biblioteca che brucia" (Aime, 2004). E lo stesso vale per una piazza che, ridotta a parcheggio, cessa di essere cuore pulsante di una comunità, o per una strada che, smarrito il secolare (e singolare) *permafrost* intessuto di gesti e parole, diviene una semplice striscia d'asfalto.

3 _ L'ammutolimento dei luoghi in letteratura e...

Come talvolta capita, è stata la letteratura a cogliere le destabilizzanti conseguenze di questo cambiamento. Gabriel Garcia Marquez, nell'opera-manifesto del realismo magico sudamericano, *Cent'anni di solitudine*, immagina che sul microcosmo narrato, Macondo, si abbatta la pestilenza della dimenticanza, anche detta "evasioni della memoria". Improvvisamente la memoria comincia ad assottigliarsi e progressivamente si diffonde la smemoratezza. Ogni abitante perde la capacità di richiamare alla mente i ricordi d'infanzia, le modalità d'uso degli oggetti e, affondando nel gorgo di un innaturale oblio, il senso dello stare insieme in strada e nella piazza, fosse anche solo per oziare (Garcia Marquez, 1974).

Lo stesso dramma si abbatte sulla comunità narrata da Vincenzo Consolo in *Nottetempo, casa per casa*.

"Sentiva d'essere legato a quel paese, pieno di vita, storia, trame, segni, monumenti. Ma pieno soprattutto, piena la sua gente, della capacità di intendere e sostenere il vero, d'essere nel cuore del reale, in armonia con esso. Fino a ieri. Ora sembrava che un terremoto grande avesse creato una frattura, aperto un vallo tra gli uomini e il tempo, la realtà, che una smania, un assillo generale spingesse ognuno nella sfasatura, nella confusione, nell'insania. E corrompeva il linguaggio, stracangiava le parole, il senso loro - il pane si faceva pena, la pasta peste, la pace pece, il senno sonno... Egli pure, Petro, sapeva d'essere assalito spesso dai maligni attacchi d'una febbre, di sprofondare nell'assenza, nel vaneggiare. Ma cosa è accaduto, cosa accade? si chiese spaventato" (Consolo, 1992).

"Cosa è accaduto?", si chiede Petro e, ad altre latitudini letterarie, chiedono spaventati gli abitanti di Macondo a Josè Arcadio Buendia, l'eroe del romanzo di Garcia Marquez.

Accade che la rasoiata di una malintesa modernità, la cosiddetta globalizzazione, ha reciso molti fili che collegavano passato e presente, uomini di oggi e loro progenitori, spazi pubblici e contesti privati, rendendo afono il passato e diafane le vite. Ecco le conseguenze ultime di un fluire del tempo "non più ciclico ma casuale, non ricorsivo ma incursivo, insomma un tempo senza tempo", difficile se non impossibile da sostenere (Castells, 2002).

È questa, in fondo, la conclusione cui si giungerebbe, lasciata la letteratura per le scienze sociali, applicando con coerenza e decisione la teoria di Christian Norberg-Schultz circa "l'ammutolimento del *genius loci*" (1981), le note tesi di Paul Virilio sulla "fine della geografia" e la riflessione di Marc Augé sui "nonluoghi" (Augé, 1993).

4 _... nelle storie di vita

Occorre evidenziare che l'abbandono dei luoghi e/o la loro "spoliazione" di significato, che attanaglia il presente, in realtà è ravvisabile, sia pur solo *in nuce*, già nell'Italia del boom, caratterizzata da forti migrazioni interne, con conseguente spopolamento montano e rurale a favore di una urbanizzazione ipertrofica e disordinata. Ciò affiora qui e là nell'immensa produzione, al contempo scientifica e letteraria, che, fondata sull'oralistica, "dilatando fino al Sasso di Matera l'orizzonte storiografico" e "barattando i duchi con i barboni, il gran mondo con quello della gente comune, i grandi uomini con i piccoli, le imprese rilevanti con la vita quotidiana", nei Cinquanta e Sessanta per la prima volta diede la parola ai "vinti" (Bermani, 1999; Furet, 1985). Nelle narrazioni di costoro, fossero contadini lucani scandagliati da Ernesto De Martino, braccianti mantovani lumeggiati da Gianni Bosio o montanari cuneesi indagati da Nuto Revelli, affiora talvolta il tema dell'ammutolimento dei luoghi natii. In quelle pagine e, a monte, in quelle voci, fa capolino, sia pur appena accennato, lo scoramento per la piazza e la strada ormai deserte e silenziose. Così diverse da quando, un tempo non troppo lontano, erano animate da bambini chiassosi o da più quieti giocatori intenti a una partita a carte davanti al negozio di "generi coloniali e privative", socialità già allora declinante, ridotta a "vaghe, umbratili ricordanze" (Wordsworth, 1997).

Questo senso di smarrimento è ancora più marcato nella febbrile contemporaneità ove stride il contrasto tra le possibilità cognitive offerte dai mezzi di comunicazione, approdati alla "bulimia informativa", e il contestuale venire meno di una memoria diffusa del nostro essere e, prima ancora, del nostro essere stati (Maldonado, 1997). Nell'età del "tempo divenuto a-cronico" Mnemosyne non è più in grado di proteggere adeguatamente la memoria (Candau, 2002).

5 _ La memoria come fattore di ri-orientamento individuale e collettivo

Nell'era dell'imperante globalizzazione, "idee, luoghi di socialità e modi di fare vengono davvero perduti, non si usano più e nemmeno si ricorderebbero, se non fosse per gli antropologi che li annotano e li registrano" (Hannerz, 1996).

Va peraltro evidenziato che l'urgenza di mappare e, dunque, salvare il salvabile è condivisa e sostenuta da un numero crescente di soggetti, che va ben oltre il campo degli specialisti. Cosa che non stupisce sapendo che da sempre la tradizione assolve alla fondamentale funzione di dare risposta a bisogni sentiti dalla comunità che la plasma e l'introietta.

Questo è più vero che mai in un'epoca di vorticosi cambiamenti che scuotono le certezze dei singoli che vogliono e debbono trovare un appiglio cui ancorarsi, come i marinai che nella tradizione classica quando la nave è in balia della tempesta, disperando di approdare in un porto salvifico, si stringono intorno all'albero maestro. Fuor di metafora, è la tradizione, vera o fittizia che sia, l'albero maestro cui si stringe l'uomo contemporaneo cui è stata strappata di mano la bussola esistenziale e che, sgomento, si trova sulla dantesca "nave sanza nocchiere in gran tempesta". È la tradizione che gli conferisce identità e "ravviva la speranza di contribuire (...) a rispondere all'esigenza, che oggi si accentua, di ricostruire una visione non mutila della realtà umana" (Passerini, 1988). Dunque, non stupisce che si cerchi di ri-orientare il cieco presente alla luce del passato, anche quello da cui si è rifuggiti fino a poco tempo fa. Accade così che il complesso dei frammenti del tempo andato si ponga quale

"sollievo contro il soffocamento prodotto dalla società industriale, inducendoci a cercare le nostre 'radici', il folclore, i dialetti, le 'arti e tradizioni popolari', la zuppa di cavoli, che non sono più per noi, a differenza che per i nostri nonni, oggetto di repulsione ma di desiderio" (Duby, 1986).

In questo senso è illuminante il celebre parallelismo che Ernest Gellner istituisce tra il passato e il presente da un lato e un quadro di Modigliani e uno di Kokoschka dall'altro.

Il passato assume le fattezze di un quadro realizzato dall'italiano: pochissime sfumature, superfici nette e piatte, chiaramente distinte l'una dell'altra, poca ambiguità o sovrapposizione. Ecco il fascino rassicurante del passato cui molti guardano con acritica nostalgia.

Il presente invece assomiglia a un dipinto del pittore austriaco: sebbene il quadro nel suo complesso abbia una sua struttura precisa, nessun elemento si distingue nei particolari, a prima vista domina una grande pluralità di elementi che pare sconfinare nel caos (Gellner, 1997).

6 _ Lo spirito della "geniza"

Tornando al nostro tema, non potendo colmare il *vulnus* funzionale di luoghi ormai definitivamente privati della loro identità ma volendo almeno contrastare quello mnemonico, in Italia (e non solo) si assiste alla mobilitazione di un numero crescente di studiosi "laureati", spesso affiancati da apprezzabili "storici della domenica", nota locuzione con la quale Philippe Ariès delinea la schiera di ricercatori dilettanti sì ma vocati e votati alla seria divulgazione (Ariès, 1992). Sono loro, con il supporto delle relative comunità, a ideare e predisporre allestimenti didattici e museali che, pur di diseguale valore e dedicati ad argomenti diversi, sono accomunati dal medesimo afflato: salvare i lacerti di una memoria comunitaria ormai frantumata. Queste strutture assolvono a una funzione simile a quella che la tradizione ebraica attribuisce alla *geniza* ("contenitore"),

"un luogo nella sinagoga dove si mettono le pagine sciupate di testi di ogni genere. Sia che provengano da poemi liturgici o da vecchi *haggadah* o da quaderni di bambini, esse vengono raccolte e poste nella *geniza* perché siano al sicuro" (Battles, 2004).

Occorre tuttavia precisare subito che non tutti gli allestimenti che punteggiano la Penisola, pure insufflati dallo spirito della *geniza* (contenitore), sono realizzati con le competenze e il rigore imposti dalla ricerca.

7 _ Lacerti del passato e storie di vita, tra luci e ombre

Alcune "raccolte", non sempre trascurabili né tanto meno disprezzabili (se non altro perché frutto della generosità di chi tenta di "sottrarre documentazione agli 'archivi della tomba' incalzato dall'ossessione di avere troppo poco tempo prima della distruzione definitiva e della scomparsa dei testimoni"), talvolta, veicolano un'immagine deformata, se non infondata, del passato (approdando alle "comunità immaginate" scandagliate da Benedict Anderson), giungendo persino a esercitare un'egemonia, sia pur in ambito locale, sulla tematica lumeggiata (Passerini, 1988; Anderson, 1996; Castelli, 1977).

In altri casi, quelli su cui vogliamo soffermarci, l'allestimento, affidato a studiosi, risponde ai crismi della ricerca e della corretta comunicazione delle sue risultanze, sia pur in termini inevitabilmente sintetici e semplificati (ma non semplicistici).

In questo secondo ambito particolarmente importante, nell'età della multimedialità e dell'interattività applicata agli allestimenti didattici e museali, è la produzione, l'uso critico e la valorizzazione creativa di quelle che Nuto Revelli chiamava "storie di vita". Ogni uomo custodendo nella memoria e negli occhi un frammento personalissimo del tempo vissuto è depositario di un patrimonio unico. Questo frammento, essendosi interrotto il meccanismo di trasmissione orale e gestuale intergenerazionale, rischia di andare perduto per sempre. Tale pericolo può essere sventato o, più realisticamente, limitato raccogliendo questo "sapere", cioè attingendo alla memoria del testimone cui va chiesto di riprodurlo per le generazioni future.

Salvare le tracce mnestiche dei testimoni e metterle a disposizione della comunità equivale, per dirla con le parole che Marguerite Yourcenar attribuisce all'imperatore Adriano, a "costruire granai pubblici, (ove) ammassare riserve contro un inverno dello spirito che, da molti indizi, mio malgrado, vedo venire" (Yourcenar, 1988). Le storie di vita raccolte e vagliate scrupolosamente affinché dispieghino appieno il loro valore euristico, unitamente ad altri materiali la cui natura non può essere generalizzata, sono, per restare alla metafora, i chicchi di grano destinati a riempire il granaio che - forse - consentirà di sopravvivere alla carestia della smemoratezza individuale e collettiva. Quando l'allestimento è rigoroso criticamente e felice narrativamente dai chicchi scaturisce un ordito complesso, un tessuto connettivo delle memorie locali che, nutrendosi di voci e volti, sguardi e gesti, parole e spesso silenzi consente di delineare un apprezzabile quadro di cosa furono nel passato recente le comunità urbane e rurali analizzate.

Questi allestimenti, dunque, sono "contenitori" ideati per conservare e rendere fruibili frammenti di memoria individuale e collettiva afferenti alle realtà indagate e, nel complesso, già oggi costituiscono un patrimonio documentale ampio, articolato, diffuso su tanta parte del territorio nazionale, certo di difforme qualità ma di indubbio interesse storiografico e scientifico. Tra le molte esperienze che si potrebbero citare mi sia consentito ricordare quella del portale on line www.granaidellamemoria.it cui lo scrivente ha contribuito nella fase aurorale (Grimaldi, Porporato, 2012).

Ovviamente ricerche e allestimenti di questo tipo non hanno la pretesa di ricostruire alla perfezione il territorio o la comunità di riferimento. Ambizione, questa, che imporrebbe, tra l'altro, il recupero della memoria di tutti i membri della comunità, impresa materialmente impossibile e forse anche inutile, come ben esemplificato da Jorge Luis Borges in un suo celebre racconto dedicato al sogno di alcuni cartografi di mappare il mondo in scala 1:1 (Borges, 1984).

Tornando alla memoria dei luoghi, in un suo noto *divertissement*, Marc Augé, afferma:

"ritengo che il nostro passato sia come una mano aperta, una mano un po' particolare, sulla quale è possibile leggere più di una linea della vita (...). A scelta: la linea dei paesaggi e quella dei volti, la linea delle canzoni e quella dei viaggi. Altre ancora ne tralascio, magari migliori. Né dimentico la linea della testa e quella del cuore. Eppure, sulla mano del passato, la mia mano metaforica, la linea del bistrot è trasversale e interseca tutte le altre" (Augé, 2015).

Bistrot può essere sostituito con uno qualunque degli infiniti luoghi della socialità, il sagrato della chiesa o la piazza del municipio, l'osteria o il circolo sportivo. Tutti questi mondi (e infiniti altri) hanno concorso a plasmare l'identità dei testimoni e, quand'anche scomparsi, continuano a rilucere proprio nelle tracce di vita raccolte e indagate criticamente.

8 _ Conclusioni

Con quanto sostenuto fin qui non si intende intessere un ingenuo, acritico e peraltro insostenibile peana della traccia mnestica dal momento che i ricordi - trascritti o, auspicabilmente, proposti mediante audiovisivo negli allestimenti in parola - *non* sono mai la fotografia fedele della realtà che vogliono riprodurre. Lungi dall'essere impressi nel cervello con il nitore e l'immutabilità della pellicola fotografica, infatti, i ricordi, plasmati continuamente e creativamente dalla mente, sono soggetti ad alterazioni e modifiche tanto che vi è chi parla della narrazione autobiografica come "realtà coniugata al congiuntivo", sottolineandone dunque la natura soggettiva ben più che oggettiva (Bruner, 1988).

Precisato che i ricordi non sono la carta copiativa del passato che vorrebbero ricreare, né lo specchio fedele di esperienze del tempo andato, non si può tuttavia sposare la tesi contraria, altrettanto estrema e infondata, secondo la quale i ricordi non sono in grado di dirci nulla essendo "la memoria una formidabile falsaria" (Tabucchi, 1987).

Possiamo dunque concludere che i ricordi, così perimetrati, ci dicono molto di quello che il testimone è stato e dei luoghi ove è vissuto. Anzi, a rigor di logica, i ricordi sono le uniche immagini del suo passato e delle relazioni intessute con persone, cose e luoghi. In fondo, una delle principali funzioni della memoria autobiografica è proprio conferire continuità e coerenza individuale, ossia mantenere l'identità della persona (Neisser, Winograd, 1994). Le memorie autobiografiche, l'insieme dei ricordi che gettano un ponte tra passato e presente, sono così fondamentali che persino la fantascienza se ne è accorta e se ne è servita per le sue trame. In *Blade Runner*, infatti, la struggente ossessione dei "replicanti" di possedere un'individualità passa proprio attraverso una scarna raccolta di episodi passati ed esperienze personali, peraltro mai avvenuti (Stame, 2004).

Lasciando i replicanti e tornando agli umani e al valore dei loro ricordi, non si può pretendere che le tracce mnestiche raccolte e proposte negli allestimenti in parola ricostruiscano il passato di un individuo o di un luogo definendolo nei minimi particolari. In questa ottica, restando attuali le notazioni di Craig Barclay, un ricordo è "vero" se ricostruisce correttamente l'essenza dell'esperienza a cui si riferisce e, in sovrappiù, è "accurato" se i particolari sono riprodotti in modo ineccepibile (Barclay, 1986). Ciò detto, la scienza e l'esperienza dimostrano che i ricordi sono quasi sempre veri ma quasi mai accurati dal momento che la memoria perfetta, inesistente in natura, si limita a fare capolino nella letteratura ove raggiunge i suoi apici nel balzachiano *Louis Lambert* e nel borghesiano *Funes* (Balzac, 1984; Borges, 1984b).

Ovviamente i ricordi sono uno, beninteso, solo uno degli strumenti che lo studioso ha a disposizione, relativamente al nostro tema, per ricostruire il passato e i tratti salienti dell'identità individuale e comunitaria, ove i luoghi giocano un ruolo fondamentale. Una fonte, tra le tante, ma, per alcuni aspetti, unica nel suo genere per il già accennato potere rassicurante e rasserenante, essendo capace di temperare l'hobsbawniano "presente continuo", la fredda concezione lineare e parcellizzata del tempo che ha sostituito quella precedente, circolare e qualitativa, infinitamente più ricca di significati (Hobsbawn, 1995).

In questo contesto possedere un passato conosciuto, riappropriarsi virtualmente di strade familiari e di funzioni associate ai luoghi cari crea "l'effetto del fuoco che riscalda in quella gelida stanza che è la storia" (Wieviorka, 1999).

Sarà forse il lavoro in questa direzione a consentire al frastornato uomo del XXI secolo di ritrovare una direzione di marcia nell'altrimenti vorticosa e sradicata modernità in polvere. Nella consapevolezza, per usare la famosa locuzione di Carlo Levi, che "il futuro ha un cuore antico".

Bibliografia

Aime M., *Eccessi di cultura*, Einaudi, Torino, 2004

Anderson B., *Comunità immaginate. Origini e fortuna dei nazionalismi*, Manifestolibri, Roma, 1996

Ariès P., *Uno storico della domenica*, Edipuglia, Bari, 1992

Augé M., *Nonluoghi. Introduzione a una antropologia della surmodernità*, Elèuthera, Milano, 1993

Augé M., *Un etnologo al bistrot*, Cortina, Milano, 2015

Appadurai A., *Modernità in polvere*, Maltemi, Roma, 2001

Balzac de H., *Louis Lambert*, Lucarini, Roma, 1984

Barclay C., Accuracies and inaccuracies in autobiographical memories, in *Journal of Memory and Language* (25), 1986

Battles M., *Conservare e distruggere il sapere da Alessandria a Internet*, Carocci, Roma, 2004

Bermani C. (a cura di), *Introduzione alla storia orale. Storia, conservazione delle fonti e problemi di metodo*, Odradek, Roma, 1999

Borges J. L., *Del rigore nella scienza*, in J. L. Borges, *Tutte le opere*, Mondadori, Milano 1984a

Borges J. L., *Funes, o della memoria*, in J. L. Borges, *Tutte le opere*, Mondadori, Milano 1984b

Bruner J., *La mente a più dimensioni*, Laterza, Bari-Roma, 1988

Burgalassi S., *L'età inutile. Considerazioni sociologiche sull'emarginazione anziana*, Pacini, Pisa, 1976

Campbell R., Conway M., *Broken Memories*, Wiley-Blackwell, Chichester, 1995

Candau J., *La memoria e l'identità*, Ipermedium libri, Napoli, 2002

Castelli F., *Untitled intervention*, in T. De Mauro, S. Liberovici, P. Natali, R. Sitti, *La cultura orale. Ricerche e proposte per la società e la scuola*, De Donato, Bari, 1977

Castells M., *La nascita della società in rete,* Università Bocconi, Milano, 2002

Consolo V., *Nottetempo, casa per casa,* Mondadori, Milano, 1992

Donati P., Colozzi I. (a cura di), *Giovani e generazioni: quando si cresce in una società eticamente neutra*, Il Mulino, Bologna, 1997

Duby G., *Il sogno della storia. Un grande storico contemporaneo a colloquio con il filosofo Guy Lardreau*, Garzanti, Milano, 1986

Furet F., *Il laboratorio della scienza*, il Saggiatore, Milano, 1985

Garcia Marquez G., *Cent'anni di solitudine*, Feltrinelli, Milano, 1974

Gellner E., *Nazioni e nazionalismo,* Editori Riuniti, Roma, 1997

Grimaldi P., Porporato D., *Granai della Memoria. Manuale di umanità 2.0*, Università degli Studi di Scienze Gastronomiche, Bra, 2012

Hannerz U., *La diversità culturale*, Il Mulino, Bologna, 1996

Hobsbawn E., *Il secolo breve,* Rizzoli, Milano, 1995

Maldonado T., *Critica della ragione informatica*, Feltrinelli, Milano, 1997

Neisser U., Winograd E. (a cura di), *La memoria. Nuove prospettive secondo gli approcci ecologici e tradizionali*, Padova, Cedam, 1994

Norberg-Schultz C., *Genius loci. Paesaggio, ambiente, architettura,* Milano, Electa, 1981

Passerini L., *Storia e soggettività. Le fonti orali, la memoria*, La Nuova Italia, Firenze, 1988

Stame S., *Narrazione e memoria,* in R. Lorenzetti, S. Stame (a cura di), *Narrazione e identità. Aspetti cognitivi e interpersonali*, Roma-Bari, Laterza, 2004

Tabucchi A., *Notturno indiano,* Sellerio, Palermo, 1987

Tosto F. D., *La letteratura e il sacro. Storia, fonti, metodi (secc. XIX-XX),* Edizioni scientifiche italiane, Napoli, 2009

Wieviorka A., *L'era del testimone,* Raffaello Cortina, Milano, 1999

Wordsworth W., *Ode. Paulo majora canamus*, in W. Wordsworth, *Poesie (1798-1807),* Ugo Mursia Editore, Milano, 1997

Yourcenar M., *Memorie di Adriano, seguite da taccuini di appunti*, Einaudi, Torino, 1988

Michele Sinico

Department of Architecture and Arts, IUAV University of
Venezia. Santa Croce 1957 - 30135 Venezia

sinico@iuav.it

Abstract

Questo scritto tratta il tema del paesaggio, alla luce delle
ricerche psicologiche sulle qualità espressive, in funzione
progettuale. L'impostazione fenomenologico-sperimentale,
in particolare, esclude pregiudizi fisicalistici e soggettivistici
nello studio dell'esperienza immediata, e consente l'indagine
sperimentale delle qualità terziario-espressive. Dopo
aver introdotto la filosofia fenomenologica del paesaggio
di Georg Simmel, precorritore della Psicologia della
Gestalt, sono definite le qualità terziario-espressive come
strumenti di progettazione. Successivamente si contrappone
la modalità comunicativa che si avvale di segni alla
modalità comunicativa basata sulle qualità espressive. In
conclusione, si discute il vantaggio della seconda modalità
di comunicazione, nell'innovare il paesaggio in modo
transculturale, adattandosi ai contesti.

Parole chiave: paesaggio, design, comunicazione percettiva,
qualità espressive, qualità terziarie

Paesaggio
Paesaggi espressivi fra percezione e progetto

Michele Sinico

1 _ Introduzione

Il presente scritto tratta il tema dell'espressività del paesaggio da una prospettiva fenomenologico-sperimentale, un'impostazione che ha trovato nella Psicologia della Gestalt la sua più fondata teorizzazione. La psicologia della Gestalt ha rappresentato per molti studiosi la teoria di elezione per il design (Argan, 1951) e, proprio nella sua impostazione fenomenologico-sperimentale, ancora oggi presenta il vantaggio di mettere a disposizione del progettista conoscenze dirette su ciò che è percepito dall'utente, piuttosto che conoscenze indirette sui meccanismi correlati all'esperienza percettiva.

Questa prospettiva mette anzitutto in guardia da due pregiudizi epistemologici alimentatati dall'inerzia della concezione positivista: quello fisicalista e quello soggettivista. Il primo afferma che la Realtà è la realtà fisica; il secondo afferma che le qualità dell'esperienza, non fisicamente misurabili, sono proiezioni soggettive. Messi insieme, nella loro complementarità, questi due pregiudizi offrono un'illusoria esplicazione dell'esperienza fenomenica.

Il pregiudizio fisicalista, se portato alle estreme conseguenze epistemologiche, diventa metafisica. Non c'è qui lo spazio per trattare questa deriva. Mi limito a ricordare che quando Galileo Galilei fondò la scienza fisica, distinguendo le qualità dell'esperienza primarie e secondarie (in verità, questi due termini sono stati introdotti successivamente dal chimico Robert Boyle), per cui le prime (peso, forma, grandezza, etc.) sono oggettive, perché riducibili alla misurazione, e le seconde (colore, suono, odore, etc.) non sono

oggettive perché richiedono un contributo dell'osservatore, Galileo
- dicevo - non ebbe uno scopo ontologico, non volle affermare che
solo alle prime si può concedere il titolo di Realtà. Non a caso Galileo
giustifica, in molti casi, le verità fisiche sulla base di leggi percettive
(Sinico, 2012). Tra i casi, nella lettera al principe Leopoldo dei Medici,
Sul candore della Luna, egli usa la legge del contrasto percettivo
come premessa vera per dedurre una verità fisica (che il candore
della Luna non è dovuto alla stessa materia lunare). A Galileo, fatto
che la scienza ottocentesca ha dimenticato, interessava una via
metodologica per leggere la natura nel linguaggio della matematica,
ma senza intenti ontologici. Questa interpretazione positivista si
è radicata a tal punto che anche lo scienziato senza abitudine alla
riflessione epistemologica stenta spesso a metterla in discussione.

Il secondo pregiudizio, quello soggettivista, porta a credere che
le qualità dell'esperienza escluse dallo schema fisico-misurativo,
come le qualità terziarie, ad esempio il caldo e il freddo visivi (Fig.
1), l'allegria, la minacciosità, etc., sono del tutto soggettive, sono
proiezioni dell'osservatore. Scrive Kurt Koffka:

> "Eppure possiamo vedere un paesaggio cupo, anche quando noi
> stessi siamo perfettamente allegri; non può un pioppo sembrare
> fiero, una giovane betulla timida, e Wordsworth non ha immortalato
> la gioia dei narcisi! La psicologia tradizionale ribatterà: siete voi che
> avete proiettato questi sentimenti in quegli oggetti della natura;
> non potete sostenere seriamente che un paesaggio sia davvero
> triste, che i narcisi siano davvero allegri. Voi stessi conferite a
> questi oggetti le vostre emozioni attraverso il processo chiamato
> empatia" (1935, p. 326 - tutte le traduzioni sono del curatore).

La teoria dell'empatia poggia però su due assunzioni inconsistenti.
Anzitutto, scrive lo stesso Koffka:

> "quando attribuiamo la tristezza a un paesaggio, intendiamo il
> paesaggio geografico. Questo naturalmente sarebbe assurdo"
> (Ibidem, p. 326).

Per Koffka, l'ambiente *geografico* contrapposto a quello
comportamentale, è sostanzialmente descrivibile mediante una
riduzione fisico-misurativa. Ora, sarebbe senza ragione pensare che
la tristezza sia propria del mondo fisico. Con la seconda assunzione

Fig. 1: Sapere che il deserto è caldo e la neve è fredda non influisce sul carattere espressivo freddo e caldo dei colori percepiti

si cade in un circolo vizioso. Il paesaggio appare triste e la tristezza è una proiezione del soggetto. Ma l'empatia non dimostra questa soggettività, è semmai la conseguenza dell'assunzione che le emozioni sono soggettive. Si giustifica insomma l'emozione, che si vede propria di un paesaggio, con l'empatia; ma l'empatia è una implicazione dell'assunzione della soggettività delle emozioni. Quindi si dimostra ciò che si è assunto (non entro nel merito delle ricerche sui neuroni specchio che hanno rivitalizzato la teoria dell'empatia di Theodor Lipps. Mi limito solo a notare che i neuroni specchio non cambiano il problema, e non solo perché tra i meccanismi neurali e l'esperienza fenomenica c'è un incolmabile salto ontologico, ma perché non è stabilito se il comportamento cellulare "riflesso" sia la causa o la conseguenza della percezione emozionale).

Il fatto che le emozioni siano solitamente sperimentate come appartenenti al nostro io non significa che siano *sempre* del nostro io. È un'esperienza comune a tutti che lo stato d'animo sia opposto all'emozione percepita nell'ambiente. Se siamo tristi nel giorno di Carnevale, non vediamo tutti addolorati e flemmatici, i colori smorti e i suoni calanti; semmai proviamo fastidio a causa dell'allegria diffusa, dei colori vivaci, dei suoni allegri che ci generano egodistonia. Quindi le emozioni possono presentarsi negli oggetti nel campo fenomenico, tanto quanto nell'io. Conclude infatti Koffka:

"Dovrei anche essere incline a pensare che un campo che non contiene alcuna organizzazione dell'Io possa essere altamente emotivo"(Ibidem, p. 327).

Prima di approfondire quest'ultima osservazione, che è uno dei traguardi del presente scritto, è utile chiarire un concetto chiave nello studio del paesaggio con finalità progettuali: le qualità espressive, a partire da un predecessore dei gestaltisti, Georg Simmel.

2 _ L'unità atmosferica del paesaggio

Georg Simmel (1858-1919) ha scritto alcuni testi classici sul paesaggio (cfr. Saggi sul paesaggio, 2006; e in particolare Filosofia del paesaggio, 1913). Ricordo, per contestualizzare storicamente, che Simmel ha insegnato dal 1901 al 1914 a Berlino, dove si formò, nei primi anni del secolo, anche il padre della Psicologia della Gestalt Max Wertheimer. Per Simmel il paesaggio ha due importanti aspetti specifici: l'unità degli elementi e una *Stimmung*. La *Stimmung,* che potremmo tradurre approssimativamente con il termine "atmosfera" (il significato si può estendere alle locuzioni: "tonalità spirituale", "stato d'animo" oppure "umore") è, come vedremo, uno strumento concettuale successivamente sviluppato, con altre sfumature teoriche, proprio dai gestaltisti (ma anche più recentemente da studiosi come Gernot Böhme, 2005).

Per quanto riguarda l'unità, Simmel afferma che quando camminiamo nella natura vediamo "alberi e acque, prati e campi di grano, colline e case, e tutti i mille cambiamenti della luce e delle nuvole - ma, per il fatto che osserviamo questi singoli particolari o anche vediamo insieme questo e quello di loro, non siamo ancora convinti di vedere un 'paesaggio'" (Simmel, 2006).

È difficile non rilevare la somiglianza di questo passo con l'incipit del famoso articolo di Wertheimer, sull'organizzazione percettiva, del 1923: "Sono alla finestra e vedo una casa, degli alberi, il cielo. Teoricamente potrei dire che ci sono 327 luminosità e sfumature di colore. Ho '327'? No. Ho il cielo, la casa e gli alberi. È impossibile ottenere '327' in quanto tale"(Wertheimer, 1938, p. 71), senza supporre che il gestaltista si sia lasciato ispirare dal testo di Simmel. Ma, tornando alla sostanza della citazione, secondo il filosofo tedesco il paesaggio non è la natura, la quale è senza parti, come "ininterrotta nascita e distruzione delle forme", il paesaggio si costituisce come totalità nella natura:

"La nostra coscienza ha bisogno di una nuova totalità, unitaria, che superi gli elementi, senza essere legata ai loro significati particolari ed essere meccanicamente composta da essi - questo soltanto è il paesaggio" (Simmel, 2001, p. 53).

Nel rapporto con l'osservatore, il paesaggio quindi si configura in quanto unità che invece non si dà nella natura dove tutto è indistinto, senza un criterio:

"Perché ciò che abbracciamo con uno sguardo o all'interno del nostro orizzonte momentaneo non è ancora paesaggio, ma tutt'al più materiale per esso - come una quantità di libri accatastati non è 'una biblioteca', ma lo diventa piuttosto, senza che se ne aggiunga o se ne tolga alcuno, solo quando un concetto unificante li ordina secondo il proprio criterio formale" (Simmel, 2001, p. 57).

L'unità, e qui si richiama ancora una volta il testo di Wertheimer, non è tuttavia una proiezione soggettiva sulla natura. Per Simmel c'è un momento unico in cui, in altre parole, le forze dell'io e quelle dell'empiria determinano insieme il paesaggio come unità. La differenziazione è solo una presa di coscienza successiva.

Il secondo concetto chiave per capire il paesaggio è la *Stimmung*. Con questo termine si intende un senso di insieme da cui emerge un carattere specifico dell'unità sotto osservazione, è dunque un *quid* unitario che

"pur non essendo collegato in modo preciso al particolare, è tuttavia l'universale in cui tutti i particolari si incontrano - così la Stimmung del paesaggio pervade tutti i suoi singoli elementi, spesso senza che si possa stabilire quali di essi ne sia la causa; in un modo difficilmente definibile ciascuno ne fa parte - ma essa non esiste al di fuori di questi apporti, né è composta da essi" (Simmel, 2001, p. 64).

Per cui un paesaggio può essere: "sereno o triste, eroico o monotono, tempestoso o melanconico" (Simmel, 2001, p. 67).

Queste sono qualità espressive. Ora, per Simmel, anche la *Stimmung* non è separabile dall'unità, non è un momento diverso dalla formazione dell'unità:

"l'unità che il paesaggio realizza come tale, e lo stato d'animo che si origina dal paesaggio e con il quale lo percepiamo, sono solo la scomposizione successiva di un solo atto" (Simmel, 2001, p. 66).

L'unità e la *Stimmung* sono dunque compresenti e immanenti, date entro i limiti dell'esperienza immediata. Da ciò consegue che il paesaggio non è una costruzione soggettiva arbitraria, è piuttosto il notare un'unità presente oggettivamente: "il paesaggio possiede tutta la sua oggettività di paesaggio all'interno della sfera d'azione della nostra attività formatrice, lo stato d'animo, che è una particolare espressione o una particolare dinamica di questa attività, ha la propria piena oggettività in esso" (Simmel, 2001, p. 67).

Si può infine concludere che, per Simmel, la *Stimmung*, sebbene non sia data in assenza di un io, di un'attività formatrice, è una proprietà oggettiva del paesaggio.

3 _ Le qualità terziario-espressive del paesaggio

Un paesaggio può essere descritto in termini fisico-misurativi, "geografici", per usare le parole di Koffka, oppure può essere descritto in termini fenomenologici (Calì, 2017). L'impostazione fenomenologica fa emergere qualità di essenziale importanza nel rapporto dell'uomo con l'ambiente. Scrive Wolfgang Köhler:

"Una volta, mentre salivo sulle Alpi, camminando con cautela dietro l'angolo di una roccia, ho osservato una grande nuvola scura che si muoveva lentamente e silenziosamente verso di me lungo il pendio. Niente poteva apparire più sinistro e minaccioso. Geneticamente questo avrebbe potuto essere un caso di empatia; ma per la mia consapevolezza la minaccia era certamente nella nuvola. Potrei forse convincermi che una nuvola in quanto tale è un percetto indifferente. Tuttavia, se fossi stato un primitivo, nessuna ragione mi avrebbe potuto dare una tale sobria consolazione. Il carattere minaccioso della nuvola stessa sarebbe rimasto oggettivo quanto il suo brutto colore scuro. Allo stesso modo l'oceano stesso è 'selvaggio' in una burrasca; e una montagna che appare alta al di sopra delle altre cime in una strana illuminazione è di per sé 'maestosa' o 'minacciosa'". (Köhler ,1937, p. 279).

Le qualità di cui parla Köhler sono le qualità terziario-espressive. Si usa la locuzione "qualità terziarie" per riferirsi alle qualità precategoriali dell'esperienza immediata, non riducibili alla misurazione della fisica (Sinico, 2015). Gli Psicologi della Gestalt sono il più importante riferimento teorico nello studio delle qualità terziarie, qualità escluse dalla concezione fisicalista (ed è significativo annotare che proprio il gestaltista Köhler ebbe una formazione da fisico, frequentando studiosi del calibro di Walter Nernst e Max Planck). I fenomenologi hanno infatti sostenuto che con la misurazione prima si assume la categorizzazione e poi la si sovraimpone all'esperienza, escludendo di conseguenza aspetti qualitativi di notevole importanza della stessa esperienza fenomenica (Husserl, 1959; Gurwitsch, 1978; Sinico, 2012). Le qualità escluse sono denominate "qualità terziarie" che risultano invece dall'esperienza immediata, come dati precategoriali incontrati nel vissuto fenomenico. Un esempio paradigmatico di qualità terziaria è la melodia, una unità di ordine superiore non riducibile alla somma dei singoli suoni fisici. Allo stesso modo, la maestosità della montagna, di cui parla Köhler nella citazione sopra, è una qualità del paesaggio che si presenta con evidenza ma non è riducibile all'estensione o al volume delle misurazioni fisiche (Bozzi, 1999). Così come l'allegria di un paesaggio non è riducibile né con un immaginario "allegrometro" fisico, né con le scariche recettoriali sensibili all'ilarità (ci sono ovviamente i correlati neuro-fisiologici, ma i correlati sono la risposta di un sistema in conseguenza alla percezione di un goal, non sono la conoscenza del goal. Con una macchina che replica il cervello quando si prova l'esperienza dell'allegria non si conoscerebbe ancora il goal, cioè la qualità espressiva allegria, si conoscerebbe il funzionamento della macchina-cervello; tanto è vero che senza la precedente conoscenza del goal non sarebbe nemmeno possibile immaginare la costruzione della macchina). Maestosità e allegria sono quindi qualità terziarie ma anche "espressive" perché il paesaggio in questione esprime, esternalizza un suo proprio carattere essenziale per mezzo delle sue proprietà percepibili, della sua fisiognomia. Non a caso le qualità espressive sono state anche chiamate qualità fisiognomiche. Il rapporto tra il carattere interno di un oggetto e le proprietà esterne è solitamente una evidenza intersoggettiva, al punto che Köhler può affermare:

"Non vedo alcuna ragione per cui tali 'qualità terziarie' non debbano verificarsi nel lato oggettivo del campo fenomenico" (1938, p. 78).

Non quindi significati proiettati dall'io, ma caratteri propri delle cose che si presentano con oggettività nell'esperienza fenomenica.

Questi caratteri possono essere isolati con una descrizione fenomenologica, possono essere indagati sperimentalmente sul piano fenomenico, per ottenere leggi che determinano un effetto di espressività intersoggettivo, e quindi possono diventare la tavolozza del designer per progettare il fattore espressivo di un paesaggio. Chiarito che cosa sono le qualità terziario-espressive bisogna ancora precisare come queste sono utilizzate nel design del paesaggio, come il progettista comunica dei valori espressivi che diventano lo specifico messaggio del suo progetto.

4 _ Design espressivo del paesaggio

Il progetto di un paesaggio veicola valori secondo almeno due modalità comunicative: quella basata sui segni e quella basata sulle qualità espressive (Sinico, 2019). La prima, per definizione, si attua mediante termini, quali sono i simboli, le icone e gli indici, che rimandano a un referente non presente sotto osservazione nel momento comunicativo. Viceversa, la comunicazione percettiva si attua mediante la presenza stessa del termine comunicante. Se, ad esempio, la forma stilizzata di una colonna può rappresentare un albero, un albero che nella percezione della stessa colonna esiste solo come rappresentazione mentale dell'osservatore, l'inclinazione di una colonna comunica, nel momento stesso in cui è osservata, il carattere espressivo di leggerezza (Arnheim, 1954; Arnheim, 1977).

Fig. 2 L'inclinazione è una
determinante del peso visivo

Nella prima modalità comunicativa, la forma è un segno e, in quanto segno, implica una condivisione culturale del significato, così come una condivisione della conoscenza del referente rispetto a cui mettere in corrispondenza il segno. Diversamente, nel secondo tipo di modalità comunicativa, il carattere della proprietà espressiva - la leggerezza nell'esempio sopra - non richiede alcuna conoscenza condivisa o pregressa, perché si dà appunto sotto osservazione come presenza percettiva.

Nell'esempio dell'inclinazione è evidente come una proprietà visiva influenzi un'altra proprietà visiva: il peso. Il peso, in questo caso, è definito come qualità terziaria, giacché non può essere ridotto a una metrica propria di questa dimensione fisica, e quindi misurato in "chilogrammi visivi". Sulla base di simili dipendenze fenomeniche, rilevate sperimentalmente, il progettista può usare con contezza determinate proprietà percettive per ottenere determinati caratteri espressivi.

Va anche detto che in un paesaggio i valori segnici ed espressivi sono solitamente compresenti. Per apprezzare i valori comunicativi di un grattacielo, ispirato per dire un esempio qualsiasi, a un

Fig. 3 Una piuma è il simbolo della leggerezza ma se si aggiungono determinate condizioni percettive: una diversa l'inclinazione, la stilizzazione dei margini, il compattamento, il capovolgimento, si ottiene una piuma che non appare affatto leggera, per una indipendenza tra il piano segnico ed espressivo.

modello assiro-babilonese, è richiesta la conoscenza dello stile assiro-babilonese. Nella modalità comunicativa segnica, cultura e comunicazione sono infatti interdipendenti: senza condivisione di un codice acquisito, il destinatario non ha accesso al messaggio della fonte. Viceversa, l'enormità del grattacielo ("perfetto quando tutti gli elementi della sua architettura concorrono a farlo sembrare il più possibile alto, grande e tremendo; è brutto quando vi si oppongono, quando ritardano quella paurosa salita". - secondo un'acuta osservazione dello scrittore Mario Soldati, 1956, p. 30) è un carattere espressivo specifico che non richiede, per essere percepito, una conoscenza acquisita: è *universale*.

Per quanto solitamente compresenti, questi due piani di comunicazione sono indipendenti (vedi anche Fig. 3). Questo significa che un progetto può essere centrato sui primi oppure sui secondi.

La modalità comunicativa basata sulle qualità espressive va oltre alle interazioni tra domini sensoriali, si estende infatti a tutte le proprietà percettive (le cosiddette primarie: forma, grandezza, velocità, eccetera; o secondarie: colore, sapore, timbro, eccetera), qualità gestaltiche ma anche relazioni (Sinico, 2019). È utile presentare anzi un secondo esempio, per evidenziare come il carattere espressivo, manipolando anche minime proprietà percettive, possa darsi anche nelle *relazioni* tra oggetti. La ricerca di riferimento è di Marigonda (1968).

I soggetti sperimentali avevano il compito di osservare coppie di semplici figure geometriche (vedi Fig. 4) e di stabilire quale delle due esclamava: "Esigo che il mio ordine sia subito eseguito!". I risultati dimostrano che il comando perentorio è proprio delle figure con determinate caratteristiche percettive: la figura più alta (situazione A), più grossa (situazione B), posta più in alto (situazione C), incombente (situazione D). Queste sono percepite essere dominanti.

L'aspetto rilevante di questa ricerca è che gli osservatori percepiscono precise qualità espressive di relazioni sociali, nel rapporto dominanza-subordinazione, direttamente nella relazione tra semplici figure geometriche, in dipendenza a leggi percettive, che ritroviamo invarianti nei contesti paesaggistici (Fig. 5).

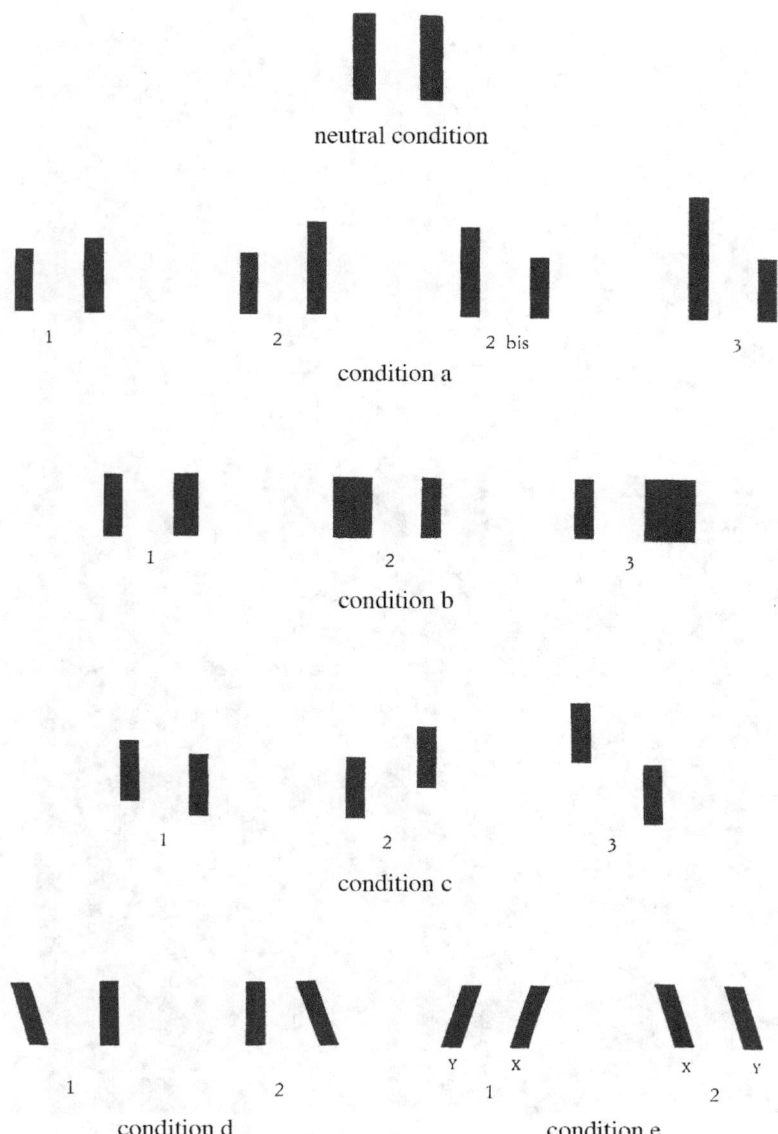

Fig. 4 Esperimento di Marigonda (1968). Altezza (*a*), grossezza (*b*), posizione d'appoggio (*c*) e inclinazione (*d* ed *e*) di forme geometriche influiscono sull'espressione del rapporto dominanza-subordinazione

Fig. 5 Grattacieli con valore espressivo: il Shanghai World Financial Center (2008),
disegnato da Kohn Pedersen Fox, fronteggia con atteggiamento dominante la Shanghai
Tower (2014), disegnato da Jun Xia

Ancora una volta, la percezione degli aspetti espressivi è dovuta non a conoscenze culturali ma a condizioni percettive. Note queste condizioni, il designer può veicolare, con il suo progetto, determinati messaggi espressivi *universali*.

8 _ Conclusioni

Tornando alla contrapposizione tra i due modelli di comunicazione percettiva, si può infine notare come essi diano un diverso contributo all'euristica progettuale paesaggistica contemporanea. Il modello "segnico", per sua natura ancorato a un rimando, e di conseguenza a premesse culturali acquisite, è sempre potenzialmente declinabile diversamente dalle diverse culture. Il modello percettivo è invece avvantaggiato, nella sua essenza, dalla transculturalità (Heras-Escribano & De Pinedo-García 2018; Menatti & Casado da Rocha 2016). Laddove le istanze della comunicazione globale inducono a progettare con un linguaggio universale, il progetto con la modalità segnica diventa necessariamente uno strappo rispetto al contesto paesaggistico dato. Spesso il progetto architettonico contemporaneo è oggetto di critica proprio perché contrasta con i valori locali sedimentati nella storia urbana, perché impone valori globalistici con esito uniformizzante. Il progetto con modalità espressive può conciliare l'universalità comunicativa armonizzandosi sul piano espressivo, assimilandosi con i valori storici-identitari del contesto, senza scivolare in derive globalistiche omologanti. Anche questa è una via verso una globalizzazione guidata capace di sfruttare la potenzialità dei modi transculturali della comunicazione onde evitare la neutralizzazione delle differenze e valorizzare invece la ricchezza delle identità plurime.

** le traduzioni sono del curatore*

Bibliografia

Argan G. C., *Walter Gropius e la Bauhaus*, Einaudi, Torino, 1951 (trad. ted. *Gropius und das Bauhaus*, Rowohlt, Amburgo, 1962)

Arnheim R., *Art and Visual Perception: A Psychology of the Creative Eye*, University of California Press, Berkeley and Los Angeles, 1954

Arnheim R., *The Dynamics of Architectural Form*, University of California Press, Berkeley and Los Angeles, 1977

Böhme G., *Architektur und Atmosphäre*, Fink, München, 2006

Bozzi P., *Fisica ingenua*, Garzanti, Milano, 1999 (trad. ing. part. *Tertiary qualities*, in I. Bianchi & R. Davies (a cura di), *Paolo Bozzi's experimental phenomenology*, Routledge, Londra, 2019, pp. 345- 364)

Calì C., *Phenomenology of perception. Theories and experimental evidence*, Brill, Leiden/Boston, 2017

Gurwitsch A., *Galilean physics in the light of Husserl's phenomenology*, in T. Luckmann (a cura di) *Phenomenology and Sociology*, Penguin, New York, 1978, pp. 71-89

Heras-Escribano M., De Pinedo-García M., Affordances and Landscapes: Overcoming the Nature- Culture Dichotomy through Niche Construction Theory, *Frontiers in Psychology*, 8, 2294, 2018

Husserl E., *Die Krisis der europäischen Wissenschaften und die transzendentale Phänomenologie*, Nijhoff, The Hague, 1959 (trad. ing. *The Crisis of European Sciences and Transcendental Phenomenology*, Northwestern University Press, Evanston IL, 1970)

Koffka K., *Principles of Gestalt Psychology*, H. Harcourt Brace, New York, 1935

Köhler, W., Psychological remarks on some questions of anthropology, *American Journal of Psychology*, 50, 271- 288, 1937

Köhler W., *The place of value in a world of facts*, Liveright Publishing Corporation, New York, 1938

Marigonda E., *Contributo sperimentale allo studio della percezione dei rapporti interpersonali*, in G. Kanizsa, G. Vicario (a cura di), *Ricerche sperimentali sulla percezione*, Università degli Studi di Trieste, Trieste, 1968, pp.145-160

Menatti L., Casado da Rocha A., Landscape and health: Connecting psychology, aesthetics and philosophy through the concept of affordance, *Front. Psychol.* 7:571, 2016

Simmel G., *Philosophie der Landschaft*, in R. Kramme and A. Rammstedt (a cura di) *Georg Simmel. Gesamtausgabe in 24 Bänden (Broschur)*, Suhrkamp, Francoforte, 2001, pp. 471- 482

Simmel G., *Saggi sul paesaggio*, M. Sassatelli (a cura di), Armando Editore, Roma, 2006

Sinico M., Galileo perceptionist, *Perception*, 41, 2012, pp. 483-488

Sinico M., Tertiary qualities, from Galileo to Gestalt Psychology, *History of the Human Sciences*, 28 (3), 2015, pp. 68-79

Sinico M., To communicate without signs through expressive qualities, *Gestalt Theory*, 41 (1), 2019, pp. 47-60

Soldati M., *America primo amore*, Garzanti, Milano, 1956

Wertheimer M., *Laws of Organization in Perceptual Forms*, in W. Ellis, *A source book of Gestalt psychology*, Routledge & Kegan Paul, Londra, 1938, pp. 71-88 (original publication Untersuchungen zur Lehre von der Gestalt. II, *Psychologische Forschung*, 4, 1923, pp. 301-350)

Paola Briata
Dipartimento di Architettura e Studi Urbani, Politecnico di
Milano. Via Bonardi, 3 - 20133 Milano
paola.briata@polimi.it

Abstract
Il contributo guarda alla "città delle differenze" come luoghi
dove sempre più si vive assieme in una condizione radicale
di pluralismo, ovvero dove l'unico elemento che si ha in
comune è la compresenza nello spazio. L'orizzonte teorico
di riferimento è quello che guarda agli aspetti quotidiani del
multiculturalismo, osservando l'esperienza della diversità in
alcuni luoghi specifici e prestando attenzione alle condizioni
che generano aperture, senza negare quelle che conducono
all'intolleranza. Il multiculturalismo quotidiano prefigura
sia un campo empirico d'indagine, sia un posizionamento
metodologico capace di guardare nella "grana fine" dei
territori, attraverso la ricerca etnografica. Nell'ambito di questo
filone di studi, ci si sofferma su quanto lo "stare insieme"
nelle città contemporanee sia anche un esercizio del corpo,
un'abitudine (e indifferenza) a suoni, odori, colori della pelle
diversi, modalità eterogenee d'intendere cos'è la prossimità o
la distanza. La percezione della diversità, così come il razzismo
quotidiano, derivano anche da esperienze multisensoriali. Il
saggio si sofferma sul ruolo della percezione multisensoriale
nelle convivenze urbane: un orizzonte di ricerca ancora poco
esplorato al di fuori della ricerca sociologica ed etnografica, ma
del quale è importante tenere conto nell'osservare, descrivere,
progettare e pianificare gli spazi della città contemporanea.

Parole chiave: etnografia sensoriale, città delle differenze,
multiculturalismo quotidiano, coesistenza tra estranei, spazi e
corpi, pianificazione e progetti urbani

Metropoli

Percorsi di etnografia sensoriale nella città delle differenze

Paola Briata

1 _ Introduzione

> Dove sedersi sui trasporti pubblici? A fianco di una giovane donna
> che trangugia un hamburger? Vicino a un adolescente che diffonde
> la sua personale colonna sonora attraverso delle cuffie poco isolate?
> Accanto all'uomo di mezza età che dispone le proprie gambe in
> modo inospitale e indossa lo stesso dopobarba dello zio preferito?
> (Rhys-Taylor, 2017).

Compatibilmente con le possibilità di scelta di ciascuno, in quali quartieri desideriamo comprare o affittare una casa? In quali negozi, mercati, centri commerciali preferiamo fare acquisti? Quali autobus, metropolitane, treni, scegliamo di prendere per andare al lavoro? Nei nostri spostamenti quotidiani, percorriamo strade secondarie o vie principali e affollate? Si potrebbero fare molti altri esempi, ma in ogni caso si tratta di scelte che hanno delle conseguenze anche sulla vita e sulla vitalità urbana. Decisioni sulle quali influiscono molteplici fattori, alcuni dei quali non esclusivamente legati alla necessità o al potere d'acquisto. Tra questi, anche il manifestarsi in diverse parti della città di odori più o meno familiari, di lingue, suoni e musiche differenti, di modi diversi di esprimere l'appropriazione dello spazio. I paesaggi visuali, sonori, gustativi e olfattivi delle città danno forma ai movimenti e agli insediamenti nello spazio urbano. La dimensione corporea è cruciale anche per far sentire alle persone che si trovano in un luogo confortevole o per alimentare paure reali o immaginate.

Questo contributo guarda alle città multietniche e multiculturali, soffermandosi sul ruolo della percezione multisensoriale nelle convivenze urbane. Si mette in evidenza come tutti i sensi abbiano un ruolo fondamentale nel farci decidere cosa, in una città, è o non è desiderabile, bello o brutto, accettabile o non accettabile, dignitoso o degradato, sicuro o pericoloso. Dimensioni che, si proverà ad argomentare, sono più che mai significative quando ci si muove nella "città delle differenze" (Fincher e Jacobs, 1998).

Nelle città contemporanee "stare insieme" è anche una questione di allenamento corporeo, un "corpo a corpo" con gli altri negli spazi della città, un'abitudine (e indifferenza) a suoni, odori, a colori della pelle diversi, modalità eterogenee di intendere cos'è la prossimità o la distanza (Lancione, 2016). La percezione della diversità, il multiculturalismo, così come il razzismo quotidiano derivano anche da esperienze multisensoriali, particolarmente visibili e amplificate in alcuni spazi come i grandi centri commerciali urbani e suburbani (Anderson, 2012), i mercati di strada (Rhys-Taylor, 2017), gli spazi compressi dei mezzi di trasporto pubblico (Wilson 2010; Briata, Bricocoli e Bovo, 2018). Il contributo propone una riflessione che prova a incrociare i temi individuati dalla ricerca sociologica ed etnografica che ha riflettuto sul ruolo della percezione multisensoriale nelle convivenze urbane, con la recente letteratura sulle città, la pianificazione, le politiche e il progetto urbano che ha posto molte domande sul ruolo giocato dai corpi nello spazio in situazioni di compresenza. I temi fondamentali individuati da quest'ultimo filone di studi vengono introdotti nel paragrafo che segue.

2 _ Metropoli: terre di estranei

Le metropoli contemporanee possono evidentemente essere descritte in modi molto diversi. In questo saggio, si opera una selezione di sguardo, assumendole come luoghi dove si manifestano con maggiore evidenza il pluralismo e la differenza (Young 1990; Massey 2005; Laurier e Philo 2006; Sennet 2013; Pasqui 2018). La città è un luogo dove alla prossimità fisica anche estrema (si pensi alla compressione dei corpi nei mezzi di trasporto pubblico o nella folla dei centri commerciali), non corrisponde necessariamente una forma di condivisione, al di là di quella dello spazio. Al tempo stesso, a fronte di un percorso sempre più evidente d'individualizzazione che caratterizza le società contemporanee, persistono e si rinnovano i luoghi urbani dove le persone fanno cose insieme: "sempre più possiamo condividere (spazi e attività) senza condividere (senso e identità)" (Bianchetti, 2016).

Guardando alla società europea oggi, il geografo britannico di origine indiana Ash Amin (2012) descrive questi fenomeni come "coesistenze tra estranei", introducendo sia una riflessione sul ruolo dei corpi nelle forme contemporanee di razzismo, sia una visione molto critica delle narrazioni che investono sul rafforzamento dei legami sociali al fine di riconciliare le differenze nella vita comune.

Sul primo fronte, le società europee sono ormai miste e plurali in termini costitutivi e strutturali. Amin sottolinea che l'estraneo non è né un amico, né un nemico e non ci deve piacere per forza: fa semplicemente parte della nostra vita. Tuttavia, l'idea che ciascuna società esista come patria del "proprio" popolo, ha riacquisito una significativa rilevanza nel discorso pubblico. Un contesto nel quale riemergono gerarchie sociali centrate sulla razza come filtro primario d'informazione sui corpi. Ed è importante sottolineare come lo stimolo sensoriale possieda una forza viscerale che supporta il giudizio razziale in modo meno governabile di altri fattori quali, ad esempio, eredità istituzionali o culturali.

Nonostante questo apparente pessimismo, Amin è anche uno degli studiosi che da più tempo ha introdotto una significativa attenzione alle dimensioni quotidiane del multiculturalismo (Amin, 2002). Ricerche che hanno mostrato come la realtà abituale delle città multietniche e multiculturali si basi su forme quotidiane di negoziazione della differenza. Una "civiltà dell'indifferenza alla differenza" particolarmente visibile in quelli che vengono descritti come "i micro-pubblici dell'incontro": gli spazi condivisi di lavoro, i giardinetti dove giocano i bambini, le scuole. Luoghi dove le persone lavorano anche insieme, si mescolano e comunicano guidate da rituali di compresenza, regole tacite di orientamento e sforzo collaborativo, in qualche modo "allenate" nelle buone maniere di condividere lo spazio ma, qui emerge il carattere più significativo dell'essere estranei, senza particolari forme esplicite di riconoscimento interpersonale (Sennet 2012; Wessendorf, 2014). La capacità di convivere si presenta come un'abitudine a negoziare la molteplicità e la compagnia dello sconosciuto, in una forma di esercizio che è anche corporeo.

Se si segue questa linea di ragionamento, emerge quanto quella di Amin sia anche una critica radicale alle narrazioni secondo le quali le differenze possono riconciliarsi grazie al rafforzamento dei legami sociali. In questi termini, la sfida della convivenza nelle società contemporanee non può essere centrata sul cambiamento dell'identità e la costruzione di empatie intra-soggettive, come raccontano alcune proposte di ritorno a una rinnovata comunità, capace di essere "interculturale". Una prospettiva, quest'ultima, che ha avuto un certo successo sia nelle politiche e nei progetti urbani (Fincher e Iveson, 2008; Marconi e Ostanel, 2016), sia nelle retoriche europee di programmi come *The Intercultural City* (Wood e Landry, 2008).

Amin mette in discussione la possibilità di lavorare sul rafforzamento di legami comunitari tradizionalmente intesi o sulla possibilità di stimolarne di nuovi. Come pensare dunque a un "in-comune, senza comunità, senza riferimenti predefiniti a una qualche appartenenza identitaria, a una interiorità condivisa (sia essa etnica, culturale, geografica"? (Pasqui 2018). Una prima, forse evidente, risposta - condivisa dagli autori introdotti fin qui - sottolinea la necessità di recuperare il welfare, marginalizzato negli ultimi trent'anni dall'espansione dei valori neoliberisti. Senza la sicurezza sociale collettiva costituita da servizi pubblici dignitosi per tutti, senza principi chiave di giustizia sociale e inclusione democratica, non ci può essere protezione dei fragili risultati della convivenza quotidiana (Valentine, 2008; Amin, 2012).

Oltre a questo livello che potremmo definire "macro", in alcuni filoni di ricerca centrati sul futuro del progetto urbano e della pianificazione nelle città plurali, si è iniziato a riflettere su come sia possibile coesistere in assenza di comunione di valori, appartenenze o radici. È così emersa anche una posizione che potremmo definire "micro" e che converge sulla necessità di indagare in modo più profondo la relazione tra spazi e corpi (Bianchetti, 2016; Pasqui, 2018). Ripartire dalla centralità di spazi e corpi nelle metropoli contemporanee implica ripensamenti significativi anche per le discipline come la pianificazione che ambiscono a innescare meccanismi di controllo e cura dei territori e delle città attraverso il controllo dello spazio (Mazza e Bianconi, 2014).

La letteratura ha dunque iniziato a sottolineare la rilevanza di uno sguardo capace di focalizzarsi sulla relazione tra corpi e spazi e una delle piste proposte in questo saggio per indagare tali relazioni è connessa allo sguardo sui micro-pubblici dell'incontro analizzati dagli studi sul multiculturalismo quotidiano che verranno introdotti nel prossimo paragrafo. Oltre a questo, la dimensione multisensoriale delle relazioni tra corpi e spazi, rimane una questione ancora poco esplorata al di fuori della ricerca sociologica ed etnografica. Un tema sul quale questo breve scritto intende soffermarsi, proponendo alcune questioni che sembrano richiedere attenzione e apertura multidisciplinare.

3 _ Multiculturalismo quotidiano:
campi d'indagine, posture metodologiche, spazi

A fronte di un discorso pubblico e di una narrazione mediatica dove prevalgono il razzismo e la xenofobia, in gran parte delle città e dei quartieri d'Europa non si osservano solo tensioni e conflitti, ma anche forme virtuose del vivere insieme che difficilmente sono sotto i riflettori. A partire dal nuovo secolo, i così detti "micro-pubblici dell'incontro" sono stati al centro dell'attenzione degli studi sul multiculturalismo quotidiano (Colombo e Semi, 2009; Wise e Velayutham, 2009). Ricerche che propongono uno sguardo capace di osservare l'esperienza della diversità in alcuni luoghi specifici, prestando attenzione alle condizioni che generano aperture, senza negare quelle che conducono all'intolleranza. Questo filone di studi è emerso dalla constatazione che il multiculturalismo è normalmente raccontato seguendo una prospettiva top-down, ovvero guardando ai modelli nazionali d'inclusione e alle politiche per la gestione della diversità da parte degli stati nazionali (May, 2016). Al contrario, il multiculturalismo quotidiano esplora l'esperienza della diversità in alcuni specifici luoghi, guardando a come le relazioni sociali e l'identità delle persone possono formarsi e riformarsi, dando luogo a tensioni e conflitti, ma anche a forme di convivenza e trasformazione culturale. Propone dunque un *approccio situato* che, senza negare la rilevanza delle strutture politiche di livello superiore, così come delle legislazioni e dei modelli d'integrazione adottati dagli stati, prova a comprendere le dimensioni quotidiane del multiculturalismo così com'è vissuto. Un approccio "situato" perché guarda alle pratiche quotidiane della differenza in situazioni specifiche e in spazi d'incontro, esplorando in che modo gli attori sociali fanno esperienza e negoziano la diversità "sul campo" e come le relazioni sociali e le identità si formano e si ri-formano in questo processo.

Secondo Colombo e Semi (2009), si tratta di un approccio che intende segnalare, contemporaneamente, uno *spazio empirico di osservazione* e una particolare *prospettiva analitica*, ovvero un modo diverso di guardare e di porre domande ai contesti locali della differenza. Come campo di osservazione, molte ricerche sul multiculturalismo quotidiano confermano la posizione di Amin nel rilevare che, sempre più, nelle società contemporanee, il vicino è un estraneo nel senso che le persone non costruiscono forme esplicite di riconoscimento interpersonale attraversando confini culturali come l'etnia, la classe o la religione, ma questa mancanza "d'intimità" non impedisce la convivenza e la comunicazione (Wessendorf, 2014). In alcuni contesti, le persone sono così abituate alla differenza che la civiltà o l'indifferenza (reciproca) verso l'estraneo diventa un fattore "internalizzato" della vita. Noble (2009) parla anche di uno "stare assieme pragmatico" determinato dal fatto che, in alcuni luoghi, al fine di muoversi, fare la spesa o chiedere aiuto su un autobus, saper fare i conti con la differenza costituisce una competenza ordinaria e necessaria per partecipare a situazioni ricorrenti d'interazione. L'attenzione per il quotidiano non limita lo sguardo alle interazioni positive tra le persone e occorre anzi fare attenzione a non eliminare il tema del razzismo quotidiano dal discorso pubblico, anche perché si tratta di un fenomeno che non si manifesta solo attraverso incidenti di tipo estremo. Il razzismo può infatti essere così radicato nel quotidiano e coinvolgere una tale molteplicità di pratiche da essere difficile da distinguere, persino per chi ne è vittima.

Il multiculturalismo quotidiano suggerisce anche un *posizionamento metodologico* capace di guardare nella "grana fine" dei territori e di produrre "descrizioni dense" delle situazioni che si osservano (Geertz, 1973). Questo è possibile attraverso percorsi etnografici, un modo di fare ricerca caratterizzato dalla propensione all'ascolto e all'osservazione diretta, dall'attenzione al senso attribuito dagli attori alle proprie pratiche, dalla preferenza per l'analisi intensiva di casi specifici, sensibile alle dinamiche relazionali, alla costruzione dell'immagine dell'altro, al suo mancato o distorto riconoscimento (Madden, 2010; Semi, 2010; Cefaï, 2013).

Quali spazi si sono rivelati più adatti per condurre questo tipo di analisi? I micro-pubblici dell'incontro più significativi negli studi condotti finora sono stati i luoghi di lavoro, le scuole, i campi giochi per i bambini, gli orti urbani, i mercati di strada, i centri commerciali, i mezzi di trasporto pubblico, le palestre e i luoghi del tempo libero e dove fare sport. Spazi, questi ultimi ai quali è dato un rilievo particolare perché vi si mettono in gioco i corpi (Amin, 2002; Watson, 2009; Sherman, 2009; Wilson, 2010; Anderson, 2012; Rhys-Taylor, 2017; Briata et al., 2018).

In questo saggio si farà riferimento ad un'ulteriore evoluzione della ricerca etnografica, quella emersa verso la fine del secolo appena concluso e riferibile al così detto *sensory turn*: un approccio attento alla relazione tra le esperienze multisensoriali e la produzione di formazioni sociali nello spazio urbano (Classen et al., 1994; Seremetakis, 1996; Stoller 1997; Back e Puwar, 2012; Howes, 2003; Vannini et al., 2013; Howes e Classen, 2013). Esercizi di comprensione dell'esperienza e della materialità di una moltitudine di stimoli sensoriali che hanno provato anche a sperimentare, registrare e rappresentare la realtà con strumenti multimediali: video, cinema, fotografia, la registrazione dei suoni e infografica (Back e Puwar, 2012; Lury e Wakeford, 2012). Una riflessione centrata non tanto sul mezzo, ma su quale mezzo o quale combinazione di mezzi sia più efficace per comunicare ed evocare la complessità di sensazioni che può dare un ambiente, un quartiere, una parte di città.

Nel paragrafo che segue, si proverà a introdurre alcuni ragionamenti su quelli che sono stati definiti da questa letteratura come *sensoryscapes* - paesaggi sensoriali, ma con un'attenzione particolare alla città delle differenze.

4 _ Percorsi di etnografia sensoriale nella città multiculturale

Come scrive l'etnografo francese Daniel Cefaï (2013), nella ricerca etnografica la storia personale di uno studioso ha un ruolo fondamentale nelle traiettorie che decide di seguire. Questo paragrafo riflette quindi anche la mia posizione di ricercatrice, laureata in architettura e con un dottorato in Pianificazione territoriale e politiche pubbliche per il territorio, impegnata da più di vent'anni in percorsi di ricerca sulla città multietnica e multiculturale, con una particolare attenzione ai progetti e alle politiche urbane messi in campo nella "città delle differenze" (Briata, 2007; 2014; 2019). Un modo di guardare alla città sicuramente guidato da una sensibilità etnografica per i territori, ma portato avanti da una persona che non ha un background formativo come sociologa o come etnografa. Al tempo stesso, il mio posizionarmi nella ricerca è stato sicuramente influenzato dalla quotidianità delle due città nelle quali mi sono formata e dove ho più a lungo vissuto e lavorato: Londra, una metropoli globale spesso descritta come la città più diversificata del mondo (Raco *et al.,* 2017) e Milano, una delle destinazioni primarie dei flussi migratori in Italia (Cucca e Ranci, 2017). Le note biografiche che emergono in questo paragrafo sono dunque funzionali a spiegare alcune situazioni quotidiane, ricerche anche etnografiche ed esperienze didattiche che hanno contribuito a produrre il mio posizionamento nel comprendere e indagare le città multiculturali. Al tempo stesso, si tratta di note che ambiscono a fornire alcuni piccoli esempi su una "relazione non sempre semplice da navigare", quella tra spazi e corpi (Bates e Rhys-Taylor, 2017). Per dare un ordine ad alcuni ragionamenti su questa relazione nella città multiculturale, parto da una riflessione sviluppata nell'ambito della disciplina in cui mi sono laureata, pur non avendola mai praticata: l'architettura. L'architetto finlandese Juhani Pallasmaa (2007), nel volume *Gli occhi della pelle. L'architettura e i sensi,* mette in guardia su quello che definisce il "dominio della vista" nelle società occidentali. La vista ha un ruolo importantissimo nella percezione dell'architettura (e della città), ma gli occhi "collaborano" continuamente anche con il corpo e con tutti gli altri sensi. Facendo riferimento al pensiero del filosofo Merleau-Ponty, Pallasmaa afferma che le esperienze sensoriali si integrano attraverso il corpo e nella reale costituzione del corpo e del modo di essere umano. Il corpo non ha solo una dimensione fisica: è arricchito di sogno e memoria, passato e presente. Una memoria non si costruisce solo attraverso il sistema nervoso e il cervello, ma anche attraverso i nostri corpi: i sensi costituiscono un elemento di mediazione fondamentale per l'informazione e il giudizio della mente.

Proviamo a traslare queste affermazioni sulla città occidentale, multietnica e multiculturale. La *vista* ricopre sicuramente un ruolo fondamentale nella percezione della diversità. E questo riguarda "corpi urbani" (Paba, 2010) umani e materiali. La diversità di razza è sicuramente una delle prime informazioni visive che mediano la percezione della diversità. Al tempo stesso, un velo islamico, un turbante sikh, un sari indiano, non sono solo degli indumenti, ma anche dei "marcatori" fortissimi di diversità etnica, religiosa, culturale. Ma la vista non registra solo la diversità dei corpi umani. I "negozi etnici" si fanno presenza nelle strade della città nel momento in cui insegne e prodotti in vendita appaiono diversi da quelli normalmente venduti nei paesi di accoglienza (Fioretti e Briata, 2018). Una moschea è più visibile quando modifica il paesaggio urbano con elementi architettonici che la definiscono come tale - ad esempio lo stile della costruzione o i minareti. In molte città del mondo occidentale, la costruzione di moschee riconoscibili come tali, anche in termini architettonici, ha rappresentato un problema (Home, 1997; Fincher *et al.*, 2014), laddove meno problematica è stata ed è la miriade di "spazi sacri in edifici profani" sparsi nei capannoni industriali dismessi e in altre aree poco visibili delle città. Matilde Cassani (2013) ha mappato la miriade di luoghi di culto di questo tipo presenti a New York. La mappa che risulta dalla sua ricerca è quella di una città dove la presenza di edifici per svolgere funzioni religiose diverse da quella dominante è densissima, ma poco visibile e quindi anche poco problematica. Più modestamente, un lavoro similare è stato realizzato nel 2019 alla periferia sud di Milano, al quartiere Gratosoglio, da un gruppo di studenti del laboratorio di progettazione finale nel quale ho insegnato con i colleghi Giovanni Hänninen e Gennaro Postiglione (Briata e Postiglione, 2020). L'invisibilità di luoghi dove si praticano le religioni più diverse è un elemento fondamentale per la loro accettazione, anche a Milano, una città dove la presenza migratoria è relativamente recente.

Se ci soffermiamo sulle moschee si può comprendere come queste possano rappresentare in vario modo la dimensione multisensoriale che accompagna la percezione della diversità nello spazio urbano. Come già accennato sono luoghi che a volte "si vedono", dove la presenza di persone che usano capi di abbigliamento diversi da quelli più comuni nei paesi occidentali è più evidente, concentrata e non dispersa nell'anonimato delle metropoli ma, al tempo stesso, la diversità "si sente", si pensi alla chiamata alla preghiera del muezzin, alla varietà di lingue parlate da chi frequenta luoghi dove si praticano religioni diverse da quella dominante. Dunque anche *i suoni* segnalano la diversità: la lingua parlata dalle persone straniere tra loro, quella che intercettiamo per strada o sui mezzi pubblici, anche nelle conversazioni attraverso i cellulari, gli accenti che percepiamo quando i nuovi arrivati imparano la lingua del paese di arrivo, la musica che si diffonde da un negozio gestito da immigrati o da spazi d'incontro e socializzazione per chi arriva da lontano. A Londra, in un condominio popolare dove ho vissuto, la diversità culturale dei vicini si faceva più evidente in alcune serate dedicate a ritrovi conviviali scanditi dai ritmi dei tamburi, un inevitabile appuntamento del martedì sera che - forse mettendo inconsapevolmente in atto una forma di adattamento pragmatico alla differenza - mi portava a concentrare anche i miei inviti a cena nella stessa serata. Ampliando lo sguardo, si pensi all'impatto sui quartieri occidentali delle lunghe notti di veglia del ramadan, quando famiglie e amici si ritrovano a cucinare, mangiare e parlare fine a tardi: voci, profumi e odori non sempre familiari o gradevoli perché "diversi" da quelli a cui si è più abituati. Se guardiamo a queste espressioni della diversità, entrano dunque in gioco sensi che segnalano in modo forse più potente e viscerale di altri la diversità, come l'olfatto e il gusto.

Spesso la memoria più persistente di un luogo è legata all'odore. Il quartiere londinese dove ho vissuto negli ultimi anni, ospita ogni giorno uno dei mercati di strada più multietnici e popolari della città. Ogni volta che torno a Londra, percorro il mercato di Ridley Road, percepisco il profumo di menta e spezie che mi è diventato familiare, vedo quei tagli di carne impossibili che mai m'immaginerei di cucinare. È un viaggio a suo modo "sentimentale". Mi fermo inevitabilmente davanti ad Ararat bread e ritrovo il pane dalla consistenza perfetta: mangiarlo è il ricordo di un'esperienza anche "tattile", seppure non percepita attraverso le dita. Se poi svolto verso il centro commerciale di Kingsland, arriva, intensissimo, l'odore un po' stucchevole dei pop corn. Non ci sono dubbi: sono tornata a Dalston (Briata, 2016).

Ho introdotto il tatto e questo mi porta all'esperienza con le classi internazionali di studenti in Etnografia urbana nelle quali ho insegnato negli ultimi quattro anni al Politecnico di Milano. Anche assieme a loro, ho imparato che, contrariamente a quanto accade in Italia, in molte culture del mondo presentarsi stringendo la mano in modo deciso è un segno di scortesia. Ma il tatto non è solo una questione di "toccare", le percezioni più significative negli spazi urbani sono legate a quando alcune situazioni ci portano anche involontariamente a toccarci, così come alle diverse percezioni che possiamo avere di prossimità e distanza. Gli studi di prossemica di Hall (1966) sullo spazio personale offrono visioni importanti sui nostri aspetti istintivi e inconsci nella relazione con lo spazio, così come sul nostro uso dello spazio nella comunicazione comportamentale. Fondamentale per capire in modo esplicito queste relazioni è stato un lavoro di ricerca etnografica proposto, negli ultimi tre anni, a 85 studenti in pianificazione e architettura sul filobus 90/91 a Milano (Briata et al., 2018). Un percorso didattico e di ricerca nel quale, con Massimo Bricocoli e Martina Bovo, abbiamo chiesto a studenti provenienti da tutto il mondo di sviluppare un proprio punto di vista sugli usi dello spazio del mezzo di trasporto pubblico più stigmatizzato della città. Un lavoro che ha prodotto un numero significativo di narrazioni, frutto di osservazioni prolungate da parte di ragazzi che stanno terminando o che hanno concluso la laurea specialistica in Architettura o in Planning. Nel tempo, ci siamo accorti che la forza di questo lavoro stava in una metodologia che è emersa in corso d'opera e si è rivelata molto potente: una *moltiplicazione dei punti di vista* e *delle esperienze corporee*, resa possibile anche dall'eterogeneità di biografie, percorsi formativi e background etnico-culturali di chi frequenta le nostre classi internazionali. Una metodologia che ci è parso avesse dei punti in comune con quella di un predecessore sicuramente molto illustre come Pierre Bourdieu, che nel volume del 1993 *La miseria del mondo,* un'inchiesta minuziosa sulle banlieues francesi portata avanti da un team molto articolato di ricercatori, sottolinea come i così detti "luoghi difficili" (ma forse anche i "problemi difficili"), siano in primo luogo *difficili da descrivere e da pensare.* A fronte di rappresentazioni semplicistiche e unilaterali come sono spesso quelle dei media, il gruppo guidato da Bourdieu ha condotto un'inchiesta nella quale, da un lato, si lascia parlare in tutta la sua evidenza la pluralità dei punti di vista coesistenti e rivali dei residenti nelle periferie francesi ma, dall'altro, (si aggiunge qui), si attua una moltiplicazione di punti di vista anche attraverso il background multietnico e multiculturale di chi ha condotto le interviste. Le sensibilità e i background differenziati (anche solo in termini di genere) dei ricercatori, sono leggibili sotto traccia nella trascrizione dettagliata delle interviste.

Nell'esercizio più modestamente condotto a Milano dagli studenti, lo spazio compresso del filobus ha permesso di amplificare lo sguardo sulla diversità della città. E, allora, per la studentessa indiana che a Pune non ha mai preso un autobus perché "non sarei durata neppure un giorno", lo spazio della 90/91 è ampio, pulito, quasi noioso e ripetitivo se confrontato con la massa umana che lotta ogni giorno per un minimo di spazio vitale sui mezzi di trasporto del suo paese. Dal lato opposto della percezione di prossimità e distanza, al dì là di abitudini ed etnie, secondo una studentessa di Amburgo il carattere più significativo dei bus italiani è il *"door appeal".* Tutti si affollano davanti alle porte, anche quando il mezzo non è così pieno e darebbe possibilità di maggiore agio: una cultura comune che comprime e restringe ulteriormente lo spazio già compresso del bus. La quotidianità di uno spazio compresso è anche un amplificatore straordinario per osservare la diversità di culture: un ragazzo belga fa della sua scarsa conoscenza dell'italiano un'arma potentissima per studiare il paesaggio sonoro del bus. Tra le sue scoperte: gli stranieri che durante i lunghi spostamenti studiano l'italiano attraverso una app dello smartphone. Al tempo stesso, la diversità dei background e, talvolta, la loro visibilità - portare un velo islamico o avere tratti somatici o un colore della pelle "diverso" - è diventata un'arma potente per *scoprire col e sul proprio corpo* le forme di razzismo quotidiano che avvengono su un autobus, nella più internazionalizzata delle città italiane.

Gli esempi potrebbero essere molti altri, ma interrompo qui questo breve viaggio nelle città multiculturali guidato dai cinque sensi. Una nota importante: nel raccontare alcune esperienze milanesi e londinesi, ho fatto prevalere il lato ironico della mia percezione multisensoriale della diversità, ma è evidente che la possibilità d'ironia è più semplice se espressa da una persona che, su molti fronti, *ha avuto la possibilità di scegliere.* È la mia sensibilità che mi ha portata a lavorare, qualche volta a vivere, in quartieri multietnici e multiculturali. Ma non bisogna scordare che, per molte persone, immigrate e autoctone, questa condizione non è una scelta. La convivenza è un lavoro quotidiano, talvolta più semplice e spontaneo di quanto non raccontino certe narrazioni basate sulla paura, talvolta non scontato, soprattutto laddove povertà legate all'immigrazione e ad alcune forme di diversità, s'intrecciano con altre povertà che riguardano tutti, immigrati e autoctoni.

In queste pagine si è provato a raccontare quanto anche i sensi contino nel costruire la differenza tra "noi" e "loro". Odori, suoni, sapori e colori possono essere usati in modo più o meno esplicito per distinguere gli insiders dagli outsiders. Identità, tolleranza e razzismo sono anche il prodotto di esperienze multisensoriali che il corpo di ciascuno vive nello spazio. Il razzismo si basa anche su "memorie del corpo" invisibili e viscerali, determinate da percezioni multisensoriali (Smith, 2006; Obasogie 2013; Friedman, 2015). Ma non si tratta solo di sensibilità personale: queste sensazioni si appoggiano a una serie di codici formali e informali per interpretare i sensi che dipendono anche da quanto una società è allenata o meno a praticare quelle forme di "inattenzione civica" verso la diversità cui fanno riferimento molti studi recenti sul multiculturalismo quotidiano. Un discorso pubblico aggressivo verso "l'altro", costruito dai media e dai policy makers, non aiuta in tal senso, ma non aiutano neppure retoriche celebrative della diversità e dell'ibridazione culturale, soprattutto laddove povertà legate all'immigrazione coesistono con povertà che riguardano tutti.

5 _ Conclusioni

Attraverso il viaggio nelle percezioni anche multisensoriali della diversità, si è provato a dare conto della complessità con la quale politiche e progetti centrati sulla trasformazione e la cura dello spazio dovrebbero confrontarsi nelle metropoli cosmopolite. La struttura multisensoriale della città non è solo uno sfondo per gli attori in gioco. Al contrario, i sensi e le sensazioni sono degli elementi chiave per comprendere l'economia, le forme sociali e la cultura delle città (Rhys-Taylor, 2017). La cultura di classe, il razzismo, e il multiculturalismo non sono solo costrutti discorsivi: si nutrono anche di percezioni sensoriali, sedimentate attraverso filtri culturali capaci di dare significati diversi a tali percezioni. Di fronte a questa complessità, quali sono state fino a questo momento le risposte anche in termini di disegno urbano, di progetti e politiche urbane? Se continuiamo a usare come filo conduttore i sensi, è possibile affermare che le risposte progettuali hanno *privilegiato soprattutto, seppure non esclusivamente, la vista* attraverso proposte volte o a "celebrare la diversità" o a reprimerla.

La celebrazione della diversità avviene soprattutto nella costruzione e nel marketing dei quartieri "etnico-culturali" (Shaw et al. a cura di, 2004) dove l'etnico è "messo in scena", in una versione che seleziona una serie di elementi multisensoriali (colori, suoni, odori e sapori) capaci di attrarre consumatori cosmopoliti di classe medio-alta. È importante sottolineare che queste operazioni di marketing, sempre più spesso sono promosse anche dalle leadership economiche e commerciali dei gruppi etnici, quindi non si tratta solo di processi di "addomesticamento" e sanitarizzazione messi in atto dalle società occidentali, come afferma un'ampia letteratura: sono anche un prodotto dell'immigrazione, ma escludono, nella gran parte dei casi, i gruppi più poveri di immigrati, talvolta anche innescando processi di gentrification che allontanano tutte le popolazioni in condizione di svantaggio (Fioretti e Briata, 2018).

Una risposta opposta è quella repressiva, laddove la presenza straniera si fa visibile nel "paesaggio sensoriale", se non problematica. Si è già accennato a come le moschee che appaiono come tali siano state in molte città del mondo occidentale al centro di misure, anche di pianificazione, repressive (Fincher *at al.*, 2014). Le ordinanze, i regolamenti o le forme di zoning repressivo vengono messe in atto anche in aree commerciali dove la presenza straniera è significativa, soprattutto se l'insediamento avviene nei centri storici, modificando un'idea consolidata di "paesaggio urbano" che si vorrebbe preservare (Briata, 2014; Fincher *et al.*, 2014).

A fronte di queste reazioni comuni, molta ricerca etnografica sui micro-pubblici quotidiani dell'incontro ha evidenziato come nelle città siano presenti luoghi dove una regolazione dello spazio anche solo apparentemente più lasca permette usi molto diversi e il dispiegarsi di un'idea plurale di spazio pubblico. Luoghi che permettono dunque un certo grado di comfort per popolazioni urbane anche molto diverse. Tuttavia, le ricerche che hanno indagato gli spazi di questo tipo sono state portate avanti perlopiù da sociologi ed etnografi. Persone capaci di entrare nella grana fine di alcuni territori e situazioni, per cercare di comprendere quali condizioni rendono più o meno possibile la convivenza. Anche la percezione multisensoriale è stata al centro dell'attenzione, ma, forse proprio per la formazione di chi ha condotto questi studi, il ruolo giocato dallo spazio nell'interazione coi corpi rimane poco esplorato. Odori e suoni possono contribuire a dare forma allo spazio. Lo spazio può essere un supporto più o meno confortevole di possibilità, può costituire un impedimento, può essere più o meno adatto a sostenere usi diversi da quelli per cui è stato pensato e progettato (Briata, 2019).

Queste pagine costituiscono dunque una sorta di "triplice invito" per gli esperti di progetto urbano, i planner e chiunque abbia una sensibilità spaziale: a comprendere la rilevanza degli approcci etnografici anche per chi si occupa nelle varie forme e scale di disegno della città (Cranz, 2016); a osservare precisamente attraverso una sensibilità anche spaziale, gli spazi dove avviene abitualmente la negoziazione della differenza (Taşan-Kok et al, 2017); a tenere conto delle dimensioni multisensoriali che contribuiscono alla formazione di confini materiali e immateriali tra un "noi" e un "loro". Dunque, sicuramente una sollecitazione all'apertura multidisciplinare, ma anche un invito a osservare "con tutti i sensi" i luoghi e le loro differenze.

Quale atteggiamento potrebbe avere oggi un attore di politiche e progetti "progressista" di fronte alla differenza? La letteratura che si è interrogata su questo sembra quasi sottendere un invito a "fermarsi", sospendendo un naturale istinto regolativo e progettuale, non tanto per "rilassare" le regole, ma per ripensarle guardando con più attenzione a cosa già accade nelle strade, nelle piazze e negli spazi pubblici. Cercando anche di mettere da parte nozioni consolidate di "uso appropriato dello spazio pubblico" e i meccanismi regolativi che ne derivano. Le società cosmopolite possono rimanere unite anche sulla base di molteplici sfere pubbliche invece che sulla base di certezze relative a una comunità storica (Amin, 2012). La materialità corporale, i caratteri sensoriali, la profondità temporale del progetto dello spazio pubblico devono confrontarsi con una diversa dimensione di ciò che è pubblico nella città contemporanea, una dimensione non più giocata su una volontà collettiva: "non c'è più un pubblico in grado di definire come in passato, orientamenti e legittimità del progetto. Ci sono 'cento piccole scatole': schegge di pubblico che si ri-formano e si disfano ogni volta che qualcosa definisce una condivisione, un valore è affermato come tale, o un problema muove un'azione non individuale" (Bianchetti, 2011). Questo non significa che piani e progetti non dovrebbero cercare di operare nell'interesse pubblico, ma piuttosto che l'interesse pubblico non è "da qualche parte là fuori" in attesa di essere trovato, bensì qualcosa che si costruisce in un percorso politico, in una situazione spesso caratterizzata dalla presenza di "pubblici multipli", talvolta in competizione (Fincher *et al.*, 2014). Se torniamo sulla dimensione multisensoriale, è evidente che le risposte non sono semplici: come si stabilisce il limite tra un odore gradevole e uno sgradevole anche perché poco noto? Qual è il limite orario di alcuni ritrovi conviviali durante in ramadan, se avvengono in condomini dove gli abitanti non sono tutti musulmani praticanti? In alcune situazioni, la molteplicità può forse portare a pensare che siamo di fronte all'impossibilità di una "soluzione", ma è importante anche rendersi conto che, in molti luoghi, i nuovi e vecchi residenti, popolazioni diverse, *established* e *outsiders*, stanno già vivendo gli spazi dell'indifferenza alla differenza e della coesistenza tra estranei. Il multiculturalismo non è così semplice e non è solo questo, ma in alcuni luoghi è già anche questo. La proposta è dunque di lavorare, ripartendo da queste relazioni e dagli spazi e dai corpi attraverso i quali prendono forma. Consapevoli che le risposte probabilmente non sono date e devono essere costruite e negoziate dentro una serie di pratiche che avvengono nello spazio e per le quali occorre anche un atto regolativo e progettuale capace di rinnovarsi.

BIBLIOGRAFIA

Amin A., Ethnicity and the Multicultural City: Living with Diversity, *Environment and Planning A. Economy and Space* 34, 6, 2002, pp. 959-980

Amin A., *Land of Strangers*, The Polity Press, Cambridge, 2012

Anderson E., *The Cosmopolitan Canopy. Race and Civility in Everyday Life*, W.W. Norton & Company, New York, London, 2012

Back L., Puwar N., *Live Methods*. Wiley, Blackwell, 2012

Bates C, Rhys-Taylor A., *Walking through Social Research*, Routledge, London, 2017

Bianchetti C., *Il Novecento è davvero finito*, Donzelli, Roma, 2011

Bianchetti C., *Spazi che contano. Il progetto urbanistico in epoca neoliberale*, Donzelli, Roma, 2016

Bourdieu P., *La misère du monde*, Seuil, Paris, 1993

Briata P., *Sul filo della frontiera. Politiche urbane in un quartiere multietnico di Londra*, Franco Angeli, Milano, 2007

Briata P., *Spazio urbano e immigrazione in Italia. Esperienze di pianificazione in una prospettiva europea*, Franco Angeli, Milano, 2014

Briata P., Le retoriche della diversità nei piani per una città globale: narrazioni del cambiamento e reazioni locali a Dalston (East London), *Archivio di studi urbani e regionali* 115, 2016, pp. 27-50

Briata P., *Multiculturalismo senza panico. Parole, territori, politiche nella città delle differenze*, Franco Angeli, Milano, 2019

Briata P., Bricocoli M., Bovo M., Cosmopolis in un bus. Multiculturalismo quotidiano a Milano, *Critica degli ordinamenti spaziali* 16, 2018, pp. 45-56

Briata P., Postiglione G., *Gratosoglio Ground Zero: persone, luoghi, pratiche*, in

G. Cafiero, N. Flora, P. Giardiello (a cura di), *Costruire l'abitare contemporaneo. Nuovi temi e metodi del progetto,* il Poligrafo, Napoli, 2020, pp. 337 - 341

Cassani M., *Sacred Spaces in Profane Buildings. The Spatial Implications of Religious Pluralism,* Unpublished PhD thesis in Spatial Planning and Urban Development, DASTU, Politecnico di Milano, XXV cycle, 2013

Cefaï D., ¿Qué es la etnografía? Debates contemporáneos Primera parte. Arraigamientos, operaciones y experiencias del trabajo de campo,*Persona y Sociedad* 27 (1), 2013, pp. 101-119

Classen C., Howes D., Synnot A., *Aroma: The Cultural History of Smell,* Routledge, London, 1994

Colombo E., Semi G. (a cura di), *Multiculturalismo quotidiano. Le pratiche della differenza*, Franco Angeli, Milano, 2007

Cucca R., Ranci C., *Unequal Cities: The Challenge of Post-Industrial Transition in Times of Austerity,* Routledge, New York, 2017

Cranz G., *Ethnography for Designers,* Routledge, New York, 2016

Crosta P.L., (a cura di), *Pratiche. Il territorio è l'uso che se ne fa,* Franco Angeli, Milano, 2010

Fincher R., Iveson K., *Planning and Diversity in the City. Redistribution, Recognition and Encounter,* Palgrave Macmillan, Basingstoke, 2008

Fincher R., Jacobs J. (a cura di), *Cities of Difference*, The Guilford Press, New York, 1998

Fincher R., Iveson K., Leitner H., Preston V., Planning in the Multicultural City: Celebrating Diversity or Reinforcing Difference? *Progress in Planning* 92, 2014, pp. 1-55

Fioretti C., Briata P., Consumption and Encounter in (Multi)cultural Quarters. Reflecting on London and Rome's "Banglatowns". *Urban Research and Practice* doi/full/10.1080/17535069.2018.1427784, 2018

Friedman A., Blinded by Sight. Seeing Race Through the Eyes of the Blind, *Contemporary Sociology: A Journal of Reviews* 44 (5), 2015, pp. 688-689

Geertz C., *The Interpretation of Cultures*, Basic Books, London, 1973

Hall E., *The Hidden Dimension*, Doubleday, New York, 1996

Home R., Ethnic Minorities and the Planning System. Building a Mosque in Stepney, *Rising East. Journal of East London Studies* 1 (1), 1997, pp. 58-77

Howes D., *Sensual Relations*, University of Michigan Press, Ann Arbour, 2003

Howes D., Classen C., *Ways of Sensing: Understanding the Senses in Society*, Routledge, London, 2013

Lancione M., *Rethinking Life at the Margins. The Assemblage of Contexts, Subjects and Politics,* Routledge, London, 2016

Laurier E., Philo C., Cold shoulders and napkins handed: gestures of responsibility, *Transactions of the Institute of British Geographers* 31, 2006, pp. 193-207

Lury C., Wakeford N., *Inventive Methods: The Happening of the Social*, Routledge, London, 2012

Madden R., *Being Ethnographic. A Guide to the Theory and Practice of Ethnography*, Sage, New York, 2010

Marconi G., Ostanel E., (a cura di), *The Intercultural City. Migration, Minorities and the Management of Diversity,* I. B. Tauris, London & New York, 2016

Massey D., *For Space*, Sage, London, 2005

Mazza L., Bianconi M., Which Aims and Knowledge for Spatial Planning? Some Notes on the Current State of the Discipline, *Town Planning Review* 85 (4), 2014, pp. 513-531

May P., *Philosophies du multiculturalisme*, Les Presses de Sciences Po, Paris, 2016

Noble G., *Everyday Cosmopolitanism and the Labour of Intercultural Community*, in A. Wise, S. Velayutham (a cura di), *Everyday Multiculturalism*, Palgrave Macmillan, New York, 2009

Obasogie O., *Blinded by Sight: Seeing Race Through the Eyes of the Blind*, Stanford University Press, Stanford, 2013

Paba G., *Corpi urbani. Differenze, interazioni, politiche*, Franco Angeli, Milano, 2010

Pallasmaa J., *Gli occhi della pelle. L'architettura e i sensi*, Jaca Book, Milano, 2007

Pasqui G., *La città, i saperi, le pratiche*, Donzelli, Roma, 2018

Raco M., Kesten J., Colomb C., *Urban Policies on Diversity in London, United Kingdom*, 2014, www.urbandivercities. eu/wp-content/uploads/2013/05/Urban-Policies-on-Diversity-in-London.pdf

Rhys-Taylor A., *Food and Multiculture. A Sensory Ethnography of East London*, Bloomsbury, London, 2017

Semi G., *L'osservazione partecipante. Una guida pratica*, il Mulino, Bologna, 2010

Sennet R., *Together: The Rituals, Pleasures and Politics of Cooperation*, Yale University Press, New Haven, 2012

Seremetakis N., *The Senses Still*, Univerity of Chicago Press, Chicago, 1996

Shaw S., Bagwell S., Karmowska J., Ethnoscapes as Spectacle: Reimaging Multicultural Districts as New Destinations for Leisure and Tourism Consumption, *Urban Studies* 41 (10), 2004, pp. 1983-2000

Smith M., *How Race is Made*, UNC Press, Chapel Hill, 2006

Stoller P., *Sensuous Scholarship*, University of Pennsylvsnia Press, Philadelpia, 1997

Taşan-Kok T., Bolt G., Plüss L., Schenkel W., *A Handbook for Governing Hyper-diverse Cities*, Utrecht University, Utrecht, 2017, www.urbandivercities.eu/hand-book-governing-hyper-diverse-cities

Valentine G., Living with Difference: Reflections on Geographies of Encounter, *Progress in Human Geography* 32 (3), 2008, pp. 323-337

Vannini P., Waskul D., Gottschalk S., *The Senses in the Self, Society and Culture: A Sociology of the Senses*, Routledge, London & New York, 2013

Wessendorf S., *Commonplace Diversity: Social Relations in a Super-Diverse Context*, Palgrave McMillan, Basingstoke, 2014

Wilson H. F., Passing Propinquities in the Multicultural City: The Everyday Encounters of Bus Passegering, *Environment and Planning A* 43, 2010, pp. 634-649

Wise A., Velayutham S. (a cura di), *Everyday Multiculturalism*, Palgrave Macmillan, New York, 2009

Wood P., Landry C., *The Intercultural City. Planning for Diversity Advantage*, Earthscan, London, 2008

Young I. M., *Justice and the Politics of Difference*, Princeton University Press, Princeton, 1990

Massimo Giuliani

Psicologo, psicoterapeuta, didatta della Scuola di
Specializzazione del Centro Milanese di Terapia della
Famiglia, via Leopardi 19 - 20123 Milano

info@massimogiuliani.it

Abstract

Attraverso il confronto fra evoluzioni e "salti di paradigma"
nel campo della musica e in quello della cura della parola,
il capitolo illustra una pratica comune nelle creazioni
umane. Difficilmente il passato viene cancellato: più spesso
esso viene riutilizzato, rimesso in cornice, risignificato.
Come procediamo nella nostra storia, rinegoziamo il ruolo
di elementi del passato; a mano a mano che procediamo
in questa rinegoziazione, cresciamo e ci trasformiamo, e
trasformiamo il mondo intorno a noi.

Guardare al passato come a una dimensione che
contiene esperienze stratificate, che non svaniscono
né vengono rimpiazzate dal nuovo, ma anzi ricevono
nuovo senso a mano a mano che procede quel processo
di stratificazione, risponde evidentemente a una nostra
esigenza fondamentale di autonarrazione, se è vero che la
riconosciamo in vari campi del sapere come anche nelle
nostre biografie (grazie a Massimo Schinco per aver trovato
la cornice e a Serena Giuliani per le conversazioni su
architettura, passato, presente e le infinite forme del riuso).

Parole chiave: riuso, epigenetico, passato, risignificazione,
contesti

Riuso
Ricontestualizzazione e risignificazione nell'arte e nella cura

Massimo Giuliani

1 _ Introduzione

> Io so che dietro a tutto quel che vedo
> c'è un'isola di cielo
> che aspetta solo me...
> le meraviglie della spazzatura
> la voglia e l'avventura di farcela da sé...
> (Claudio Sanfilippo, "Memoria")

C'è una felice metafora che due terapeuti (Telfner e Casadio, 2003) riprendono dal Wittgenstein delle *Ricerche filosofiche*. Essa vede la storia del sapere come una città, in cui coesistono nuove e vecchie costruzioni, i quartieri storici e le aree dove nascono nuovi edifici e persino nuovi modi di intendere la città. La trovo una metafora interessante: in primo luogo perché come una città è una costruzione collettiva e progressiva, inscindibile dalla vita di una comunità (Rossi, 2011), così una comunità scientifica e culturale costruisce collettivamente nel tempo un "luogo" non fisico in cui si riconosce; poi perché una metafora spaziale della storia di un pensiero, di un modello, di un sapere, rende quella storia presente simultaneamente in tutte le sue fasi: ciascuna di quelle zone che costituiscono la città non è solo un traccia del passato ma diventa abitabile, qui ed ora.

Credo che la sensibilità che ci deriva dalla collisione creativa col pensiero postmoderno ci aiuti a vedere il presente non tanto come una parte ulteriore di quella città - magari quella più periferica e moderna - ma come lo sguardo dall'alto su quella città antica e moderna insieme, in cui i diversi passati si stratificano e convivono.

Anzani e Caramel (2017), citando Marchino e Mizrahil, sostengono che allo stesso modo in cui il corpo umano è lo spazio che contiene la memoria del passato dell'individuo (il verbo *to remember*, come l'italiano ri-membrare, fa riferimento a un passato e a una memoria che sono inscritti nel corpo, nelle *membra*), la città con le sue stratificazioni è lo spazio di un inconscio collettivo: nella metafora di Telfner e Casadio, dell'inconscio collettivo di una comunità scientifica.

In quella metafora lo sguardo aereo ci permette di avere tutta la città per noi se siamo disponibili a sopportare il costo di una perdita di definizione dell'esperienza. La possediamo tutta insieme, ma la possediamo un po' meno. I significati di quel passato diventano in una certa misura *rinegoziabili*, i contesti e le identità si fanno più sfocati. Perché è vero che il passato è matrice di significato del presente (la storia disegna le cornici dentro le quali esperiamo la realtà presente); ma è pur vero che il tempo è un anello ricorsivo in cui passato, presente e futuro si influenzano gli uni con gli altri. Il passato, mentre lo rievochiamo e ne parliamo, non è *davvero* quel passato: è il *presente* del passato, è l'esperienza che ne abbiamo qui ed ora, che subisce l'influenza del presente e di quel che siamo oggi (e, in fondo, della nostra idea del futuro) tanto quanto lo influenza a sua volta (Boscolo e Bertrando, 1993).

La sfida consiste nel trovare un modo di accogliere, in questa rinegoziazione di senso, ciascuna parte di quella storia che in fin dei conti siamo noi. Perché sempre più le idee, le costruzioni teoriche, sembrano case pensate per soste temporanee di un pensiero sempre più mobile. Le discipline che si occupano dell'umano appaiono sempre meno luoghi di radicamento identitario e sempre più strutture da abitare diventandone un affittuario, libero di modificarle più o meno a fondo (Bourriaud, cit. in Crespi, nel presente volume). E la domanda su come trasformare e riabitare il passato appare sempre più una domanda trasversale a diverse discipline e campi del sapere e dell'agire umano.

2 _ Una prospettiva epigenetica

C'è stato un momento in cui, nel confronto continuo fra pratica, teoria ed epistemologia, la questione del rapporto col passato e con le idee abitate in momenti precedenti è stato particolarmente sentito da parte degli psicoterapeuti di scuola sistemica e batesoniana. Boscolo e Bertrando (1996), in un periodo in cui la psicoterapia si confrontava con l'orientamento postmoderno e narrativo e sentiva l'urgenza di riposizionarsi nei confronti delle pretese di oggettività scientifica coltivate nei decenni precedenti, definirono la propria posizione come "una prospettiva *epigenetica*, che si costruisce per apposizione e non per negazione di quello che è venuto prima" (Boscolo e Bertrando, 1996). Il loro punto di vista è che la convinzione, pure molto diffusa nelle scienze umane, che si possa davvero mettere via un'idea e sostituirla con un'altra, sia irrealistica: quelle idee sono parte di noi, sono la sostanza di cui siamo fatti, sono la nostra storia: sono quella memoria che non si cancella perché è registrata nel nostro corpo. La loro evoluzione non procede per discontinuità e per superamento del passato: in ciascun momento noi siamo il prodotto della nostra storia, di tutte le idee che ci hanno attraversato e che hanno orientato il nostro agire, di tutte le posizioni che abbiamo assunto nel tempo. Una nuova prospettiva non rimpiazza la precedente: l'una sull'altra convivono in una sorta di stratificazione, dove l'idea precedente diventa il terreno sul quale germoglia la nuova e nel quale essa trova nutrimento. Non per nulla è in quel periodo che Boscolo ricomincia a chiamare sé stesso psicoanalista, recuperando l'identità originaria che dette inizio a tutta la sua storia di innovatore. Ma mentre lo fa, quella definizione non significa più la stessa cosa di allora: ha un senso storico, narrativo, autobiografico. Ha un senso che inevitabilmente si è trasformato per l'azione di tutto quello che è accaduto dopo, oltre che dello sguardo di quello che siamo oggi. Non dichiara un'appartenenza teorica: in un certo senso dice *qualcosa su* quell'appartenenza teorica.

Ora, quello che mi fa trovare eccitante questa visione e il percorso di pensiero che conduce ad essa, è che ho sempre avuto l'impressione che in altri campi, con altri linguaggi, negli stessi anni, qualcuno si stesse ponendo le stesse domande.

3 _ Nella musica: ricontestualizzare il passato

Osservava Breuer (1981) che nella seconda metà del XX secolo la creazione artistica è stata percorsa da preoccupazioni e questioni nuove rispetto al passato, diventando sostanzialmente autoreferenziale: vale a dire interessata alla riflessione sui procedimenti creativi e sulla costruzione di significato nel comporre e nel suonare.

Nel 1989 il chitarrista jazz Bill Frisell pubblica *Hard Plains Drifter*, una lunga suite arrangiata da John Zorn che ha per sottotitolo *As I take my last breath and the noose grow tight, the incredibile events of the past three days flash before my eyes*, (Mentre esalo l'ultimo respiro e il cappio si stringe, gli incredibili eventi degli ultimi tre giorni mi balenano davanti agli occhi)[1]. Per oltre tredici minuti si succedono trentasei frammenti di varia lunghezza (sette secondi il primo) di numerosi generi musicali, dal noise al country al free jazz al punk, un terzo dei quali improvvisati, tutti montati nel modo incalzante che il sottotitolo lascia intuire. In un modo quasi paradossale, Frisell associa a un impulso anarchico e decostruttivista lo sforzo di portare alle estreme conseguenze l'amore per l'architettura delle canzoni, un "virtuosismo delle strutture profonde" (Coe, 1989).

È evidente che quando Frisell in quella metastruttura (Bateson, 1979) suona ventinove secondi di country, non è un musicista country: bensì dice *qualcosa su* quella musica e sulla classificazione dei generi. Non ci aspetteremmo di ascoltare quel frammento suonato su un palco di Nashville: l'arte stessa diventa l'oggetto dell'arte, quei suoni e quel modo di produrli vengono prelevati dal loro contesto "naturale", originario, e calati in una cornice completamente altra.

Molto si è detto di quella composizione in rapporto alla musica successiva di Frisell e soprattutto di Zorn, che avrebbe rappresentato un'esperienza originale in una certa avanguardia americana (Gilardino, 1988). Non che presentasse novità particolarmente sconvolgenti dal punto di vista strettamente compositivo; e neppure, a ben vedere, nella struttura "a blocchi" che si inseguivano a un ritmo furibondo: anche questo aspetto recuperava esperienze del passato, in particolare le musiche per i cartoni animati dei "Looney Tunes" della Warner Bros negli anni '40 e '50, in cui il compositore Marc Stalling usava i salti improvvisi di ambientazione e di genere musicale, la frammentarietà e la discontinuità che sottolineavano il frenetico svolgimento dell'azione sullo schermo come dispositivi improvvisativi e compositivi (Goldmark e Taylor, 2002). Zorn in particolare sosteneva che Stalling fosse paragonabile ad Ellington, Parker e Gillespie, vale a dire ai compositori geniali che avevano cambiato per sempre le forme della musica, e che la sua fosse "musica del nostro inconscio". Il che certamente è vero nel senso che i nessi tra le frasi appaiono più onirici che logici, ma anche nel senso che quei frammenti apparentemente sconnessi sembrano schegge di memorie emergenti, gli "incredibili eventi" di Frisell, appunto. E a proposito di memoria, a me interessa qui una lettura "autobiografica" che mi pare legittimata dallo stesso Frisell che in una intervista di qualche tempo dopo affermò di voler recuperare "tutta la musica che mi ha spinto a diventare io stesso un musicista" (Gilardino, Chang, Achilli, 1989), sebbene non fosse ciò che il pubblico e l'establishment del jazz e della musica "colta" si aspettavano.

4 _ Rompere e ricostruire contesti: l'arte del riutilizzo

Per quanto tutto ciò appaia vertiginoso, non è del tutto nuovo. L'intervento di ricontestualizzazione e la rifunzionalizzazione di elementi preesistenti per creare qualcosa che prima non c'era è praticamente la storia della musica del XX secolo[2].

Sorprenderà qualcuno sapere che (fra molte altre) *Michelle* di Lennon e McCartney e *Chim Chim Cher-ee* (la canzone dello spazzacamino di "Mary Poppins") nascono dal riutilizzo di una progressione armonica molto sfruttata, che risale almeno a *My Funny Valentine* (un brano scritto da Richard Rodgers e Lorenz Hart nel 1937 per un musical) ma con ogni probabilità a molto prima. E che, per citare esempi con cui abbiamo una certa familiarità, tanto *Albachiara* di Vasco Rossi quanto *Go West* dei Village People (ma anche tante altre composizioni pop) riutilizzano un canone di Pachelbel del XVII secolo[3].

Gli utensili furono i primi oggetti di quest'opera di trasformazione e ritrasformazione del passato. I primi strumenti che i neri d'America utilizzavano per produrre suoni erano il *jug* (bottiglione, che diede persino origine a un filone musicale vero e proprio, quello delle *jug band*), soffiando nel quale producevano le note basse degli accordi; o il *washboard*, la tavola per lavare che, sfregata con monete o apribottiglie o altri oggetti trasversalmente alle scanalature, diventava uno strumento ritmico originale (Martorella, 2009). Ma furono gli strumenti della tradizione classica europea a diventare la strumentazione fondamentale del blues, utilizzati in un modo che ovviamente non aveva, dal punto di vista tecnico, nessuna continuità coi linguaggi che su di essi si erano sviluppati. Nelle ricche case dei proprietari terrieri bianchi per cui lavoravano, i neri trovarono le chitarre del modello detto "parlour", vale a dire da salotto, strumenti di dimensioni contenute e dal suono non particolarmente potente, adatti all'utilizzo da parte delle signore. Quella piccola chitarra sarebbe diventata lo strumento principe del blues nell'iconografia e nell'immaginario della musica afroamericana.

Le prime chitarre probabilmente le incontrarono in Texas, dove erano giunte attraverso il confine messicano, oppure a opera dei soldati spagnoli (Martorella, 2009). Dunque, in quei paraggi lo strumento conobbe il massimo del suo sviluppo introducendo tecniche che per l'uso dello strumento originale erano impensabili.

Ancora, la musica degli afroamericani si appropriò del pianoforte (prodotto del romanticismo europeo), del violino, degli ottoni e delle ance che suonavano la musica europea da marcia, ma anche la musica sacra del Seicento e del Settecento (Cerchiari, 1997).

Se tecniche, poetica e talvolta melodie erano certamente evoluzioni di forme d'arte arcaiche africane, qui ci interessa illustrare i processi di ricontestualizzazione e di "appropriazione" che i musicisti neri dell'epoca operarono nei confronti di modi, strutture, strumenti e persino luoghi della cultura con la quale si trovarono loro malgrado a negoziare la propria identità personale e culturale.

Lo stesso spiritual, le melodie del quale erano per lo più di origine africana (gli antecedenti di *Swing Low, Sweet Chariot*, ad esempio, si rintracciano in Rhodesia), si impadronisce della forma del *sermon*: la sua struttura antifonale sembra tutta africana e invece nasce nel New England (Polillo, 1975); sul ragtime ("un'imitazione delle imitazioni bianche della musica nera", Baraka, 1963) si è a lungo discusso se la forma fosse quella del minuetto o della marcia: ma si sa che Scott

Joplin, il principale autore del genere, ai tempi in cui suonava nei peggiori locali del Missouri, compiva studi approfonditi di musica europea (Polillo, 1975).

Persino la tipica progressione armonica del blues I-IV-I-V-I certamente non è africana, e anzi ne è stata riconosciuta la chiara matrice europea. Era lo schema del passamezzo, una danza rinascimentale che si rintraccia in Italia e in Francia, penetrata negli Stati Uniti fino a influenzare la forma-canzone bianca, da una parte, e il blues urbano dall'altra, in una sorta di rinegoziazione di senso, una vera e propria rifunzionalizzazione: quella stessa struttura, strappata alle convenzioni armoniche occidentali, ospitando le alterazioni del terzo e del settimo grado della scala - oltre a microvariazioni del quinto e del sesto - vive di tensioni armoniche del tutto estranee allo spirito e alla cultura che la generarono (Polillo, 1975; Cerchiari, 1997).

È importante comunque vedere come i neri si impadronivano e riutilizzavano le forme musicali con cui venivano a contatto, in particolare quelle della cultura bianca ed europea che li opprimeva e spesso li disprezzava - e con loro la musica che producevano.

5 _ Riuso come omaggio o come (ri)appropriazione

Da ascoltatore ho sempre avvertito una contraddizione nella pratica così diffusa in ambito jazz di riprendere artisti di altri generi e farne delle versioni raffinate, dotarle di strutture armoniche più complesse e di improvvisazioni sul tema principale che esplorano risvolti imprevisti di melodie diffuse fra il grande pubblico. In ambito jazzistico prendere canzoni di successo e rielaborarle tanto da farne degli standard in grado di generare pagine e pagine di grande musica aveva piuttosto il senso, spesso persino politico, di riappropriarsi di una creazione e di sottrarla dalle mani di chi aveva tratto lucro da forme e creatività altrui. Le stravolgevano con uno stile di improvvisazione talmente virtuoso e complesso da essere sempre meno imitabile e saccheggiabile. Spesso sovrapponevano nuove linee melodiche agli accordi preesistenti, tanto da poter attribuire un nuovo titolo al brano di cui si erano reimpadroniti.

Tutt'altro che un omaggio era la pratica dei bebopper neri che stravolgevano le melodie dei compositori bianchi, scritte per una musica europea nello stile del jazz americano. È un errore grave, spiega Cerchiari (1997), confondere Cole Porter e George Gershwin col jazz.

Polillo (1975) mostra come questa pratica avesse implicazioni ben più radicali della variazione sul tema o dell'improvvisazione su accordi. Pagine e pagine di nuova musica furono generate dal riutilizzo di, a conti fatti, un numero di "standard" piuttosto esiguo (*How high the moon*, *I got rhythm*, *All the things you are*, *Whispering*, *Indiana*, *Just you, just me*, *Cherokee*, *'S wonderful*).

Spero che emerga da questo capitolo un'idea di riuso come gesto orgoglioso che non è finalizzato a confermare la storia ma che anzi ha l'ambizione irriverente (Cecchin et al., 1992) di scriverla o di riscriverla. È un'operazione di riappropriazione culturale, una insurrezione dei significati.

Dunque, il musicista Bill Frisell afferma il proprio rapporto con la musica del passato e rivendica una sorta di molteplicità del sé affermando la propria posizione critica sulla divisione in "generi". Il terapeuta Luigi Boscolo recupera passaggi della propria evoluzione scientifica non per negare il progresso di cui è stato promotore e protagonista, ma anzi per condurlo alle estreme conseguenze: reimpadronirsi di una identità respinta è un modo radicale di affermare la complessità di sé e la non riducibilità a una fotografia attuale, e tanto meno a una classificazione accademica di scuole di pensiero.

6 _ La musica ridisegna e rifunzionalizza gli spazi della città

Le chiese, oltre che luoghi di culto cari ai neri convertiti al culto evangelico battista, diventavano gradualmente - nei primi decenni del XX secolo - luoghi di diffusione di inni e musica gospel, all'inizio accompagnati da movimenti lenti e dal battito ritmico dei piedi, dal momento che era proibito l'uso di strumenti a percussione in chiesa (Caramiello et al., 2016).

Sempre negli anni della segregazione, piccole città nascevano attorno alle stazioni ferroviarie in prossimità delle piantagioni. Centri rurali che erano in realtà due cittadine parallele: una ufficiale, controllata dalla cultura bianca dominante; l'altra occulta, nata dal bisogno degli afroamericani di avere uno spazio proprio, nel quale rifugiarsi e trovare protezione dalle violenze razziste. In quelle realtà nascoste fiorivano i *jukejoint*, luoghi "a metà tra un bar, una sala da ballo, un posto per mangiare cibi veloci, fumare una sigaretta, bere liquore di qualità variabile, parlare senza nessuno a metterti fretta". Quella rete di locali ebbe un ruolo importante nella diffusione del blues (Martorella, 2009).

Ma anche dopo le grandi migrazioni nei grandi centri urbani, quando la musica afroamericana era uscita dal ghetto e diventava sempre più *musica americana*, essa riconfigurava gli spazi cittadini che occupava di volta in volta, in quanto musica da ballo (spesso anche molto movimentato) ma anche, e sempre più, da ascolto[4].

Le solenni sale da ballo degli hotel di lusso o le sale di proiezione di film venivano stravolte, per la preoccupazione dei gestori e del personale, come accadde al Paramount Theatre di New York quando, nel 1937, complessivamente ventunomila persone assistettero a cinque spettacoli di Benny Goodman nelle pause delle proiezioni, ballando fra le file delle poltrone e poi persino sul palco. In un'altra occasione Goodman era rimasto colpito dal fatto che il pubblico avesse smesso di ballare e si fosse accalcato sotto al palco, ben disposto ad ascoltare gli arrangiamenti dell'orchestra (Caramiello et al., 2016).

La Carnegie Hall di New York, venticinque anni dopo la sua costruzione, e dopo aver ospitato a lungo musica classica, si vide totalmente invasa nel 1914 da una enorme orchestra di "musica negra" (Caramiello et al., 2016).

7 _ Rifunzionalizzazione di strumenti e spazi nella psicoterapia

Il riutilizzo e la risignificazione di elementi del passato, dunque, costituiscono una pratica diffusa in diversi campi della creatività umana. Tecniche terapeutiche possono tornare attuali in una nuova cornice epistemologica, ma attraverso un processo di ricontestualizzazione e di rifunzionalizzazione (Giuliani, 2017).

Abbiamo visto come lo psicoterapeuta Luigi Boscolo (buon ascoltatore di jazz, ma credo poco vicino alle avanguardie di New

York in quegli anni), nella sua prospettiva epigenetica dichiarasse una posizione simile a quella sostenuta da Frisell quando quest'ultimo recupera il ruolo di tutte le musiche del passato che lo hanno formato e rifiuta di "cancellare" pezzi della propria biografia. Sceglie anzi di accoglierli in una "cornice olistica" in cui convivono (Boscolo e Bertrando, 1996), seppure profondamente modificati nel loro senso originario.

Si tratta di ben più che l'influenza di un elemento del passato: è un processo di rinegoziazione del senso di quella parte di sé e della propria storia.

La terapia della famiglia ha un legame inscindibile con gli spazi nei quali si svolge. Immaginate un certo numero di persone in una certa collocazione le une rispetto alle altre, dentro una stanza; e immaginate due stanze comunicanti per lo più separate da un vetro che lascia passare la luce dalla stanza di terapia, con la luce accesa, a quella di osservazione, con la luce spenta.

Nella stanza illuminata uno o due terapeuti parlano con la famiglia e nell'altra uno o più colleghi seguono la seduta in supervisione. Oltre che dal vetro, i supervisori possono seguire quel che accade di là attraverso un sistema video a circuito chiuso. Inoltre, è possibile che all'impianto che cattura le immagini sia collegato un sistema di videoregistrazione: rivedere le sedute è una parte del lavoro clinico, ma anche del lavoro di ricerca e di teorizzazione dei terapeuti della famiglia.

Un simile setting da una parte segnava una discontinuità radicale con le pratiche precedenti (la psicoanalisi, la conversazione intima, il lettino) e sembrava rispondere all'esigenza di osservare i fenomeni complessi dell'interazione fra un certo numero di persone. Dall'altra era la traduzione di una epistemologia: un osservatore esterno avrebbe avuto un punto di vista "superiore" e oggettivo su quella complicatissima congerie di eventi che si verificano sotto i suoi occhi. Il suo punto di vista "superiore" gli era dato dall'essere "esperto" del funzionamento (e pertanto dei malfunzionamenti) dei sistemi che osservava, e dal fatto di godere di un punto di vista "non coinvolto", separato anche dalla barriera fisica dello specchio.

Tanta fiducia verso il potere dell'osservatore oggettivo svanì tra gli anni 80 e gli anni 90 (Ganda e Giuliani, 2017), e la nuova epistemologia che si faceva strada in quel periodo impose una nuova concezione dello spazio. Alcuni clinici abbandonarono la stanza di supervisione, lo specchio, l'impianto video, in favore di stanze accoglienti e possibilmente ben arredate, più acconce a una libera conversazione. Altri si sono posti il problema di rifunzionalizzare vecchie pratiche e tecniche (Giuliani, 2014), ma soprattutto di mutare il senso del setting tradizionale in modo più coerente con le nuove idee. Così che il rapporto tra i due ambienti cessa di essere un rapporto gerarchico, con una supervisione epistemologicamente e operativamente sovraordinata alla stanza di terapia: tanto che a volte è possibile invertire la polarità, accendendo la luce dove era spenta, spegnendola dove era accesa e rendendo in questo modo osservatrice la parte del sistema terapeutico che era sotto osservazione. La famiglia segue la conversazione dei clinici e dunque viene invitata a commentarla: in tal modo acquista uno status di "esperta" al pari dei terapeuti, in una ridistribuzione del "potere" che la teoria precedente attribuiva all'osservatore e che ora è sancita anche dalle dinamiche degli spazi (Andersen, 1987).

Non soltanto il setting coerente con le vecchie teorie non viene abbandonato, ma anzi è esso stesso a suggerire pratiche che si tradurranno in nuove teorie: dove contesti, idee, epistemologie, terapeuti, coevolvono tutti insieme come un unico sistema.

8 _ Conclusioni

Ho cercato di illustrare, attraverso analogie fra diversi campi dell'attività umana, una questione che riguarda il nostro rapporto col passato e il continuo processo di risignificazione di elementi della nostra storia: per quanto possa apparire paradossale, conservare una sorta di continuità, di unitarietà della nostra biografia, comporta una continua rinegoziazione dei significati di oggetti, luoghi ed eventi.

Mi rendo conto ora di aver usato con parsimonia una parola cui pure avrei voluto far ricorso più di frequente, e che però mi capita di trovare talvolta insufficiente e addirittura fuorviante. La parola "identità", col suo derivato "identitario", assume sempre più spesso (a proposito di cose che cambiano senso nel tempo) una funzione protettiva ed escludente. L'"equivoco identitario" è un prodotto della stessa ingenuità che guarda all'identità come a un'essenza che rimane immutata nel tempo.

Se un tempo il restare uguali a sé stessi nel tempo era considerato un elemento della salute mentale, oggi possiamo pensare che un costante dialogo fra la dimensione dell'identità e quella della disidentità (Lai, 1988), fra stabilità e cambiamento, è quello che garantisce salute alle persone, ai gruppi, alle città. La memoria, che è la funzione che ci garantisce di vivere in una sostanziale continuità dell'esperienza, ci rende consapevoli delle trasformazioni del mondo circostante: e pertanto ci richiede nuovi modi di raccontarlo e di comporci con esso. È così che abbandoniamo al loro destino alcuni elementi del passato; altri restano saldi dov'erano, altri ancora vivono nuove vite: e per far questo cambiano nome, collocazione, senso.

1. Nell'album *Before We Were Born*, Elektra.

2. Rifunzionalizzazione è un termine che, guarda caso, mi capita di rintracciare in musicologia e a proposito di edifici e contesti urbani.

3. E non ci addentriamo nemmeno nel discorso complesso della moderna musica campionata.

4. Il lungo saggio di Amiri Baraka (1963) *Il popolo del blues* resta la fonte più ricca sulla sociologia della musica afroamericana. Seppure non si addentri negli aspetti che riguardano luoghi e spazi della città, è un ottimo testo sul rapporto fra la musica e la comunità.

Bibliografia

Andersen T., The Reflecting Team: Dialogue and Meta-Dialogue in Clinical Work, *Fam. Proc.* 26, 1987, pp. 415-428

Anzani A., Caramel C., *Design and Restoration: A Holistic Approach*, in L. Crespi (a cura di), *Design innovations for contemporary interiors and civic art*, IGI Global, Hershey PA, 2017

Bateson G., *Mind and Nature. A Necessary Unity*, Hampton Press, New York, 1979

Boscolo L., Bertrando P., *I tempi del tempo. Una nuova prospettiva per la consultazione e la terapia sistemica,* Bollati Boringhieri, Torino, 1993

Boscolo L., Bertrando P., *Terapia sistemica individuale,* Raffaello Cortina Editore, Milano, 1996

Breuer R., *Rückbezüglichkeit in der Literatur,* in Watzlawick, P., (a cura di) *Die Erfundene Wirklichkeit*, R. Piper & Co. Verlag, München, 1981

Caramiello L., Imperato O., Romano M., Zurzolo M., *Sulle strade della musica. Jazz, immaginario, ideologia*, Editoriale Scientifica, Napoli, 2016

Cecchin G., Lane G., Ray W. A., *Irriverenza: una strategia di sopravvivenza per i terapeuti,* Franco Angeli, Milano, 1992

Cerchiari L., *Il jazz. Una civiltà musicale afro-americana ed europea,* Ed. Tascabili Bompiani, Milano, 1997

Coe J., He who hesitates... er... *The Wire* 65, 1989, pp. 36-39

Ganda G., Giuliani M., *Prologo. L'evoluzione del Milano Approach,* in Giuliani M., *Non puoi improvvisare sul niente (devi improvvisare su qualcosa). Terapia sistemica fra musica e narrativa. Revised and extended articles 2007-2016,* 2017, self-published e-book www.massimogiuliani.it

Gilardino F., Zornithology, *Musiche* 2, 1988, pp. 5-10

Gilardino F., Chang P., Achilli A., Intervista a Bill Frisell, *Musiche* 5, 1989, pp. 3-5

Giuliani M., Il bambino sistemico e l'acqua sporca, *Riflessioni Sistemiche* 11, 2014, pp. 163-175, http://www.aiems.eu/files/rs_11_-_giuliani.pdf

Giuliani M., *Non puoi improvvisare sul niente (devi improvvisare su qualcosa). Terapia sistemica fra musica e narrativa. Revised and extended articles 2007-2016,* 2017, self-published e-book www.massimogiuliani.it

Goldmark D., Taylor Y., *The cartoon music book*, A Cappella Books, Atlanta GA, 2002

Lai G., *Disidentità*, Feltrinelli, Milano, 1988

LeRoi Jones E., *Blues People. The Negro Experience in White America and the Music that Developed from It*, Morrow. Apollo Editions, New York, 1963

Martorella V., *Il Blues*, Einaudi, Torino, 2009

Polillo A., *Il jazz*, Milano, Mondadori, 1975

Telfner U., Casadio L. (a cura di), *Sistemica. Voci e percorsi nella complessità*, Bollati Boringhieri, Torino, 2003

Rossi A., *L'architettura della città*, Quodlibet, Macerata, 2011

Federico Leoni

Dipartimento di Scienze Umane - Università degli Studi di Verona. Lungadige Porta Vittoria, 17 - 37129 Verona

federico.leoni@univr.it

Abstract

Pensiamo per lo più lo spazio e il tempo come contenitori, coordinate impassibili e indistruttibili dentro alle quali si posano le cose e si svolgono gli eventi. Dovremmo invece iniziare a pensare che lo spazio e il tempo sono le cose, vanno insieme alle cose, più precisamente accadono con gli eventi. Spazio e tempo sono in altri termini il modo in cui gli eventi stessi intercettano e intrecciano, nel loro accadere, l'accadere degli altri eventi. Spazio e tempo sono la memoria che ogni evento innesca a partire da sé, rammemorando in sé ogni altro e da ogni altro essendo, per così dire, rammemorato.

Parole chiave: evento, insetti, interno, esterno, memoria, morfologia.

Federico Leoni

1 _ Introduzione

Lo spazio è un effetto e una memoria. Per questo alcune lingue conservano un nesso etimologico pieno di interesse per chi interroghi il legame tra spazio e tempo, tra spazio e ricordo. Lo possiamo verificare in tedesco, ad esempio. Dove *mal*, la macchia, che ritroviamo anche in *malen*, "dipingere" ma più letteralmente lasciare tracce, macchiare una superficie, ritorna in un termine come *Denkmal*. E *Denkmal* è il monumento, etimologicamente un luogo in cui meditare e ricordare, ma dal punto di vista strutturale un "blocco, una macchia, un tratto, un punto" che segna il paesaggio e che perciò convoca a raccolta: un punto in cui raccogliersi nei propri pensieri, o in cui molti si radunano insieme, partecipando di uno spazio comune e di una memoria condivisa (Maldiney 1973).

Se seguissimo una pista latina, anziché germanica (ma anche *Mal* viene da *macula*, macchia), troveremmo del resto che *monumentum* è, prima che un monumento nel senso attuale, un ammonimento. E che a sua volta un ammonimento (*monere*, ammonire) è tale perché coincide con qualcosa che si mostra (*monstrare*, *monstrum*). Cioè con qualcosa che fa segno, che si segnala, che segna un punto in qualche modo scabroso, e che per la sua scabrosità attrae nella sua orbita sguardi, pensieri, fantasie, progetti. In questa intera sequenza, *monere*, *monstrare*, *monstrum*, vediamo come il mostro oscilla tra significati diversi anche se contigui. *Monstrum* è un esempio, una cosa notevole e in questo senso esemplare, un oggetto notevole perché singolare. Ma la singolarità stessa è tale perché senza paragoni, priva di raffronti possibili, e in questo senso poco comprensibile, attraente e inquietante allo stesso tempo. È per questa via che il *monstrum* diventa il mostro dei nostri dizionari (Dal Lago e Filippi, 2018).

Non è per caso, che la macchia e il monumento siano così strettamente legate. Lo spazio è sempre segnato da un'irregolarità, disegna sempre i dintorni di una macchia che vi si riverbera. Il fatto è che non esiste spazio in generale, lo spazio non è mai un contenitore vuoto, una superficie neutra in cui si inscrivono oggetti. Lo spazio è sempre spazio specifico, spazio segnato da una contingenza, spazio istituito da un processo. Di quella specificità, di quella contingenza, di quell'incrocio lo spazio conserva memoria. O meglio, di quella specificità, di quella contingenza, di quell'incrocio lo spazio è, *tout court*, memoria. Se ci limitassimo infatti a dire che lo spazio "conserva" memoria di una certa contingenza, staremmo assumendo che uno spazio generale sia dato, e che solo in un secondo tempo, solo in un tempo che pensiamo sempre come secondo, qualcosa accade, deposita le sue tracce in quello spazio, e lascia che quello spazio ne custodisca le tracce, come la bacheca di un museo conserva i reperti disseccati di un altro tempo o luogo. Non è così. Lo spazio accade insieme a ciò che accade. Lo spazio è sempre l'indotto di un evento.

2 _ Insetti/mondi

Uno strano personaggio concettuale, per usare l'espressione di Gilles Deleuze e Félix Guattari (1996), fa a un certo punto irruzione nella filosofia del Novecento. In un sapere dove i concetti chiave erano stati per secoli o per millenni l'essere o il tempo, il nulla o il divenire, fanno irruzione quegli esseri radicalmente eterogenei alla tradizionale immaginazione filosofica che sono gli insetti.

Vale la pena tracciare almeno schematicamente la parabola di quell'irruzione. Troviamo delle vespe e dei bruchi in Bergson, che studia l'entomologia del suo tempo e la rifonde genialmente, insieme a tanti altri saperi di ambito biologico, nell'*Evoluzione creatrice* (2002), uno dei grandi libri che la filosofia contemporanea non ha smesso di leggere e rileggere. In Heidegger troviamo invece delle api. In uno straordinario corso di lezioni tenuto nel 1929-1930, *I concetti fondamentali della metafisica*, Heidegger (1992) dedica loro una lunga riflessione sostanzialmente mutuata dal grande etologo tedesco come Jakob von Uexkuell (1957). Un altro esempio che la filosofia del Novecento riprende da Uexkuell e dal suo libro influentissimo *Ambienti animali e ambienti umani* è quello della zecca. La troviamo in Henri Maldiney (2004), in *Che cos'è la filosofia?* di Gilles Deleuze e Félix Guattari (1996), in *L'aperto. L'uomo e l'animale* di Giorgio Agamben (2002).

Come interpretare questa invasione di insetti in filosofia? Dobbiamo forse partire da una constatazione. Della zecca, Deleuze e Guattari sottolineano anzitutto l'estrema povertà di mezzi. Qualcosa di simile troviamo in Heidegger rispetto alle api, o in Bergson rispetto alle vespe e ai bruchi. La zecca, sottolineano Deleuze e Guattari, vive appollaiata sul suo filo d'erba per giorni, magari settimane, a volte mesi. Solo quando passa sotto di lei un animale a sangue caldo, la zecca percepisce la sua presenza, o meglio percepisce l'acido butirrico che ogni animale a sangue caldo secerne attraverso l'epidermide. Quindi la zecca allenta la presa e si lascia cadere. Se il lancio è fortunato, la zecca finisce sul dorso dell'animale. Si fa guidare dal calore, si fa strada attraverso la pelliccia o le piume che la proteggono, arriva all'epidermide e vi conficca il becco. Quando è sazia del sangue dell'animale, lascia la presa, cade via, e si appresta a un nuovo ciclo. Dunque: acido butirrico, calore animale, raggiunta sazietà. Ecco le tre stelle polari che orientano la zecca e che letteralmente disegnano il suo spazio.

A che cosa dobbiamo la fortuna filosofica della zecca? A questo punto è facile rispondere. Al tentativo di veder sorgere lo spazio. Al tentativo di pensare lo spazio come evento in corso e non come superficie già data. Non si sarebbe potuto compiere una simile impresa partendo dall'uomo. L'uomo era fin troppo familiare a se stesso, o forse credevamo di conoscerlo così bene da non vederlo neppure più. Quello che l'uomo aveva fatto dello spazio, si era semplicemente sostituito ai tanti spazi che sotto lo spazio umano e nello spazio umano continuavano a fiorire. Lo spazio che l'uomo aveva proiettato intorno a sé con l'agire del suo corpo, con l'efficacia dei suoi sensi, con la proiezione delle sue tecniche e tecnologie, tutto questo aveva sbarrato ogni accesso teorico e pratico a quell'evento attraverso il quale lo spazio si fa. Anzi, aveva sbarrato ogni accesso a quell'infinita varietà di eventi attraverso cui si costituisce l'infinita varietà degli spazi. Bisognava guardare altrove.

Tutto l'interesse attuale per il post-umano va forse interpretato in questo senso. Non si tratta tanto di abbandonare l'uomo per guardare ai cyborg (Haraway, 1995) o agli animali (Marchesini 2016) o alle piante o ai minerali (Coccia 2018, Kohn 2013), perché questi sarebbero più veri o più futuribili o più ecosostenibili. Si tratta piuttosto di abbandonare il già fatto per studiare il processo del farsi. La linea di frattura che il post-umano invita a pensare non è tra umano e non-umano ma tra cristallizzazione e genesi. Bisognava, in altri termini, studiare la zecca o il bruco o l'ape, come il fisico interroga le sue particelle, rileva le loro traiettorie e interazioni, interroga il modo in cui la loro energia intercetta altre energie. Bisognava cogliere sul vivo la genesi di quello che ogni volta era un campo singolare di interazioni possibili, una rete di relazioni peculiari innescate e irradiate dalla peculiarità di un certo evento, un nodo di connessioni che ritraduceva nella geometria della propria tessitura ogni altro nodo di connessioni, ogni altra geometria, ogni altra tessitura.

3 _ Interno/esterno

Allo spazio della zecca non si applica nessuna delle categorie euclidee che ci sono familiari. Studiare la zecca significa introdursi alle spazialità euclidee, e forse a un ulteriore passo che non sempre i primi teorici degli spazi non-euclidei avevano potuto compiere. Nessuna di queste varietà di spazio esiste, ma tutte sono creazioni momentanee. Gli spazi non "sono" ma "accadono" come l'intorno di un evento ogni volta singolare.

Lo spazio della zecca non è, ad esempio, un volume trasparente, dotato di un certo sistema di simmetrie, neutralmente disposto a contenere oggetti, pronto a lasciarsi attraversare da traiettorie. È un elemento tattile, un grumo di contiguità ricorrenti, una morfologia di nervature specifiche. Agli estremi di quelle nervature troviamo la zecca e la sua preda, il filo d'erba e il terreno sottostante. Ma ciò che più importa accade non agli estremi, accade a metà strada. Non al termine di quelle linee d'azione, ma lungo quelle linee. Non così ovvio che la zecca sia un'altra cosa rispetto al mammifero che sta dissanguando. Non dobbiamo pensare a due cose separate da un vuoto. Non dobbiamo immaginare che lo spazio sia quel vuoto. La zecca risulta sensibile a qualcosa che la attiva, il che significa che è lei stessa che attiva ciò che la attiverà. Quel qualcosa che la attiva finisce per essere, molto più che un oggetto esterno o uno stimolo estraneo, un elemento interno, una dimensione del suo corpo, una protesi del suo comportamento. Ogni cosa va ripensata come evento, ogni cosa va ricollocata in una fondamentale continuità.

In altri termini, lo spazio non è ciò in cui si collocano la zecca e la sua preda, è il comportamento stesso della zecca. La zecca è la macchia, l'ombelico di uno spazio che se ne dipana in perfetta continuità, come una stoffa di cui il filo d'erba, la preda che si avvicina, il terreno su cui la zecca infine si lascia cadere sono i nodi più o meno lontani (Leoni, 2019). La zecca è la macchia di acquerello che cadendo impregna il foglio con le sue diramazioni irregolari, finemente zigzaganti, via via più pallide eppure sempre riconoscibilmente apparentate al colore della macchia, anzi alla densità della goccia che avevano lasciato cadere. Il nero o il blu o il giallo della goccia non smette mai di cambiare colore, allontanandosi dal punto di caduta e disegnando lo spazio inedito di quel nero o di quel blu o di quel giallo, ma quelle sfumature e quelle variazioni non smettono mai di richiamare la goccia, non smettono mai di riecheggiare l'intensità di quel nero, la nota di quel blu, la luminescenza del giallo. Dobbiamo chiamare spazio non il foglio di carta su cui cade la goccia, ma la morfologia di un irradiamento, il reticolo irregolare ma specifico che la macchia produce intorno a sé. Lo spazio è un evento morfologico.

4 _ Povertà/infinito

Così, della zecca non è propriamente la povertà, ad affascinare la filosofia del Novecento. È la selettività, la singolarità del processo che essa illustra, la peculiarità della costruzione che ci mette sotto gli occhi.

Dire povertà significherebbe dire mancanza, diminuzione rispetto a una qualche pienezza, carenza rispetto a una ricchezza di possibilità presupposta. Staremmo mettendo povertà e ricchezza su un'unica scala, e quella scala sarebbe verosimilmente la nostra scala, quella ricchezza sarebbe verosimilmente la nostra ricchezza. Staremmo in altri termini collocando la zecca sulla scala umana, e staremmo dicendo che il suo spazio è povero rispetto allo spazio umano. Non è molto più adeguato, molto più rigoroso parlare di singolarità? Lo spazio della zecca è singolare quanto la sua vita. Le tre stelle che lo disegnano sono l'infinita ricchezza che lo plasma e lo popola. Se decidessimo che noi abbiamo mille e tre stelle, come le donne amate da Don Giovanni, non potremmo comunque arrivare che alla medesima conclusione. Quelle mille e tre stelle che disegnano il nostro spazio sono l'infinita ricchezza che lo plasma e lo popola. O se preferiamo, quelle tre stelle che orientano la zecca sono l'assoluta povertà del suo spazio, tanto quanto quelle mille e tre stelle che orientano il nostro spazio sono l'assoluta povertà del nostro spazio.

Che rapporto c'è tra l'infinita ricchezza dello spazio della zecca e l'infinita ricchezza dello spazio dell'uomo? Un rapporto di incommensurabilità, se parliamo in termini conoscitivi. Dei due infiniti si potranno solo fare due distinte morfologie, precisare due stilistiche reciprocamente esclusive, peraltro ricordando ad ogni passo che siamo noi a parlare della zecca, che siamo noi a usare la zecca come estrema risorsa, che siamo noi a tentare di tirarci fuori da noi stessi usando l'esempio della zecca come il Barone di Münchhausen tentava di salvarsi dalla palude tirandosi per il collo della camicia. Un rapporto di mutuo inglobamento, di reciproca cannibalizzazione, se parliamo in termini pragmatici. Gli spazi si colonizzano a vicenda, si inglobano gli uni negli altri proprio perché non si dispongono gli uni accanto agli altri lungo una stessa metrica, ma sono ciascuno un assoluto che traduce nella propria trama ogni altra trama, una totalità che rende relativa a sé ogni altra rete di relazioni e interazioni.

Ogni evento, in altri termini, segna un punto che intercetta ogni altro evento, fosse anche nella maniera più tenue e distante. Ogni processo traccia un solco nel quale si inflette ogni altro processo, come una corrente oceanica che altera in funzione del proprio corso ogni altra corrente grande o piccola, vicina o lontana. Ogni spazio è un gorgo che riconfigura nella geometria del proprio movimento ogni altra geometria, facendo di ogni altro gorgo un alleato oppure un antagonista, una risorsa consonante oppure un movimento contrastante. Ogni spazio attrae nella tessitura della propria processualità ogni altra tessitura, la quale dunque dobbiamo supporre faccia a sua volta la stessa cosa, attrae nella propria forma ciò che l'aveva attratta, inflette per quanto può ciò che aveva potuto infletterla in misura maggiore o minore, piega nel senso delle proprie linee di forza quelle linee che l'avevano piegata a sé. Ogni macchia induce intorno a sé uno spazio che è tutto intonato al suo nero, al suo blu, al suo giallo, eppure, grande paradosso con cui la fisica contemporanea non cessa di misurarsi, ogni altra macchia sta simultaneamente intonando al proprio colore quel nero, quel blu, quel giallo. Lo spazio è simultaneamente tutto nero e tutto blu, tutto giallo e tutto verde. Spazio è la perfetta simultaneità di questi infiniti luoghi incompossibili.

5 _ Materia/memoria

Ogni spazio è uno spazio di spazi ovvero una memoria di memorie. Se ogni spazio è innescato da un evento, da un processo, se ogni spazio anzi fa corpo con quell'evento o quel processo, allora è ogni spazio è la memoria di quell'evento, l'eco ininterrotta di quel processo, la risonanza perfettamente continua benché sempre più evanescente di quella macchia che l'aveva suscitato.

Ogni spazio è memoria: mostra nel suo corpo, nella sua materialità, nella sua disposizione, nel suo sistema di rilievi e scabrosità, l'operare dei processi che l'hanno disegnato, la rete di rapporti che l'hanno orientato e magari stabilizzato secondo una certa geometria complessiva. Ogni spazio è quello spazio che è, fintanto che quei processi sono in corso, o fintanto che la loro eco è sufficientemente vicina, sufficientemente intensa. Non appena quei processi tramontano, il loro spazio svanisce, la loro memoria si azzera. Siamo, in altri termini, di fronte al paradosso di una memoria che è contemporanea all'evento di cui è memoria. Lo spazio dell'evento nasce insieme all'evento e muore insieme all'evento. La memoria dell'evento nasce insieme all'evento e muore insieme all'evento. Tutto è presente, in altri termini, se è presente, fintanto che è presente. E se non è presente, non è neppure propriamente passato. Semplicemente, non è.

Henri Bergson (2004) faceva un esempio sorprendente, per ragionare su questa consustanzialità tra lo spazio e la memoria, tra la materialità delle superfici e la vitalità mnemonica che in ogni istante le attraversa e le ristruttura. Prendete l'acido e il carbonato di calcio, diceva. Lasciate cadere una goccia di acido sul carbonato di calcio. L'acido corroderà il carbonato. Lasciate invece cadere una goccia dello stesso acido su una tavola di legno. L'acido scivolerà via come una goccia d'acqua. Il che significa: ogni cosa va intesa non come un oggetto ma come una risposta, o forse come insieme di risposte possibili, a un'altra cosa che è a sua volta una domanda, un insieme di domande possibili. Ogni materiale è un repertorio di comportamenti pronti a ripetersi se e quando innescati da un comportamento congruente. Ogni struttura molecolare è un pattern di ripetizioni possibili, attivato da un pattern di ripetizioni corrispondenti. E ogni cosa, ogni materiale, ogni struttura ripete sempre la stessa musica, per così dire. Risponde sempre con uno stesso processo a uno stesso processo. Ogni cosa, ogni materiale, ogni struttura è presa in un sistema di ripetizioni. Anzi ogni cosa è una ripetizione, ogni materiale è l'insistente riproposizione del proprio spettro di processi, ogni struttura è l'incessante dispiegamento di un insieme di ritmi peculiari.

Bergson faceva quell'esempio in un libro che è tra i capolavori del Novecento, *Materia e memoria*. Mirava niente meno che a risolvere una volta per tutte i paradossi derivanti dall'eterno dualismo della filosofia. Primo modo di leggere il titolo. Materia e memoria ha significato per secoli o millenni: materia *versus* memoria. Il modo in cui Bergson risolveva il problema era straordinariamente audace. Consisteva nel ripensare radicalmente la congiunzione che il titolo interponeva tra materia e memoria. Materia è memoria. Secondo modo di leggere il titolo, modo propriamente bergsoniano. Si trattava in altri termini, per Bergson, di antedatare il fenomeno della memoria, cioè la prestazione che più di tutte riassume quanto è stato messo tradizionalmente sul conto dello spirito. Si trattava di antedatare la memoria alla materia, di pensare la memoria non come una facoltà che insorgerebbe a un certo punto dalla materia, non come a una possibilità che si renderebbe disponibile una volta raggiunto un certo livello di complessità, ma come al funzionamento elementare della materia stessa, come alla struttura dell'essere.

Il filosofo francese vedeva con grande chiarezza il rischio a cui si espone ogni forma di emergentismo, cioè ogni approccio che tenta di ricavare qualcosa di più complesso da qualcosa di più semplice. Il rischio in questione è quello che l'antico paradosso del sorite, o del mucchio, ha evidenziato una volta per tutte duemila anni fa (Oms & Zardini 2019). Immaginiamo di avere davanti a noi delle pietre, che è quanto dire l'insieme degli elementi semplici, la materia di cui è fatto un certo ambito che vogliamo studiare. Possono essere i mattoni rispetto al muro, le cellule rispetto all'organismo, i fonemi rispetto a una certa lingua. Pensiamo ora a un mucchio di pietre, che è quanto dire la complessità che vorremmo ricavare dagli elementi semplici. Quando possiamo dire che le pietre formano un mucchio? Ne bastano due? Ne servono tre, quattro, dieci? I paradossi del discreto sono insormontabili. Da nessuna parte possiamo tracciare un confine soddisfacente, che ci consenta di dire che da un lato abbiamo solo singole pietre, dall'altra abbiamo ormai un mucchio.

La soluzione di Bergson (2004) è radicale. Poniamo la complessità all'origine, dice di fatto l'esempio dell'acido. Assumiamo che la complessità sia l'elemento primo, non l'elemento ultimo. O se preferiamo dirla in altri termini: rinunciamo a porre qualsiasi soluzione di continuità tra il semplice e il complesso. Assumiamo che ogni fenomeno si produca attraverso un passaggio che non va dal semplice al complesso ma dal complesso al complesso, o meglio da una certa complessità a una certa complessità, da una certa singolarità complessa a un'altra singolarità complessa. Non si va dalla materia alla forma, per dirla altrimenti, ma da una forma a un'altra forma, da un ordinamento morfologico a un altro ordinamento morfologico. L'universo non è uno spazio ordinato da processi gerarchici, dal basso all'alto o dall'elementare al superiore, ma una superficie piatta, uno sciame di annodamenti singolari, un pullulare di macchie reciprocamente inglobantisi.

6 _ Conclusioni

In altre parole, tutto è memoria. Ogni materiale è la memoria di un certo stile di ripetizione. Ogni struttura è l'insistenza della sua strutturazione sempre in divenire, sempre dispiegata secondo una fondamentale coerenza con se stessa. Quindi, più esattamente, tutto è auto-memoria. Tutto è memoria di sé, ma attraverso qualcos'altro: che a sua volta ricorda se stesso per primo, anche se a sua volta solo grazie a un incontro.

Ogni materiale ricorda se stesso nei suoi effetti, ogni acido non ripete altro che l'eterna azione della sua corrosione, anche se per ricordare se stesso ha bisogno di qualcos'altro; anzi, di qualcosa di assolutamente specifico che è per esempio il carbonato, e appunto quel particolare carbonato che è il carbonato di calcio. Che farà lo stesso, si corroderà mantenendo fede alla sua ripetizione, insisterà nella regolarità della sua struttura ma solo quando un acido gli ricorderà di ricordarsi di se stesso chiamandolo, per così dire, per essere corroso.

Ogni spazio è un campo di battaglia perché è un campo di memoria, e la memoria non è mai memoria cognitiva, memoria fotografica, memoria documentaria. Ogni memoria è una forza in atto, uno specifico stile di azione, una ripetizione insistente e ottusa del proprio modello. Ogni spazio deve essere letto in termini stratigrafici, come la sovrapposizione di molti spazi simultanei ma non comunicanti, presenti ma intraducibili l'uno nell'altro. Quello che chiamiamo lo stesso giardino sovrappone sulla stessa superficie il mondo della zecca, il mondo del cane che la zecca punge con il becco, il mondo del bambino che gioca con il cane e la palla. Ma, ecco il punto: ciò che la zecca punge e ciò che il bambino insegue non è lo stesso cane. Quello che il bambino calcia e quello che il cane schiva non sono la stessa palla. Dove la zecca incontra il cane e dove il cane si lamenta per il morso della zecca non sono lo stesso spazio, come dove il cane gioca con il bambino e dove il bambino gioca con il cane non sono lo stesso spazio. Quello che chiamiamo lo stesso giardino, lo stesso spazio, è semplicemente un altro giardino, un altro spazio. Per esempio, quello dell'uomo che guarda fuori dal balcone e costruisce quella scena come ricordo delle sue preoccupazioni, ripetizione delle sue abitudini, replica dei suoi gesti, specchio delle sue aspettative.

Quando l'uomo pensa di essere il punto assoluto, capace di ricordare l'intera stratificazione di quegli spazi nella geometria definitiva della sua prospettiva, non sa che qualcosa della sua pelle ha raggiunto le narici della zecca. E che anche lo spazio della zecca ha catturato nella sua orbita qualcosa di lui, del suo spazio e del suo mondo. C'è un aspetto, un fondo nascosto ma pienamente operativo, per il quale l'uomo è già in qualche oscuro rapporto con la zecca e il suo spazio, con la sua pessima e totale memoria. C'è un angolo del suo essere, un tratto del comportamento umano, che non solo comincia a ricordare qualcosa della zecca, ma che non ha mai smesso di essere ricordato da quella strana creatura minuscola, non ha mai smesso di lasciarsi in qualche modo attraversare dal suo spazio e modellare dalla sua memoria. La zecca quanto il cane, il bambino, la palla è l'inconscio dell'uomo, e l'uomo è l'inconscio della zecca, o del cane, o del bambino. Inconscio non metaforico ma reale, inconscio come sistema di eventi che risuonano l'uno nell'altro. Inconscio come collegamento di spazi e per nulla di tempi, come stratificazione di spazi tutti perfettamente simultanei, ognuno intento ad accadere come se stesso, e quindi destinato ad accadere in tutti gli altri cioè ad essere ricordato in tutti gli altri e come tutti gli altri.

Bibliografia

Agamben G., *The Open: Man and Animal*, tr. K. Attell, Stanford University Press, Stanford CA, 2004

Bergson H., *Creative Evolution,* tr. A. Mitchell, Henry Holt and Company, New York, 1911

Bergson H., *Matter and memory,* tr. N. M. Paul and W. Scott Palmer, Macmillan Publisher, Londra, 1912

Coccia E., *La vita delle piante. Metafisica della mescolanza,* Il Mulino, Bologna, 2018

Dal Lago A., Filippi M. (a cura di), Mostri e altri animali, *aut aut 380/2018*, Il Saggiatore, Milano, 2018

Deleuze G., Guattari F., *Che cos'è la filosofia?* Einaudi, Torino, 1996

Haraway D., *Manifesto cyborg. Donne, tecnologie e biopolitiche del corpo,* Feltrinelli, Milano, 1995

Heidegger M., *The Fundamental Concepts of Metaphysics: World, Finitude, Solitude,* Indiana University Press, Bloomington, 1995

Kohn E., *How Forests Think. Toward an Anthropology Beyond Human*, University of California Press, Berkeley CA, 2013

Leoni F., *L'automa. Leibniz, Bergson,* Mimesis, Milano, 2019

Maldiney H., *L'art et le pouvoir du fond*, in H. Maldiney, *Regard Parole Espace,* Éditions du Cerf, Lausanne, 1973

Maldiney H., *Della transpassibilità,* Mimesis, Milano, 2004

Marchesini R., *Etologia filosofia. Alla ricerca della soggettività animale,* Mimesis, Milano, 2016

Oms S. and Zardini E. (a cura di), *The Sorites Paradox,* Oxford University Press, Oxford, 2019

Von Uexkuell J., *A Stroll Through the Worlds of Animals and Men: A Picture Book of Invisible Worlds*, in C. H. Schiller (traduzione e cura di), *Instinctive Behavior: The Development of a Modern Concept*, International Universities Press, New York, 1957, pp. 5-80.

Luca Bonardi e Andrea Marini

Dipartimento di Filosofia "Piero Marinetti", Università degli Studi di Milano, Via Festa del Perdono 7 - 20122 Milano

luca.bonardi@unimi.it

andrea.marini@unimi.it

Abstract

L'attuale momento della storia umana è inedito, unico, probabilmente irripetibile. Nel corso dei secoli e dei millenni passati poco o per nulla sono state ascoltate le parole che raccontavano del fluire del mondo, della sua incessante trasformazione. Eraclito, Lao-Tze ecc. sin da tempi remoti spiegavano questa verità: tutto scorre e si trasforma. Il pensiero occidentale ha fissato, durante il suo corso, questo scorrere cercando di creare e applicare modelli replicabili e riapplicabili. Il modello più efficiente ed efficace è stato quello della natura o meglio del rapporto uomo-natura. La crisi climatica che la Terra sta vivendo richiede un profondo ripensamento di questo concetto, come di molti altri; ma proprio a partire da esso, quale base strutturale, si palesa l'urgenza di ri-progettare l'abitare umano (Heidegger 2015). Tutto ciò a partire da una rifondazione di base filosofica e geografica del rapporto tra uomo e mondo che abbia come centro nuovi termini, concetti e parole in grado di comprendere la complessità della situazione del mondo; base essenziale per una riflessione in tal senso sarà il concetto di "hyperobject" prodotto da Timothy Morton (2013).

Parole chiave: hyperobject, climate change, global warming, natura, geografia.

Oltre i luoghi, oltre le identità, per una ridefinizione culturale del rapporto tra uomo e natura

Luca Bonardi e Andrea Marini

1 _ Introduzione

La notte tra il 14 e il 15 aprile del 1912, al largo delle coste canadesi, a sud della Groenlandia, il più grande transatlantico mai progettato, il Titanic, entrava in collisione con un iceberg riportando gravissimi danni, tanto da far affondare questo mastodonte di acciaio e legno ritenuto sino ad allora perfetto, inaffondabile, uno dei migliori risultati dell'ingegneria umana.

Nel novembre del 2000 un immane blocco di ghiaccio, dalla superficie di circa 11.000 km², e dal peso di 3 miliardi di tonnellate, si stacca dalla Barriera di Ross in Antartide. L'iceberg, denominato B-15, nel corso degli anni successivi si è diviso, ha modificato la sua superficie e il suo peso dividendosi in 9 parti nel 2005. B-15, o meglio le parti che lo componevano, vagano fondendosi "lentamente" nell'oceano. Non si sa se un altro Titanic dovrà affrontare un incontro ravvicinato di questo tipo, ma ci sono buone possibilità per affermare che B-15 e il suo non-poi-così-lontano parente facciano parte della stessa famiglia, o meglio siano generate in qualche modo dallo stesso fenomeno che da molti millenni, ma in particolare da 150 anni circa sta trasformando il pianeta e i suoi equilibri, o meglio quelli che la cultura occidentale delinea come tali.

Si è di fronte a qualcosa che è percepibile non solo con questi esempi o i vari dati numerici che affollano gli spazi delle riviste scientifiche e, spesso con poca chiarezza, dei quotidiani, delle radio, del web e dei telegiornali, ma tramite l'esperienza di ogni giorno. Qualcosa nel mondo sta cambiando, profondamente e rapidamente, e la fusione dei ghiacciai, montani e polari, lo racconta bene.

Questa trasformazione non è iniziata improvvisamente e non si concluderà come l'ultima pagina di un libro; come nelle variazioni di una linea curva essa conosce fasi di crescita, di apice - positivo o negativo - e di devoluzione. Questo avviene a partire da qualcosa che già stava accadendo e genererà un evento, o meglio una serie di eventi futuri. Tutto ciò, nella sua forma più evidente, è iscrivibile nelle parole "global warming". Questo fenomeno o evento, che dir si voglia, non è un processo iperbolico, ma semmai parabolico, come si è detto poco sopra. La Terra cambia, sempre, e le leggi con cui l'abbiamo sempre descritta devono cambiare con essa, perché nulla inizia e nulla finisce all'improvviso, ma continuamente si trasforma.

Il global warming è un processo e come tale procede, si trasforma e si manifesta in molti modi, in molteplici luoghi, spazi, tempi, come un fenomeno quantistico, che accade più volte in situazioni differenti. La Terra si riscalda e cambiano gli equilibri, cambiano i modi in cui è possibile descrivere sul piano fisico e scientifico, ma anche culturale e umanistico il mondo.

Ciò che è necessario è cominciare questa metamorfosi culturale, ridefinendo il vocabolario globale. Come appena dopo il risveglio a seguito di una notte burrascosa si devono ricalibrare i movimenti e le parole, così deve essere anche dopo questo risveglio: il mondo cambia, sta cambiando e chiede, se si vuole continuare a vivere secondo le regole del parco umano (Sloterdijk, 2004), un adattamento, che dovrà essere primariamente culturale e, di conseguenza, tecnico.

2 _ Presa di coscienza: le parole non bastano

Nello stesso anno in cui B-15 si è presentato al mondo, Paul Josef Crutzen proponeva agli esseri umani una nuova parola: "antropocene". Questo termine viene impiegato, da allora, per definire l'epoca geologica in cui si trova la Terra, cioè quella fase in cui la sua struttura e dunque le sue trasformazioni non accadono solamente, ma vengono influenzate da un fattore, o meglio un vettore cosciente, cioè la scimmia antropomorfa Homo Sapiens Sapiens. Disamine della storia evolutiva dell'uomo e della sua primaria addomesticazione della Terra, sono state condotte, tra gli altri e sotto profili diversi, da Jared Diamond (1998), Yuval Harari (2014) e Telmo Plevani (2018; 2019).

A partire da esse si pone però il caso di riflettere sull'uomo in quanto essere che, da che esiste e cammina, corre, salta e nuota sulla Terra, è vettore di cambiamenti. Sembra scontato, ma non lo è, e di ciò è necessario prendere coscienza.

Homo sapiens non è un essere per natura stanziale, lo è diventato per necessità, forse proprio, tra le varie cause, per un cambiamento climatico avvenuto decine di migliaia di anni fa. Di certo è un essere, un animale differente rispetto agli altri, non solo perché ha una coscienza, perché scrive libri oppure perché beve il cappuccino al mattino, ma soprattutto perché è un animale nudo, senza ambiente. Questo appare ben evidente: infatti, ogni animale ha un habitat, ha delle caratteristiche che gli permettono di vivere in determinate condizioni climatiche e ambientali, mentre l'uomo no; quando trova qualcosa che non lo fa sentire al sicuro o a proprio agio, egli la modifica o, come ha ricordato Marx (2018), trasforma la natura per la propria sopravvivenza. L'uomo è un animale ambientale, nel senso che modifica l'ambiente per sopravvivere; non modifica se stesso, o meglio non in modo così sostanziale come può farlo un virus o un altro organismo più complesso.

Per questo il termine "antropocene" è perfetto, perché da che l'uomo c'è e si è reso stanziale egli ha iniziato a modificare sostanzialmente e intenzionalmente gli ambienti. Come ricorda Peter Sloterdijk (2017), l'uomo è diventato responsabile dell'insediamento e della gestione della Terra, soprattutto da quando, con l'invenzione della più grande tecnologia, l'agricoltura, ha iniziato ad essere una presenza significante e non irrisoria. Si è detto significante e non a caso; infatti significante è l'evidenza, la traccia che mostra in superficie il continuo richiamo a un significato (Eco 2016; Peirce 2003). Il gesto umano ha un significato che è evidenziato da una serie di significanti.

Dunque, questi significanti, altro non sono che le tracce che nel corso della storia l'uomo stesso ha lasciato, direttamente o per interazione, modificando la Terra e insediando il proprio dominio su di essa. Creare ambienti, infatti, è un'operazione che comporta difficoltà, studio, preparazione, tempo, spazio e capacità di improvvisazione, doti di cui homo sapiens è provvisto. Preparazione e improvvisazione sono certamente doti "intellettuali", mentre è strano sentir parlare di tempo e spazio come doti. Ciò invece si può dire alla luce degli studi recenti che la fisica quantistica (Rovelli 2017) ha portato alla luce: spazio e tempo, come aveva già anticipato e suggerito Immanuel Kant (2004) più di due secoli fa, non sono elementi esistenti, presenti e a se stanti, ma sono strutture del percepire umano che le utilizza per comprendere e progettare. La percezione di oggetti e situazioni avviene sempre in determinati momenti e durate che l'uomo suddivide internamente in attimi o momenti (tempo) che si succedono in distanze o punti disposti secondo un certo ordine (spazio). La memoria si crea propriamente su queste basi, cioè selezionando e catalogando queste forme di successioni. Questo non è solamente un principio di funzionamento logico, ma ha anche una sua utilità nella progettazione. Infatti, la memoria è ciò che, sulla base delle esperienze, ci permette di pro-gettare, cioè guardare avanti con un fine, ritrovando una ripetizione e una canonicità nelle forme che si succedono nel mondo. Questo riaffermarsi di forme costanti è ciò che permette la creazione di impianti culturali e tecnici a lungo termine, modificando e adattando di volta in volta i pattern che vengono riproposti. L'agricoltura è, se ci si pensa bene, null'altro che questo: un pattern tecnico compreso e rielaborato dall'esperienza e più volte riproposto e riprogettato, non solo nel corso degli ultimi dieci-undicimila anni, come si è ritenuto sino a tempi recentissimi, ma probabilmente da almeno il doppio del tempo (Snir et al., 2015). Questa modalità, questa gestualità si è così ripetuta per secoli e millenni e ancora si ripete in modo più o meno prevedibile, e, sulla base di tutto ciò, l'uomo ha scelto e plasmato ambienti secondo una logica funzionale alla propria sopravvivenza, riadattando come in una danza il rapporto tra pensiero-cultura e mondo.

L'uomo è quindi questo tipo di animale, molto particolare, che ha plasmato e modificato la Terra a propria immagine e somiglianza, quasi a ripetere un altro noto rapporto di creazione (Genesi, 1:26-27), e su di essa si è impiantato facendola diventare una casa e arredandola con gusti sempre nuovi e differenti. Costruire la casa, la propria abitazione, è un processo abitativo, cioè di costruzione di significato, è creazione di luoghi facendo emergere, dall'interpretazione di uno spazio, il sommerso, il progetto latente di ogni territorio (Marini 2016).

Sloterdijk (2017) scrive che la successione delle fasi e degli eventi che hanno caratterizzato i modi di arredamento di questa casa possono essere organizzati secondo le modalità metaboliche con cui homo sapiens ha trasformato la natura.

Prima di fare il passo oltre verso una riflessione del rapporto tra uomo e quel contenitore senza una forma reale che è la parola "natura", si deve concludere l'analisi dell'antropizzazione. Questo processo, come detto, ha un lungo corso e in qualche modo non è mai iniziato e mai finirà, perché le tracce lasciate c'erano, ci sono e ci saranno, anche senza homo sapiens. Certamente, però, si può dire che ciò è possibile proprio perché l'essere umano, analizzando e studiando gli elementi dell'habitat in cui si è di volta in volta trovato, ha poi modificato l'habitat stesso, delineando così un territorio. Con questo si è soliti definire una parte di ambiente selezionata che ha delle caratteristiche proprie frutto del rapporto tra uomo e ambiente, delimitato da confini naturali o artificiali che vengono riconosciuti come tali. L'uomo all'interno di questi vive e prolifica, progettando il suo destino. Dunque, homo sapiens non è solo il primo mammifero ad indossare pantaloni, come Eddie Vedder ha scritto nel testo di una sua canzone del 1998, ma è anche quell'animale che riconosce un ambiente riadattato e quindi *habitato* come proprio e si pone a difesa di quei limiti che riconosce come confini.

Nella stessa canzone, non a caso intitolata *do the evolution*, viene ricordato, con tono ironico, che l'uomo è il primo mammifero a fare piani, a pianificare e dunque progettare. Questo è possibile proprio grazie alla capacità logica e culturale di riconoscere e ricreare modelli simili, se non identici, nel corso del tempo e in vari luoghi. Grazie a questa sua capacità, l'uomo ha, nel corso della sua storia culturale, pianificato, classificato e suddiviso tutto, tutta la Terra e tutto ciò che ne fa parte o in qualche modo è in rapporto con essa, fino a spingersi oltre i confini naturali di questa e guardando oltre il cielo, sino ai pianeti e all'universo pensabile o perlomeno fisicamente e teoricamente modellizzabile. Tutto è comprensibile, tutto è divisibile; ma se è l'uomo che è in grado di fare ciò, allora, per logica conseguenza, sarà anche questo stesso essere a porsi in grado di controllare, in modo chiaro, tutto. Del resto, se gli schemi si ripetono, basta leggerli e riapplicarli. E se io, homo sapiens, posso fare tutto ciò, significa anche che io sono il controllore, il re di tutto ciò; e, in definitiva, tutto mi appartiene. Che le cose non stiano esattamente così, a questo mammifero che indossa pantaloni lo sta oggi insegnando quello "strano" fenomeno che si è soliti definire come global warming.

D'altro canto, il fatto che tutto non sia pienamente controllabile non muta l'influenza che l'uomo ha comunque sulla Terra, tanto da modificarla geologicamente. Questo avviene perché da che si lavora la terra, si influisce sull'andamento delle cose attraverso emissioni. L'uso di questo termine viene mutuato ancora una volta da Peter Sloterdijk, ma lo si preferisce ridefinire quale processo che permette di modificare l'ambiente lasciando una traccia che influisce in modo più o meno importante sui suoi equilibri. Le tracce, d'altro canto, sono il resto di un'emissione, cioè la rimanenza. L'abnorme aumento di anidride carbonica in atmosfera, così come le variazioni di concentrazione di altri gas e di microparticelle emesse negli ultimi due secoli dall'uomo sono una traccia chiara, riscontrabile anche nei ghiacci, e quindi molto probabilmente anche in B-15, dell'attività umana e, di conseguenza, della sua influenza sugli equilibri della Terra. Si può obiettare che una traccia non ha segno positivo o negativo, ma come ogni significante richiama a un significato, il suo è proprio l'alterazione degli equilibri con segno negativo, perché queste emissioni, che poi diventano fissazioni, altro non sono che la creazione di nuova entropia.

Si è soliti definire l'entropia quale elemento o variabile che aumenta in un processo di trasformazione; classicamente, essa è la risultanza del differenziale tra la quantità presente in un sistema all'inizio e alla fine del processo metamorfico. In poche parole, l'essere umano tende ad aumentare la quantità di entropia presente nel sistema Terra. Se si declina il concetto in termodinamica, l'aumento entropico causato dall'azione trasformativa antropica sta generando una variazione delle temperature, con il verso di un riscaldamento che sta interessando il sistema globale: il global warming. Quindi homo sapiens è causa del riscaldamento globale; ovviamente non l'unica possibile, ma in questa fase certamente e di gran lunga la più influente. Si cadrebbe in contraddizione se si affermasse che l'uomo sia causa unica di ogni trasformazione, perché come si è detto in apertura il mondo si trasforma continuamente, ma certamente nell'attuale configurazione degli equilibri del mondo l'uomo è una variabile con un coefficiente trasformativo altissimo.

Se l'uomo rappresenta una variabile che incide fortemente sulla trasformazione dei processi, si è visto, lo è per derivazione culturale, perché la cultura è proprio la capacità umana di imporre il proprio assetto sul mondo e tramandarlo, peraltro derivante dai processi stessi di adattamento all'ambiente. Certamente, almeno in questa accezione, si deve considerare l'esistenza di una cultura materiale, più efficace e fattiva, e di una cultura immateriale, meno efficace ma plasmativa. Il risultato delle tracce umane, o della colpa ecologica, come la definisce Chelazzi (2013), è il frutto del rapporto tra queste due variabili. Sono esse variabili perché nel tempo sono cambiate per forma e per quantità, ma mai si è spezzato il loro rapporto e mai potrà accadere in virtù della loro interdipendenza; certamente possono assumere valori quantitativi e qualitativi differenti, ma certamente non toccheranno lo zero, nemmeno quando l'uomo, per come lo si conosce, sarà scomparso.

La cultura immateriale serve spesso a descrivere ciò che esiste e sussiste materialmente, e uno dei risultati più influenti di questa forma umana è il concetto di *natura*.

Definire il termine è davvero complesso se non impossibile, in quanto è un significante che rimanda ad innumerevoli significati che di volta in volta si sono succeduti e affiancati nel corso della storia umana, che vi fosse o meno coscienza di esso nella scimmia conquistatrice di terre.

Nella cultura popolare è "naturale" ciò che segue determinate leggi in cui si pensa l'uomo non influisca o non abbia in precedenza influito. Si affianca l'aggettivo "naturale" spesso a dei prodotti alimentari o di primo utilizzo o che derivano da lavorazioni non inquinanti o almeno sostenibili; oppure lo si associa generalmente a ciò che non si ritiene umano o a qualcosa che segue un ordine e quindi un equilibrio differente da quello antropico. Timothy Morton (2007) sottolinea che tutto ciò non è corretto o meglio non è sufficiente, perché tutte queste "naturalizzazioni" non sono sufficienti o comunque non tengono conto di molteplici fattori, ma soprattutto sono concettualmente figlie dell'antropocentrismo della cultura umana. Secondo questa visione l'uomo è l'essere evolutivamente - *do the evolution*, sic. - più sviluppato, che detiene un ruolo principesco nel rapporto con tutto ciò che esiste o si ritiene esistente. Il termine natura emerge proprio da questa visione, perché distingue ciò che è umano da ciò che non lo è, ed è qui che vi sarebbe secondo Morton l'errore antropologicamente ed ecologicamente più significativo. In realtà, infatti, uomo è natura e natura è uomo.

Se è pur vero e chiaro che l'uomo ha un ruolo centrale nella trasformazione degli equilibri terrestri, e innegabile ne è il suo coinvolgimento, lo è altrettanto il fatto che ne debba subire le conseguenze e che soprattutto, una volta riconosciuta la colpa ecologica, debba agire per migliorare tutto ciò, perché il ruolo assunto da homo sapiens, seguendo ciò che si è detto in precedenza con Sloterdijk, è quello di curatore della Terra, in quanto sua casa; tutto ciò non prendendosi cura dell'uomo e della natura, ma del globo quale unico sistema, creato da sottosistemi e organismi interdipendenti.

Da qui la necessità di ripensare profondamente sul piano culturale immateriale la natura, perché da questa prospettiva ci possa essere una ricaduta positiva sul piano pratico e materiale. Morton propone infatti di ripensare culturalmente l'ecologia evitando la parola, ma soprattutto i significati classici di natura e di conseguenza degli eventi sistemici, ad essa collegati. Il global warming, il consumo di suolo, l'innalzamento dei mari non sono fenomeni naturali, ma nemmeno antropici, sono qualcosa che ha a che fare con l'intero sistema di cui natura e uomo sono parte. Sono però qualcosa di sconosciuto e di spaesante perché non si hanno rispetto ad essi risposte certe, soluzioni, perché non ci sono modelli logici in grado di comprendere tutto ciò, anche per la natura e i limiti della ragione umana.

Homo sapiens è di fronte a qualcosa che non conosce, il global warming, e di cui non può prevedere i risultati, il climate change, per quanto ne sia la causa principale. Problemi nuovi chiedono nuove parole, nuove definizioni, nuovi strumenti per affrontare queste metamorfosi ecologiche. La cultura ambientalista è solitamente una delle risposte a tutto ciò, ma, come spiega Morton (2007; 2013), questa pensa ancora la natura come qualcosa di separato dall'uomo e quindi lo fa in modo classico, cartesiano e antropocentrico. Ciò che si pone necessario è la creazione di nuovi strumenti linguistici di lettura che superino il dualismo e soprattutto permettano di pensare l'ambiente con l'uomo inserito e non separato da esso. Tutto ciò perché il global warming non fa distinzione di classe o genere e, fatte salve le diverse declinazioni fenomeniche che esso può assumere, nemmeno geografiche e culturali; è un elemento nuovo, imperante e massivamente diffuso in tutto il globo, con ripercussioni spaziali e temporali, sia nell'accezione classica che in quella, precedentemente esposta, kantiano-quantistica.

Ciò che va ripensato è l'ordine con cui si esprimono i fatti e gli eventi, perché non c'è distinzione tra uomo e natura: l'uomo è un prodotto-parte dell'ecosistema Terra e la natura è l'ecosistema, così come consideriamo l'orso bianco nell'ecosistema Terra, e in particolare in quello polare, così si deve considerare l'uomo appartenente a una varietà di ecosistemi e in particolare a quello globale del pianeta perché distribuito massivamente ovunque e influente su tutto il geoide e oltre. L'uomo non appartiene più culturalmente a dei luoghi, ma è cosa tra le cose, elemento tra gli elementi, complessità tra le complessità: è parte di un sistema aperto e dinamico, è un'eventualità, un evento quantistico, come tutto ciò che esiste, è esistito o esisterà. Ma per particolare o magnifica casualità lo sa, e deve diventarne cosciente.

L'uomo vive in spazi, su cui ha costruito luoghi che sono cambiati nel corso dei secoli e dei millenni. Negli spazi o ambienti, in quelle masse indistinte ha trovato ispirazione e individuato modelli riconoscibili e lì ha "emesso" dei luoghi, ha culturalizzato gli ambienti, gli elementi del composito ecosistema Terra; li ha addomesticati, antropizzandoli. Tutti questi processi hanno creato ciò che c'è ora, compreso quell'elemento straniante che è il global warming. Creando luoghi ne ha spesso abbandonati, distrutti, dimenticati, sommersi, soppiantati, sradicati, rigenerati altri; è questa la grande capacità dell'essere umano, ma per poter fare tutto ciò ha dovuto conoscere e capire, o meglio riempire quel contenitore che è la cultura.

I luoghi diventano così elementi emblematici dell'abitare umano sulla Terra perché punti di una rete che coesistono in spazi e tempi differenti, che si colorano e prendono forme diverse a seconda dell'occhio culturale che li legge e interpreta. I punti di una rete, però, come le variabili in un rapporto, non hanno ordine gerarchico o cronologico, ma semplicemente sono accadimenti che si manifestano o non-manifestano perché non tutte le culture o gli sguardi culturali sono sensibili agli stessi fuochi percettivi. Le montagne, in epoca classica, avevano un significato ben differente da quello attribuito loro da Walter Bonatti, così come gli abissi oceanici del capitano Nemo hanno un ruolo e forme differenti rispetto a quelli di un biologo marino, così ancora come le grandi pianure del Nebraska hanno un significato differente tra le note di Bruce Springsteen e quelle dei pellerossa che le hanno abitate. Ma è pur vero che tutto questo, tutti questi processi di creazione e distruzione, di analisi e interpretazione, di fondazione e separazione hanno in comune la condotta culturale umana, che ora si trova a un bivio e ha l'obbligo di cambiare qualcosa, sia anche solo immaterialmente il modo di definire e interpretare i fenomeni che accadono nel mondo; perché un differente sguardo, chiede un differente approccio che porta a sua volta a un risultato diverso.

La condotta culturale ha generato il consumo di suolo, la fusione dei ghiacciai, le guerre, lo sfruttamento estenuante delle risorse, tutte cause e a loro volta effetti compresenti di quell'evento straniante che è il global warming. Esso c'è e non si può negare, ed esso influenza e influenzerà l'abitare umano sulla Terra, che sia per presenza o allontanamento. Sicuramente, è un fenomeno non locale, distribuito in spazi e tempi diversi che genera un campo gravitazionale, culturale ed ecosistemico, sostanzialmente indefinibile con i termini classici, e che richiede quindi un profondo ripensamento. La cultura deve interpretare, tornare a chiamare le cose con il loro nome, soprattutto quegli elementi che non hanno una connotazione e una classificazione: perché anche se le classificazioni hanno prodotto danni, è pur sempre vero che l'apparato cognitivo umano funziona attraverso esse e non può mutare il proprio funzionamento. Tuttavia, lo può fare nella produzione dei risultati e può influire dunque sul conoscere e l'agire.

Timothy Morton ha definito questo tipo di elementi, con queste caratteristiche, *hyperobject*, cioè cose (Heidegger 2011; Esposito 2014) che stanno al di là degli schemi culturali classici, quali sono i luoghi, tanto quanto il global warming, quanto, forse, l'uomo stesso.

3 _ Dare una forma, affrontare l'abisso

Non molte ore prima che queste lettere venissero incise sulla luce luminosa di uno schermo di computer, il termometro di una delle città più prestigiose al mondo, Parigi, ha sfiorato i 43° C, cosa mai accaduta da che in questa città vengono registrate, in maniera affidabile e comparabile, le temperature atmosferiche. Sempre in Francia poche settimane prima sono stati disintegrati i precedenti record assoluti di temperatura massima registrati nel Paese. E ugualmente, a livello globale il mese di giugno del 2019 è stato il più caldo di sempre, superando il precedente e recente primato del 2016. Se fosse lo show dei guinness mondiali, l'umanità se ne accrediterebbe un numero consistente; ma un premio, un risultato acquisito non è indice di successo, può essere anche insuccesso e può portare altre prospettive. Il problema, l'emergenza è globale: i paesaggi di tutta la Terra stanno cambiando per colpa dell'uomo, ma la trasformazione non è prevedibile. L'identità ambientale e antropica che caratterizzava un luogo, non è più la stessa, sta variando. Del resto, l'identità non è qualcosa che rimane fissa o si definisce all'origine, ma si crea procedendo, e i luoghi di tutta la Terra stanno mutando: c'è qualcosa di strano nel giardino dei vicini, ma anche in quello di casa. L'identità è in divenire e nello specchio in cui homo sapiens guarda vede solamente la sfocatura, un limite vibrante, come le luci intense e ondeggianti della notte stellata dipinta da Van Gogh.

L'uomo sta affrontando qualcosa di nuovo, una discesa sempre più rapida verso un punto che non conosce; è un salto nel vuoto. Il global warming porta dati, risultati, interpretabili nei confronti del passato e di ciò che chiamiamo presente, ma non rispetto al domani, perché esso ancora non c'è, non esiste. Certamente si possono fare previsioni, ma è come ipotizzare, per esperienza e memoria acquisite, cosa c'è al limitare dell'universo o in fondo a un abisso. Homo sapiens sta guardando proprio in questa voragine, in questo abisso, ma, come ricordava Nietzsche (1977), quando scrutiamo nell'abisso, esso guarda dentro di noi. Ci inquieta, ci scava dentro; pone l'uomo di fronte a una domanda primigenia, angosciante, perturbante, un ritorno alle sue origini, a se stesso. Le risposte che può dare possono essere apocalittiche, fantastiche, ipotetiche, non c'è certezza, non c'è ripetibilità. E la memoria non aiuta, perché non c'è esperienza di tutto ciò. L'essere umano è di fronte a qualcosa che non conosce, ma che passo dopo passo, se vuole continuare la sua avventura, dovrà fronteggiare.

Il primo passo è quello, con profumo biblico, di dare il nome alle cose (Esposito, 2014; Heidegger, 2011). Il termine "cosa" è ampiamente screditato, tanto da non comprenderne il significato e la forza. Con esso generalmente si intende qualsiasi elemento - generale, particolare, universale, esistente, immaginario, non esistente, materiale o immateriale, concreto o astratto - che venga evocato alla presenza. Quando qualcosa è presente diventa reale perché descrivibile, inquadrabile, forse rappresentabile. Diventare reale è prendere consistenza e sussistenza; del resto "reale" è legato a "cosa" perché derivano entrambe dalla parola latina "res" che veniva usata per rappresentare ciò che c'è nell'ampiezza di determinazioni. Cosa non è quindi una parola neutra o vaga, ma un lemma che richiama alla realtà e ciò che homo sapiens deve rifare è dare nome e forma al reale, ai nuovi fenomeni reali che appaiono solo come cambiamenti ma che nel profondo richiamano a una nuova e pulsante realtà. Tutti questi eventi, elementi danno il benvenuto nel reale, perché ciò che appariva fisso non lo è più e forse non lo è mai stato. Un edificio, un luogo viene costruito e quando ciò accade esso diventa un punto focale, individuale o collettivo, ma in qualche modo deforma la percezione piatta dello spazio e crea una temporalità, perché dalla sua nuova presenza qualcosa accade. In questo spazio e in questo tempo che si ricreano e ripresentano, questi elementi mutano sia nei loro sistemi minimi che in quelli più evidenti che appaiono più "reali". La fisicità che li delinea come la cultura che li plasma, sono elementi necessari per definirli, perché essi sono cose su cui si delinea la percezione identitaria che l'individuo o la collettività proietta su di essi. Sono cose o più propriamente oggetti, in quanto esiste un soggetto, cosciente o meno che li coglie e li percepisce. Com'è per i luoghi, così è per gli altri eventi, così per il global warming. Ma questa complessità di fenomeni che hanno caratteristiche uniche, che sono diffuse nello spazio e nel tempo, sono presenti e rimangono presenti sia come assenza precedente che come traccia successiva, come possono definirsi? Timothy Morton (2013) ha plasmato per essi un termine arguto e preciso: "iperoggetti". Sono più di semplici oggetti, perché vanno considerati nella loro "non località" e nella loro influenza su più scale. Sono più-che-oggetti che vengono percepiti da un ente che è semplicemente un soggetto, ed ecco la loro perturbanza: la loro complessità è tale da non poter essere compresa semplicemente con i modelli classici dell'esperienza e della classificazione.

Il termine "iperoggetti" è perfetto perché permette di superare quell'inquietudine, quella non sicurezza che nasce quando si cerca di riferirsi a questi elementi, quando si cerca di spiegarli nella loro complessità; come scriveva Max Fisher (2018), questi elementi sono *uncanny*, *weird* (misteriosi, strani), e fanno sì che le normali classificazioni non siano più valide e sufficienti. La loro aura richiede nuovi termini e nuovi approcci, come ricorda Morton (2013).

"Iperoggetto è riferito a cose che sono massicciamente distribuite nel tempo e nello spazio e relative all'uomo (un buco nero, la biosfera, il sistema solare, i paesaggi, i materiali nucleari, Zealandia). Gli iperoggetti sono 'iper' in relazione a qualche altra entità, siano essi prodotti direttamente dall'uomo o no" (Morton 2013).

Il filosofo americano rintraccia quattro caratteristiche principali per poter individuare e riconoscere e quindi classificare un elemento come iperoggetto: sono viscosi (viscous); sono diffusi e presenti in momenti spazio-temporali differenti (non-local); sono zonali e determinano delle fasi intorno a loro (phasing); e infine sono l'insieme di più oggetti (interobjectively).

Scendendo nello specifico, quando Morton parla di viscosità intende che questi iperoggetti sono melliflui, appunto viscosi, cioè una volta che si entra in contatto con essi non si riesce più a staccarsene, rimangono presenti nella nostra memoria e sono rilevabili in altre determinazioni, in altri elementi. Del resto, il filosofo presenta questo termine per classificare il global warming, spiegando che esso è l'iperoggetto che si manifesta attraverso il climate change, in quanto quest'ultimo è uno dei risultati del processo-cosa global warming. Proprio per questo lo rintraccia come viscoso, perché il cambiamento climatico varia e si diffonde in tutto il globo e in modo differente, ma soprattutto una volta che ci si accorge della sua presenza non può essere ignorato (anche se c'è chi cerca di farlo), ne si rimane influenzati e toccati. Lo stesso avviene anche con i luoghi, con i paesaggi (Marini, Tolusso 2016) perché essi sono espressioni di culture e interpretazioni e li si rivive nel tempo, nella memoria, ne si è influenzati, in positivo o negativo.

Da qui emerge la seconda particolarità, il secondo elemento costitutivo che unisce sia il global warming che i paesaggi e i luoghi, cioè la loro non reale località, perché essi appaiono e si trasformano nel tempo, mostrando nuove dinamiche ed espressioni, occupando e assumendo così forme spaziali differenti. Del resto, il global warming non si manifesta solo nel 2020, ma, seppure in maniera meno evidente era già presente quando si è inabissato il Titanic, o quando Rachel Carlson dava voce al movimento ambientalista, o quando B-15 iniziava il suo viaggio per l'oceano. Allo stesso modo ogni luogo è presente a se stesso, ma muta nel tempo; basti pensare a come cambiano le città: Roma, New York, Parigi, Tokyo, Oslo non sono le stesse di 200 o 2000 anni fa e non saranno identiche tra 10 anni, come non lo saranno tra 10000: occupano, occupavano e occuperanno spazi differenti. Cinquecento anni fa gli USA, come l'Italia, non esistevano, ora esistono e lasciano tracce, materiali e immateriali e le diffondono in tutto il globo, attraverso i propri abitanti, quegli stessi animali-vettori che sono l'uomo nella sua interezza.

La presenza degli iperoggetti varia nella loro quantità e intensità, ma la loro presenza - e qui è la terza caratteristica -, la loro realtà determina uno sfasamento (phasing) nello spazio e nel tempo, sia da un punto di vista materiale, sia immateriale o, più propriamente, culturale. Infatti, come i buchi neri, essi sono presenti e influiscono maggiormente più si è vicini ai portali di manifestazioni, mentre agiscono in modo meno deviante più ci si allontana. Modificano la percezione di homo sapiens, quindi lo spazio-tempo, così come plasmano la realtà essendo presenti, perché trasformano e cambiano gli equilibri dei sistemi in cui sono inseriti, a cui sono collegati o a cui si riferiscono. Un'ondata di calore in Europa entra in relazione reale con il gelo invernale che può toccare la costa est degli Stati Uniti; una sorta di Butterfly Effect, così come accade quando una città o un luogo si impongono come centri attrattivi, variando la propria influenza nel tempo: Zermatt e Cervinia non sono un fenomeno locale, ma globale perché muovono flussi su tutta la Terra, sia sul piano materiale sia sul piano immateriale, e la loro influenza, il loro essere "zonali" è variato nel tempo: 300 anni fa, non erano ciò che sono ora. Erano villaggi di pastori e cercatori di cristalli, ora sono centri turistici internazionali, un domani, forse, saranno i luoghi di salvezza dell'umanità. Questo non lo sappiano, non ne possiamo fare esperienza, come non era ipotizzabile, se non da un punto di vista utopico, che diventassero ciò che sono ora.

Ma può esistere una relazione tra la funzione, la destinazione di un luogo e il global warming? Hanno un legame due elementi apparentemente presenti in sistemi differenti? La risposta è chiaramente sì. Qui emerge la quarta caratteristica per individuare e definire un iperoggetto e cioè la sua interoggettività: ognuno di essi può essere composto da più oggetti appartenenti a vari sistemi che entrano in relazione tra loro, così come gli iperoggetti possono essere tra essi in rapporto sistemico. Come variabili di un sistema di equazioni, essi variano e si trasformano al mutare degli elementi che li costituiscono. Il global warming influenza il destino di Zermatt e Cervinia, così come l'uso e la generazione di entropia nei due sistemi cittadini influenza il global warming, perché appartengono a quel sistema complesso e globale che si chiama Terra.

Si può evincere da tutto ciò che gli iperoggetti sono loro stessi oggetti e quindi cose e dunque reali, ma non sono un semplice assemblaggio-somma di oggetti più piccoli, sono il risultato anche di relazioni immateriali e non algebriche; essi esistono, come ricorda Morton (2013), che li si pensi, li si conosca o meno, perché sono sì relativi ai fattori umani, ma esistono indipendentemente dalla presenza dei sapiens. Hanno durate spaziali e temporali, mutano nel tempo e, come si diceva all'inizio, non sono nati e non si esauriranno improvvisamente, secondo delle forme d'onda più o meno definibili o calcolabili. Possiamo perciò intuirli, ma non indicarli direttamente, possiamo carpirne una manifestazione, un episodio, ma non osservarli nella loro totalità; sono una realtà kantianamente noumenica che non si può cogliere con i limiti della ragione umana.

Gli iperoggetti sono una nuova parola, un nuovo modo per riferirci al mondo, alla Terra stessa e non solo, un piccolo passo per ridefinire il rapporto uomo-mondo superando le classiche definizioni e soprattutto ridefinendo le identità delle cose, della realtà e quindi anche dei luoghi, perché non sono più solo delle determinazioni spaziali isolate, ma qualcosa di più: iperoggetti appunto.

4 _ Conclusioni

L'uomo crea iperoggetti da semplici oggetti in risposta ad altri iperoggetti, anche se non se ne rende conto. C'è un luogo geolocalizzato a circa 1200 km dal Polo Nord che non appartiene a nessuno Stato, a nessuna Nazione, ma all'umanità e forse alla Terra perché serve a preservarne la vita e la potenzialità e contiene il patrimonico genetico della vita sulla Terra: dei semi. È un oggetto che accade in uno spazio e in un tempo, ma che ha nel suo destino il diventare qualcosa di più ampio e complesso, non misurabile, quindi un iperoggetto, cioè lo Svarbald Global Seed Vault. In esso è contenuto il presente, ma anche il passato e il futuro, sono contenuti ambienti in potenza, è zonale ed è una delle risposte al global warming. Forse un tentativo di superare il concetto di natura e di luogo, verso un'ecomimesi (Morton 2007; Morton 2016) completa di sopravvivenza comune e integrata tra terra e sapiens, tra umani e non-umani, non come qualcosa di distinto, ma di partecipativo, senza una gerarchia ma come compresenza sullo stesso livello.

Bibliografia

Andersen A., Persavento U., Wang Z. J., Unsteady Aerodynamics of Fluttering and Tumbling Plates, *Journal of Fluid Mechanics* 541, 2005, pp. 65-90

Baldwin B. S., Lomax H., Thin Layer Approximation and Algebraic Model for Separated Turbulent Flows, *16th AIAA Aerospace Sciences Meeting*, Jan. 16-18, Ala, Huntsville, 1978

Bendat J.S., and Piersol A.G., *Random Data: Analysis and Measurement Procedures*, Third ed. John Wiley & Sons, Ltd., Hoboken, 2000

Chelazzi G., *L'impronta originale. Storia naturale della colpa ecologica*, Einaudi, Torino, 2013

Diamond J., *Guns, Germs, and Steel: A Short History of Everybody for the Last 13,000 Years*, Vintage Books, Londra, 1998

Eco, U., *Trattato di semiotica generale*, La nave di Teseo, Milano, 2016

Esposito, R., *Le persone e le cose*, Einaudi, Torino, 2014

Fisher, M., T*he weird and the eerie*, Minimum Fax, Roma, 2018

Harari, Y.N., *Sapiens. Da animali a dèi. Breve storia dell'umanità*, Bompiani, Milano, 2014

Heidegger, M., *La questione della Cosa*, Sesto San Giovanni, Mimesis, 2011

Heidegger, M., *Saggi e discorsi*, Milano, Mursia, 2015

Kant, I., *Critica della ragion pura*, Milano, Bompiani, 2004

Marini, A., Il territorio è la casa dell'uomo: il progetto umano da habitat ad eu-topia, in Dal Borgo, A.G., Garda, E., Marini, A. (a cura di), *Sguardi tra i residui. I luoghi dell'abbandono tra rovine, utopie ed eterotopie*, Sesto San Giovanni, Mimesis, 2016, pp. 31-44

Marini, A. and Tolusso, E., Il concetto di "hyperobject" nella geografia contemporanea, *Glocalism: Journal of Culture, Politics and Innovation* 3, 2016

Marx, K., *Manoscritti economico filosoficidel 1844. E altre pagine su lavoro e alienazione*, Milano, Feltrinelli, 2018

Morton, T., *Ecology Without Nature: Rethinking Environmental Aesthetics*, Cambridge, MA, Harvard University Press, 2007

Morton, T., *Hyperobjects: Philosophy and Ecology after the End of the World*, Minneapolis, University of Minnesota Press, 2013

Morton, T., *Dark Ecology: For a Logic of Future Coexistence*, New York, Columbia University Press, 2016

Nietzsche, F., *Al di là del bene e del male*, Milano, Adelphi, 1977

Peirce, C.S., *Opere*, Milano, Bompiani, 2003

Pievani, T., *Homo Sapiens e altre catastrofi. Per una archeologia della globalizzazione*, Sesto San Giovanni, Meltemi, 2018

Pievani, T., *Imperfezione. Una storia naturale*, Milano, Raffaello Cortina, 2019

Rovelli, C., L'ordine del tempo, Milano, Adelphi, 2017

Sloterdijk, P., *Non siamo ancora stati salvati. Saggi dopo Heidegger*, Milano, Bompiani, 2004

Sloterdijk, P., *Che cosa è successo nel XX secolo?* Torino, Bollati Boringhieri, 2017

Snir, A., Nadel, D., Groman-Yaroslavski, I., Melamed, Y., Sternberg, M., Bar-Yosef, O., et al., *The Origin of Cultivation and Proto-Weeds, Long Before Neolithic Farming*, PLoS ONE 10 (7), 2015

John Thackara

Progettare oggi il mondo di domani
Ambiente, economia e sostenibilità

Postmedia Books 2017
202 pp.
isbn 9788874901944

*Abbiamo bisogno di nuovi modi
di vedere e raccontare i luoghi e
gli artisti sono ben posizionati
per aiutarci a farlo. La priorità è
favorire l'empatia con l'ambiente
e connessioni più fertili tra luoghi
e persone. Qui è dove l'arte e lo
storytelling si incontrano.
_ John Thackara*

Esiste un'alternativa ad
un'economia che distrugge
la natura nel nome di una
crescita infinita? La risposta
di John Thackara è un grande
'sì, esiste!' Grazie ad una vita
trascorsa viaggiando, nel suo
libro Thackara descrive come in
tutto il mondo si stiano creando
economie alternative reali. In
ogni capitolo l'autore ci presenta
chi - da Bali al Brasile, da Dehli
alla California - dedica la propria
vita a risolvere in modo creativo
annose problematiche come la
decontaminazione del suolo,
la protezione dei fiumi e del
verde, la tutela di semi e piante,
pendolari del cloud e corrieri
e-bike, l'agricoltura biologica e
nuovi sistemi di alimentazione,
biodegradabilità e nuove forme
di pagamento, mobilità e turismo
ecosostenibili.

in questa collana

Nicolas Bourriaud, *L'exforma*, 2016

Roberto Pinto, *Artisti di carta*, 2016

Molly Nesbit, *Il pragmatismo nella storia dell'arte*, 2017

Teresa Macrì, *Fallimento*, 2017

AA.VV., *Arte fuori dall'arte*, 2017

AA.VV., *Roberto Daolio. Aggregati per differenze (1978-2010)*, 2017

Elio Grazioli, *Infrasottile. L'arte contemporanea ai limiti*, 2018

Alessandro Demma, *Il museo come spazio critico. Artista-Museo-Pubblico*, 2018

Luca Palermo, *Arte in movimento. Gli anni Settanta in Campania*, 2018

Valentina Rossi, *Tate Modern. Pratiche espositive*, 2019

Cosetta Saba, *Carmelo Bene. Cinema, arti visive, happening, teatro*, 2019

Lucilla Meloni, *Le ragioni del gruppo*, 2020

Lucilla Calogero, *Documentario interattivo. Design e spazio del reale espanso*, 2020

Angela Maderna, *L'altra metà dell'avanguardia quarant'anni dopo*, 2020

Miryam Criscione, *Il libro fotografico in Italia*, 2020

Mente e luoghi
Un approccio multidisciplinare al design della città contemporanea
a cura di Anna Anzani

postmedia books 2020
390 pp. 40 ill.
isbn 9788874902767

Finito di stampare nel mese di ottobre 2020
presso *Ebod*, Milano

Postmedia Srl
Milano
www.postmediabooks.it